# 河南滑县方言研究

A Study of Huaxian Dialect in Henan Province

胡伟 著

中国社会科学出版社

## 图书在版编目(CIP)数据

河南滑县方言研究／胡伟著 . —北京：中国社会科学出版社，2022.7
ISBN 978 - 7 - 5227 - 0315 - 2

Ⅰ.①河… Ⅱ.①胡… Ⅲ.①北方方言—方言研究—滑县
Ⅳ.①H172.1

中国版本图书馆 CIP 数据核字(2022)第 096515 号

| 出 版 人 | 赵剑英 |
| --- | --- |
| 责任编辑 | 许 琳 |
| 责任校对 | 李 硕 |
| 责任印制 | 李寡寡 |

| 出　　版 | 中国社会科学出版社 |
| --- | --- |
| 社　　址 | 北京鼓楼西大街甲 158 号 |
| 邮　　编 | 100720 |
| 网　　址 | http://www.csspw.cn |
| 发 行 部 | 010 - 84083685 |
| 门 市 部 | 010 - 84029450 |
| 经　　销 | 新华书店及其他书店 |
| 印　　刷 | 北京君升印刷有限公司 |
| 装　　订 | 廊坊市广阳区广增装订厂 |
| 版　　次 | 2022 年 7 月第 1 版 |
| 印　　次 | 2022 年 7 月第 1 次印刷 |
| 开　　本 | 710×1000　1/16 |
| 印　　张 | 21.5 |
| 插　　页 | 2 |
| 字　　数 | 385 千字 |
| 定　　价 | 118.00 元 |

凡购买中国社会科学出版社图书，如有质量问题请与本社营销中心联系调换
电话：010 - 84083683
**版权所有　侵权必究**

# 国家社科基金后期资助项目
## 出版说明

　　后期资助项目是国家社科基金设立的一类重要项目，旨在鼓励广大社科研究者潜心治学，支持基础研究多出优秀成果。它是经过严格评审，从接近完成的科研成果中遴选立项的。为扩大后期资助项目的影响，更好地推动学术发展，促进成果转化，全国哲学社会科学工作办公室按照"统一设计、统一标识、统一版式、形成系列"的总体要求，组织出版国家社科基金后期资助项目成果。

全国哲学社会科学工作办公室

# 序

在赴云浮罗定做语保项目（中国语言资源保护工程广东项目）发音人的遴选路上（2019年1月24日），收到胡伟博士发来的《河南滑县方言研究》书稿的电子版，他请求我为此书写序。其实本书的打印稿我在去年底就已经收到，但年底事务繁杂，无奈延宕至今。

说起河南方言，本来是没有什么交集的。但要讲缘分，倒是有一些。1984年我离开福州考上了暨南大学硕士研究生，当时的专业叫"现代汉语"，学的是方言学，导师是詹伯慧教授。那时硕士研究生甚少，全校大概也就一两百人，有一部分便住在羊城苑的教工宿舍，我所住的套间住了4人，是文学院研究生，对面则住着经济学院的研究生，有一位来自河南安阳汤阴的研究生，姓周，跟我特别聊得来，周末年纪稍大的研究生要么拍拖，要么回家，剩下我和那位周姓的汤阴籍同学（他已成家，但与家人分居两地），闲来无事，便喜欢在宿舍炒两个小菜，喝点廉价的白酒，一起侃大山，逐渐对其汤阴口音也有点习惯。再往前说，我1978年初（属于77级）入读厦门大学中文本科，在家父的影响下喜欢上语言学，有一次偶然的机会读到黄典诚教授的随笔《寻根溯源到中原》，讲的是他带一批年轻教师，到河南固始等地寻根（闽人许多来自河南），印象深刻。这些年带研究生，陆续有几位河南考生投至门下，有来自洛阳的，有来自新乡的，还有来自其他地区的，对河南方言的感性认识增加了不少。

前些年，河南滑县籍的胡伟博士入职暨南大学，我有幸跟他成为同事，他在科研教学上都非常努力，我担任了他的在职博士后合作导师，与胡伟合作发表了几篇论文，可以说，是看着他不断成长、不断进步的。

胡伟原来的专业方向是汉语史（古汉语语法），对于方言了解并不多，但他入站以后，刻苦用功，认真钻研方言学理论知识，而且多次随我下田野做调查，慢慢掌握了田调的方法。他有一个明显的优点，便是不耻下问，从课上的学生，到乡间的老农，都是其询问、求教的对象，因此可以从对方言和方言学了解不太多，到逐步积累素材，增加感性认识，直至上升为理性认识，写出的论文能言之成理。这是我最欣喜的。

滑县方言属中原官话郑开片。这些年来，胡伟博士常常利用假期返回老家滑县进行方言调查，实地调查了滑县诸多乡镇的近 30 位发音人，经过日积月累，写出了几十万字的《河南滑县方言研究》，内容包括：概说、语音、语法、词汇等。由于他具有较好的母语感，加上细心调研，条分缕析，运用语言学理论来阐释滑县方言，因此，书稿有很高的质量。作者对滑县话 Z 变韵的分析，尤其出彩，他不囿于成见，敢于对某些流行的观点提出异议，特别是运用实验语音学的方法与语料逐一比对，对变音的来源解说有理有据，观点是有说服力的。他对滑县方言语法的观察细致入微，其中"句式""句类"两节体现了较为深厚的语法学功力，很值得官话方言的研究者参考。当然，《河南滑县方言研究》也有不足，比方对连读变调的描写就阙如，滑县话的去声为 312 曲折调，一般来说，有曲折调的方言，即有连读变调，这是需要作者补充考察的；还有，虽然作者提供了较多方言词语的共时描写（包括合音词、分音词、古语词、成语、四字习语、惯用语、谚语和歇后语等），但如果能从文化角度加以探析，则可能为本书增色不少。无论如何，瑕不掩瑜，这部《河南滑县方言研究》是滑县方言文化建设的一项重要内容，也是作者怀着对家乡的热爱，奉献给母语的一份厚礼！

常言道："笨鸟先飞"。学习方言学没有捷径，不能投机取巧，一是要多做调查，掌握第一手材料，二是要认真读书，尤其是要读经典的方言学著作，三是要勤于思考，善于总结。不要期望别人可以代替你的工作，走上方言研究的道路，就是走上一条艰辛探索的道路，来不得半点的弄虚作假。愿意投到我的门下，事先就要有这个思想准备。也以此与众甘门弟子共勉。

是为序。

甘于恩
2019 年 1 月 24 日初稿
2 月 18 日再改于暨大汉语方言研究中心

# 目　　录

**第一章　概述** ……………………………………………………（1）
　第一节　滑县概况 ………………………………………………（1）
　　一　地理人口简述 ……………………………………………（1）
　　二　历史文化简述 ……………………………………………（2）
　第二节　河南方言研究现状 ……………………………………（5）
　第三节　研究意义和方法 ………………………………………（7）
　　一　研究意义 …………………………………………………（7）
　　二　研究方法 …………………………………………………（8）
　第四节　语料来源和体例说明 …………………………………（8）
　　一　语料来源 …………………………………………………（8）
　　二　体例说明 …………………………………………………（9）

**第二章　滑县方言语音** …………………………………………（11）
　第一节　声韵调与同音字汇 ……………………………………（11）
　　一　滑县方言的声韵调 ………………………………………（11）
　　二　滑县方言的同音字汇 ……………………………………（15）
　第二节　儿化 ……………………………………………………（30）
　　一　儿化韵的形式 ……………………………………………（30）
　　二　儿化韵的语法意义 ………………………………………（31）
　　三　儿化韵小称的引申语用价值 ……………………………（33）
　第三节　Z变音的来源与演变 …………………………………（34）

一　相关研究 ………………………………………………… (34)
二　基本韵母和Z变音韵母 ………………………………… (35)
三　Z变音与原音发音的语音实验 ………………………… (39)
四　鼻音度 ………………………………………………… (51)
五　鼻音韵尾[n]发生Z变音后的鼻音度 …………………… (54)
六　Z变音来源 ……………………………………………… (56)
七　Z变音的演化过程与滑县方言Z变音的音系解释 …… (59)
八　语法功能 ……………………………………………… (63)
九　语法意义 ……………………………………………… (65)

第四节　D变韵 …………………………………………………… (65)
一　形容词变韵 …………………………………………… (65)
二　动词变韵 ……………………………………………… (66)
三　变韵动词与零变韵动词例词表 ……………………… (78)

## 第三章　滑县方言语法 ………………………………………… (82)
第一节　实词 ……………………………………………………… (82)
一　名词 …………………………………………………… (82)
二　动词 …………………………………………………… (90)
三　形容词 ………………………………………………… (95)
四　数词 …………………………………………………… (102)
五　量词 …………………………………………………… (106)
六　代词 …………………………………………………… (111)
七　副词 …………………………………………………… (117)

第二节　虚词 ……………………………………………………… (127)
一　介词 …………………………………………………… (127)
二　连词 …………………………………………………… (132)
三　助词 …………………………………………………… (142)
四　语气词 ………………………………………………… (154)

第三节　句型 ……………………………………………………… (161)
一　主谓句 ………………………………………………… (161)
二　非主谓句 ……………………………………………… (164)

第四节 句式 ………………………………………………… (165)
  一 处置式 ………………………………………………… (165)
  二 被动式 ………………………………………………… (182)
  三 双宾式 ………………………………………………… (191)
  四 比较式 ………………………………………………… (193)
  五 连谓式、兼语式、存现式 …………………………… (196)
第五节 句类 ………………………………………………… (198)
  一 陈述句 ………………………………………………… (198)
  二 疑问句 ………………………………………………… (199)
  三 祈使句 ………………………………………………… (205)
  四 感叹句 ………………………………………………… (206)

# 第四章 滑县方言词汇 ………………………………………… (207)
第一节 合音词与分音词 …………………………………… (207)
  一 合音词 ………………………………………………… (207)
  二 分音词 ………………………………………………… (209)
第二节 "圪"头词 …………………………………………… (210)
  一 "圪"头词的分布及语法功能 ……………………… (210)
  二 结构类型 ……………………………………………… (211)
第三节 古语词 ……………………………………………… (214)
  一 单音节古语词 ………………………………………… (214)
  二 双音节古语词 ………………………………………… (226)
第四节 成语、惯用语、谚语与歇后语 …………………… (229)
  一 成语与四字习语 ……………………………………… (229)
  二 惯用语 ………………………………………………… (229)
  三 谚语 …………………………………………………… (230)
  四 歇后语 ………………………………………………… (231)
第五节 滑县民俗及地域文化中的方言词 ………………… (233)
  一 地名 …………………………………………………… (233)
  二 建筑名称 ……………………………………………… (234)
  三 地理气候用语 ………………………………………… (234)

四　饮食文化用语 …………………………………（235）
　　五　节日语言 ……………………………………（237）
　　六　婚俗语言 ……………………………………（239）
　　七　殡葬习俗语言 ………………………………（244）
　　八　游戏用语 ……………………………………（248）
　　九　草的用语 ……………………………………（248）
　　十　袖里交易 ……………………………………（248）
第六节　滑县的亲属称谓 ……………………………（249）
　　一　亲属称谓的分类 ……………………………（249）
　　二　特点 …………………………………………（252）
第七节　滑县词汇分类表 ……………………………（253）

参考文献 …………………………………………………（316）

后　记 ……………………………………………………（327）

# 第一章　概述

## 第一节　滑县概况

### 一　地理人口简述

滑县位于豫北平原，与濮阳、延津、浚县、长垣、封丘、内黄接壤。县城道口镇南距郑州市 130 公里，北距安阳市 70 公里，东北距濮阳市 53 公里，西南距新乡市 70 公里，西北距鹤壁新市区 25 公里。全县面积 1814 平方公里，耕地面积 195.21 万亩。

截至 2018 年，滑县辖 3 个街道、14 个镇、6 个乡：道口街道、城关街道、锦和街道、白道口镇、留固镇、上官镇、牛屯镇、万古镇、高平镇、王庄镇、老店镇、慈周寨镇、焦虎镇、四间房镇、八里营镇、赵营镇、半坡店镇、枣村乡、大寨乡、桑村乡、老爷庙乡、瓦岗寨乡、小铺乡。2014 年 2 月，道口古镇被国家住房和城乡建设部、国家文物局联合公布为"中国历史文化名镇"。

2018 年末，滑县总人口 139.05 万人，常住人口 107.1 万人。全县以汉族为主，还有 10 个少数民族：回族、满族、壮族、藏族、土族、苗族、蒙古族、朝鲜族、布依族等。少数民族都是由于工作、婚姻等关系由外地迁入的。

滑县气候湿润，雨量较充沛，平均气温 13.7 度，平均降水量 634.3 毫米，日照 2365.5 小时，无霜期 201 天，适宜小麦、玉米、大豆、花生、棉花、红薯等农作物生长。滑县是中原经济区粮食生产核心区、河南省第一产粮大县、中国粮食生产先进单位、中国唯一的粮食生产先进县标兵"十一连冠"（截至 2013 年），有"豫北粮仓"之称。

大运河滑县段属隋唐大运河永济渠的一个重要点段，又称卫河。战国时期称清水或清河，是黄河的故道。东汉末年曹操引淇水入白沟，自此至 20 世纪 70 年代，这条河道持续通航 1800 余年，是华北平原上沟通大江南北的重要通道，对于文化交流、政治统一、经济往来都发挥了重要作用。

道口古镇的兴起兴盛，直接得益于大运河发达的漕运。据记载，隋代以后，卫河水路上达百泉，下抵天津，水中"帆墙林立"，三百万之民船，四时畅行，南粮北运，津货南来，陆"通梁达燕、运卫仰鲁"，路上"轮蹄徒旅"。好一片繁华昌盛的景象。

明清至民国年间，每日往来于河南新乡、天津间的船只数以千计，沟通了津、冀、鲁、豫、晋等省的30多个大小城镇。因河而兴的道口古镇商贾云集，贸易繁盛，"日进斗金"，有"小天津"的美誉。

现今大运河滑县段虽没有了昔日的"四时畅行"，但依然保存了大量的历史遗迹，拥有较为完整的人工河道和堤防体系，在我国大运河中占据重要位置，向我们展示了古代滑县人民的勤劳和智慧。

大运河滑县段现有原生态古河道8.24公里、古码头9座、古城墙3000米、明清街区古建筑1122间。河道、码头、城墙、历史街区、祭祀庙宇等形成了"五位一体"的历史遗存，它是大运河永济渠段保存最为完好、内涵最为丰富的河段之一。

大运河繁荣了地域经济，孕育了丰厚的运河文化。走进道口古镇的老街，你可以清晰地看到时间的足迹。欧式风格的洋房，古色古香的同和裕银号分号，义兴张老字号烧鸡老铺，以及隐藏在胡同里保存完整的四合院……

现存的道口古镇，沿河而立的顺南老街、顺北老街、一面街，全长约3000米。据统计，这座古镇现有老门店、老房屋500余间；老字号5处；老钱庄1处；老票号1处；老胡同16条；老庙宇2处；老码头5处；老水闸4处。

除此之外，这座古城还拥有国家级非物质文化遗产滑县大弦戏、滑县大平调、滑县二夹弦、滑县木版年画；省级非物质文化遗产有道口古庙会、莲花灯、背阁、抬阁等；道口锡器1915年荣获巴拿马万国商品博览会金奖，道口烧鸡驰名中外。

以上参考了滑县政府网和《滑县志》。

## 二　历史文化简述

滑县历史悠久，文化灿烂，是华夏文化的主要发祥地之一。滑县之名始于明洪武七年（1374）。

《重修滑县志》记载："周公次八子伯爵封于滑，为滑伯。"滑伯本姬姓，后裔改为滑氏。《元和志》云："滑氏为垒，后人增以为城，临河有台，故曰滑台城。"《水经注》曰："旧说，滑台人自修筑此城，因以名焉。" 魏徙治于滑台（今县城东），盖因滑台城而得名"滑"。

春秋时，滑县为卫国的曹邑。秦汉之时，以境内有白马山，滑境称白马县，隶属东郡。隋至明初，滑县称滑州。明洪武三年（1370），废白马县入滑州。七年降滑州为滑县。清雍正三年（1725），滑县改属河南卫辉府。1914年，裁并府、州，滑县隶属豫北道。17年，改属河南省第三行政区划专区。1949年11月，县政府自万集村（现属八里营乡）迁至道口镇，隶属平原省濮阳专区。1952年11月，平原省撤消，滑县复归河南省，属安阳专区。1983年成立濮阳市，归濮阳市。1986年2月，改属安阳市。2011年6月1日，滑县被确定为河南省10个省直管县体制改革试点之一。2014年1月1日，滑县正式成为河南省省直管县。

境内名胜古迹众多，著名的瓦岗寨遗址、国家级重点文物明福寺塔、欧阳书院正在开发建设。其他遗址还有：卫国都城遗址、张家遗址、白云观遗址、瓦岗军点将台遗址、李文成故居遗址、惠子冢、晏子墓、翟义冢等。

景点主要有：明福寺塔、欧阳书院、千翠湖、皇姑寺塔、天锡殿、宋文恪公祠堂、森林公园、广济桥、滑县民俗博物院。

滑县特产主要有：道口烧鸡、滑县木版画、琉璃盆、琉璃瓦、老庙牛肉、牛屯火烧、万古羊肉卤。已有近400年历史的地方特产道口烧鸡被誉为"中华第一鸡"，荣获国家传统知名品牌原产地域保护。2009年，道口镇因盛产烧鸡被中国食品工业协会授予"中国烧鸡名城"荣誉称号。滑县木版年画、大弦戏、大平调等被列入国家级非物质文化遗产名录，道口锡器、秦氏绢艺、安绣、故道家纺老粗布等民间工艺驰名中外。

以上主要参考2018年5月滑县人民政府官网和《滑县志》。

裴泽仁（1988）指出，元末明初的农民起义推翻了元朝统治而建立了明王朝，但同时也造成了北方地区的大量荒田，中原更是人口锐减，地处豫北西部的获嘉县，洪武二十四年全县只有人口二万九千七百零一，获嘉北面的辉县则更少，仅有一万五千二百六十八人。有记载的豫北其他县的人口大约都如此。明初豫北人口之稀少可以想见。全国出现了"南人之众，北人之寡；南之土狭，北之土荒"的不均衡现象。朱元璋执政初期，考虑到"中原之地自兵兴以来，田多荒芜"，就设立司农司，对百姓"验其丁力，计亩给之。"此时尚未见移徙人口到河南。洪武二十一年八月，户部郎中刘九皋上书言："古者狭乡之民迁于宽乡，盖欲地不失利，民有恒业。今河北诸处，自兵后田多荒芜，居民鲜少。山东、西之民自入国朝生齿日繁，宜令分丁，徙居宽闲之地，开种田亩，如此则国赋增而民生遂矣。"户部侍郎杨靖曰："山东地广，民不必迁，山西民众，宜如其言。"朱元璋采纳了他们的建议，"迁山西泽潞二州民之无田者往彰德、真定、临清、归德、太康诸处闲旷之地。"

洪武初年户口失载。据移民后五年即洪武二十六年的统计，当时河南人口还不足山西人口的一半，只是山东人口的五分之二。《明会要》记载明代朝廷移徙人口达十五次，山西移徙人口的范围涉及豫、冀、鲁、皖等省。河南的地方史料也记载了明代的人口移徙。豫北的林县、汤阴、获嘉、修武、武陟、孟县、清丰、浚县、延津、封丘县等均将此事载入县志。正史记载的移徙均为官方组织的较大规模的人口流动，止于永乐三年。但地方史料记载，直至清初仍有人数不多的山西泽州百姓移居豫北西部。

黄河下游河道经历了从北到南，又从南再到北的大循环摆动。其中决口、改道不计其数。大体上以孟津为顶点，在北抵天津、南界淮河的这样一个大三角洲上，都是黄河改道迁徙的范围。河流决口后放弃原来河床而另循新道称为改道，黄河由于多沙善淤，变迁无常，改道十分频繁，中游的宁夏银川平原，内蒙古河套平原一带的黄河河道都曾多次变迁，但影响重大的是黄河下游河道改道。据《汉书·地理志》与《水经注》里的"大河故道"，故道自今河南浚县西南东北流经滑县南、濮阳西、河北大名东、山东高唐南，折北经德州市东、河北南皮西，又东北至沧县西，又东北至黄骅县境入海。武帝时在今濮阳南决口，东南流注巨野泽通于淮泗，后二十余年始塞。元、成后屡决，或在今山东滨县治附近入海。宋建炎二年（1128）东京留守杜充于滑县西南人为决河，遂使河道东决夺泗入淮。自后河道极为混乱。总的情况是：重要决口西移，正流不再经过河南浚县、滑县间。经常数道并行，彼此迭为主、副。东流则或由马颊河、或由徒骇河、或由北清河（今山东东平以下黄河）入海，南流则夺泗、汴、睢、涡、颍等水由淮入海。初以南流为主，东流为副，终于尽断东流。南流诸道中又以自今河南原阳乱汴、睢故道东出徐州由泗入淮为主。河南的地名反映了黄河改道的事实。如滑县半坡店乡的沙浮沱、申寨、老河寨、刘堤、半坡店等村名，反映了这里是黄河故道的事实。

滑县的地名很有特色，如道口古为黄河渡口，李氏在此摆渡为生，名李家道口。清代称道口镇。1949年滑县人民政府由万集迁到此处。城关于明洪武七年（1347）为滑县治所。小铺在滑县县城南6公里处，相传，明洪武年间，由山西洪洞县迁民于黄河故道一荒坡上，始搭俩个草铺，称南北草坡，后设店铺，因本村较北草坡居民少，取名小铺。相传，莫庄是因为明代莫老六由本县小铺乡中寺迁此而得名。莫洼在滑县县城西南约10公里处，因地处莫庄南洼，故名莫洼。白道口在滑县县城东北22公里的金堤上，相传，唐代为黄河渡口，白氏在此以摆渡为生，称白家道口，后简称为白道口。焦虎在滑县县城南30公里，柳青河上游，相传，明初焦虎从山西洪洞县迁此建村，村以人名。瓦岗寨在滑县县城东南29公里处，原名瓦岗，隋朝大业七年（611），翟让领导农民起义，在此安营扎寨，改名瓦岗寨，现有瓦岗军点将台遗址等。慈周寨在滑县县城东南28公里处，隋末，以翟让为首的瓦岗军在此聚兵筑寨，周济饥民，故名。牛屯在滑县县城西南34公里处，传说因牛姓官员居此，故名牛仕屯，简称牛屯。清同治初，牛市屯、元武镇等四村合一，统称牛市屯集，后简称牛屯。

再如半坡店镇的沙浮沱、申寨、老河寨、刘堤、半坡店村。半坡店村（包括半南、半北村）在滑县县城西南26公里，柳青河南侧，相传，明永乐年间荣氏夫妇自山西洪洞县迁居此古黄河西岸半坡处，开设饭店，故名。浮沱源于蒙古语，是水边的村寨意思，也有人认为，浮沱是地势低洼的意思。陕西西安有4个叫"浮沱"的村子，分别是：曲江的金浮沱村、城北的马浮沱村、浮沱村(也叫浮沱寨)和城南的沙浮沱村，前3个都是因为在水边而取名为浮沱。只有后一个沙浮沱的名字不是，沙浮沱村的村志说，沙浮沱曾经名为"华林堡"，1981年才改为"沙浮沱"。笔者的老家是滑县半坡店镇沙浮沱村，有可能是沙土较多的水边村寨的意思。滑县城关镇也有一个浮沱村。

过去，有些村里的人对说普通话很有意见，调查中，发音人说，滑县沙浮沱村在三十年前有个青年去外地当兵了，两年后回家，别人问他："啥时候回来哩？"他用普通话说："昨晚回来的。"他爹一巴掌扇过去，说道："坐碗（昨晚）回来嘞，你还坐锅回来嘞。"青年赶紧改口用滑县话："夜个黑回来嘞。"

笔者1992年在滑县师范学校读书时，同学中间流传学普通话的一些趣事。有个同学在学普通话，他想说"我去买个皮带"。他用普通话的腔调而还用滑县词汇，说："俺去买个束腰带$^z$。"

根据众多历史地理资料，以及广西壮、汉人大量族谱记载，广西白马移民与滑县有着众多渊源，滑县正在组织编撰《滑县与白马移民》等相关文史资料，未来笔者也会调查广西白马移民的方言，以与滑县方言比较。

## 第二节 河南方言研究现状

河南方言研究文章最早可见的是1935年以河南通志馆的名义发表于《河南教育月刊》上的《河南方言调查》。然后是赵月朋（1958）的《洛阳方言中的一些现象》。

贺巍先生成果丰富，研究方向集中在豫西中原官话的洛阳方言和豫北晋语的获嘉方言上，他的论著涉及到了中原官话的分期、语音、词汇、语法等方面，如：《中和方言的"阫""骨""圪"》（1959）、《获嘉方言的连读变调》（1979）、《获嘉方言研究》（1989）、《洛阳方言词典》（1996）。《洛阳方言词典》（1996）是河南第一部地方方言词典。这些成就奠定了贺巍先生在河南方言研究领域乃至整个方言学界的地位。

张启焕等人（1993）的《河南方言研究》是人们全面了解河南方言概况的一本专著。

还有一些论著从语音系统、音变、词汇、语法等方面对单点方言进行了研究，如宋玉柱（1982）《林县方言的几个语法特点》；周庆生（1987）《郑州方言的声韵调》；丁声树（1989）《河南省遂平方言记略》；严兆厚（1989）《信阳方言中的特殊语言现象》；许仰民（1994）《信阳方言声韵调系统及其特点》；王森《荥阳（广武）方言的合音词和分音词》（1994），《济源方言形容词的级》（1996），《郑州荥阳（广武）方言的变韵》（1998）；丁全《南阳方言韵母说略》（1995），《南阳方言中的程度副词》（2000），《南阳方言中的特殊副词》（2001）；李宇明《泌阳方言的儿化及儿化闪音》（1996），《泌阳话性质形容词的重叠及有关的节律问题》（1996）；刘冬冰《开封方言记略》（1997），《关于开封方言研究的视野》（2001）；赵清治（1998）《长葛方言的动词变韵》；王芳（2000）《安阳方言中的语缀"的"》；陈卫恒（2003）《林州方言子尾读音研究》；郭熙（2005）《河南境内中原官话的"哩"》；张雪平（2005）《河南叶县话的"叫"字句》；高永奇《浚县方言中的体貌系统初探》（2006）；辛永芬《河南浚县方言的动词变韵》（2006），《河南浚县方言的子变韵》（2006），《豫北浚县方言的代词复指型处置式》（2011）；王自万（2011）《开封方言变韵的几个问题》；孙红举（2012）《河南鲁山方言的相对程度副词"通"》；王素改（2012）《河南濮阳方言中的前置话题标记"都"》；杨正超（2013）《中原官话唐河方言形容词短语儿化研究——兼与其他次方言同类现象比较》；段亚广《河南宁陵方言音系》（2013），《中古铎药觉三韵在汴洛方言中的演变》（2014）；王临惠（2013）《晋豫一带方言 Z 变音源于"头"后缀试证》；张锐锋、孔江平（2014）《河南禹州方言声调的声学及感知研究》；汪化云、李倩《河南固始方言中的"两偕"》（2015）等。

研究河南方言的博士和硕士学位论文也很多，如李孝娴的《固始方言问句系统考察》（2003）；李淑娟的《禹州方言词汇研究》（2004）；刘雪霞的《河南方言语音的演变与层次》（2006）；邵彦杰（2006）的《〈东京梦华录〉词汇研究》；禹剑的《荥阳方言词汇研究》（2007）；张恒的《开封话的"给"与"给"字句》（2007）；王慧娟的《类型学视域中的项城方言被动句研究》（2013）。

刘荣琴（2009）的《滑县方言述略》第一次全面研究了滑县方言。胡伟的《半坡店话的声韵调》（2004）揭示了滑县半坡店的声韵特点；胡伟《滑县方言的疑问句》（2014）对疑问句进行了系统探索。胡伟、甘于恩的《滑县方言的处置式》（2015）对滑县方言处置式的类型进行了探讨。

## 第三节 研究意义和方法

### 一 研究意义

在过去的很长时间里，与南方方言相比官话方言的研究阵营和研究成果，一直相对薄弱。直到现在，在很多人的观念里，仍然认为北方官话和普通话没有太大的差别，没有太多的研究价值。近年来，官话方言的研究队伍在不断壮大，随着研究的深入和越来越多的资料出现，官话方言研究的价值也越来越大。它让我们认识到官话方言中同样蕴藏着丰富的资源，这些资源对于汉语史和方言史的研究价值都是不可低估的。中原官话作为官话方言的一个次方言区，目前还需要深入研究，细致深入的大面积的调查远远不够，有很多的空白有待挖掘。

中原地区长期以来是我国政治经济文化的中心地区，洛阳一带的中原雅音自秦汉以至唐宋都是我国的标准音。由于中原文化历来高于周边文化，文化通过语言向外传播，从而中原语音不断影响到周边地区的语音。汉语南方方言是经过北方方言的输入和当地土族语言（方言）融合而逐渐形成的，故南方方言的主体层大都来自中古或中古以后的中原官话，自身的土语层反而作为残存形式保留在一些口语里。

自古以来中原语音也一直在演变，"五胡乱华"对中原语音也产生了影响。中原语音一直受到更北的民族语言影响，例如源自蒙古语译音的"胡同"。而底层是中原语言的广州粤语保留了古语词"巷"。就当下的滑县方言来说，也已经大量接受或融合了其他方言。例如明代移民，山西洪洞（中原官话汾河片）一带的方言影响了滑县方言。

本书通过对滑县方言语音、语法、词汇的描写、分析和探讨，粗略勾画滑县方言的全貌，并揭示其重要特点，为汉语方言研究、现代汉语研究以及语言类型学研究等提供丰富的语言材料，为语言演变和发展提供新的认识，并为其他方言的语言研究提供能够借鉴的成果。

## 二 研究方法

本文的研究方法有：

1. 调查法。运用调查法，就是以实地调查为基础，来获得第一手资料。它是本书所运用的基本方法，是其他方法的基础。本书对滑县的 23 个乡镇及街道都进行了调查。在调查的同时，随时搜集、记录一些特殊的方言词语及各种音变，以期能从中发现一些有价值的语言现象。联系语言学的科学理论和已有的研究成果，详尽描写滑县方言的各种语言现象，科学归纳滑县方言的语言规律。我们力图在调查的基础上，对滑县方言的语言情况做如实记录，以便为后面的描写分析打下良好的基础。

2. 描写法。对方言语料作具体、客观的描写是方言研究最基础的一种方法，只有在此基础上才能做进一步的细密分析，从而得到可靠而全面的结论。尽可能准确地勾画出滑县方言的整体面貌和重要特点。

3. 比较法。比较法分共时比较法和历时比较法两种。共时比较，也是一种横向比较，是指滑县地区各个方言点之间对比，或与其他方言及共同语对比。通过这些对比，可以对某些语音现象进行合理有效的解释。历时比较，也是一种纵向比较，是指滑县方言与历代汉语共同语或方言作比较。经过比较可以了解滑县地区语言所反映的历史层次以及方言演变的历史过程，探索方言现象背后隐藏的普遍规律以及方言特殊现象的演变机制和演变轨迹。

总之，大量的调查材料是各项论断信而有征的保证；描写是进一步分析解释的前提；比较是提出问题，揭示规律的途径。三种方法环环相扣，能大大增强本书研究过程的科学性与结论的可信度。

## 第四节 语料来源和体例说明

### 一 语料来源

有关滑县方言的语料主要来自于笔者的田野调查，有些方言例句是笔者自拟并经过核实得来的。笔者是滑县半坡店镇沙浮沱村人，25 岁之前一直在滑县生活，说地道流利的滑县话。半坡店话和滑县城里的语音没有明显差别。笔者在广州工作后也经常回家，与家乡人保持着密切的联系。

主要发音合作人情况：

胡某，男，75岁，高中，半坡店镇，退休工人。
陈某，女，71岁，中师，半坡店镇，小学退休教师。
胡某，男，48岁，研究生，半坡店镇，中学教师。
胡某，女，42岁，博士生，半坡店镇，大学教授。
霍某，男，57岁，研究生，半坡店镇，公务员。
张某，男，43岁，研究生，半坡店镇，公务员。
卜某，男，43岁，大学，半坡店镇，小学教师。
魏某，男，44岁，博士，牛屯镇，大学教授。
刘某，男，42岁，大学，道口街道，教育局。
张某，女，40岁，大学，道口街道，公安局。
丁某，女，40岁，大学，道口街道，小学教师。
耿某，男，43岁，大学，老店镇，初中教师。
毛某，女，41岁，大学，上官镇，初中教师。
位某，男，41岁，大学，桑村乡，小学教师。
冯某，男，43岁，大学，焦虎镇，小学教师。
聂某，女，41岁，大学，老庙乡，初中教师。
郝某，男，43岁，大学，八里营镇，初中教师。
米某，男，42岁，大学，八里营镇，初中教师。
王某，男，41岁，研究生，白道口镇，律师。
陈某，女，43岁，初中，王庄镇，农民。
陈某，男，42岁，大学，万古镇，初中教师。
张某，男，42岁，大学，万古镇，初中教师。
刘某，男，41岁，大学，城关街道，初中教师。
王某，女，42岁，大学，慈周寨镇，初中教师。
王某，女，43岁，大学，赵营镇，初中教师。
郭某，女，42岁，大学，瓦岗寨乡，初中教师。

以上是本书的主要发音合作人。除此之外还有多人提供过发音，但因时间较短，没有列出。

## 二　体例说明

方言语料中一般采用本字标写，本字不明或考不出本字的用同音字替代，所用的同音字一般随文注明，不做统一标注。无同音字可写时用"□"标示。

标音一律采用国际音标，行文中在音标外加上方括号"[ ]"。非轻声音节的调值用数字标示，标在音节的右上方。轻声音节不标调值。

滑县方言中的音变现象丰富，借鉴贺巍（1989）、辛永芬（2006）的做法，子变韵在本韵字右上方加标"Z"，如"桌$^Z$"；D变韵在本韵字右上方加标"D"，如"卖$^D$"；合音词在前字的右上方加标"H"，如"起$^H$"。

与方言例句相对应的普通话意思，在例句后用小号字加以说明，较容易理解的或不做说明或只做个别字词的说明。

不合语法的句子用"*"标在例句前面。两可的情况用"/"标明。例句中表示可用可不用的情况，加标"（）"。

# 第二章　滑县方言语音

## 第一节　声韵调与同音字汇

### 一　滑县方言的声韵调

汉语一直是滑县境内的通用语言。明初来自山西的大量移民对滑县方言产生了巨大的影响，滑县方言和山西方言（晋语）有一定的关系，例如"合音词""分音词""圪头词""子变韵"以及动词、形容词、名词的变韵等等。据贺巍（2005），滑县方言属于中原官话郑开片。

滑县可分为三个方言区：道口镇街道（县城所在地）、半坡店镇、小铺乡、王庄镇等大部分乡镇为第一方言区；南部的牛屯镇和焦虎镇的部分村庄因与长垣县接壤为第二方言区；东部的桑村乡、大寨乡、赵营镇因紧邻濮阳县为第三方言区。这三个方言区的语音差别最大，然后是词汇，差别最小的是语法。

笔者赞同刘荣琴（2009）对滑县方言的分析，第一方言区的韵母读音和普通话差别比较大，一部分韵母[ai][ei][iɛ][o][ɤ]读成了[ɛ]，一部分韵母错读为[iau]。

第二方言区的牛屯镇和焦虎镇部分村庄因和长垣毗邻，方言和长垣的发音近似，方言中没有前鼻音韵母[n]，韵母为[an][ən][in][yun][iɛn][uan][uən][yan]读作相应的[ai][ei][iei][yei][iɛi][uai][uei][yai]。俗话说"三里不同音"，牛屯镇和焦虎镇部分村庄舌尖后音分派为舌尖前音与舌面音，家乡人谓之"轻嘴儿"。表现在以下两个方面：①把舌尖后音[tʂ][tʂʰ][ʂ]发成了舌尖前音[ts][tsʰ][s]。如把"找到"读作"早到"，"重来"读作"从来"，"诗人"读作"私人"。如果读绕口令：石狮寺前有四十四个石狮子，寺前的树上结了四十四个涩柿子。外乡人听起来几乎全成了[sɿ][sɿ]之音，如坠五里雾中，茫茫然不辨南北西东。②把舌尖后音[tʂ][tʂʰ][ʂ]发成舌面音[tɕ][tɕʰ][ɕ]。如把"知道"读成"几到"，

"串门"读做"窜门","少爷"读为"扫爷"。"少爷串门到诗人家"就成了"扫爷窜门到私人家"。知道了这两条规律,滑县牛屯镇人学普通话就可以按照规律对舌尖前音、舌尖后音和舌面音归类,分清类别,并注意个别记忆。

第三方言区桑村乡、大寨乡、赵营镇因靠近濮阳县而受影响,把舌尖后音声母[tʂ][tʂh][ʂ]和舌尖前音声母[ts][tsh][s]读成了相应的舌面前音声母[tɕ][tɕh][ɕ]。

滑县方言的调类名词和普通话相同,有四个声调,调值却不一样。滑县方言区分尖音和团音,如把"尖、千、先"读作[tsian][tsʰian][sian]。

滑县半坡店话和滑县城里的语音没有明显差别。所以下面记录的是半坡店话的声母、韵母、声调系统。

声母(22个,包括零声母)

| p 八包班帮百 | pʰ 爬派抛胖泼 | m 马买毛忙麦 | f 夫饭分风发 | |
| t 大店到当答 | tʰ 太同踢堂谈 | n 怒难农拿暖 | | l 兰路连龙辣 |
| ts 资精节脊赠 | tsʰ 粗枪娶仓醋 | | s 三修僧嫂习 | |
| tʂ 知抓照真争 | tʂʰ 茶吃吵愁虫 | | ʂ 山师生收书 | ʐ 日入人忍让 |
| tɕ 记娇经见九 | tɕʰ 去勤起旗强 | | ɕ 戏乡羞县霞 | |
| k 贵格谷挂刚 | kʰ 课开哭看空 | | x 话寒孩坏黄 | |
| ø 闻午而言缘 | | | | |

说明:

滑县半坡店话的声母与普通话的声母相同。泥母字中,当声母与开口呼、合口呼韵母相拼时是[n],当声母与齐齿呼和撮口呼相拼时实际音值是舌面浊鼻音[ɲ],统一记为[n]。舌根浊擦音[ɣ]出现的条件是原零声母音节开口呼(即疑母和影母部分一、二等字)的前面,与合口呼、齐齿呼、撮口呼零声母音节呈互补分布,从音位上考虑进行了合并。半坡店话整体上分尖团音,"脊"读成[tsɿ],"亲"读成[tsʰin],"习"读成[sɿ]。

韵母(42个)

| ɿ 子词思紫死 | i 底地意急踢 | u 故鹿五木堵 | y 雨虚鱼女驴 |
| ʅ 支知吃日师 | ɚ 蛇舌车遮热 | | |
| ər 耳二儿尔而 | | | |
| a 八爬拉马大 | ia 家假牙下掐 | ua 花瓜夸瓦抓 | |

续表

|  |  | uo 锅过落活握 | yo 乐确药脚学 |
|---|---|---|---|
| ɤ 河割喝可鹅 |  |  |  |
| ɛ 白拍塞麦黑 | iɛ 街野铁介歇 | uɛ 国或惑 | yɛ 靴鹊月雪撅 |
| ʮ 住出书输除 | ʮə 说拙 |  |  |
| ai 钙开买害钗 |  | uai 怪甩坏快歪 |  |
| ei 杯美赔肥给 |  | uei 贵雷泪腿推 |  |
| au 饱逃桃烧袄 | iau 跳教鸟笑聊 |  |  |
| ou 豆抽收抠藕 | iou 六九球袖又 |  |  |
| an 蛋三竿喊安 | ian 间检咸眼练 | uan 短酸关穿晚 | yan 圈劝园轩卷 |
| ən 根啃狠摁枕 | in 紧淋邻心琴 | uən 荤温准春顺 | yən 云裙运勋军 |
| aŋ 挡桑棒房胖 | iaŋ 江枪想羊凉 | uaŋ 光窗装双网 |  |
| əŋ 羹坑生捧蹦 | iəŋ 令醒井清鹰 | uəŋ 红冻捅翁东 | yəŋ 琼穷炯熊涌 |

说明：

变韵系统不在基本韵中显示。半坡店话的韵母总数多于普通话的韵母，普通话语音系统的韵母为 39 个，而半坡店话的韵母为 42 个。[a]包括 3 个音值，在[ai uai an ian uan yan]里是前[a]，在[a ia ua]里是央[ᴀ]，在[au iau aŋ iaŋ uaŋ]里近于后[ɑ]。 [ə]在[uən yən iəŋ uəŋ]里只是一个过渡的流音，不是主要元音。普通话中[o]韵母的字，在半坡店话中韵母大部分读为[ɤ]（波摸），个别读为[ɛ]（伯迫）。半坡店话中韵母为[yo]的这类字都是古代的入声字，[yo]韵主要来自中古宕摄开口三等药韵的精组、见组和影母字以及江摄开口二等觉韵的见组字和晓母字。中古曾摄开口一等德韵、梗摄开口二等陌韵、梗摄开口二等麦韵的字现多读[ɛ]韵，它们多是中古时期的入声字。

## 声调（4 个）

| 阴平[˨˦]24 东通哭百麦 | 阳平[˥˨]52 门龙平敌白 |
|---|---|
| 上声[˥˥]55 懂古苦买纸 | 去声[˧˩˨]312 布步柱玉动 |

说明：

滑县半坡店话与普通话调类数目都是四个，但调值却不相同。半坡店话中除了上声之外，调值多低于普通话的调值，其中阳平调和上声调与普通话声调相差较大，阳平调在普通话中是升调，而在半坡店话中是降调，上声调在普通话中是降升调，而在半坡店话中却是平调，去声调半坡店话起音低于普通话。

表 2-1　　　　　　　滑县半坡店话调值与普通话调值比较

| 调类 | 滑县半坡店话调值 | 普通话调值 | 例字 |
| --- | --- | --- | --- |
| 阴平 | 24 | 55 | 高竹专低黑 |
| 阳平 | 52 | 35 | 穷才寒鹅明 |
| 上声 | 55 | 214 | 古口伟手走 |
| 去声 | 312 | 51 | 坐近盖六对 |

半坡店话与中古音的调类比较。半坡店话中现在已经没有入声，古入声字已经被分派到阴阳上去四个调类中。但分派到四个调类中的规律与普通话语音系统中的分派规律有所不同。在普通话语音系统中全浊入声字归阳平，次浊入声字归去声，清声母入声字归阴阳上去。古入声字在半坡店话中分派到阴阳上去四个调类中不像普通话中归入到去声调类的字多，而是归入到阴平调类的字多。古入声字中的全浊声母字多归阳平，古清声母入声字多归阴平，次浊入声字多归阴平，全浊入声字多归阳平。半坡店话中已不知道哪些是入声字，但可根据韵母的变化推测出部分入声字，如普通话里没有[yo]韵，现在半坡店话中读[yo]韵的这些字都是古入声字，如"鹊、学、削、脚、觉、确、钥"等。再如半坡店话把普通话一部分[ai][ei][ɤ][o]韵母的字读作[ɛ]韵字，这部分字也都是古入声字，如"舌、责、劣、拍、麦、客、黑、国、摘、测、刻"等字。

表 2-2　　　　　　　　半坡店话与中古音调类比较

| 古调类 | | | 阴平 24 | 阳平 52 | 上声 55 | 去声 312 |
| --- | --- | --- | --- | --- | --- | --- |
| 平声 | 古清声母 | | 刚知开飞超 | | | |
| | 古声浊母 | 次浊 | | 鹅娘人龙难 | | |
| | | 全浊 | | 穷床寒时陈 | | |
| 上声 | 古清声母 | | | | 古展口好手 | |
| | 古声浊母 | 次浊 | | | 五女老暖买 | |
| | | 全浊 | | | | 近是厚父 |
| 去声 | 古清声母 | | | | | 盖帐抗汉 |
| | 古声浊母 | 次浊 | | | | 岸怒帽用 |
| | | 全浊 | | | | 共阵助树 |
| 入声 | 古清声母 | | 竹职出七 | 急匹给别 | 叔恰设毕 | 泄屑阔错 |
| | 古声浊母 | 次浊 | 岳纳麦药 | | | 六物妾溺 |
| | | 全浊 | | 局杂白合 | 昨闸袭 | |

## 二 滑县方言的同音字汇

下面是滑县方言的同音字汇。

新派、老派、又读分别在字下加注小字说明。写不出本字的用"□"代替，举例用"～"代替被释字。

| | ɿ |
|---|---|
| ts | [⁄]资姿咨兹滋辎淄滓 [\]紫姊子梓 [ᴠ]自字 |
| tsʰ | [⁄]疵差参～ [ᴠ]雌瓷慈磁辞祠词 [\]此 [ᴠ]刺赐次伺 |
| s | [⁄]斯厮撕私思丝司思嗣 [ᴠ]饲 [\]死 [ᴠ]四肆似巳祀寺 |
| | ʅ |
| tʂ | [⁄]知蜘支枝肢只~有脂之芝执汁秩质织职只一~ [ᴠ]趾阯直值植殖 [\]纸指旨止址 [ᴠ]智致导~稚至置峙痔治痣志掷炙滞制~度 |
| tʂʰ | [⁄]眵尺吃 [ᴠ]池驰迟 [\]豉痴耻持噌齿赤 [ᴠ]侈翅斥 |
| ʂ | [⁄]师狮尸分~嗜诗湿失蚀式识适 [ᴠ]时十拾实室食石~头 [\]矢施布~屎史使驶始 [ᴠ]视匙是氏示士仕柿事试市恃侍饰释势誓逝 |
| ʐ | [⁄]日骂词 [ᴠ]日～本 |
| | i |
| p | [⁄]屄逼 [ᴠ]鼻必 [\]彼比秕毕鄙 [ᴠ]蔽敝弊币毙篦闭陛鏖臂避滗弼碧壁壁瘪 |
| pʰ | [⁄]批劈霹 [ᴠ]皮疲脾庀琵枇痞匹 [ᴠ]屁癖僻 |
| m | [⁄]秘泌密蜜 [ᴠ]迷糜弥靡 [\]米 [ᴠ]谜觅 |
| t | [⁄]低堤滴 [ᴠ]嫡狄笛敌籴涤 [\]底抵的目~ [ᴠ]帝蒂弟第递地 |
| tʰ | [⁄]梯屜剔踢 [ᴠ]提蹄啼 [\]体题 [ᴠ]替涕剃 |
| l | [⁄]立笠粒栗力 [ᴠ]犁黎丽篱璃梨厘狸 [\]礼李里长度计量单位,一里等于500米理里~面鲤 [ᴠ]例厉励隶莉荔离利痢吏历 |
| ts | [⁄]辑脊迹积绩即鲫疾稷籍 [\]挤 [ᴠ]祭系~鞋带际济剂集 |
| tsʰ | [⁄]妻凄七漆戚 [ᴠ]齐脐 [\]砌 |
| s | [⁄]西息熄昔惜析锡犀膝袭悉 [ᴠ]媳习席草～ [\]洗玺 [ᴠ]细 |
| tɕ | [⁄]鸡鹡奇～数饥肌几茶～基姬机级及缉吉极激击讥 [ᴠ]急己几～平戟 [ᴠ]稽计继寄技妓冀纪记忌既季棘屐寂 |
| tɕʰ | [⁄]欺期栖 [ᴠ]奇~怪骑岐杞棋旗 [\]启企箕起其岂祈讫乞 [ᴠ]契器弃气汽泣 |

续表

| | | |
|---|---|---|
| n | [˩]泥倪拟匿逆尼呢~大衣 [˥]你 [˦]溺腻 | |
| ɕ | [˩]溪兮徙牺熙稀吸蟋隙夕 [˥]嬉嘻禧喜希 [˦]奚~落系~统戏 | |
| ø | [˩]矣怡衣揖一壹 [˥]诣移伊姨夷疑贻异沂毅遗邑抑翼译役疫 [˥]椅倚以已依乙 [˦]艺宜仪蚁谊义议易容~懿肄医意逸忆亿益亦易贸~ | |
| u | | |
| p | [˩]不 [˥]醭 [˥]补捕 [˦]布~料怖部步菢卜占~ | |
| pʰ | [˩]铺~张扑 [˥]菩葡 [˥]谱普浦蒲脯朴仆~人瀑 [˦]铺店~ | |
| m | [˩]木沐 [˥]谋 [˥]某亩牡母拇 [˦]暮慕墓募幕 | |
| f | [˩]夫肤麸符芙妇佛仿~幅福辐服蝠复~印 [˥]俯赋咐敷俘孵抚赴讣扶腐附否浮腹覆伏袱 [˦]府斧釜辅 [˦]付傅父富副负 | |
| t | [˩]都~市督 [˥]独读犊毒 [˥]堵赌 [˦]妒杜肚~子度~量渡镀 | |
| tʰ | [˩]突凸秃 [˥]途屠徒图 [˥]土吐涂 [˦]唾~沫兔 | |
| n | [˥]奴努 [˦]怒 | |
| l | [˩]鹿禄陆录 [˥]卢炉芦鲁庐 [˥]卤赂 [˦]路露鹭 | |
| ts | [˩]足新 [˥]卒族 [˥]租祖组阻 | |
| tsʰ | [˩]粗猝仓~促督 [˦]醋 | |
| s | [˩]苏酥塑速 [˦]素诉嗉肃粟 | |
| tʂ | [˩]株竹逐烛触接~ [˥]轴 [˥]嘱 [˦]助筑祝 | |
| tʂʰ | [˩]初 [˥]锄雏 [˥]楚础 [˦]畜~牲 | |
| ʂ | [˩]梳疏~远蔬疏注 [˥]舒恕枢淑赎束 [˥]暑熟 [˥]数~落叔蜀属 [˦]数~目漱 | |
| ʐ | [˩]褥 [˥]辱 | |
| k | [˩]姑孤箍辜故骨谷山~ [˥]古估股鼓蛊 [˦]固锢雇顾 | |
| kʰ | [˩]窟哭 [˥]枯苦 [˦]库裤酷 | |
| x | [˩]呼乎蝴忽 [˥]胡湖糊狐壶葫核~桃 [˥]喉斛石~ [˦]虎 [˦]浒户沪互护 | |
| ø | [˩]乌污巫诬屋侮 [˥]吴蜈梧无戊 [˥]五伍午武舞鹉 [˦]误悟恶可~务雾勿物 | |
| y | | |
| l | [˩]捋律率效~绿 [˥]驴 [˥]吕旅缕屡 [˦]虑滤履 | |
| ts | [˩]足老 [˦]聚 | |
| tsʰ | [˩]蛆 [˥]取娶 [˦]趣 | |
| s | [˩]须必~宿住~需 [˥]徐俗 [˦]序絮叙绪婿胥 | |
| tɕ | [˩]车~马炮拘驹橘菊鞠居 [˥]据距矩剧局 [˥]举 [˦]锯拒句具惧俱 | |
| tɕʰ | [˩]区地~驱躯岖屈曲歌~ [˥]趋 [˦]渠衢 [˦]去 | |
| n | [˥]女 | |
| ɕ | [˩]墟虚嘘吁蓄畜~牧戌恤 [˥]许 [˦]续连~ | |

续表

| ∅ | [ˇ]于~是 淤虞迂于姓氏愉域狱 [ˊ]鱼渔余愚榆俞裕 [ˇ]屿语雨禹羽 [ˋ]御防~与予誉预豫娱遇寓宇芋逾愈喻郁育玉浴欲~望 |

ɿə

| tʂ | [ˇ]褶哲蜇折~扣浙遮蔗 [ˋ]蛰惊~辙 |
| tʂʰ | [ˇ]车火~ [ˊ]扯 [ˋ]撤彻澈 |
| ʂ | [ˇ]赊 [ˊ]蛇舌折~摔 [ˇ]奢舍~不得畲设 [ˋ]射麝赦舍宿~社摄涉 |
| ʐ | [ˊ]热 [ˇ]惹 |

ər

| ∅ | [ˊ]儿 [ˇ]尔而耳饵 [ˋ]二贰 |

a

| p | [ˇ]巴芭疤吧笆八 [ˊ]拔 [ˇ]把~握 [ˋ]坝大~爸粑罢把~水喝了(介词) |
| pʰ | [ˇ]琶杷趴 [ˊ]爬 [ˋ]怕 |
| m | [ˇ]妈抹~布 [ˊ]麻 [ˇ]马码 [ˋ]骂~头 |
| f | [ˇ]法发~展 [ˊ]乏伐筏罚 |
| t | [ˇ]搭答 [ˊ]达 [ˇ]打 [ˋ]大~小 |
| tʰ | [ˇ]踏塌榻遢溻~汗塌 [ˋ]他 |
| n | [ˇ]纳 [ˊ]拿 [ˇ]哪 [ˋ]那 |
| l | [ˇ]拉垃腊蜡辣 |
| ts | [ˊ]杂 |
| tsʰ | [ˇ]擦 |
| s | [ˇ]萨 [ˋ]洒撒 |
| tʂ | [ˇ]楂渣眨扎~针 [ˊ]炸 [ˇ]馇片儿铡 [ˋ]闸 [ˋ]诈榨炸~弹乍栅 |
| tʂʰ | [ˇ]叉差~别插察 [ˊ]茶搽茬查 [ˋ]权岔 |
| ʂ | [ˇ]沙纱痧砂杀 [ˋ]傻 [ˋ]厦大~ |
| k | [ˋ]尬 |
| kʰ | [ˋ]卡饭~ |
| x | [ˇ]鰕~腰 |
| ∅ | [ˇ]啊腌 |

ia

| tɕ | [ˇ]家~教加痂稼夹~子甲胛挟 [ˊ]佳假~真贾嘉 [ˇ]假~期架驾嫁价 |
| tɕʰ | [ˇ]掐 [ˋ]恰洽 |
| ɕ | [ˇ]瞎虾 [ˊ]霞瑕遐暇狭峡匣侠辖 [ˋ]吓~一跳下~面夏厦~门 |
| ∅ | [ˇ]鸦丫鸭押压 [ˊ]牙衙蚜涯崖 [ˇ]雅哑 [ˋ]砑~平亚轧 |

续表

| | ua |
|---|---|
| tʂ | [˧]抓 [˩]爪 |
| tʂʰ | [˩]口用手猛夺 |
| ʂ | [˧]刷 [˩]耍 |
| k | [˧]瓜 [˩]寡剐刮 [˩˧]挂卦褂 |
| kʰ | [˧]夸侉 [˩]垮 [˩˧]跨 |
| x | [˧]花华中~ [˩˩]铧划~船滑猾 [˩˧]化华~山画话划计~ |
| ø | [˧]蛙~泳挖袜 [˩˩]娃 [˩]瓦~片 [˩˧]瓦~砖(动词)洼凹 |

| | uo |
|---|---|
| t | [˧]多度忖~踱 [˩˩]夺 [˩]朵躲 [˩˧]舵剁惰堕 |
| tʰ | [˧]脱托~词拓开~ [˩˩]驼驮椭 [˩]妥 |
| n | [˩˩]挪 [˩]诺 [˩˧]糯 |
| l | [˧]啰落烙洛骆乐快~络 [˩˩]罗锣箩萝螺 [˩˧]摞 |
| ts | [˧]作 [˩˩]凿嚼 [˩]撮昨左 [˩˧]坐座做 |
| tsʰ | [˧]搓 [˩˧]措错~误 |
| s | [˧]娑蓑梭唆缩 [˩]锁琐索 |
| tʂ | [˧]卓桌啄涿捉琢 [˩˩]着~火酌浊 |
| tʂʰ | [˧]绰 [˩˩]戳 |
| ʂ | [˧]搠 [˩˩]硕 [˩]所朔 |
| ʐ | [˧]若 [˩˧]弱 |
| k | [˧]锅聒郭虢 [˩]果裹 [˩˧]过 |
| kʰ | [˧]棵老颗老科老括 [˩˧]阔廓扩 |
| x | [˧]豁霍获 [˩˩]活 [˩]火伙~食 [˩˧]货祸藿惑 |
| ø | [˧]倭窝莴蜗握 [˩]我 [˩˧]卧沃 |

| | yo |
|---|---|
| tɕ | [˧]脚角觉~得 |
| tɕʰ | [˧]雀鹊确 |
| ɕ | [˩˩]学 |
| ø | [˧]疟约药钥乐音~岳五~ |

| | ɤ |
|---|---|
| p | [˧]波菠播玻拨博剥驳 [˩˩]勃薄 [˩]簸~一簸 [˩˧]簸~箕 |
| pʰ | [˧]颇坡泼 [˩˩]婆 [˩˧]破 |
| m | [˧]末沫莫寞摸 [˩˩]魔磨~刀摩模~型摹膜 [˩˧]磨石~ |
| f | [˩˩]佛~像 |

续表

| | |
|---|---|
| k | [˦]歌鸽割葛胳各阁搁格骼 [˧]哥 [˨]个 |
| kʰ | [˦]科磕渴壳棵新颗新科新 [˧]可 [˨]课 |
| x | [˦]喝~酒鹤赫 [˥]荷~花合盒何河核~对 [˨]贺吓恐~ |
| ∅ | [˦]阿恶~毒 [˥]蛾鹅俄讹鄂鳄腭愕额厄扼 [˨]饿 |
| ε | |
| p | [˦]泊停~百柏伯掰 [˥]白别~走 |
| pʰ | [˦]迫拍珀魄 |
| m | [˦]陌脉麦 |
| t | [˦]得德 |
| tʰ | [˦]忒特~别 |
| n | [˧]奶 |
| l | [˦]勒肋 |
| ts | [˥]则泽仄 |
| s | [˦]塞啬瑟 |
| tʂ | [˦]窄摘 [˥]宅择责 |
| tʂʰ | [˦]侧恻测拆册策厕 |
| ʂ | [˦]涩色 |
| k | [˦]革隔 |
| kʰ | [˦]克刻时~客 [˥]揢咳 |
| x | [˦]黑 [˥]虾~蟆 |
| ∅ | [˦]挨 |
| iε | |
| p | [˦]憋瘪鳖 [˥]别 |
| pʰ | [˦]撇 |
| m | [˦]蔑灭 |
| t | [˦]爹跌 [˥]叠蝶谍迭 |
| tʰ | [˦]帖贴铁 |
| l | [˦]猎列烈裂 |
| ts | [˦]接节 [˥]截捷 [˧]姐 [˨]借 |
| tsʰ | [˦]且切 [˨]妾 |
| s | [˦]楔 [˥]邪斜 [˧]些写 [˨]泻卸谢泄 |
| tɕ | [˦]嗟街揭竭皆秸洁 [˥]劫杰 [˧]解~释 [˨]界芥疥届戒 |
| tɕʰ | [˦]怯 [˥]茄 [˨]窃 |
| n | [˦]聂镊蹑捏 [˨]孽 |

续表

| | | |
|---|---|---|
| ɕ | [ˇ]胁歇蝎血 [ˋ]偕谐鞋携协 [˩]械屑懈解<sub>姓氏</sub>蟹 |
| ø | [ˇ]耶椰叶页业噎腋 [ˋ]爷 [˩]也野 [˩]夜液 |
| | uɛ |
| k | [ˇ]国 |
| x | [ˋ]或惑 |
| | yɛ |
| l | [ˇ]劣略 [˩]掠 |
| ts | [ˋ]绝 |
| s | [ˇ]雪削薛 [ˋ]穴 |
| tɕ | [ˇ]决诀 [ˋ]厥蕨掘爵 [˩]懕倔 |
| tɕʰ | [ˇ]缺 [ˋ]瘸 [˩]撅<sub>古同"绝"，折断，断绝</sub> |
| n | [ˇ]虐 |
| ɕ | [ˇ]靴 |
| ø | [ˇ]悦阅月曰越粤 [˩]哕 |
| | ʮ |
| tʂ | [ˇ]朱猪诸诛蛛珠 [ˋ]注~意 [˩]煮拄注~释主 [˩]驻柱住蛀铸朮<sub>白</sub>~著 |
| tʂʰ | [ˇ]出帯 [ˋ]除储厨橱 [˩]杵 [˩]处~理 |
| ʂ | [ˇ]书输~赢 [ˋ]黍庶署戍殊术 [˩]鼠墅薯 [˩]竖树 |
| ʐ | [ˇ]入 [ˋ]如 [˩]儒乳孺 |
| | ʮə |
| tʂ | [ˇ]拙 |
| ʂ | [ˇ]说 |
| | ai |
| p | [˩]摆 [˩]拜稗败 |
| pʰ | [ˋ]排簰牌徘 [˩]派 |
| m | [ˋ]埋 [˩]买 [˩]卖 |
| t | [ˇ]呆~子 [˩]逮 [˩]戴贷待怠殆代袋带 |
| tʰ | [ˇ]胎态苔 [ˋ]台~湾抬 [˩]太泰 |
| n | [˩]奶又 [˩]乃耐奈 |
| l | [ˋ]来 [˩]赖癞 |
| ts | [ˇ]灾栽 [˩]宰载<sub>年</sub> [˩]再在载~重 |
| tsʰ | [ˇ]猜 [ˋ]才材财裁 [˩]彩采踩睬 [˩]菜蔡 |
| s | [ˇ]腮鳃 [˩]赛 |
| tʂ | [ˇ]斋 [˩]债寨 |

续表

| | |
|---|---|
| tʂʰ | [˦]钗差出~ [˧˥]豺柴 |
| ʂ | [˦]筛~选 [˨˩]晒 |
| k | [˦]该 [˥˧]改 [˨˩]概溉盖丐 |
| kʰ | [˦]开 [˥˧]凯慨揩楷 |
| x | [˧˥]孩骇还~有 [˥˧]海亥 [˨˩]害 |
| ø | [˦]哀埃唉 [˥˧]矮隘蔼 [˨˩]碍爱艾 |
| uai | |
| tʂ | [˨˩]拽 |
| tʂʰ | [˥˧]揣~摩 |
| ʂ | [˦]衰摔 [˨˩]帅率~领蟀 |
| k | [˦]乖 [˥˧]拐 [˨˩]怪 |
| kʰ | [˨˩]块会~计快 |
| x | [˧˥]徊怀槐淮 [˨˩]坏 |
| ø | [˦]歪 [˨˩]外 |
| ei | |
| p | [˦]杯碑卑悲笔北 [˨˩]贝狈辈倍背~诵焙被~迫备 |
| pʰ | [˦]坯披 [˧˥]培陪赔 [˥˧]胚捧 [˨˩]沛配佩 |
| m | [˦]墨 [˧˥]梅枚媒煤玫莓眉楣媚 [˥˧]每霉美 [˨˩]妹味寐 |
| f | [˦]飞非菲~薄 [˧˥]沸肥 [˥˧]匪妃翡 [˨˩]废肺吠费 |
| n | [˥˧]馁 [˨˩]内 |
| l | [˨˩]擂类 |
| ts | [˧˥]贼 |
| ʂ | [˧˥]谁 [˨˩]睡 |
| k | [˧˥]给 |
| uei | |
| t | [˨˩]队罪兑对碓 |
| tʰ | [˦]推颓 [˥˧]腿 [˨˩]退蜕褪 |
| l | [˧˥]雷 [˥˧]儡垒 [˨˩]累连~泪 |
| ts | [˦]堆 [˥˧]嘴 [˨˩]最醉 |
| tsʰ | [˦]催崔摧 [˨˩]脆翠悴粹 |
| s | [˦]虽 [˧˥]髓随遂隧 [˨˩]碎岁 |
| tʂ | [˦]追锥 [˨˩]缀赘坠 |
| tʂʰ | [˦]吹炊 [˧˥]垂锤槌 |
| ʂ | [˥˧]水 [˨˩]税 |

续表

| | | |
|---|---|---|
| ʐ | [˩]蕊 [˥]芮锐瑞 | |
| k | [˧]圭闺规龟轨归 [˥]诡鬼 [˥]瑰剑鳜桂跪柜贵 | |
| kʰ | [˧]盔亏 [˥]魁傀奎逵葵 [˥]溃窥愧 | |
| x | [˧]恢诙灰挥辉徽 [˥]回~去 [˩]毁 [˥]贿悔晦桧会~开~秽惠慧讳卉 | |
| ∅ | [˧]惟唯薇巍威 [˥]桅帷围 [˩]危伪萎委微尾违伟苇纬 [˥]卫喂为~人民服务位维~生素未味魏畏慰胃谓猬 | |
| au | | |
| p | [˧]包胞苞 [˩]褒保宝堡饱 [˥]报抱暴豹爆鲍刨~子 | |
| pʰ | [˧]泡水~抛脬剖 [˩]袍刨~地 [˩]跑 [˥]泡~茶炮 | |
| m | [˩]毛猫茅锚矛 [˩]卯 [˥]冒帽貌茂贸 | |
| t | [˧]刀叨 [˩]岛祷捣导蹈倒打~ [˥]倒~车到稻道盗 | |
| tʰ | [˧]滔掏涛 [˩]讨桃逃淘陶 [˥]套 | |
| n | [˩]铙挠 [˩]脑恼 [˥]闹 | |
| l | [˧]唠~叨 [˩]劳捞牢痨 [˩]老姥 [˥]酪涝 | |
| ts | [˧]糟遭 [˩]早枣蚤澡 [˥]灶躁造皂燥 | |
| tsʰ | [˧]操 [˩]曹槽 [˩]草 [˥]糙 | |
| s | [˧]骚臊 [˩]嫂扫~地 | |
| tʂ | [˧]朝明~召昭招沼 [˩]找 [˥]罩笊赵兆照诏 | |
| tʂʰ | [˧]超 [˩]潮朝~代 | |
| ʂ | [˧]梢捎烧 [˩]韶绍邵 [˩]稍少多~ [˥]潲~雨哨少~年 | |
| ʐ | [˩]饶 [˩]扰绕~线 | |
| k | [˧]高膏篙糕羔 [˩]稿搞 [˥]告 | |
| kʰ | [˩]考烤拷 [˥]靠犒铐 | |
| x | [˧]蒿薅号~叫 [˩]毫豪壕 [˩]好~坏郝 [˥]好爱~耗浩号~码 | |
| ∅ | [˩]拗~断熬~菜 [˩]熬 [˧]袄 [˩]懊奥澳坳傲鏖 | |
| iau | | |
| p | [˧]膘标彪 [˩]表~扬婊 [˥]算 | |
| pʰ | [˧]飘 [˩]瓢 [˩]漂~白嫖 [˥]票漂~亮 | |
| m | [˩]苗描 [˩]秒渺藐 [˥]庙妙 | |
| t | [˧]刁雕貂凋 [˥]吊钓调~查掉 | |
| tʰ | [˧]挑 [˩]条调~整 [˩]跳~高粜 | |
| l | [˩]燎~原疗辽聊寥撩僚 [˩]燎瞭 [˥]廖料镣 | |
| ts | [˧]焦蕉椒 | |
| tsʰ | [˧]瞧 | |

续表

| | |
|---|---|
| s | [˧]消宵霄硝萧销逍肖 [˧˥]小 [˥]笑 |
| tɕ | [˧]交胶娇郊教~书狡浇缴 [˧˥]绞铰骄矫饺搅侥 [˥]教~师较酵校~对觉睡 窖叫轿 |
| tɕʰ | [˧]敲缲~边锹悄 [˧˥]荞侨桥乔樵 [˧˥]巧 [˥]撬窍翘俏 |
| n | [˧˥]鸟 [˥]尿 |
| ɕ | [˧]嚣 [˥]哮孝校学~效 |
| ø | [˧]妖邀腰要~求夭吆 [˧˥]淆肴摇谣姚窑遥尧杳 [˧˥]咬舀 [˥]耀跃要重~ |

ou

| | |
|---|---|
| t | [˧]兜~风 [˧˥]都~是 [˧˥]斗计量单位抖陡 [˥]斗~争豆痘逗 |
| tʰ | [˧]偷 [˧˥]头投 [˥]透 |
| l | [˧]搂~取 [˧˥]楼 [˧˥]篓搂~抱 [˥]漏陋 |
| ts | [˧˥]走 [˥]奏 |
| tsʰ | [˥]凑 |
| s | [˧]飕 [˧˥]嗽 |
| tʂ | [˧]邹周~年舟州洲粥 [˧˥]肘 [˥]昼纣宙皱骤咒 |
| tʂʰ | [˧]抽 [˧˥]绸稠筹愁酬仇报~ [˧˥]丑瞅 [˥]臭 |
| ʂ | [˧]搜收 [˧˥]手首守 [˥]瘦兽受寿授售 |
| ʐ | [˧]柔 [˧˥]揉 [˥]肉 |
| k | [˧]勾钩沟苟 [˧˥]狗 [˥]垢够彀构购 |
| kʰ | [˧]抠 [˧˥]口 [˥]叩扣寇 |
| x | [˧˥]侯猴 [˧˥]吼 [˥]后厚候 |
| ø | [˧]欧区姓氏殴 [˧˥]牛 [˧˥]藕偶呕 [˥]沤怄 |

iou

| | |
|---|---|
| m | [˥]谬 |
| t | [˧]丢 |
| l | [˧]溜 [˧˥]流留刘琉硫馏 [˧˥]柳 [˥]榴六 |
| ts | [˧]揪 [˧˥]酒 [˥]就 |
| tsʰ | [˧]秋 |
| s | [˧]修休~息 [˥]秀绣锈袖 |
| tɕ | [˧]鸠阄纠灸究 [˧˥]九久韭 [˥]救臼舅咎旧 |
| tɕʰ | [˧]鳅丘囚 [˧˥]求球仇姓氏 |
| n | [˧˥]牛又 [˧˥]纽扭 |
| ɕ | [˧]休退~羞 [˧˥]朽嗅 |
| ø | [˧]优忧悠酉幽尤 [˧˥]邮由油游犹~豫 [˧˥]有 [˥]友又右佑诱柚釉幼 |

续表

| | an |
|---|---|
| p | [˦]班斑扳颁搬般 [˩]板版 [˩˧]扮办瓣半绊伴拌 |
| pʰ | [˦]攀潘 [˩˧]盘 [˩˧]盼襻判畔叛 |
| m | [˩˧]蛮瞒馒 [˩]满 [˩˧]迈~步鳗漫幔蔓 |
| f | [˦]藩翻番 [˩˧]凡帆烦矾繁 [˩]反 [˩˧]泛范犯贩饭 |
| t | [˦]耽担丹单~独 [˩]胆疸 [˩˧]淡旦诞但弹子~蛋 |
| tʰ | [˦]贪坍滩摊瘫 [˩˧]潭谭谈痰檀坛弹~琴 [˩]毯坦 [˩˧]探叹炭 |
| n | [˩˧]南男难困~ [˩˧]难逃~ |
| l | [˩˧]蓝篮兰拦栏婪 [˩]览揽榄缆懒 [˩˧]滥烂 |
| ts | [˩]攒 [˩˧]暂赞 |
| tsʰ | [˦]参~加惨悲~餐 [˩˧]蚕惭残 [˩˧]灿 |
| s | [˦]三 [˩]伞 [˩˧]散 |
| tʂ | [˦]沾粘占~卜栈毡 [˩]斩盏展 [˩˧]站蘸瞻占~领绽战 |
| tʂʰ | [˦]搀 [˩˧]馋谗潺缠蝉禅~宗 [˩˧]蟾铲产 [˩˧]忏颤 |
| ʂ | [˦]杉衫钐珊山删掮 [˩]陕闪 [˩˧]疝扇~子善膳单姓禅~让 |
| ʐ | [˩]染冉然燃 |
| k | [˦]甘柑泔尴干~湿肝竿杆 [˩]感敢橄秆擀赶 [˩˧]干 |
| kʰ | [˦]看~守 [˩]堪坎砍勘槛刊 [˩˧]看~见 |
| x | [˦]憨酣鼾罕 [˩˧]含函寒韩 [˩]喊 [˩˧]撼憾汉旱捍汗焊翰 |
| ∅ | [˦]庵安鞍 [˩˧]岸揞暗按案 |
| | ian |
| p | [˦]鞭边蝙编 [˩]贬扁匾 [˩˧]便~当辩辨遍辫变 |
| pʰ | [˦]篇偏 [˩˧]便~宜 [˩]片骗 |
| m | [˩˧]绵眠棉 [˩]免渑勉娩 [˩˧]面 |
| t | [˦]掂跕颠癫 [˩]点典 [˩˧]店电殿奠佃垫淀 |
| tʰ | [˦]添天 [˩˧]甜田填 [˩]舔腆 |
| l | [˩˧]廉镰帘连怜莲恋联 [˩]敛脸 [˩˧]殓练炼链楝 |
| ts | [˦]尖煎肩[˩]剪 [˩˧]践渐箭剑溅贱 |
| tsʰ | [˦]歼千签迁扦 [˩]浅 [˩˧]前钱 |
| s | [˦]先仙 [˩˧]线纤 |
| tɕ | [˦]监兼艰间奸坚 [˩]减碱检俭简柬拣茧趼 [˩˧]鉴舰谏涧件建犍键健腱荐见 |
| tɕʰ | [˦]谦遣牵铅 [˩˧]钳 [˩˧]虔潜 [˩˧]嵌歉欠 |
| n | [˩˧]黏鲇年 [˩]捻辇 [˩˧]念碾 |
| ɕ | [˦]锨掀掀 [˩˧]咸衔嫌闲贤弦 [˩]险显癣 [˩˧]陷限苋宪献现县羡涎 |

第二章　滑县方言语音

续表

| | |
|---|---|
| ∅ | [˧]淹阉腌焉蜒烟燕姓氏胭 [˥]颜岩炎盐阎檐严延言研沿 [˧]掩眼演 [˩]晏雁验厌艳焰谚筵衍堰砚宴燕~子 |

| uan | |
|---|---|
| t | [˧]端 [˧]短 [˩]断锻段缎椴 |
| tʰ | [˥]团 |
| n | [˧]暖 |
| l | [˥]鸾卵 [˩]乱 |
| ts | [˧]钻 [˧]纂 |
| tsʰ | [˧]氽蹿窜 [˩]篡 |
| s | [˧]酸 [˩]算蒜 |
| tʂ | [˧]专砖 [˧]转~学 [˩]赚撰转~圈圈篆传~记 |
| tʂʰ | [˧]川穿 [˥]传~达椽船 [˧]喘 [˩]串 |
| ʂ | [˧]闩拴 [˩]涮 |
| ʐ | [˧]软阮 |
| k | [˧]官棺观冠衣~关 [˧]管馆 [˩]贯灌罐冠~军惯 |
| kʰ | [˧]宽 [˧]款 |
| x | [˧]欢 [˥]桓还~原环 [˧]缓 [˩]唤焕换幻患宦 |
| ∅ | [˧]豌剜弯湾 [˥]玩完丸纨顽 [˧]皖碗腕晚挽宛 [˩]万 |

| yan | |
|---|---|
| tsʰ | [˥]全 |
| s | [˧]鲜喧[˥]旋~转[˧]宣选 [˩]旋~吃~做镟 |
| tɕ | [˧]绢捐 [˧]卷 [˩]眷倦 |
| tɕʰ | [˧]圈 [˥]泉拳 [˧]权犬 [˩]劝券 |
| ɕ | [˧]轩楦 [˧]玄悬眩 |
| ∅ | [˧]冤怨渊 [˥]圆员缘元原源袁辕园援猿 [˧]远 [˩]院愿 |

| ən | |
|---|---|
| p | [˧]奔 [˧]本 [˩]笨 |
| pʰ | [˧]喷~水 [˥]盆 [˧]喷~香 |
| m | [˥]门 [˩]闷 |
| f | [˧]分吩纷 [˥]坟 [˧]粉芬焚 [˩]粪奋愤份忿 |
| t | [˩]扽 |
| tʰ | [˧]吞 |
| n | [˧]恁你~你们 [˩]嫩恁那么 |
| ts | [˧]怎 |

续表

| | | |
|---|---|---|
| tsʰ | [ˊ]参~差岑 | |
| tʂ | [ˊ]针真侦 []砧斟珍榛臻疹诊疹贞 [ˇ]枕 镇阵振震圳 | |
| tʂʰ | [ˊ]沉陈尘辰晨臣 [ˇ]趁衬称~ | |
| ʂ | [ˊ]森身申娠伸深 [ˋ]神 []沈婶审 [ˇ]参人~渗葚甚肾慎 | |
| ʐ | [ˋ]任姓氏人仁 []忍 [ˇ]任~务纫认刃韧 | |
| k | [ˊ]跟根 | |
| kʰ | []恳垦啃肯 | |
| x | [] 很 [ˇ]痕恨 | |
| ø | [ˊ]恩[ˇ]摁 | |
| in | | |
| p | [ˊ]彬宾槟滨 [ˇ]殡鬓 | |
| pʰ | [ˊ]拼 [ˋ]贫 []品 [ˇ]频姘聘 | |
| m | [ˋ]民 []闽悯敏抿泯 皿 | |
| l | [ˋ]林淋临凛鳞磷邻 []檩拎 []赁吝 | |
| ts | [ˊ]津 [ˇ]尽~前头进晋劲 | |
| tsʰ | [ˊ]亲 [ˇ]沁 | |
| s | [ˊ]心辛薪新芯 [ˇ]信 | |
| tɕ | [ˊ]巾斤筋今金襟 []紧仪谨锦 [ˇ]禁妗近尽~力 | |
| tɕʰ | [ˊ]钦[ˋ]秦勤芹琴禽擒 []侵寝 [ˇ]吣 | |
| ɕ | [ˊ]欣馨 [ˇ]衅 | |
| ø | [ˊ]音阴淫因姻殷 [ˋ]银寅 []吟饮~酒引隐瘾尹 [ˇ]饮~马洇印 | |
| uən | | |
| t | [ˊ]敦墩蹲 [ˇ]顿炖盾沌钝遁 | |
| tʰ | [ˋ]屯豚臀 | |
| l | [ˋ]仑伦沦轮 [ˇ]嫩又论 | |
| ts | [ˊ]尊遵 | |
| tsʰ | [ˊ]村 [ˋ]存 []忖 [ˇ]寸 | |
| s | [ˊ]孙 | |
| tʂ | []准 | |
| tʂʰ | [ˊ]椿春 [ˋ]唇纯醇 []蠢 | |
| ʂ | [ˇ]吮顺舜 | |
| k | []滚 [ˇ]棍 | |
| kʰ | [ˊ]昆坤 []捆 [ˇ]困 | |
| x | [ˊ]昏婚荤 [ˋ]茵魂馄浑混~浠 [ˇ]混~日子 | |

续表

| | |
|---|---|
| ∅ | [˧]温瘟 [˨]文纹蚊闻 [˩]稳吻刎 [˥]问 |

uən

| | |
|---|---|
| ts | [˥]俊 |
| s | [˨]荀旬 [˩]循寻询笋榫 [˥]讯逊迅 |
| tɕ | [˧]钧均菌君军 [˥]郡 |
| tɕʰ | [˨]羣裙 |
| ɕ | [˧]薰熏 [˨]巡 [˩]殉 [˥]驯训 |
| ∅ | [˧]晕 [˨]匀云耘 [˩]允 [˥]闰润熨韵运孕 |

aŋ

| | |
|---|---|
| p | [˧]帮傍邦浜 [˩]榜绑 [˥]谤棒 |
| pʰ | [˨]滂旁螃庞 [˥]胖 |
| m | [˨]芒~种茫氓忙 [˩]蟒莽 |
| f | [˧]方芳 [˨]坊肪房防 [˩]仿妨纺彷访 [˥]放 |
| t | [˧]当应~档 [˩]党挡档 [˥]当~铺荡宕 |
| tʰ | [˧]汤螳 [˨]堂棠唐糖塘 [˩]倘躺 [˥]烫趟 |
| n | [˧]囊 |
| l | [˨]郎廊狼螂 [˥]朗浪 |
| ts | [˧]赃脏肮~ [˥]葬藏西~脏内~ |
| tsʰ | [˧]仓苍舱 [˨]藏捉迷~ |
| s | [˧]桑丧婚~ [˩]嗓搡 [˥]丧~失 |
| tʂ | [˧]张章樟蟑 [˩]长~高掌 [˥]涨帐胀账丈仗杖障瘴 |
| tʂʰ | [˧]昌娼 [˨]长~短肠常尝 [˩]场厂偿 [˥]怅唱畅 |
| ʂ | [˧]商伤 [˨]晌 [˩]赏饷 [˥]尚上 |
| ʐ | [˧]壤攘 [˨]瓤 [˩]嚷 [˥]让 |
| k | [˧]刚纲钢缸肛 [˩]岗港冈 [˥]杠 |
| kʰ | [˧]康糠慷 [˩]扛 [˥]抗炕 |
| x | [˧]夯 [˨]行银~航杭 |
| ∅ | [˧]肮 [˨]昂 |

iaŋ

| | |
|---|---|
| l | [˨]良凉量~尺寸粮梁粱 [˩]两 [˥]亮谅辆量数~ |
| ts | [˧]将~来浆 [˩]蒋奖 [˥]桨酱将大~匠 |
| tsʰ | [˧]枪呛 [˨]墙 [˩]抢 |
| s | [˧]箱厢湘 [˨]详祥翔 [˩]想 [˥]相象像 |
| tɕ | [˧]疆僵姜缰江豇 [˩]讲耩 [˥]降~低强俹 |

续表

| | |
|---|---|
| tɕʰ | [仄]羌腔 [平]强坚~ |
| n | [上]娘 [去]酿 |
| ɕ | [仄]襄镶香乡 [平]享降投~ [上]响 [去]向项巷 |
| ∅ | [仄]央秧殃 [平]仰羊洋杨阳扬 [上]疡养痒 [去]样 |

uaŋ

| | |
|---|---|
| tʂ | [仄]庄装妆桩 [去]壮状撞 |
| tʂʰ | [仄]疮窗 [平]床 [上]闯 [去]创 |
| ʂ | [仄]霜孀双 [去]爽 |
| k | [仄]光 [上]广 |
| kʰ | [仄]筐匡 [平]狂 [去]旷框眶况矿 |
| x | [仄]荒慌 [平]黄簧皇蝗蟥凰 [上]谎 |
| ∅ | [仄]汪 [平]亡芒麦~枉王 [上]网往 [去]望妄忘旺 |

əŋ

| | |
|---|---|
| p | [仄]崩迸绷~紧 [上]绷~嘴 [去]蹦 |
| pʰ | [仄]烹 [平]朋彭膨棚篷蓬 [上]捧 [去]碰 |
| m | [仄]虻懵蠓 [平]蒙 [上]猛萌盟 [去]孟 |
| f | [仄]风疯枫丰封 [平]冯峰逢蜂锋缝~衣服 [去]凤奉俸缝一条~ |
| t | [仄]登灯 [上]等 [去]凳邓 |
| tʰ | [平]藤腾誊疼 |
| n | [平]能 |
| l | [上]冷 [去]棱愣楞 |
| ts | [仄]增曾姓氏 [去]憎赠 |
| tsʰ | [平]层曾~经 [去]蹭 |
| s | [仄]僧 |
| tʂ | [仄]征蒸争筝睁正~月 [上]拯整 [去]证症郑正~直政 |
| tʂʰ | [仄]称~呼撑 [平]澄~清橙乘承丞呈程成城诚盛~饭 [去]惩逞 [上]秤 |
| ʂ | [仄]升生牲甥笙声 [平]绳 [上]省~长 [去]剩胜圣盛~开 |
| ʐ | [仄]扔 [平]仍 |
| k | [仄]庚哽耕 [上]羹梗埂耿 [去]更 |
| kʰ | [仄]坑 |
| x | [仄]亨哼 [平]恒衡 |
| ∅ | [去]硬 |

iəŋ

| | |
|---|---|
| p | [仄]冰兵 [上]丙秉柄禀饼 [去]病并 |

第二章 滑县方言语音 29

续表

| | | |
|---|---|---|
| pʰ | [ㄧ]乒 [ㄩ]苹凭平评坪瓶屏萍 | |
| m | [ㄩ]明名 [ˋ]鸣铭 [ㄑ]命 | |
| t | [ㄧ]丁钉疔叮[ˋ]顶鼎 [ㄑ]订锭定 | |
| tʰ | [ㄧ]听厅庭廷蜓 [ㄩ]亭停艇 [ㄑ]挺 | |
| l | [ㄩ]陵菱灵零铃伶翎 [ˋ]领岭 [ㄑ]令龄另 | |
| ts | [ㄧ]精 [ˋ]井 [ㄑ]靖净静 | |
| tsʰ | [ㄧ]清青蜻 [ㄩ]情晴 [ˋ]请 | |
| s | [ㄧ]星腥猩 [ˋ]省反~醒 [ㄑ]性姓 | |
| tɕ | [ㄧ]京荆惊警鲸晶睛经 [ˋ]境景 [ㄑ]茎敬竟镜竞颈径 | |
| tɕʰ | [ㄧ]卿擎轻倾[ˋ]顷 [ㄑ]庆 | |
| n | [ㄩ]凝拧 [ㄑ]宁佞 | |
| ɕ | [ㄧ]兴 [ㄩ]行~为形刑型荥 [ㄑ]兴杏幸 | |
| ø | [ㄧ]鹰莺樱鹦英婴缨 [ㄩ]蝇迎盈赢营茔颖萤 [ˋ]影 [ㄑ]应硬又映 | |
| | uəŋ | |
| t | [ㄧ]东冬 [ˋ]董懂 [ㄑ]冻栋动洞 | |
| tʰ | [ㄧ]通 [ㄩ]同铜桐童瞳 [ˋ]捅桶 [ㄑ]统 [ㄑ]痛 | |
| n | [ㄩ]农脓浓 [ㄑ]弄 | |
| l | [ㄩ]笼聋胧窿龙咙 [ˋ]拢垄 | |
| ts | [ㄧ]鬃棕宗综踪 [ˋ]总 [ㄑ]粽纵放~ | |
| tsʰ | [ㄧ]葱聪怱囱从 [ㄩ]从 | |
| s | [ㄧ]松嵩 [ㄩ]怂 [ㄑ]送宋诵颂讼 | |
| tʂ | [ㄧ]中~秋忠衷终钟盅 [ˋ]种~类肿 [ㄑ]中~状元仲众重~量种~田 | |
| tʂʰ | [ㄧ]充冲 [ㄩ]虫重万~ [ㄑ]崇宠 | |
| ʐ | [ㄩ]绒戎茸冗溶融荣容蓉熔 | |
| k | [ㄧ]公工功攻蚣弓躬宫恭 [ˋ]汞龚巩 [ㄑ]贡供拱共 | |
| kʰ | [ㄧ]空 [ˋ]孔恐 [ㄑ]控 | |
| x | [ㄧ]轰烘 [ㄩ]弘宏虹红洪鸿 [ˋ]哄~骗 [ㄑ]横哄内~ | |
| ø | [ㄧ]翁嗡 [ˋ]瓮 | |
| | yəŋ | |
| ts | [ㄑ]纵~横 | |
| tɕ | [ㄑ]迥 囧窘炯 | |
| tɕʰ | [ㄩ]琼穷 | |
| ɕ | [ㄧ]兄胸凶匈 [ㄩ]熊雄 | |
| ø | [ㄧ]痈庸 [ˋ]永泳咏雍臃拥勇涌恿踊甬 [ㄑ]用 | |

## 第二节　儿化

### 一　儿化韵的形式

滑县方言的基本韵母有 42 个，除了[ər]韵外，其他 41 个韵母都可以儿化，儿化后合并为 22 个。儿化韵与基本韵的对应关系如下（括号内是对应的基本韵）：

ɿər（＜ɿ）
ʅər（＜ʅ ʅə）
ʮər（＜ʮ ʮə）
ɤr（＜ɤ）
er（＜a）　iɐr（＜ia）　uɐr（＜ua）
or（＜au ou）　ior（＜iau iou）　uor（＜uo）　yor（＜yo）
ər（＜ɛ ai an ei ən）　iər（＜i iɛ in ian）　uər（＜u uɛ uai uan uei uən）yər（＜y yan yən yɛ）
ãr（＜aŋ）　iãr（＜iaŋ）　uãr（＜uaŋ）
ə̃r（＜əŋ）　iə̃r（＜iəŋ）　uə̃r（＜uəŋ）　yə̃r（＜yəŋ）

儿化韵是由基本韵合并而成，儿化使前一个音节的基本韵产生了形变。

[ɿ]变读为[ɿər]　　　如：棋子儿[ɿər⁵⁵]
[ʅ]变读为[ʅər]　　　如：柳枝儿[ʅər²⁴]
[ʅə]变读为[ʅər]　　　如：新车儿[ʅər²⁴]
[ʮ]变读为[ʮər]　　　如：小猪儿[ʮər²⁴]
[ʮə]变读为[ʮər]　　　如：小说儿[ʮər²⁴]
[ɤ]变读为[ɤr]　　　如：坡儿[ɤr²⁴]
[a]变读为[er]　　　如：瓜把儿[er³¹²]
[ia]变读为[iɐr]　　　如：瓜架儿[iɐr³¹²]
[ua]变读为[uɐr]　　　如：花儿[uɐr²⁴]
[au]变读为[or]　　　如：核桃儿[or⁵²]
[ou]变读为[or]　　　如：水沟儿[or²⁴]
[iau] 变读为[ior]　　　如：布料儿　[ior³¹²]

[iou]变读为[ior]　　　　如：袄袖儿[ior³¹²]
[uo]变读为[uor]　　　　如：小活儿[uor⁵²]
[yo]变读为[yor]　　　　如：小脚儿　[yor²⁴]
[ɛ]变读为[ər]　　　　　如：色儿[ər²⁴]
[ai]变读为[ər]　　　　 如：扑克牌儿[ər⁵²]
[an]变读为[ər]　　　　 如：瓷盘儿[ər⁵²]
[ei]变读为[ər]　　　　 如：几辈儿[ər³¹²]
[ən]变读为[ər]　　　　 如：脸盆儿[ər⁵²]
[i]变读为[iər]　　　　　如：底儿[iər⁵⁵]
[iɛ]变读为[iər]　　　　 如：杨叶儿[iər²⁴]
[in]变读为[iər]　　　　 如：菜心儿[iər²⁴]
[ian]变读为[iər]　　　　如：脚茧儿[iər²⁴]
[u]变读为[uər]　　　　 如：水壶儿[uər⁵²]
[uɛ]变读为[uər]　　　　如：小国儿[uər²⁴]
[uai]变读为[uər]　　　　如：外快儿[uər³¹²]
[uan]变读为[uər]　　　　如：大官儿[uər²⁴]
[uei]变读为[uər]　　　　如：锅灰儿　[uər²⁴]
[uən]变读为[uər]　　　　如：冇魂儿[uər⁵²]
[y]变读为[yər]　　　　　如：小雨儿[yər⁵⁵]
[yan]变读为[yər]　　　　如：菜园儿[yər⁵²]
[yən]变读为[yər]　　　　如：白云儿[yər⁵²]
[yɛ]变读为[yər]　　　　 如：小雪儿[yər²⁴]
[aŋ]变读为[ãr]　　　　　如：小房儿[ãr⁵²]
[iaŋ]变读为[iãr]　　　　如：有想儿[iãr⁵⁵]
[uaŋ]变读为[uãr]　　　　如：木床儿[uãr⁵²]
[əŋ]变读为[ə̃r]　　　　　如：水坑儿[ə̃r²⁴]
[əŋ]变读为[ə̃r]　　　　　如：埂儿[ə̃r⁵⁵]
[iəŋ]变读为[iə̃r]　　　　如：滴星儿[iə̃r²⁴]
[uəŋ]变读为[uə̃r]　　　　如：果冻儿[uə̃r³¹²]
[yəŋ]变读为[yə̃r]　　　　如：小熊儿[yə̃r⁵²]

## 二　儿化韵的语法意义

### 2.1　名词标记

通过儿化可以变动词、形容词为名词，即使其"名词化"。

动词儿化后成为名词，例如：画（画儿）、包（包儿）、钩（钩儿）、盖（盖儿）、垫（垫儿）、刺（刺儿）、印（印儿）、滚（滚儿）、夹（夹儿）、刷（刷儿）、扣（扣儿）、托（托儿）、生（生儿）、摆设（摆设儿）、笑话（笑话儿）。

形容词儿化后成为名词，例如：弯（弯儿）、干（干儿）、好（好儿）、黄（黄儿）、清（清儿）、尖（尖儿）、明（明儿）、小（小儿）、空（空儿）、破烂（破烂儿）。

2.2 量词标记

儿化可以变名词、动词为名量词或动量词，即使其"量词化"。

名词儿化后成为名量词，例如：桌（桌儿）、盆（盆儿）、手（手儿）、路（路儿）、口（口儿）、身（身儿）。

例句如：

（1）俺家有一桌儿人。

（2）他吃$^D$一盆儿菜。

（3）他喝$^D$一瓶儿水。

动词儿化后成为动量词，例如：下（下儿）、串（串儿）、拨（拨儿）、摊（摊儿）、撂（撂儿）、张（张儿）。

例句如：

（4）他叫打一下儿。

2.3 小称标记

如：包儿、桌儿、瓶儿、明儿、玩儿、宽儿、趟儿、天天儿、轻轻儿。"儿"本是用来指小的名词后缀，后来动词、形容词、量词等词类也可以跟"儿"。

滑县方言的小称形式是儿化，属于用音变手段来表达小称意义的方言之一。

滑县方言的小称儿化可以作用于名词、量词、动词、形容词、形容词短语和数量短语等。小称式与非小称式在表义方面存在对立。

名词的非小称式和小称式：树(树儿)、雨(雨儿)、主（主儿）、碗(碗儿)、瓜子(瓜子儿)、胡同(胡同儿)、篮$^z$(篮儿)、盒$^z$(盒儿)、箱$^z$(箱儿)、筐$^z$(筐儿)、坑(坑儿)。名词用基本韵或子变韵时，指事物本身，没有指小。用儿化韵时，有小称的语法意义。

量词的非小称式和小称式：

A 几块（几块儿）、一条（一条儿）、一把（一把儿）、一片（一片儿）、一根（一根儿）、一阵（一阵儿）、一段（一段儿）、一份（一份儿）、一沓$^z$（一沓儿）。

B 一桶（一桶儿）、一锅（一锅儿）、一壶（一壶儿）、一筐（一筐儿）、一截（一截儿）、一张（一张儿）、一袋$^z$（一袋儿）、一桌$^z$（一桌儿）、一车$^z$（一车儿）、一箱$^z$（一箱儿）。

A组是真量词，B组是临时借用量词。

形容词短语的非小称式和小称式：

镇长（镇长儿）、恁高（恁高儿）、恁们粗（恁们粗儿）、不多大（不多大儿）、冇多深（冇多深儿）、一指宽（一指宽儿）、不多（不多儿）、不大（不大儿）。

形容词短语的小称儿化并不是形容词本身的小称，而是形容词与其前加成分所组成的短语的小称。例如：

（5）a 她都恁高哟。

b 她斗（就）恁高儿哟。

第一个例子是惊讶"她高"，第二个例子是吃惊"她低"。

### 2.4 凑足音节

滑县方言中，儿化具有成词作用。部分名词是由不成词语素通过儿化构成的，不儿化一般不能单独成词，儿化才能成词，例如：前儿、今儿、表儿、个儿、味儿、法儿、声儿、劲儿，滑县方言中有很多这样的词。

附加在名词后，凑足音节。例如：今儿、明儿、年歇儿。

附加在动词性词语后面，凑足音节。例如：挑刺儿、出摊儿、歇晌儿、侧楞膀儿。

附加在形容词性词语后，表示程度的减弱。例如：慢慢儿、胖胖儿、甜甜儿、酸酸儿。

附加在量词后，凑足音节。例如：块儿、篮儿、捆儿。

## 三 儿化韵小称的引申语用价值

### 3.1 轻松随意

滑县方言中的儿化词语充满了轻松随意的口语化色彩，"王科长"称为"王科儿"显得双方关系好，交际场合轻松愉快。再如：山坡儿、葱叶儿、树苗儿、榆钱儿、落生儿；缀扣儿、绣花儿、扎本儿、赔本儿；偷偷儿、轻轻儿、红红儿；（一）层儿、（一）沓儿、（一）班儿、（一）袋儿、（一）起儿。

形容词重叠之后儿化，如"红红儿嘞""大大儿嘞""酸酸儿嘞"等，这里的儿化伴随着重叠而发生，语法功能上不独立，只是为重叠式增添了一种轻松随意的感情色彩。

动词短语的儿化也是增添了一种轻松随意的感情色彩。如：

（6）他家富嘞流油儿。

### 3.2 幽默诙谐

民间歌谣、儿歌或吆喝中的儿化，给人幽默诙谐的感觉。如：

（7）尿床精，打愣愣，半夜起来看星星儿。

（8）爹一碗，娘一碗，不给小娃儿留一碗。

### 3.3 喜爱亲热

儿化能增添亲切喜爱的感情，较小的事物大多比较可爱，让人情不自禁地产生亲近喜爱的感情。

名词儿化后增添喜爱亲热感情的，如：花儿、孩儿、孙儿、调儿、门缝儿、小钱儿、小棍儿、小事儿、老头儿、小狗儿。

动词儿化后增添喜爱亲热感情的，如：碰碰儿、摸摸儿、玩玩儿。

形容词儿化后增添喜爱亲热感情的，如：红红儿嘞、红扑扑儿嘞、轻轻儿、胖乎乎儿。例句如：

（9）俺孩儿嘞脸红扑扑儿嘞。

量词儿化后增添喜爱亲热感情的，如：一家儿、一趟儿、一顿儿。

（10）俺俩是一家儿。

### 3.4 轻蔑鄙视

儿化也能表达轻蔑鄙视的感情，如：光棍儿、傻帽儿、败家子儿、屁蛋儿、小混混儿。这一类数量比较少。

## 第三节 Z变音的来源与演变

### 一 相关研究

Z变音的文献记录较晚，1936年再版本《河南》（上、下篇）中记载："开封呼'茄'为'茄熬'合音；淇县呼'麦'为'密欧'合音，则皆字之变音。"在河南的获嘉、济源、孟州、武陟、辉县、郑州、开封、浚县、封丘、洛阳市吉利区（贺巍，1981，1982，1984；周庆生，1987；王森，1998；刘冬冰，1997；林燕慧，2001；辛永芬，2006；牛顺心，2008；王自万，2011，2015；夏俐萍，2012；史艳锋，2013），山西的阳城、晋城、陵川、和顺（侯精一，1985；侯精一、温端政，1993；乔全生，1995）等地都有Z变音（也叫Z变韵、子变韵或u化韵）。

## 二 基本韵母和 Z 变音韵母

### 2.1 基本韵母

滑县半坡店方言基本韵母有 42 个，其中 27 个有变韵形式（用加横线表示），15 个没有变韵形式。

韵母（42 个）

| | | | |
|---|---|---|---|
| ɿ 子词思紫死 | i 底地意急踢 | u 故鹿五木堵 | y 雨虚鱼女驴 |
| ʅ 支知吃日师 | iə 蛇舌车遮热 | | |
| a 八爬拉马大 | ia 家假牙下掐 | ua 花瓜夸瓦抓 | |
| ɤ 河割喝可鹅 | ər 耳二儿尔而 | uo 锅过落活握 | yo 乐确药脚学 |
| ɛ 白拍塞麦黑 | iɛ 街野铁介歇 | uɛ 国或惑 | yɛ 靴䴗月雪撅 |
| ʮ 住出书输除 | ʮə 说拙 | | |
| ai 钙开买害钗 | | uai 怪甩坏快歪 | |
| ei 杯美赔肥给 | | uei 贵雷泪腿推 | |
| au 饱逃桃烧袄 | iau 跳教鸟笑聊 | | |
| ou 豆抽收抠藕 | iou 六九球袖又 | | |
| an 蛋三竿喊安 | ian 间检咸眼练 | uan 短酸关穿晚 | yan 圈劝园轩卷 |
| ən 根啍狠搇枕 | in 紧淋邻心琴 | uən 荤温准春顺 | yən 云裙运勋军 |
| aŋ 挡桑棒房胖 | iaŋ 江枪想羊凉 | uaŋ 光窗装双网 | |
| əŋ 羹坑生捧蹦 | iəŋ 令醒井清鹰 | uəŋ 红冻捅翁东 | yəŋ 琼穷炯熊涌 |

### 2.2 滑县半坡店方言的 Z 变音

为了更好地说明问题，笔者下面提供滑县 Z 变音的例子。按 Z 变音韵母的顺序排列，左边是 Z 变音韵母，中间是对应的基本韵母，右边是例词。

| ɿau | ɿ | 肉丝 ᶻzou³¹² sɿau²⁴ \| 铁丝 ᶻtiɛ²⁴ sɿau²⁴ \| 萝卜丝 ᶻluo⁵² · pu sɿau²⁴ \| 菜籽 ᶻtsʰai²⁴ tsɿau⁵⁵ \| 落生子 ᶻluo⁵² ʂən²⁴ tsɿau⁵⁵ |
|---|---|---|
| ʅau | ʅ | 软柿 ᶻzuan⁵⁵ ʂʅau³¹² \| 烘柿 ᶻxuŋ²⁴ ʂʅau³¹² \| 侄 ᶻtʂʅ⁵² tʂʅau²⁴ \| 狮 ᶻʂʅ²⁴ ʂʅau²⁴ \| 虱 ᶻʂʅ²⁴ ʂʅau²⁴ \| 树枝 ᶻʂu³¹² tʂʅau²⁴ \| 锯齿 ᶻtɕy²⁴ tʂʰʅau⁵⁵ \| 耙齿 ᶻpa³¹² tʂʰʅau⁵⁵ \| 水池 ᶻʂuei⁵⁵ tʂʰʅau⁵² \| 戒指 ᶻtɕiɛ³¹² tʂʅau⁵⁵ \| 面汁 ᶻmian³¹² tʂʅau²⁴ |
| iə | iə | 纺花车 ᶻfaŋ⁵⁵ xua²⁴ tʂʰiə²⁴ \| 洋车 ᶻiaŋ⁵² tʂʰiə²⁴ \| 结巴舌 ᶻtɕiɛ²⁴ · pa ʂiə⁵² |

续表

| | | |
|---|---|---|
| iau | i | 鸡 ᶻtɕiau²⁴\|椅 ᶻiau⁵⁵\|梯 ᶻtʰiau²⁴\|鼻 ᶻpiau⁵²\|笓 ᶻpiau⁵²\|算 ᶻpiau³¹²\|蹄 ᶻtʰiau³¹²\|妮 ᶻniau²⁴\|李 ᶻliau⁵⁵\|戏 ᶻɕiau³¹²\|虮 ᶻtɕiau⁵²\|谷秕 ᶻku²⁴ piau⁵⁵\|竹批 ᶻtʂu²⁴ pʰiau²⁴\|鞋底 ᶻɕiɛ⁵² tiau⁵⁵\|毛栗 ᶻ板栗mau⁵² liau²⁴\|一季 ᶻi²⁴ tɕiau³¹²\|洋胰 ᶻiaŋ⁵² iau³¹²\|小姨 老婆的妹妹ɕiau⁵⁵ iau⁵²\|猪蹄 ᶻtʂʅ²⁴ tiau⁵⁵\|织布机 ᶻtʂʅ²⁴ • pu tɕiau³¹²\|皮 ᶻpʰiau⁵²\|麦皮 ᶻmɛ²⁴ pʰiau⁵²\|篮 系 ᶻ篮子提手læ⁵² ɕiau³¹²\|裤里 ᶻkʰu³¹² liau⁵⁵\|几滴 ᶻtɕi⁵⁵ tiau²⁴\|箔篱 ᶻpuo⁵² liau²⁴高粱秆做成的界墙 |
| | ai | 孩 ᶻxiau⁵²\|筛 ᶻʂiau²⁴\|布袋 ᶻpu³¹² tiau²⁴\|戏台 ᶻɕi³¹² tʰiau⁵²\|束腰带 ᶻtʂʰu⁵² iau²⁴ tiau³¹² |
| | iɛ | 茄 ᶻtɕʰiau⁵²\|蝎 ᶻɕiau²⁴\|镊 ᶻniau²⁴\|油撒 ᶻiou⁵² pʰiau²⁴\|竹篦 ᶻtʂu⁵² miau⁵²\|一捏 ᶻi²⁴ niau²⁴\|树叶 ᶻʂu³¹² iau²⁴\|焦叶 ᶻtɕiau⁵² iau²⁴\|蝴蝶（脸） xu²⁴ tiau⁵² |
| ɥau | ɥ | 黍 ᶻʂɥau⁵⁵\|柱 ᶻtʂɥau³¹²\|柜橱 ᶻkuei³¹²tʂʰɥau⁵² |
| uau | uei | 锥 ᶻtʂuau²⁴ |
| yau | y | 柳絮 ᶻliou⁵⁵ ɕyau²⁴\|半语 ᶻpan³¹² yau⁵²\|马驹 ᶻma⁵⁵ tɕyau²⁴ |
| a:u | a | 傻 ᶻʂa:u⁵⁵\|笆 ᶻpʰa:u⁵²\|辣 ᶻla:u²⁴\|耙 ᶻpʰa:u⁵²\|瓜把 ᶻkua²⁴ pa:u⁵²\|话把 ᶻxua³¹² pa:u⁵²\|门搭 ᶻmən⁵² ta:u²⁴\|煤渣 ᶻmei⁵² tʂa:u²⁴\|马扎 ᶻma⁵⁵ tʂa:u²⁴\|门插 ᶻmən⁵² tʂʰa:u²⁴\|胡茬 ᶻxu⁵² tʂʰa:u⁵²\|树杈 ᶻʂu³¹²tʂʰa:u³¹²\|裤衩 ᶻkʰu³¹²tʂʰa:u⁵⁵\|耳巴 ᶻər²⁴ • pa:u\|满脸麻 ᶻman⁵⁵ lian⁵⁵ ma:u⁵²\|一查 ᶻi²⁴ ta:u⁵²\|瓦碴 ᶻua⁵² tʂa:u²⁴\|（蛤蟆）疙瘩 kɛ²⁴ • ta:u |
| | au | 帽 ᶻma:u³¹²\|刨 ᶻpa:u³¹²\|嫂 ᶻsa:u⁵⁵\|刀 ᶻta:u²⁴\|推刀 ᶻtʰui²⁴ ta:u²⁴\|树梢 ᶻʂu³¹² ʂa:u²⁴\|套 ᶻtʰa:u³¹²\|祅套 ᶻau⁵⁵ tʰa:u³¹²\|白蒿 ᶻpɛ⁵² xa:u²⁴\|稻 ᶻta:u³¹²\|羊脑 ᶻiaŋ⁵² na:u⁵⁵\|眼泡 ᶻian⁵⁵ pʰa:u²⁴\|一泡（尿） i²⁴ pʰa:u²⁴\|一道 ᶻi²⁴ ta:u²⁴\|桃 ᶻtʰa:u⁵²\|羊羔 ᶻiaŋ⁵² ka:u²⁴\|鳌 ᶻa:u²⁴\|酒糟 ᶻtsiou⁵⁵ tsa:u²⁴\|一遭 ᶻi²⁴ tsa:u²⁴\|糖糕 ᶻtʰaŋ⁵² ka:u²⁴\|衣胞 ᶻi²⁴ • pa:u\|粪茅 ᶻfən³¹² ma:u⁵²\|手铐 ᶻʂou⁵⁵ ka:u³¹²\|熥罩 ᶻtʰəŋ²⁴ • tʂa:u\|炊帚毛 ᶻtʂʰui⁵² • tʂʰʅ ma:u⁵⁵\|豹 pa:u³¹² |
| ia:u | iau | 面条 ᶻmian³¹² tʰia:u⁵²\|檩条 ᶻlin⁵² tʰia:u⁵²\|一条 ᶻi²⁴ tʰia:u⁵²\|苗 ᶻmia:u⁵²\|水舀 ᶻ塑料做的舀水用具 ʂuei²⁴ ia:u⁵⁵\|水瓢 ᶻ葫芦做的舀水用具 ʂuei⁵⁵ p hia:u⁵²\|小 ᶻsia:u⁵⁵\|票 ᶻpʰia:u³¹²\|肉膘 ᶻʐou³¹²pia:u²⁴\|半吊 ᶻpan³¹² tia:u³¹²\|一吊 ᶻi²⁴ tia:u³¹²\|杂货挑 ᶻtsa⁵² xuɔ³¹² tʰia:u²⁴\|脚镣 ᶻtɕyɔ²⁴lia:u²⁴\|酵 ᶻtɕia:u²⁴\|窑 ᶻia:u⁵²\|麦芽 ᶻmɛ²⁴ia:u²⁴\|谷要 ᶻku²⁴ ia:u²⁴\|麻尾鹊 ᶻ喜鹊ma⁵² i²⁴ tsʰia:u³¹²\|左撇料 ᶻ左撇子tsuo⁵⁵ pɛ²⁴liau²⁴\|马唧了 ᶻ蝉 ma⁵⁵ tɕi⁵² lia:u⁵²\|咕咕鹆 ᶻku²⁴ ku²⁴ mia:u⁵²\|猪腰 ᶻtʂʅ²⁴ ia:u²⁴ |
| | ia | 瞎 ᶻɕia:u²⁴\|架 ᶻtɕia:u³¹²\|黄瓜架 ᶻxuaŋ⁵² kua²⁴ɕia:u³¹²\|夹 ᶻtɕia:u²⁴\|卡 ᶻtɕʰia:u⁵⁵\|一家 ᶻi²⁴ tɕia:u²⁴\|两下 ᶻlian⁵⁵ ɕia:u²⁴\|木头匣 ᶻmu⁵² • tʰou ɕia:u⁵²\|豆芽 ᶻtou³¹² ia:u⁵²\|一牙（瓜） i²⁴ ia:u⁵² |
| | ei | 痱 ᶻfia:u³¹²\|褙 ᶻ把布一层层粘在一起 pia:u³¹²\|一辈 ᶻi⁵⁵ pia:u³¹²\|砖坯 ᶻtʂuan²⁴pʰia:u⁵² |
| | uai | 筷 ᶻkʰia:u³¹² |

第二章　滑县方言语音　37

续表

| | | |
|---|---|---|
| uɔ:u | ua | 刷 ᶻʂuɔ:u²⁴\|袜 ᶻuɔ:u²⁴\|棉裤 ᶻmian⁵² kuɔ:u²⁴\|麻郎鸹 ᶻma⁵² laŋ⁵²kuɔ:u³¹²\|韭花 ᶻtɕiou⁵⁵xuɔ:u²⁴\|枣花 ᶻtsau⁵⁵ xuɔ:u²⁴\|黑爪 ᶻxɛ²⁴tʂuɔ:u⁵⁵\|鸭爪 ᶻia²⁴tʂuɔ:u⁵⁵\|犁铧 ᶻli⁵² xuɔ:u⁵²\|猪娃 ᶻtʂʅ²⁴ uɔ:u⁵²\|凹 ᶻuɔ:u³¹² |
| | uo | 桌 ᶻtsuɔ:u²⁴\|织布梭 ᶻtʂʅ²⁴ pu³¹² suɔ:u²⁴\|牛梭 ᶻou⁵² suɔ:u²⁴\|锉 ᶻtsʰuɔ:u²⁴\|骡 ᶻluɔ:u⁵²\|小磨 ᶻ拐盐或辣椒的用具 sia:u⁵⁵ muɔ:u³¹²\|馃 ᶻkuɔ:u⁵⁵\|豁 ᶻxuɔ:u⁵²\|（猪）窝 ᶻuɔ:u²⁴\|脖 ᶻpuɔ:u⁵²\|鸡脖 ᶻtɕi²⁴ puɔ:u⁵²\|白脖ᶻ不内行且喜欢充能的人 pɛ⁵²puɔ:u⁵²\|老婆 ᶻlau²⁴pʰuɔ:u⁵²\|草末 ᶻtsʰau⁵² muɔ:u²⁴\|油沫 ᶻiou⁵² muɔ:u²⁴\|麦棵 ᶻmɛ²⁴ kʰuɔ:u²⁴\|手镯 ᶻsou⁵⁵tʂuɔ:u⁵²\|勺 ᶻsuɔ:u⁵²\|一撂 ᶻi²⁴ luɔ:u⁵²\|一撮 ᶻi²⁴ tsuɔ:u⁵⁵\|面托 ᶻmian³¹² tʰuɔ:u²⁴\|络 ᶻluɔ:u²⁴ |
| yɔ:u | yɛ | 橛 ᶻtɕyɔ:u⁵²\|尥蹶 ᶻliau³¹² tɕyɔ:u⁵²荒 ᶻsyɔ:u⁵²\|坐月 ᶻtsuɔ³¹² yɔ:u²⁴\|空月 ᶻkʰuəŋ yɔ:u²⁴\|豆角 ᶻtou⁵² tɕyɔ:u²⁴\|菜角 ᶻtsʰai³¹² tɕyɔ:u²⁴\|墙角 ᶻtsʰiaŋ⁵² tɕyɔ:u²⁴\|瘸 ᶻtɕʰyɔ:u⁵²\|黑雀 ᶻxɛ²⁴ tɕyɔ:u²⁴\|发疟 ᶻfa²⁴ yɔ:u²⁴\| |
| | yo | 车脚 ᶻtʂɤ²⁴ tɕyɔ:u²⁴ |
| | uei | 谷穗 ᶻku²⁴ syɔ:u³¹²\|麦穗 ᶻmɛ²⁴ syɔ:u³¹² |
| ɤ:u | ɤ | 纸盒 ᶻtʂʅ⁵⁵ xɤ:u⁵²\|肉盒 ᶻzou³¹² xɤ:u⁵²\|个 ᶻkɤ:u³¹²\|鸽 ᶻkɤ:u²⁴\|鸭蛋壳 ᶻia²⁴tan³¹² kʰɤ:u²⁴\|扑棱蛾 ᶻpʰu²⁴・ləŋ ɤ:u⁵²\|下巴颏 ᶻɕia³¹²・pa kʰɤ:u²⁴ |
| æ | an | 盘 ᶻpʰæ⁵²\|扇 ᶻsæ³¹²\|簪 ᶻtsæ²⁴\|铁扳 ᶻtʰiɛ²⁴ pæ²⁴\|案板 ᶻan³¹² pæ⁵⁵\|脚底板 ᶻtɕyɔ²⁴ ti⁵⁵ pæ⁵⁵\|钢钣 ᶻkaŋ²⁴ pæ⁵⁵\|红瘢 ᶻxəŋ⁵² pæ²⁴\|一班 ᶻi²⁴ pæ²⁴\|床单 ᶻtʂʰuaŋ⁵² tæ²⁴\|铁蛋 ᶻtʰiɛ²⁴ tæ³¹²\|线蛋 ᶻsian³¹² tæ³¹²\|酒坛 ᶻtsiou⁵⁵ tʰæ⁵²\|篮 ᶻlæ⁵²\|草苫 ᶻtsʰau⁵⁵sæ²⁴\|铲 ᶻtʂʰæ⁵⁵\|一滩（泥）i²⁴tʰæ²⁴\|线杆 ᶻsian³¹² kæ²⁴\|圪档秆ᶻ高粱秆 kɛ⁵² taŋ³¹² kæ⁵⁵\|蒜瓣 ᶻsuan³¹² pæ³¹²\|拉车襻 ᶻla⁵² tʂʰa²⁴ pʰæ³¹²\|鞋襻 ᶻɕiɛ³¹² pʰæ³¹²\|南蛮 ᶻnan⁵² mæ⁵²\|木案 ᶻmu²⁴ æ³¹²\|草庵 ᶻtsʰau⁵² æ⁵²\|（牲口）鞍 ᶻæ²⁴\|（鸡毛）掸 ᶻtʰæ⁵⁵\|毛毯 ᶻmau⁵² tʰæ⁵⁵\|羊肝 ᶻiaŋ⁵²kæ²⁴\|蓝 ᶻlæ⁵²\|庄 læ⁵² tsuan²⁴ |
| iæ | ian | 剪 ᶻtsiæ⁵⁵\|帘 ᶻliæ⁵²\|皮鞭 ᶻpʰi⁵² piæ²⁴\|黑瓣 ᶻxɛ²⁴ piæ³¹²\|一片 ᶻi²⁴ pʰiæ³¹²\|馍片 ᶻmɤ⁵² pʰiæ³¹²\|肉片 ᶻzou³¹² pʰiæ³¹²\|奓点 ᶻnau²⁴ tiæ⁵⁵\|雨点 ᶻy⁵⁵ tiæ⁵⁵\|车链 ᶻtʂʰɤ²⁴liæ³¹²\|竹签 ᶻtʂu²⁴tɕʰiæ²⁴\|铁钳 ᶻtʰiɛ²⁴tɕʰiæ⁵²\|老虎钳 ᶻlau⁵⁵・xu tɕʰiæ⁵²\|门坎 ᶻmən⁵² tʰiæ³¹²\|黑烟 ᶻxɛ²⁴iæ²⁴\|房檐 ᶻfaŋ⁵² iæ⁵²\|白布眼ᶻ白眼珠多的人 pɛ⁵²pu³¹²iæ⁵⁵\|一边 ᶻi²⁴ piæ²⁴\|袄边 ᶻau⁵⁵ piæ²⁴\|药面 ᶻyɔ²⁴ mian³¹²\|山尖 ᶻʂan²⁴ tsiæ²⁴\|圪档截 ᶻkɛ⁵² taŋ³¹² tsiæ³¹²\|火焰 ᶻxuɔ⁵⁵ iæ³¹²\|几件ᶻ（衣裳）tɕi⁵⁵tɕiæ³¹²\|药碾 ᶻyɔ²⁴ niæ⁵⁵\|灯捻 ᶻtəŋ²⁴ niæ³¹²\|毛线 ᶻmau⁵² siæ³¹²\|床垫 ᶻtʂʰuaŋ⁵² tiæ³¹²\|河沿 xɤ⁵² iæ⁵² |
| uæ | uan | 丸 ᶻuæ⁵²\|钢管 ᶻkaŋ²⁴ kuæ⁵⁵\|缎 ᶻtuæ³¹²\|菜团 ᶻtsʰai³¹² tʰuæ²⁴\|水罐 ᶻʂuei⁵⁵ kuæ³¹²\|弯 uæ²⁴\|一串 ᶻi²⁴ tʂʰuæ³¹²\|铁钻 ᶻtʰiɛ²⁴tsuæ³¹²\|一条橡ᶻ连襟 i²⁴tʰiau⁵² tʂʰuæ⁵²\|段 ᶻ屯 tuæ³¹² tʰuən⁵²\|鸡冠 ᶻtɕi²⁴ kuæ²⁴ |
| yæ | yan | 当院 ᶻtaŋ²⁴ yæ³¹²\|油旋 ᶻiou⁵² syæ³¹²\|老冤 ᶻlau⁵⁵yæ²⁴\|桃园 ᶻtʰau⁵² yæ⁵²\|一卷 ᶻi²⁴ tɕyæ⁵⁵\|馅 ᶻɕyæ³¹²\|菜卷 ᶻtsʰai³¹² tɕyæ⁵⁵\|圆圈 ᶻyan⁵² tɕʰyæ²⁴ |

| | | |
|---|---|---|
| ã: | aŋ | 岗 ᶻkã:⁵⁵\|肠 ᶻtʂhã:⁵²\|半晌 ᶻpan³¹²ʂã:⁵⁵\|白菜帮 ᶻpɛ⁵²tshai³¹² pã:²⁴\|裤裆 ᶻkhu³¹² tã:²⁴\|茶缸 ᶻtʂha⁵² kã:²⁴\|脚掌 ᶻtɕyo²⁴ tʂã:⁵⁵\|甜瓜瓢 ᶻthian⁵² kua²⁴ zã:²⁴\|哑巴嗓 ᶻ ia⁵² · pa⁵⁵\|落生秧 ᶻluo²⁴ ʂən²⁴ zã:²⁴\|黄鼠狼 ᶻxuan⁵² ʂu⁵⁵ lã:²⁴\|抬杠 ᶻthai⁵² kã:³¹²\|一根杠 ᶻi²⁴ kən²⁴ kã:³¹²\|菜汤 ᶻtshai³¹² thã:²⁴\|肉方 ᶻzou³¹² fã:²⁴\|膀 ᶻpã:⁵⁵\|高圪垱 高土岗 kau²⁴ kɛ²⁴tã:⁵⁵\|汪 ᶻ庄 uã:²⁴ tʂuaŋ⁵²\|张 ᶻ庄 tʂã:²⁴ tʂuan²⁴\|一张 ᶻ（纸）i²⁴ tʂã:²⁴\|（记）账 ᶻtʂã:³¹²\|（玉蜀黍）棒 p ã:³¹² |
| iã: | iaŋ | 木箱 ᶻmu²⁴siã:²⁴\|脚腘 ᶻtɕyo²⁴ tɕiã:⁵⁵\|虹 ᶻtsiã:³¹²\|（红薯）浆 ᶻtɕiã:²⁴\|黄豆酱 ᶻxuaŋ⁵² tou³¹² tɕiã:³¹²\|铁匠 ᶻthiɛ²⁴ tsiã:²⁴\|鞋样 ᶻɕiɛ⁵² iã:³¹² |
| uã: | uaŋ | 木桩 ᶻmu²⁴ tʂuã:²⁴\|新桩 新划的宅基地 sin²⁴tʂuã:²⁴\|麦芒 ᶻmɛ²⁴ uã:⁵²\|门框 ᶻmən⁵² khuã:³¹²\|鸡蛋黄 ᶻtɕi²⁴ tan³¹² xuã:⁵²\|粪筐 ᶻfən³¹² khuã:²⁴\|孙庄 ᶻsuan²⁴ tʂuã:²⁴\|一桄 ᶻ（线）i²⁴ kuã:³¹² |

### 2.3 Z变音韵母与基本韵母的对应关系

单字音系的42个基本韵母中，27个有变韵形式。Z变音韵母与基本韵母之间有较为整齐的对应关系。

表2-3　　　　　　　　Z变音韵母与基本韵母的对应关系

| ïau（＜ï ɿ ɚ） | iau（＜i ai iɛ） | uau（＜uei） | yau（＜y） | ʮau（＜ʮ） |
|---|---|---|---|---|
| a:u（＜a au） | ia:u（＜iau ia ei uai） | uɔ:u（＜ua uo） | yɔ:u（＜yɛ yo uei） | |
| ɤ:u（＜ɤ） | | | | |
| æ（＜an） | iæ（＜ian） | uæ（＜uan） | yæ（＜yan） | |
| ã:（＜aŋ） | iã:（＜iaŋ） | uã:（＜uaŋ） | | |
| ou ɛ ɚ | iou | u ɛ | | ʮə |
| ən | in | uən | yən | |
| əŋ | iəŋ | uəŋ | yəŋ | |

说明：ï 包括[ɿ][ʅ]两个音位。

27个基本韵母变韵后共有18个变韵形式。变韵形式与单字音不同。基本韵[uei]有[uau][yɔ:u]两个变韵形式。[yau ʮau ɤ:u æ iæ uæ yæ ã: iã: uã:]等变韵分别对应一个基本韵母。也有一个变韵对应几个基本韵母，如[ia:u]韵对应四个基本韵母[iau ia ei uai]。变韵系统的四呼跟基本韵的四呼基本相匹配，变韵之后出现了基本韵母中没有的形式。不同基本韵母中能变韵的名词数量不等。有些基本韵母中能变韵的词语很少，没有规律，如[uai]的变韵[ia:u]，调查只发现一例，"筷 ᶻ"读[khia:u³¹²]。有些基本韵母中能变韵的词语很多，有一定规律，[ʅ i iɛ a au iau ia ua uo yo an ian aŋ uaŋ]等韵母中能变韵的词语很多。在变韵系统中，既有长元音韵母，又有短元音韵母，元音的长短能区别意义。变韵系统中的[iau uau yau]与[ia:u ua:u]有辨义作用，如：椅 ᶻ 椅子[iau⁵⁵]≠舀 ᶻ 一种用于舀水的工具[ ia:u⁵⁵]。

### 三 Z变音与原音发音的语音实验

发音人为本书作者，能熟练说本地话。

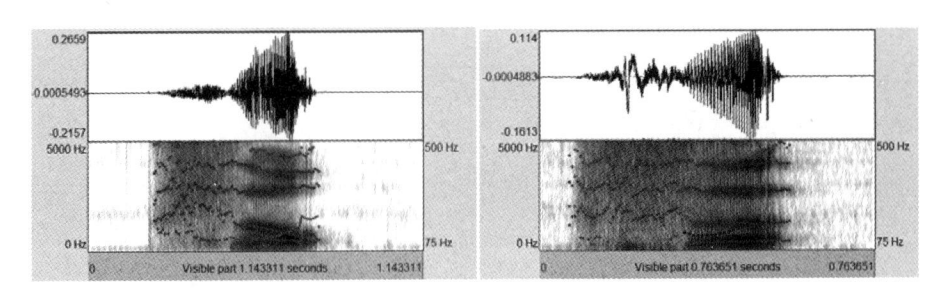

丝 ᶻ　　　　　　　　　　　　　丝

图2-1　滑县"丝 ᶻ—丝"语图比较

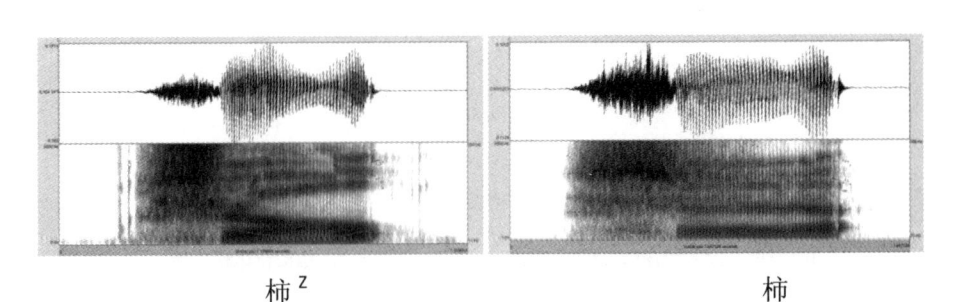

柿 ᶻ　　　　　　　　　　　　　柿

图2-2　滑县"柿 ᶻ—柿"语图比较

车 ᶻ　　　　　　　　　　　　　车

图2-3　滑县"车 ᶻ—车"语图比较

鸡<sup>Z</sup>　　　　　　　　　　　　　　鸡

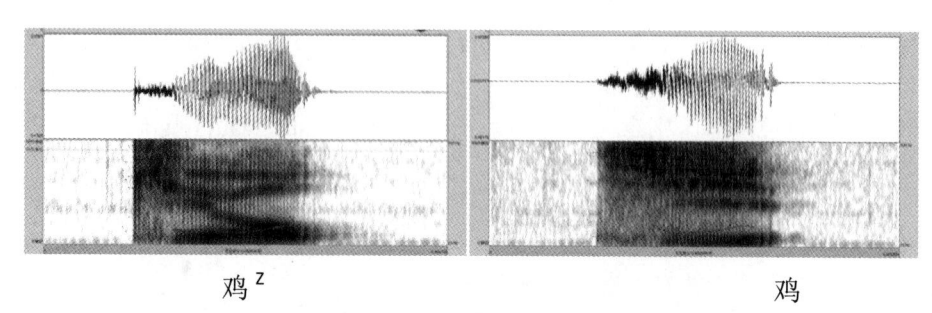

图 2-4　滑县"鸡<sup>Z</sup>—鸡"语图比较

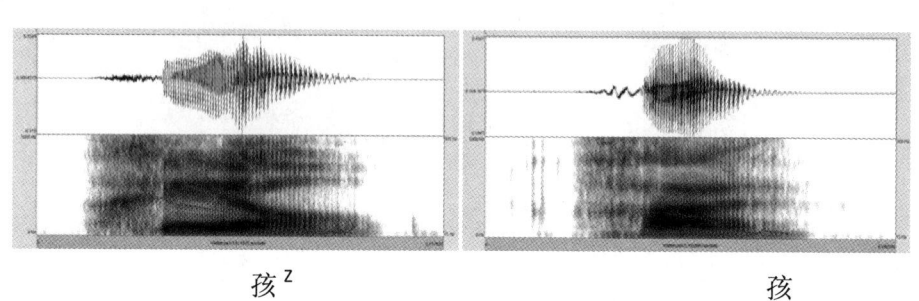

孩<sup>Z</sup>　　　　　　　　　　　　　　孩

图 2-5　滑县"孩<sup>Z</sup>—孩"语图比较

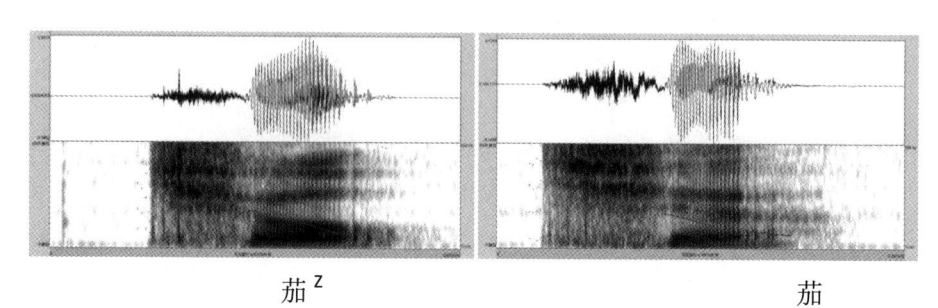

茄<sup>Z</sup>　　　　　　　　　　　　　　茄

图 2-6　滑县"茄<sup>Z</sup>—茄"语图比较

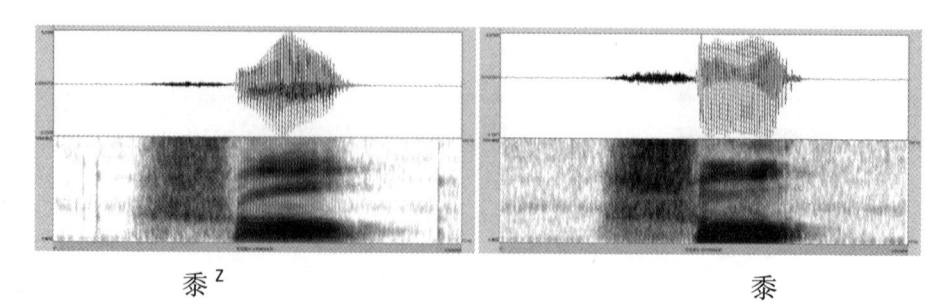

黍<sup>Z</sup>　　　　　　　　　　　　　　黍

图 2-7　滑县"黍<sup>Z</sup>—黍"语图比较

锥 ᶻ　　　　　　　　　　　锥

图 2-8　滑县"锥 ᶻ—锥"语图比较

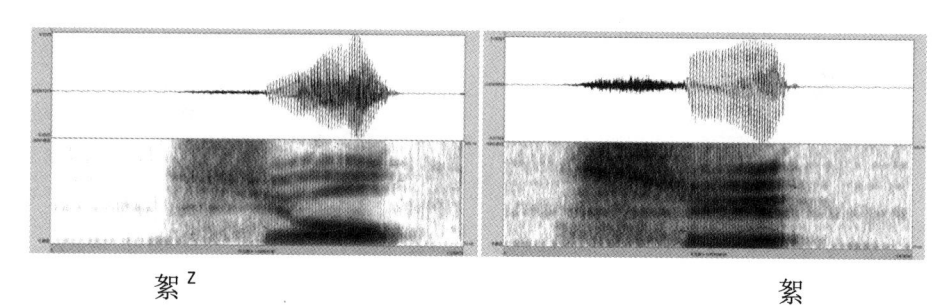

絮 ᶻ　　　　　　　　　　　絮

图 2-9　滑县"絮 ᶻ—絮"语图比较

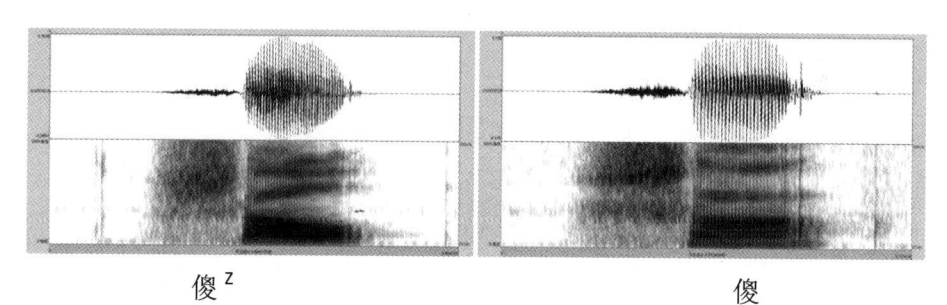

傻 ᶻ　　　　　　　　　　　傻

图 2-10　滑县"傻 ᶻ—傻"语图比较

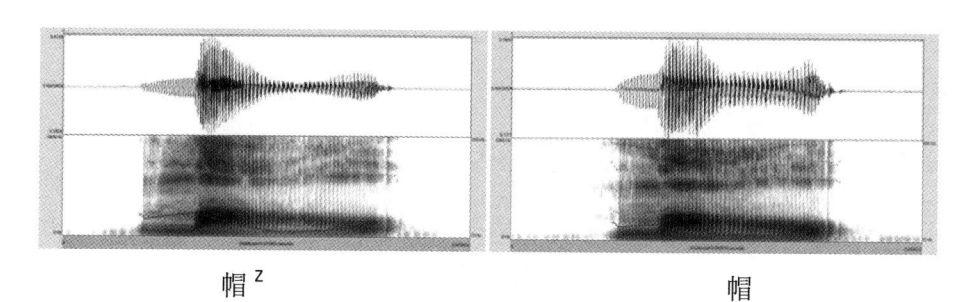

帽 ᶻ　　　　　　　　　　　帽

图 2-11　滑县"帽 ᶻ—帽"语图比较

条 $^Z$　　　　　　　　　　条

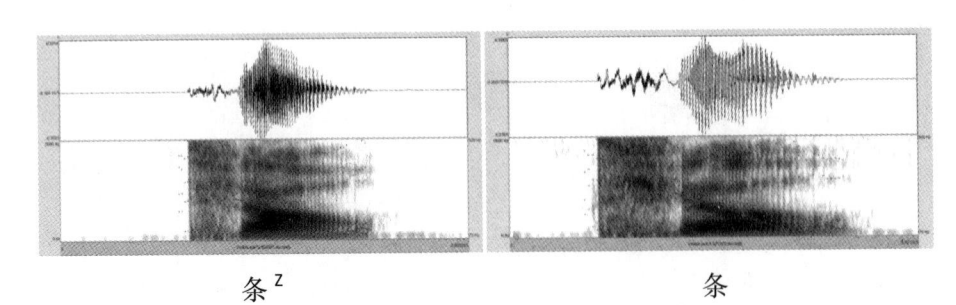

图 2-12　滑县"条$^Z$—条"语图比较

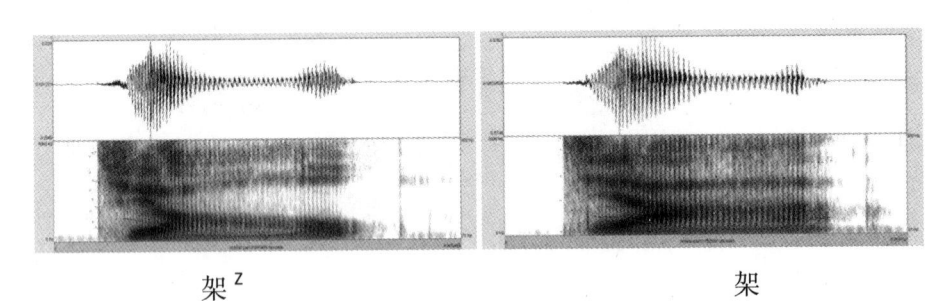

架 $^Z$　　　　　　　　　　架

图 2-13　滑县"架$^Z$—架"语图比较

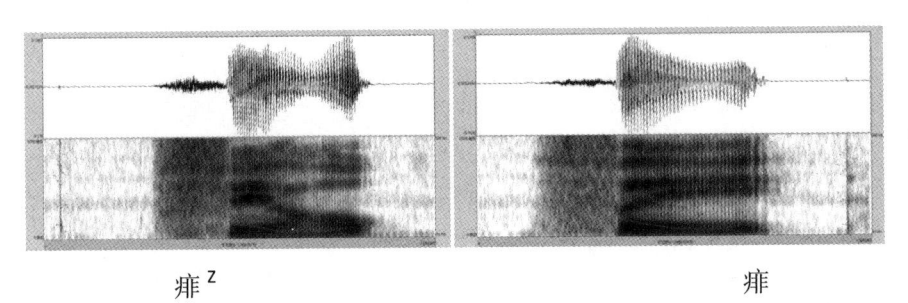

痱 $^Z$　　　　　　　　　　痱

图 2-14　滑县"痱$^Z$—痱"语图比较

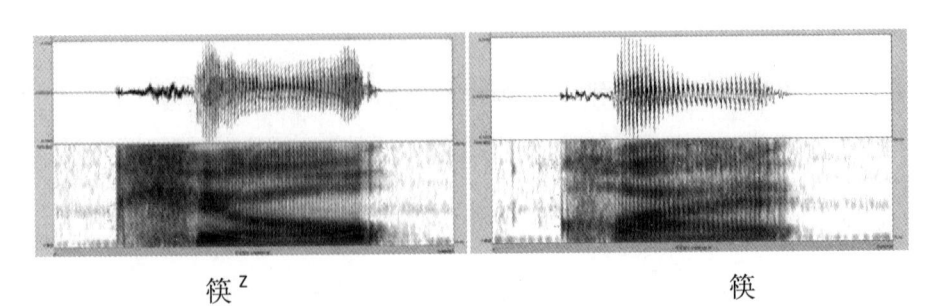

筷 $^Z$　　　　　　　　　　筷

图 2-15　滑县"筷$^Z$—筷"语图比较

第二章 滑县方言语音 43

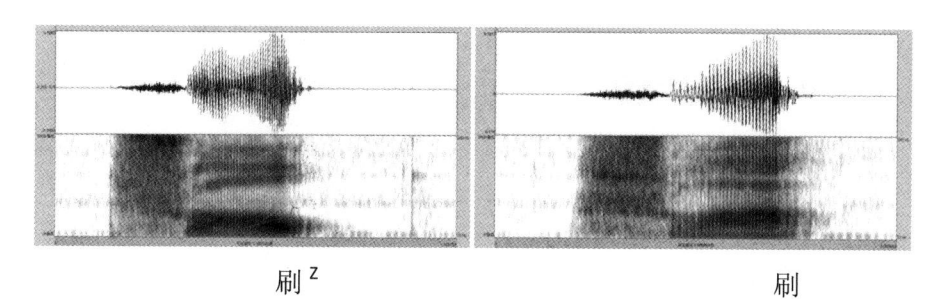

刷 ᶻ　　　　　　　　　　　刷
图 2-16　滑县"刷 ᶻ—刷"语图比较

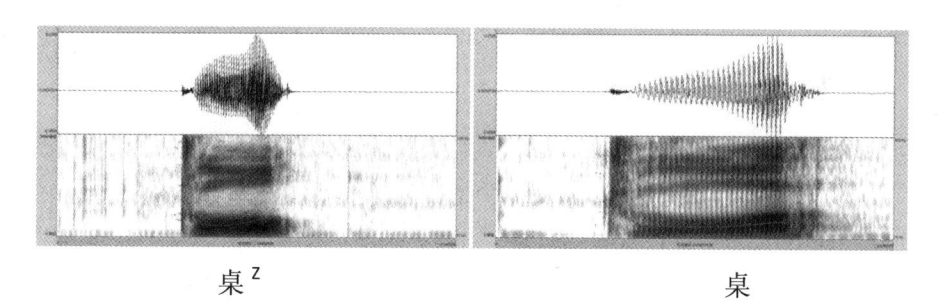

桌 ᶻ　　　　　　　　　　　桌
图 2-17　滑县"桌 ᶻ—桌"语图比较

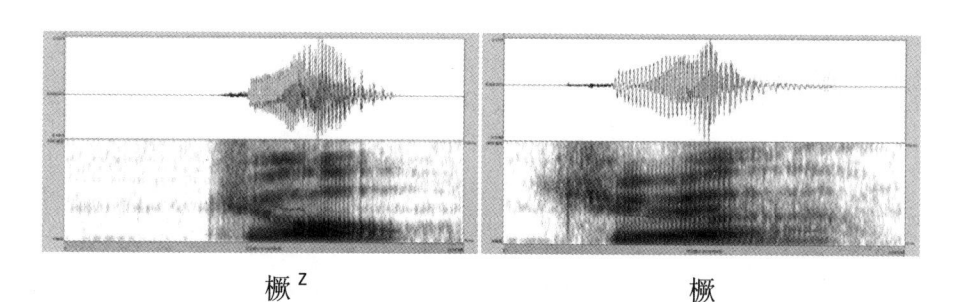

橛 ᶻ　　　　　　　　　　　橛
图 2-18　滑县"橛 ᶻ—橛"语图比较

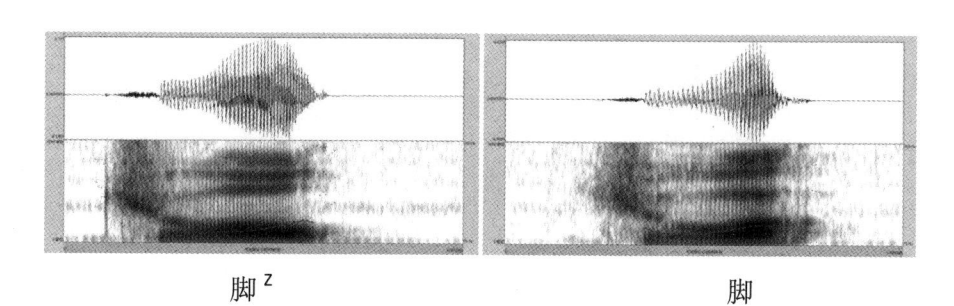

脚 ᶻ　　　　　　　　　　　脚
图 2-19　滑县"脚 ᶻ—脚"语图比较

44　河南滑县方言研究

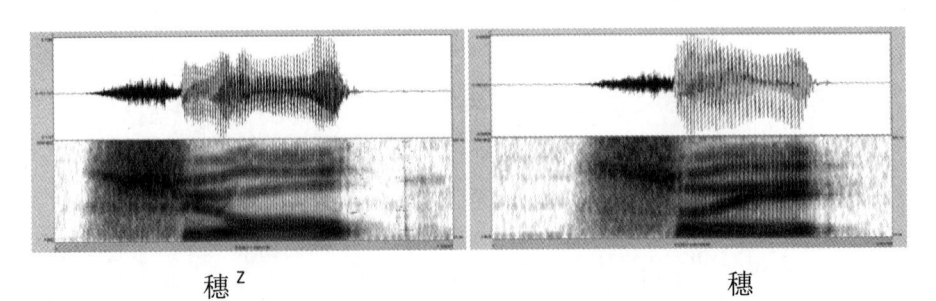

穗 ᶻ　　　　　　　　　　　穗

图 2-20　滑县"穗 ᶻ—穗"语图比较

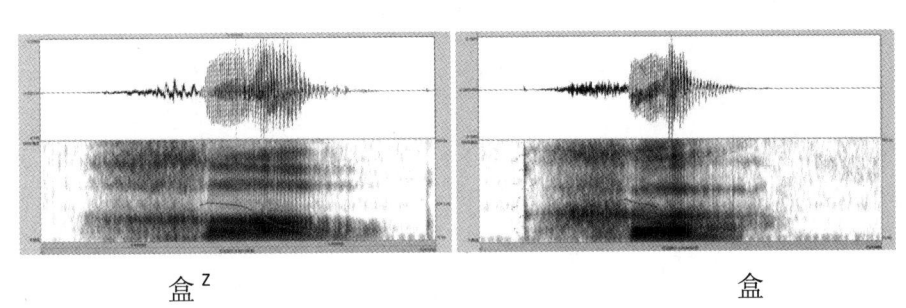

盒 ᶻ　　　　　　　　　　　盒

图 2-21　滑县"盒 ᶻ—盒"语图比较

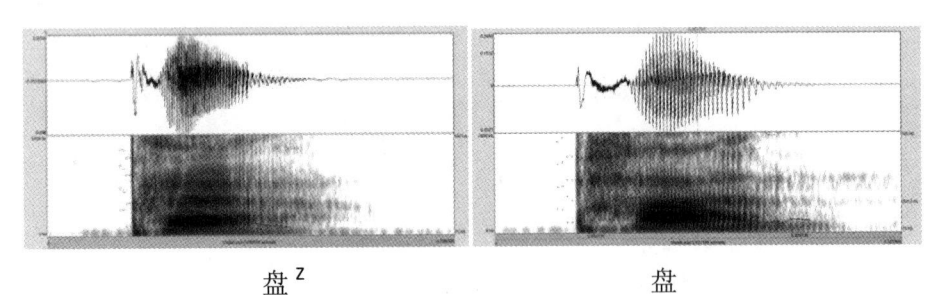

盘 ᶻ　　　　　　　　　　　盘

图 2-22　滑县"盘 ᶻ—盘"语图比较

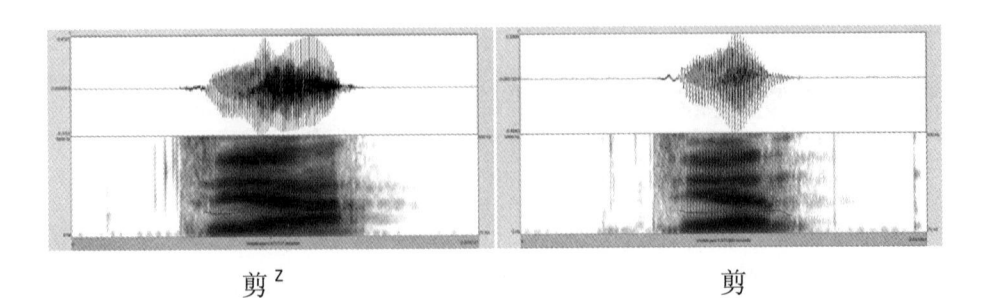

剪 ᶻ　　　　　　　　　　　剪

图 2-23　滑县"剪 ᶻ—剪"语图比较

丸ᶻ 丸

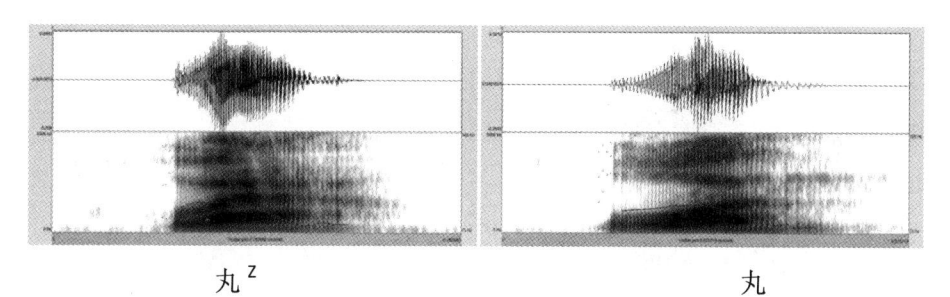

图 2-24 滑县"丸ᶻ—丸"语图比较

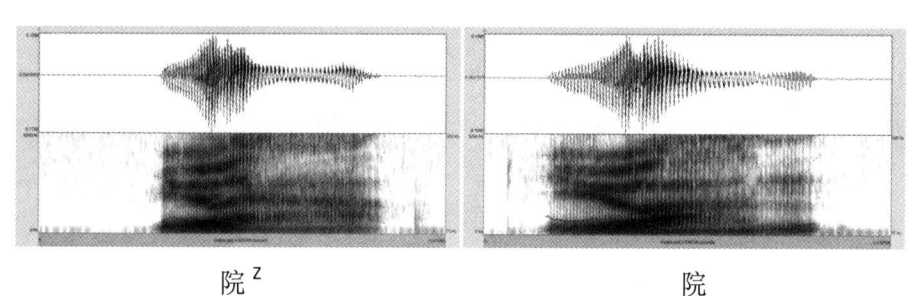

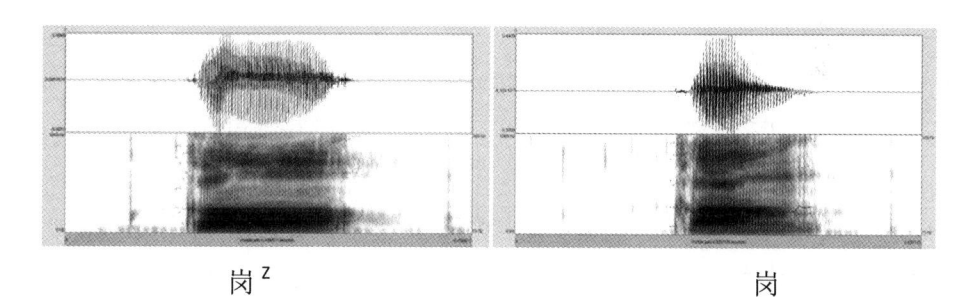

院ᶻ 院

图 2-25 滑县"院ᶻ—院"语图比较

岗ᶻ 岗

图 2-26 滑县"岗ᶻ—岗"语图比较

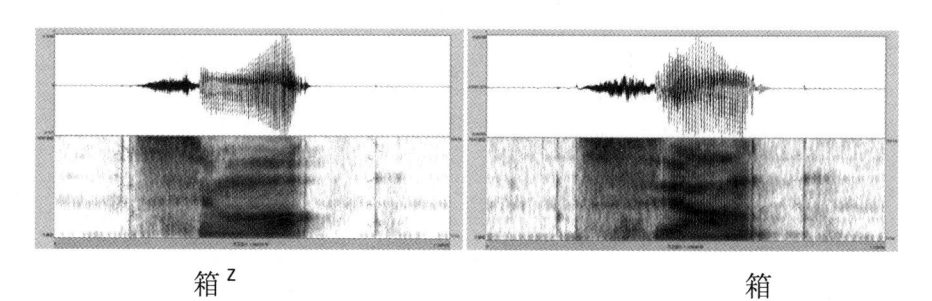

箱ᶻ 箱

图 2-27 滑县"箱ᶻ—箱"语图比较

46 河南滑县方言研究

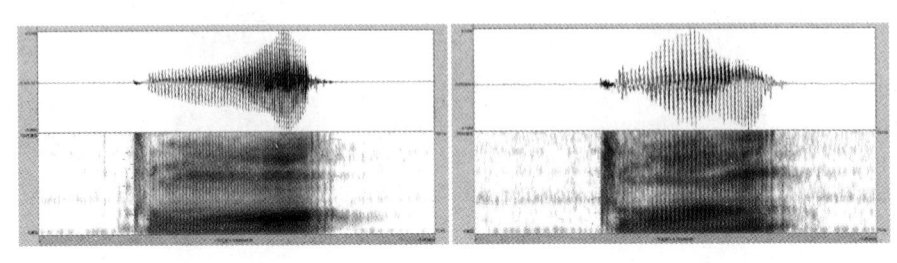

桩 ᶻ　　　　　　　　　桩

图 2-28　滑县"桩 ᶻ—桩"语图比较

音长包括整个音节、擦音声母、介音、韵腹和韵尾的长度及各自在整个音节长度中的比例。F1、F2 都在中间稳定部分取值。

表 2-4　　滑县半坡店 Z 变音节与原音单字音节的音长与共振峰比较

| | 音节音长（ms） | 声母 | | 介音 | | 韵腹 | | 韵尾 | | F1 | F2 |
|---|---|---|---|---|---|---|---|---|---|---|---|
| | | 长度 | 比例% | | 比例% | | 比例% | | 比例% | | |
| 丝ᶻ sɿau²⁴ | 644 | 307 | 48 | 93 | 14 | 83 | 13 | 161 | 25 | 392 | 1059 |
| 丝 sɿ²⁴ | 507 | 273 | 54 | | | 234 | 46 | | | 341 | 1193 |
| 均差 | 137 | 34 | -6 | | | 6 | | | | 51 | -134 |
| 柿ᶻ ʂʅau³¹² | 725 | 246 | 34 | 86 | 12 | 188 | 26 | 205 | 28 | 556 | 1124 |
| 柿 ʂʅ³¹² | 740 | 288 | 39 | | | 452 | 61 | | | 395 | 1652 |
| 均差 | -15 | -42 | -5 | | | 5 | | | | 161 | -528 |
| 车ᶻ tʂʰʅau²⁴ | 423 | 164 | 39 | 78 | 18 | 82 | 19 | 99 | 24 | 554 | 959 |
| 车 tʂʰə²⁴ | 378 | 172 | 46 | 71 | 19 | 135 | 35 | | | 1579 | 2768 |
| 均差 | 45 | -8 | -7 | | | -1 | | | 8 | -1025 | -1809 |
| 鸡ᶻ tɕiau²⁴ | 361 | 79 | 22 | 110 | 30 | 72 | 20 | 100 | 28 | 536 | 978 |
| 鸡 tɕi²⁴ | 360 | 134 | 37 | | | 226 | 63 | | | 273 | 2294 |
| 均差 | 1 | -55 | -15 | | | 15 | | | | 263 | -1316 |
| 孩 ᶻxiau⁵² | 520 | 147 | 28 | 138 | 27 | 58 | 11 | 177 | 34 | 480 | 1639 |

续表

| | 音节音长（ms） | 声母 | | 介音 | | 韵腹 | | 韵尾 | | F1 | F2 |
|---|---|---|---|---|---|---|---|---|---|---|---|
| | | 长度 | 比例% | | 比例% | | 比例% | | 比例% | | |
| 孩xai⁵² | 384 | 112 | 29 | | | 82 | 21 | 190 | 50 | 773 | 1378 |
| 均差 | 136 | 35 | -1 | | | 1 | | | | -293 | 261 |
| 茄ᶻtɕʰiau⁵² | 358 | 141 | 39 | 61 | 17 | 58 | 16 | 98 | 28 | 401 | 1215 |
| 茄tɕʰiɛ⁵² | 393 | 210 | 53 | 65 | 17 | 118 | 30 | | | 410 | 1317 |
| 均差 | -35 | -69 | -14 | 0 | | | | 14 | | -9 | -102 |
| 黍ᶻʂʅuau⁵⁵ | 440 | 202 | 46 | 74 | 17 | 68 | 15 | 96 | 22 | 583 | 686 |
| 黍ʂʅ⁵⁵ | 439 | 208 | 47 | | | 231 | 53 | | | 457 | 1017 |
| 均差 | 1 | -6 | -1 | | | 1 | | | | 126 | -331 |
| 锥ᶻtʂuau²⁴ | 384 | 67 | 17 | 133 | 35 | 95 | 25 | 89 | 23 | 493 | 791 |
| 锥tʂuei²⁴ | 343 | 50 | 15 | 107 | 31 | 78 | 23 | 108 | 31 | 351 | 1969 |
| 均差 | 41 | 17 | 2 | 4 | | 2 | | -8 | | 142 | -1178 |
| 絮ᶻɕyau²⁴ | 585 | 252 | 43 | 98 | 17 | 97 | 16 | 138 | 24 | 1878 | 2435 |
| 絮ɕy²⁴ | 534 | 278 | 52 | | | 256 | 48 | | | 287 | 1870 |
| 均差 | 51 | -26 | -9 | | | | | 9 | | 1591 | 565 |
| 傻ᶻʂa:u⁵⁵ | 420 | 210 | 50 | | | 105 | 25 | 105 | 25 | 632 | 1136 |
| 傻ʂa⁵⁵ | 446 | 204 | 46 | | | 242 | 54 | | | 694 | 1230 |
| 均差 | -26 | 6 | 4 | | | | | -4 | | -62 | -94 |
| 帽ᶻma:u³¹² | 594 | 129 | 22 | | | 337 | 57 | 128 | 21 | 679 | 942 |
| 帽mau³¹² | 519 | 113 | 22 | | | 238 | 46 | 168 | 32 | 601 | 963 |
| 均差 | 75 | 16 | 0 | | | 11 | | -11 | | 78 | -21 |

续表

| 音节音长（ms） | | 声母 | | 介音 | | 韵腹 | | 韵尾 | | F1 | F2 |
|---|---|---|---|---|---|---|---|---|---|---|---|
| | | 长度 | 比例% | | 比例% | | | | 比例% | | |
| 条 ᶻtʰia:u⁵² | 383 | 107 | 28 | 71 | 19 | 73 | 19 | 132 | 34 | 663 | 1224 |
| 条 tʰiau⁵² | 375 | 125 | 33 | 42 | 11 | 55 | 15 | 153 | 41 | 450 | 1340 |
| 均差 | 8 | -18 | -5 | | 8 | | 4 | | -7 | 213 | -116 |
| 架 ᶻtɕia:u³¹² | 568 | 67 | 12 | 60 | 11 | 293 | 51 | 148 | 26 | 434 | 859 |
| 架 tɕia³¹² | 505 | 44 | 9 | 91 | 18 | 370 | 73 | | | 741 | 1186 |
| 均差 | 63 | 23 | 3 | | -7 | 4 | | | | -307 | -327 |
| 摧 ᶻfia:u³¹² | 727 | 245 | 34 | 162 | 22 | 122 | 17 | 198 | 27 | 382 | 1932 |
| 摧 fei³¹² | 587 | 205 | 35 | | | 216 | 37 | 166 | 28 | 390 | 2017 |
| 均差 | 140 | 40 | -1 | | | 1 | | -8 | | -85 | |
| 筷 ᶻkʰia:u³¹² | 658 | 204 | 31 | 106 | 16 | 179 | 27 | 169 | 26 | 519 | 1159 |
| 筷 kʰuai³¹² | 456 | 100 | 22 | 51 | 11 | 60 | 13 | 244 | 54 | 626 | 1499 |
| 均差 | 202 | 104 | 9 | | 5 | | 14 | -28 | | -107 | -340 |
| 刷 ᶻʂuɔ:u²⁴ | 590 | 225 | 38 | 65 | 11 | 107 | 18 | 193 | 33 | 522 | 814 |
| 刷 ʂua²⁴ | 555 | 225 | 41 | 98 | 17 | 232 | 42 | | | 437 | 761 |
| 均差 | 35 | 0 | -3 | | -6 | | 9 | | | 85 | 53 |
| 桌 ᶻtʂuɔ:u²⁴ | 371 | 42 | 11 | 90 | 24 | 80 | 22 | 159 | 43 | 453 | 741 |
| 桌 tʂuo²⁴ | 337 | 46 | 14 | 140 | 41 | 151 | 45 | | | 607 | 2871 |
| 均差 | 34 | -4 | -3 | | -17 | 20 | | | | -154 | -2130 |

续表

| 音节音长（ms） | | 声母 | | 介音 | | 韵腹 | | 韵尾 | | F1 | F2 |
|---|---|---|---|---|---|---|---|---|---|---|---|
| | | 长度 | 比例% | | 比例% | | | | 比例% | | |
| 橛 ᶻtɕyɔːu⁵² | 357 | 75 | 21 | 61 | 17 | 75 | 21 | 146 | 41 | 250 | 1536 |
| 橛 tɕyɛ⁵² | 343 | 79 | 23 | 106 | 31 | 158 | 46 | | | 486 | 1600 |
| 均差 | 14 | -4 | -2 | | -14 | | 16 | | | -236 | -64 |
| 脚 ᶻtɕyɔːu²⁴ | 480 | 119 | 25 | 50 | 10 | 175 | 37 | 136 | 28 | 499 | 711 |
| 脚 tɕyo²⁴ | 370 | 78 | 21 | 51 | 14 | 241 | 65 | | | 393 | 732 |
| 均差 | 110 | 41 | 4 | | -4 | | 0 | | | 106 | -21 |
| 穗 ᶻsyɔːu³¹ | 798 | 284 | 36 | 115 | 14 | 238 | 30 | 161 | 20 | 517 | 824 |
| 穗 suei³¹ | 567 | 216 | 38 | 54 | 10 | 142 | 25 | 155 | 27 | 417 | 1233 |
| 均差 | 231 | 68 | -2 | 4 | | 5 | | -7 | | 100 | -410 |
| 盒 ᶻxɤːu⁵² | 525 | 217 | 41 | | | 130 | 25 | 178 | 34 | 452 | 889 |
| 盒 xɤ⁵² | 520 | 246 | 47 | | | 274 | 53 | | | 534 | 1158 |
| 均差 | 5 | -29 | -6 | | | | 6 | | | -82 | -269 |
| 盘 ᶻpʰæ⁵² | 332 | 58 | 17 | | | 274 | 83 | | | 698 | 1167 |
| 盘 pʰan⁵² | 289 | 73 | 25 | | | 95 | 33 | 121 | 42 | 757 | 1378 |
| 均差 | 43 | -15 | -8 | | | | 8 | | | -59 | -211 |
| 剪 ᶻtsiæ⁵⁵ | 393 | 61 | 16 | 107 | 27 | 225 | 57 | | | 624 | 1765 |
| 剪 tsian⁵⁵ | 295 | 52 | 18 | 84 | 28 | 36 | 12 | 123 | 42 | 481 | 1765 |
| 均差 | 98 | 9 | -2 | -1 | | 3 | | 143 | | 0 | |
| 丸 ᶻuæ⁵² | 349 | | | 88 | 25 | 261 | 75 | | | 728 | 1617 |
| 丸 uan⁵² | 312 | | | 120 | 38 | 61 | 20 | 131 | 42 | 594 | 1091 |
| 均差 | 37 | | | | -13 | | 13 | | | 134 | 526 |

续表

| | 音节音长（ms） | 声母 | | 介音 | | 韵腹 | | 韵尾 | | F1 | F2 |
|---|---|---|---|---|---|---|---|---|---|---|---|
| | | 长度 | 比例% | | 比例% | | 比例% | | 比例% | | |
| 院 ᶻ yæ³¹² | 585 | | | 185 | 32 | 400 | 68 | | | 588 | 1584 |
| 院 yan³¹² | 608 | | | 211 | 35 | 175 | 29 | 222 | 36 | 697 | 1297 |
| 均差 | -23 | | | | -3 | | 3 | | | -109 | 287 |
| 岗 ᶻ kɑ̄:⁵⁵ | 328 | 30 | 9 | | | 298 | 91 | | | 509 | 916 |
| 岗 kaŋ⁵⁵ | 278 | 31 | 11 | | | 88 | 32 | 159 | 57 | 694 | 1171 |
| 均差 | 50 | -1 | -2 | | | 2 | | | | -185 | -255 |
| 箱 ᶻ siɑ̄:³¹² | 655 | 268 | 41 | 70 | 11 | 317 | 48 | | | 834 | 1549 |
| 箱 siaŋ³¹² | 537 | 226 | 42 | 80 | 15 | 114 | 21 | 117 | 22 | 664 | 1536 |
| 均差 | 118 | 42 | -1 | -4 | | 5 | | | | 170 | 13 |
| 桩 ᶻ tʂuɑ̄:²⁴ | 483 | 32 | 7 | 101 | 21 | 350 | 72 | | | 285 | 680 |
| 桩 tʂuaŋ²⁴ | 373 | 31 | 9 | 81 | 22 | 106 | 28 | 152 | 41 | 672 | 903 |
| 均差 | 110 | 1 | -2 | -1 | | 3 | | | | -387 | -223 |

王福堂（1999:138—139）将 Z 变音分成了长音型、拼合型和融合型三种类型。滑县半坡店方言不但这三种类型都有，还有独特的第四种类型：鼻化型。

笔者做了滑县方言 Z 变音与原音发音的语音实验。F1、F2 都在中间稳定部分取值。滑县方言 Z 变音的第一种类型是长音型，如"帽 ᶻ mɑ:u³¹²、条 ᶻ tʰiɑ:u⁵²"等，这种类型 Z 变音整体音节时长大于原音单字时长，Z 变音的 F1 大于原音的 F1，Z 变音的 F2 小于原音的 F2，"ɑ:"的时长比例大于"a"。第二种类型是拼合型，如"絮 ᶻ ɕyau²⁴"等，整体音节时长均明显长于原来的音节，Z 变音的 F2 大多小于原音单字的 F2，u 尾占整个音节的比例较大，大于 20%小于 45%，u 尾持续时长大多大于介音或韵腹的音长。第三种类型是融合型，如"盘 ᶻ pʰæ⁵²、丸 ᶻ uæ⁵²"，整体音节时长与原音音节相差不大，"院 ᶻ、院"还短于原音单字音节，Z 变音的 F1 与原音单字的 F1 相差不大；但韵母开口度大，明显区别于原音。第四种类型是鼻化型，如"岗 ᶻkã:55、箱 ᶻsiã:312"，鼻化音 ã 由鼻音 aŋ 变化而来，Z 变音的时长明显长于单音节原音。

**四 鼻音度**

本书使用鼻音计（nasometer）对滑县半坡店话鼻化音与鼻音、单元音的鼻音度进行了比较。发音人口音纯正，无口鼻咽喉疾病。发音人用自然语速朗读发音字表进行录音。

录音在暨南大学文学院发音语音学实验室进行，使用美国 Kay 公司生产的 NasometerIIMODEL 6450 鼻音计。（感谢暨南大学文学院刘新中教授和陈沛莹博士，录音和分析给予了大力帮助。）

发音人戴上鼻音计的口鼻分音装置，有一块隔板挡在口与鼻之间，将口腔声音和鼻腔声音分开。录音时鼻音计用口与鼻两个通道同步采样获取数据，并进行相关计算分析。鼻音计能够自动测算口音能量及鼻音能量，实时计算并显示鼻音度（nasalance）曲线的图形。

鼻音度就是语音发音时鼻音化的程度。时秀娟、冉启斌、石锋（2010）称之为鼻化度。刘新中、陈沛莹（2017）指出：鼻化与鼻音度是两个概念，所有元音都有鼻音度，但不一定都是"鼻化"；鼻音度还是一个相对的概念，根据目前的观察，一个音系中元音的鼻音度超过正常鼻音度的20%左右，就被认为是鼻化了。

鼻音度的数值称为 N 值。N 值的计算公式为：

$$N = \frac{n}{n+o} \times 100$$

其中 n 表示鼻音能量（nasal acoustic energy），o 表示口音能量（oral acoustic enegry）。此公式表示鼻音能量在口音与鼻音能量之和中所占的比例。N 值在 0～100 之间，数值越大，则鼻音能量越强，鼻音度越高。数值越小，则鼻音能量越弱，鼻音度越低。鼻音度曲线是在以时间为横轴、以鼻音度为纵轴的二维平面图中显示的由鼻音度数据样点连成的曲线。

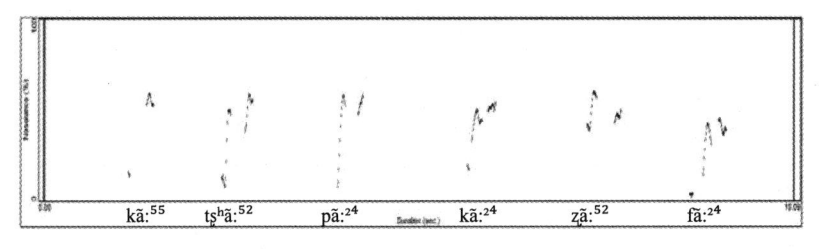

图 2-29 "岗 ᶻkã:55、肠 ᶻtʂhã:52、帮 ᶻpã:24、缸 ᶻkã:24、瓢 ᶻzã:52、方 ᶻfã:24"的鼻音度曲线

表 2-5　　　　　　　　　　　半坡店话 ã:组的鼻音度

| 例子 | 元音 | 平均 N 值 | 鼻音韵尾 | 平均 N 值 |
|---|---|---|---|---|
| 扒、爬、马 /a/ | /a/ | 12 | | |
| 帮、肠、方 /aŋ/ | /a/ | 22 | /ŋ/ | 90 |
| 岗 ᶻkã:⁵⁵ | /ã/ | 67 | | |
| 肠 ᶻtʂhã:⁵² | /ã/ | 43 | | |
| 白菜帮 ᶻpã:²⁴ | /ã/ | 60 | | |
| 茶缸 ᶻkã:²⁴ | /ã/ | 59 | | |
| 甜瓜瓢 ᶻzã:⁵² | /ã/ | 64 | | |
| 肉方 ᶻfã:²⁴ | /ã/ | 49 | | |

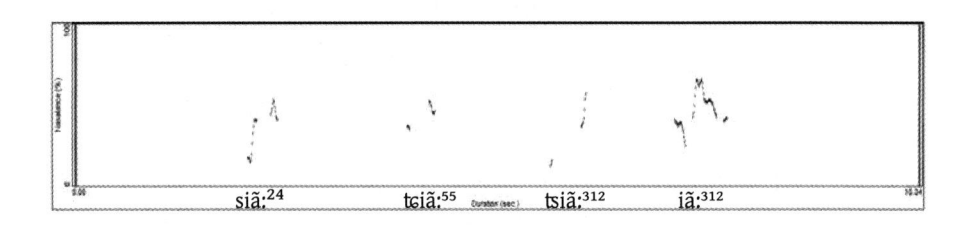

图 2-30　"箱 ᶻsiã:²⁴、膙 ᶻtɕiã:⁵⁵、匠 ᶻtsiã:³¹²、样 ᶻiã:³¹²"的鼻音度曲线

表 2-6　　　　　　　　　　　半坡店话 iã:组的鼻音度

| 例子 | 元音 | 平均 N 值 | 元音 | 平均 N 值 | 鼻音韵尾 | 平均 N 值 |
|---|---|---|---|---|---|---|
| 家、掐、瞎 /ia/ | /i/ | 11 | /a/ | 23 | | |
| 养、江、亮 /iaŋ/ | /i/ | 11 | /a/ | 34 | /ŋ/ | 87 |
| 木箱 ᶻsiã:²⁴ | /i/ | 5 | /ã/ | 54 | | |
| 脚膙 ᶻtɕyɔ²⁴tɕiã:⁵⁵ | /i/ | 45 | /ã/ | 55 | | |
| 铁匠 ᶻtsiã:³¹² | /i/ | 36 | /ã/ | 46 | | |
| 鞋样 ᶻiã:³¹² | /i/ | 46 | /ã/ | 44 | | |

第二章 滑县方言语音 53

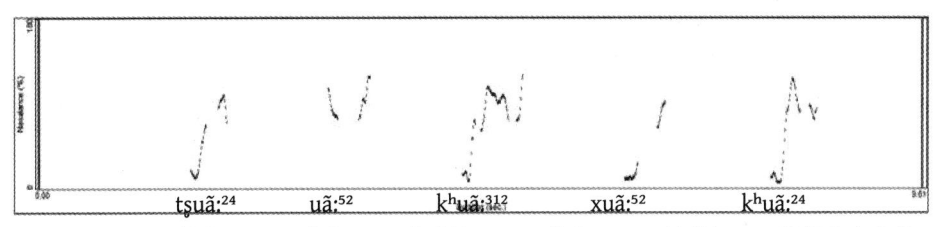

图 2-31 "桩 ᶻtʂuã:²⁴、芒 ᶻuã:⁵²、框 ᶻkʰuã:³¹²、黄 ᶻxuã:⁵²、筐 ᶻkʰuã:²⁴"的鼻音度曲线

表 2-7　　　　　　　　　半坡店话 uã:组的鼻音度

| 例子 | 元音 | 平均 N 值 | 元音 | 平均 N 值 | 鼻音韵尾 | 平均 N 值 |
| --- | --- | --- | --- | --- | --- | --- |
| 挖、抓、刷/ua/ | /u/ | 5 | /a/ | 26 | | |
| 王、床、撞/uaŋ/ | /u/ | 3 | /a/ | 36 | /ŋ/ | 88 |
| 木桩 ᶻtʂuã:²⁴ | /u/ | 7 | /ã/ | 52 | | |
| 麦芒 ᶻuã:⁵² | /u/ | 40 | /ã/ | 51 | | |
| 门框 ᶻkʰuã:³¹² | /u/ | 8 | /ã/ | 49 | | |
| 鸡蛋黄 ᶻxuã:⁵² | /u/ | 8 | /ã/ | 56 | | |
| 粪筐 ᶻkʰuã:²⁴ | /u/ | 16 | /ã/ | 47 | | |

在"帮 ᶻpã:²⁴、杠 ᶻkã:³¹²、箱 ᶻsiã:²⁴"中，起点处曲线较低，表示鼻音能量较低，后面升高，表示鼻音能量较高。鼻音计采集的是声带振动条件下的语音能量数据，半坡店话的塞音、擦音、塞擦音都是不带音的辅音，发音时鼻音计采集不到语音能量，所以没有数据显示，也就没有鼻化曲线。鼻音度主要表示的是带音部分的语音鼻化程度的大小。"瓢 ᶻzã:⁵²"的声母"ᶻz"是非鼻音浊声母，有相当程度的鼻音度，所以鼻音度曲线起点较高。

在半坡店话录音材料中选取稳定段进行测量，得到不同的鼻音度数据。表 2-5、表 2-6 与表 2-7 是计算得到的 N 值平均数据。

表 2-5 中，半坡店话"扒、爬、马"中，/a/的平均 N 值为 12。/aŋ/中/a/的平均 N 值为 22，/ŋ/是鼻音，鼻音度为 90。/ã/ 的鼻音度较高，一般在 40 到 80 之间，音位有对立。"瓢 ᶻzã:⁵²"中，/z/是非鼻音浊声母，非鼻音浊声母比塞音、擦音、塞擦音的鼻音度高，受其影响，"瓢 ᶻ"韵母/ã/也比位于塞音、擦音、塞擦音后/ã/的 N 值高。"狼 ᶻlã:²⁴、秧 ᶻzã:²⁴"中的/l//z/也是非鼻音浊声母，情况相似。

表 2-6 中，/ia/中/i/的平均 N 值为 11，/ia/中/a/的平均 N 值为 23，因为它处于/i/的后面，所以比较高，但还不是鼻化音。/iaŋ/中/i/的平均 N 值为

11，/a/的平均 N 值为 34，/ŋ/是鼻音，鼻音度为 87。/ã/ 的鼻音度较高，一般在 40 到 80 之间，音位有对立。

表 2-7 中，/ua/中/u/的平均 N 值为 5， /a/的平均 N 值为 26。/uaŋ/中/u/的平均 N 值为 3，/a/的平均 N 值为 36，/ŋ/是鼻音，鼻音度为 88。/ã/ 的鼻音度较高，一般在 40 到 80 之间，音位有对立。

总之，半坡店话中，鼻音/ŋ/的鼻音度非常高，N 值为 90 左右。鼻化音/ã/的 N 值大于 40 小于 80，而单元音/a//i//u/的 N 值较低。

时秀娟、冉启斌、石锋（2010）认为：非鼻音的 N 值在 40 以下，鼻音的 N 值在 80 以上，鼻化元音的 N 值分布在两个临界值之间。半坡店话中鼻化音的 N 值在 40 到 80 之间，符合上面的界定。

一般认为鼻尾的消失与元音的高低相关，低元音后的鼻音韵尾更容易消变（Chen，1975；王洪君，1999；时秀娟、冉启斌、石锋，2010）。这些结论与本文的实验结果一致，[a]是前、低元音，其后的鼻音韵尾/ŋ/在半坡店话中产生了消变，发生了下列 Z 变音：ã:（＜aŋ）；iã:（＜iaŋ）；uã:（＜uaŋ）。

### 五　鼻音韵尾[n]发生 Z 变音后的鼻音度

滑县话的动词变韵中，原音韵尾是鼻音[ŋ]的 Z 变音发生了鼻化，那么原音韵尾是鼻音韵尾[n]的 Z 变音发生了鼻化吗？

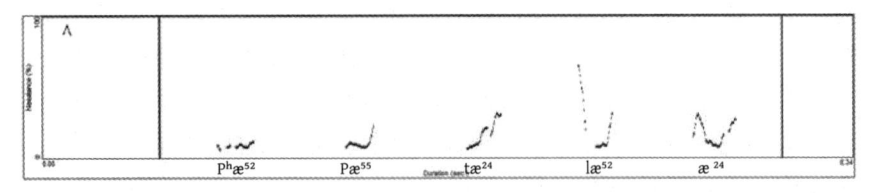

图 2-32 "盘 ᶻpʰæ⁵²、板 ᶻpæ⁵⁵、单 ᶻtæ²⁴、篮 ᶻlæ⁵²、鞍 ᶻæ²⁴"的鼻音度曲线

表 2-8　　　　　　　　半坡店话 æ 组的鼻音度

| 例子 | 元音 | 平均 N 值 | 鼻音韵尾 | 平均 N 值 |
|---|---|---|---|---|
| 扒、爬、马/a/ | /a/ | 12 | | |
| 盘、板、篮/an/ | /a/ | 34 | /n/ | 86 |
| 盘 ᶻpʰæ⁵² | /æ/ | 17 | | |
| 脚底板 ᶻpæ⁵⁵ | /æ/ | 20 | | |
| 床单 ᶻtæ²⁴ | /æ/ | 20 | | |
| 篮 ᶻlæ⁵² | /æ/ | 9 | | |
| （牲口）鞍 ᶻæ²⁴ | /æ/ | 15 | | |

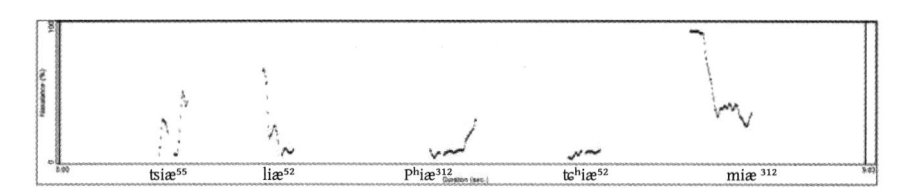

图 2-33 "剪 $^Z$tsiæ$^{55}$、帘 $^Z$liæ$^{52}$、片 $^Z$p$^h$iæ$^{312}$、钳 $^Z$tɕ$^h$iæ$^{52}$、面 $^Z$miæ$^{312}$"的鼻音度曲线

表 2-9　　　　　　　　　半坡店话 iæ 组的鼻音度

| 例子 | 元音 | 平均 N 值 | 元音 | 平均 N 值 | 鼻音韵尾 | 平均 N 值 |
|---|---|---|---|---|---|---|
| 家、掐、瞎/ia/ | /i/ | 7 | /a/ | 35 | | |
| 剪、钳、面/ian/ | /i/ | 24 | /a/ | 48 | /n/ | 89 |
| 剪 $^Z$tsiæ$^{55}$ | /i/ | 27 | /æ/ | 47 | | |
| 帘 $^Z$liæ$^{52}$ | /i/ | 30 | /æ/ | 9 | | |
| 一片 $^Z$p$^h$iæ$^{312}$ | /i/ | 6 | /æ/ | 6 | | |
| 铁钳 $^Z$tɕ$^h$iæ$^{52}$ | /i/ | 2 | /æ/ | 9 | | |
| 药面 $^Z$mian$^{312}$ | /i/ | 48 | /æ/ | 34 | | |

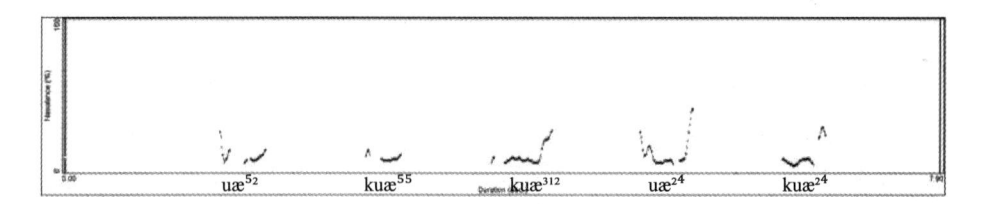

图 2-34 "丸 $^Z$uæ$^{52}$、管 $^Z$kuæ$^{55}$、罐 $^Z$kuæ$^{312}$、弯 $^Z$uæ$^{24}$、冠 $^Z$kuæ$^{24}$"的鼻音度曲线

表 2-10　　　　　　　　半坡店话 uæ 组的鼻音度

| 例子 | 元音 | 平均 N 值 | 元音 | 平均 N 值 | 鼻音韵尾 | 平均 N 值 |
|---|---|---|---|---|---|---|
| 挖、抓、刷/ua/ | /u/ | 5 | /a/ | 23 | | |
| 丸、管、罐/ uan/ | /u/ | 12 | /a/ | 37 | /n/ | 86 |
| 丸 $^Z$uæ$^{52}$ | /u/ | 23 | /æ/ | 11 | | |
| 钢管 $^Z$kuæ$^{55}$ | /u/ | 16 | /æ/ | 29 | | |
| 罐 $^Z$kuæ$^{312}$ | /u/ | 7 | /æ/ | 49 | | |
| 弯 $^Z$uæ$^{24}$ | /u/ | 7 | /æ/ | 41 | | |
| 鸡冠 $^Z$kuæ$^{24}$ | /u/ | 7 | /æ/ | 39 | | |

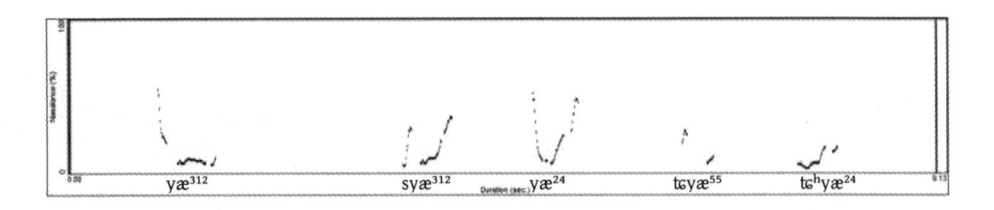

图 2-35 "院 ᶻyæ³¹², 旋 ᶻsyæ³¹², 冤 ᶻyæ²⁴, 卷 ᶻtɕyæ⁵⁵, 圈 ᶻtɕʰyæ²⁴"的鼻音度曲线

表 2-11　　　　　　　　　半坡店话 yæ 组的鼻音度

| 例子 | 元音 | 平均 N 值 | 鼻音韵尾 | 平均 N 值 | 鼻音韵尾 | 平均 N 值 |
|---|---|---|---|---|---|---|
| 鱼、举、去 /y/ | /y/ | 32 | | | | |
| 院、卷、圈 /an/ | /y/ | 37 | /a/ | 35 | /n/ | 86 |
| 当院 ᶻyæ³¹² | /y/ | 26 | /æ/ | 6 | | |
| 油旋 ᶻsyæ³¹² | /y/ | 10 | /æ/ | 32 | | |
| 老冤 ᶻyæ²⁴ | /y/ | 25 | /æ/ | 22 | | |
| 菜卷 ᶻtɕyæ⁵⁵ | /y/ | 23 | /æ/ | 40 | | |
| 圆圈 ᶻtɕʰyæ²⁴ | /y/ | 4 | /æ/ | 26 | | |

由实验可以看出，原音为[n]韵尾的 Z 变音，绝大多数鼻音度低于 40 的临界值，没有发生鼻化。只有个别发生了鼻化，如"剪ᶻ、罐ᶻ、弯ᶻ、卷ᶻ"的鼻音度稍微高于 40。为了统一，笔者仍标为"æ"，不标为鼻化音"ã"。通过鼻音度，可以判定有无发生鼻化。我们从中可以看出滑县的鼻化音比较复杂。

## 六　Z 变音来源

《中国语文》2013 年第 4 期刊登了王临惠先生的文章《晋豫一带方言 Z 变音源于"头"后缀试证》（以下简称"王文"），该文认为：集中分布于河南北部、山西东南部及西南部的 Z 变音现象不是从"子"尾演变来的，而是从"头"尾演变来的，临猗猗氏方言的"都［·tou］"是"头"缀，而且由其参与合音形成了一条完整的变韵演化链，把这种现象称之为"头"变音现象似更为合适。

笔者不赞成上述观点，下面略呈管见，希望与王先生商榷。

Z 变音现象是一种合音现象，已为学界所共识，但参与合音的后缀是什么却仍有不同的看法。关于合音成分的讨论除王文外，还有三种观点：其一，

由 "子" 合音而来。王福堂（1999）认为，"因为其中的构形语素目前基本上可以认为仍然是'子'，所以也仍然把这部分变韵叫做子变韵。"笔者赞同这个观点。其二，待定论。王洪君（1999）认为："目前发现的方言中 Z 变词的演变链缺少一些环节，因此我们还不能完全确定它的本源字就是'子'。尽管从语法意义看，它很可能是'子'：出现在名词词根之后，没有明显的小称义；从语音上看，是'子'似也说得通，但演化链没有全接上。"其三，由 "儿" 合音而来。赵日新（2007）认为，"条条道路通央 [ə]"，"所谓的'子变韵'很可能是'儿化韵'"。关于赵日新（2007）提出的从 "儿" 合音而来，陈卫恒（2011）、王文、史艳锋（2013）、支建刚（2015）等都予以反对，理由比较充分，此不赘述。

笔者认为：晋豫一带的 Z 变音来源于 "子"，而不是 "头"。

第一，笔者对北京大学古代汉语语料库（CCL）进行了检索，文献中并没有一例 "椅头、柿头、侄头、虱头、孩头" 的记载，但有大量的 "椅子、柿子、侄子、虱子、孩子" 的文献记载，这些常见词语在晋豫方言中都可以形成 Z 变音。晋豫一带方言中如果数量繁多的名词后缀都为 "头"，文献中对这些常用词应该有记载。北方汉语中，构成名词的后缀主要有 "子、头、儿" 三个。李思敬（1981）认为："儿"是汉语中出现较晚的后缀，语法化的过程在明代才完成，而"-子""-头"两个后缀则要早得多。志村良治（1995）认为："-子"从魏晋开始普遍化，"-头"到中古最末期已经相当普遍化了。笔者查检文献发现，"头"在中古最末期组合的词汇数量远远低于 "子" 缀。

第二，王文所指的 "头" 例证较少，并且不具有地区的普遍性。笔者拿王文的例证在滑县等地方言中检验，大多没有这些说法。如临猗有 "狮都、疯都、条都、盘都、椅都、管都、带都、帐都、沙都、胡都、穗都、盖都、腿都、案都、绳都" 的说法，而滑县、延津、卫辉、封丘方言中没有这些说法。滑县方言中还保留了大量 "头" 后缀，这些后缀不发生 Z 变音现象。"头" 附加在名词之后，构成名词，如：床头、石头、砖头、骨头、地头、门头、苗头。"头" 附加在方位词之后，构成名词，如：东头、西头。"头" 附加在动词之后，构成名词，如：玩头、想头、赚头、看头、说头、打头。"头" 附加在形容词之后，构成名词，如：苦头、甜头、老实头、绝户头。"头" 也可附加在量词之后，构成名词，如：块头、个头。如果是 "头" 缀形成了 Z 变音，根据语音的类化原理，豫北方言中常见的 "馒头、指头、骨头、木头" 应该也形成 Z 变音，但是它们没有。"头" 后缀参与合音晚于 "子" 缀合音，并且数量极少，目前调查滑县方言仅有一例：里 $^z$（里头）[lio⁵⁵]。合音在 Z 变音区是一个常见现象,下面是滑县的部分合音词。名词合音词如:亲家[tɕʰiæ²⁴]、底下[tia⁵⁵]、地上[tia³¹²]。动词合音词如:起来[tɕʰiai⁵⁵]、出来[tʂʰuai²⁴]、知道[tʂɔ²⁴]。形容词合音词如:不好[nau²⁴]。数量值合音词如:一个[yɔ⁵²]、四个[sʅ³¹²]、六个[liɔ³¹²]、几个[tɕiɛ⁵⁵]。代词合音词如:你们 [nən⁵⁵]、自己[tsia³¹²]、人家[iæ⁵²]、这么[tʂən³¹²]。副词合音词如:没有[mau²⁴]、不用[piŋ⁵²]。滑县方言中语音合成形式大都有其内在的规律。这规律便是:两字合音后,前一字的声母、韵头基本不变,而主要是韵腹和韵尾发生了变化。如果韵腹和韵尾是舌位低、开口度比较大的元音,就保持不变;如果韵腹和韵尾是舌位高、开口度比较小的元音,就变读为开口度比较大的元音。这和滑县人说话时习惯于开口度大有密切关系。

第三,王文引用了王自万(2011)所记开封兴隆方言中的两点事实证明自己的观点,但王自万(2015)对 Z 变音来源于"头"持反对意见。王自万(2015):开封兴隆方言中存在"骡""络"单用成词发生变韵的现象,读为骡ᶻluau⁴²、络ᶻluau²⁴。动词"撅"可以变韵为量词,读为 luau³¹²,而与其同音的"箩"在后接"头"后缀时组成的附加式合成词则不变韵。类似的情况还有"橛ᶻ"tɕyau 变韵,"橛ᶻtɕyo 头"不变韵。这些词都是农村生产生活中的常用词语,产生时代大概相差不远,都应该是本地方言中固有的成分。如果认为"骡ᶻ""橛ᶻ"是由"头"尾的词缀参与变韵造成的,那就难以解释"箩头""镢头"为什么没有发生变韵。所以造成"骡ᶻ、络ᶻ、橛ᶻ"这些变韵的后缀不是"头"。滑县方言中也存在"骡"单用成词发生变韵的现象,而"箩"在后接"头"后缀时组成了附加式合成词"箩头",并不发生变韵现象。

第四,Z 变音区晋语区有 Z 变音和"子"尾并存的现象;Z 变音区中原官话区"子"尾一般缺失,子变韵词和普通话的子尾词功能作用大体相当。晋语区如左权县(白云、杨萌、石琦,2012)。左权县"子尾"的语音表现形式有两种:一是"子"附着在单音节词后面,与词根组合成词,语音形式为 Z 变音,如"桌ᶻ、席ᶻ、聋ᶻ、傻ᶻ、铲ᶻ"。二是"子"附着在单音节词或双音节词后面,与词根组合成词,语音形式不变,"子"读轻声 [tsʅ] 或 [tsəʔ¹¹],如:孙子、日子、苦子、荞子、糜子、鹞子、姑子、瘸子、拐子、瞎子、麻子、小叔子、大姑子、老汉子、煤黑子、雨点子。"粽子"两种用法都可以。豫北方言演变彻底,"子"尾一般缺失,子变韵词和普通话的子尾词功能作用大体相当。如滑县方言中"子"绝大多数被 Z 变音替代,显示了滑县 Z 变音比较彻底。滑县话中偶尔能用词缀"子"的都可以发生 Z 变音,如:"丸子、起子"等既可以直接加"子",也可以 Z 变音。

第五，Z 变音区域周围都是"子"后缀丰富的方言（参看侯精一、温端政，1993；乔全生，1995 等）。没有发生 Z 变音的周边区域，都有丰富的"子"尾。在"子"尾包围下发生 Z 变音的区域，很难解释为来源于"头"。如左权县的后缀"子"可读轻声[tsɿ]或[tsəʔ¹¹]，这证明了"子"缀可以音变，不影响其交流。而且子变韵周边地带"子"尾词的适用范围比较宽泛。晋语区如壶关县没有发生 Z 变音，壶关县距离发生 Z 变音的左权县等区域很近。王利（2012）：壶关县的后缀"子"读[tsəʔ²¹]。壶关县单音节名词、动词、形容词、量词（或语素）后都可加"子"。单音节名词后加"子"如"桌子、椅子、鸡子、柿子、锁子、包子、叉子、傻子、聋子、秃子、冷子、本子、根子"；双音节名词、动词、量词、数量结构后加"子"如"顶针子、外甥子、石子子、鞋帮子、菜盒子、媳妇子、跑茅子、讨吃子、丈把子、年把子、一把子"；多音节名词、动词、数量结构后加"子"如"指甲盖子、萝卜缨子、一圪截子、一大会子"。万荣话（吴建生，1997）中"量词+子""人名+子"都可以使用，"量词+子"如"一块子馍、一条子烟、一匹子马、一把子韭菜、一片子料子"；"人名+子"如"安子、红子、民子、国子、三子"。此外普通名词诸如"花""布"等也都可以加"子"尾（花子、布子）使用。魏县方言（吴继章，2002）中"子"尾词分为：一般"子"尾名词，如"路边子、树枝子、纺花车子"；用于称呼的"子"尾名词，如"老汪子、喜子"；村名+"子"尾，如"小寨子、田庄子"；表示"时间"和"约数"的"子"尾名词，如"前半晌子、月把子"；非名词性"子"尾词，如"结巴子、（不）住气子"。壶关、万荣、魏县处在子变韵的周边地带，在证明"子"尾参与变韵时有着不可替代的优势。中原官话区如河南长葛没有发生 Z 变音，距离发生 Z 变音的县等区域很近，长葛的后缀也是"子"，如：桌子、柿子、菜盒子。刘雪霞（2006）也认为：子变韵主要发生在河南的北部与中部，南部地区没有子变韵，但是，河南南部与东部方言中的"子"尾与河南北部子变韵的语法意义完全相同。

第六，笔者认为，临猗方言中的"都"是"子"的语音弱化形式，详见下文。

综上所述，笔者认为：Z 变音来源于"子"，而不是"头"。

**七　Z 变音的演化过程与滑县方言 Z 变音的音系解释**

目前对 Z 变音形成机制的解释，以王福堂（1999）、王洪君（1999）二家最为详尽。王洪君（1999：215—216）认为 Z 变音的构词机制是一种"二合一"式的语音构词法，是一个历时演变的过程。在此过程中，"词干+子尾"

的结构，经历了"两个正常音节＞一个正常音节＋轻声音节＞一个长音节＞一个模式特殊、长度正常的音节＞一个正常音节"的系列变化。王福堂（1999：136）则从 Z 变音的共时表现上，将 Z 变音分成了三个类型：（1）拼合型，子尾在语音上能够跟词干的韵腹元音区别开来。（2）融合型，子尾已经和词干的韵母合音为另一种形式的韵母，无法被辨认出来。（3）长音型，子尾的声韵调都消失，唯有时长融入前一音节，这种情况往往还伴随着变调的产生。王福堂的三种类型，实际上是对王洪君提出的合音词历时演变路径的进一步细化。这三种类型都已经超越了"一个正常音节＋轻声音节"的演化阶段，但是还未发展成为一个正常的音节。因此，目前能够观察到的各地 Z 变音的情况，实际上都是属于合音词在长音节这一演化阶段的不同表现（王洪君，1999）。

Z 变音的韵母，在不同方言中根据不同的韵类而分化，有非常繁杂的表现形式。然而究其共性，正如王洪君（1999）所述，可以用前字单字韵母的特征与一个具有[+后][+圆]特征的后缀的合音过程来解释。导致 Z 变音的后缀大致可以分成[ə]类和[u]类两个不同的类型。因此，把 Z 变音的初始后缀拟测为[u]应该是比较可靠的。不太好解释的则是不具备[+后][+圆]特征的[ə]类子尾如何会导致变韵。但是，王福堂（1999）观察到，"[ə]类子尾生成的子变韵较为少见。"所以并不需要认为[ə]类子尾会直接合音生成 Z 变音。相反的，现有材料更为支持由[ə]类子尾先变为[u]类子尾，然后发生合音变化而产生变韵。

[ə]类子尾在方言中的表现形式比较多样。史艳锋（2013）根据《山西方言调查材料》（侯精一、温端政，1993）把弱化"子"尾的类型总结为 9 类（本文省略了声调）：

（1）[ɿ]类。如临汾、洪洞、霍州、古县、浮山[tsɿ]；沁水[zɿ]；稷山[tɿ]。

（2）[ə]类。汾西[tsə]；曲沃、侯马、沂州[tə]；天镇[zə]；绛县[ɣə]；太原[tsəʔ]；盂县[tsɤʔ]；介休[tsʌʔ]；长治[təʔ]；山阴[zəʔ]；沁县[ləʔ]；河南林州茶店 [ləʔ]/[əʔ]。

（3）山西原平方言"-子"大多读 ə，如果词根韵母是鼻尾韵，则 ə 变读 ə̃或 ŋ。与之类似的是，山东淄川话中"子"作名词后缀时在多数韵母后，听起来是一个接近 ə、ɤ、ɯ 的音素，十分含混，在 ə̃、iə̃、uə̃、yə̃后接近 ə̃、ə、ɤ、ɯ，在 aŋ、iaŋ、uaŋ 后接近 ã、ŋ，在 əŋ、iŋ、uŋ、yŋ 后是 ŋ（孟庆泰、罗福腾，1994）。

（4）临猗"-子"读 təu（王临惠，1993），还有读 dᵚ的，另有部分"-子"合入前字，构成"基本韵母＋ʊ"的子变韵母，如"剪 ᶻ tɕiæ:ʊ。

（5）运城"-子"读 tou；开封县"-子"读 tʰou，如，篮子 lan tʰou, 1958

年出版的《河南省开封方言区学习普通话手册》还记录了开封"-子"读 nou（王自万，2011）。开封县把"-子"读 tʰou，可能是由轻声造成的。

（6）闻喜"-子"大都念 u，由于受前一音节母音韵尾的影响有时也念 o。这是以往研究子变韵合音中较多关注的"子"尾。

（7）安阳县东部、魏县"-子"读 tɛ（魏县东南角有的乡读 tə）；林州姚村、陵阳一带读 lɛ/ɛ。以往研究"子"尾韵母时央、后元音多被关注，子尾元音为前元音的则比较少见。

（8）商丘话中"-子"前的音节是开尾韵，"-子"读 tei。如果"-子"前的音节是鼻尾韵，则"-子"读 nən，nən 是 tei 的变体形式（张世方，2008）。河津方言"-子"有三个层次的读音：第一种是老派读音，按照前一音节韵母是否具有鼻音色彩把"-子"分别读为 tei、nei，第二种是中年妇女 tei、nei 合流为 nei，第三种是青少年人群把 nei 又读为 lei（史秀菊，2010）。河津方言不同年龄段的子尾读音演变是 tei/nei→ nei → lei。

（9）翼城城关及附近"-子"读 ŋ，其他地方念 nəŋ。一般来说，"-子"变鼻音/鼻化韵母，要么是受前字鼻音韵尾/鼻化韵影响的结果，要么是受"子"尾鼻音声母影响的结果。

综合上面的不同形式，我们大概可以整理出一条"-子"后缀读音在合音之前的演化路径来。最初的语音形式是类似于临汾、洪洞等地的情形，与方言中的"子"字读音相同，均为[tsʅ]。这也是王洪君（1999）所说的第一阶段。

此后，"-子"尾开始发生弱化。弱化首先是发生在"-子"的舌尖元音[ʅ]，其发展有几个不同的方向。（1）"-子"音节轻声化，从而舌尖元音[ʅ]低化为前元音[ɪ]或[e]，进一步低化到[ɛ]，或是裂化为[ei]。（2）舌尖元音[ʅ]央化为[ə]，音节轻声化后有些被记为促化的[əʔ]，实际上两者分别不大。[ə]的具体音值可以很模糊，容易受到前面音节的元音影响。前述（3）中的情况就是如此。

此后，央化了的[ə]可以转化为[ɯ]，如万荣"-子"，吴建生（1984:32—40）记作[tə]，吴建生（1997）记作[tɯ]。陈卫恒（2004）认为，从韵腹为央元音的"-子"到 o/u 为韵尾的子变韵的转化中，ɯ 起着桥梁作用。因此[ɯ]又可以进一步发展为[əu]。吴云霞（2009：81）正是将万荣的 Z 变韵记作[təu]。从万荣二十五年来 Z 变韵的发展，可以将这条演化链写为 ə>ɯ>əu。[əu]又可以进一步演化为[-ʊ]与前面的音节合音。正如前面（4）所述，临猗正处于部分合音为变韵[-ʊ]，而部分尚读为子尾[əu]的阶段。最终则会全部演变成变韵形式。

从声母来看，塞擦音[ts]先是弱化为塞音[t]，然后再弱化为没有阻塞的边音[l]，[l]进一步弱化则成为零声母，为变韵的合音创造了条件。综合声母和韵母的情况，可以将整个演化的过程写为：

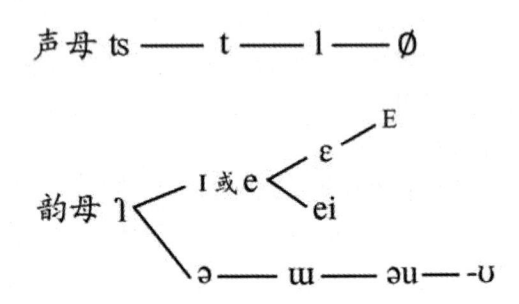

$$
\text{声母 ts} \longrightarrow \text{t} \longrightarrow \text{l} \longrightarrow \emptyset
$$

$$
\text{韵母}\ \text{l}\ \begin{cases} \text{I 或 e} \begin{cases} \varepsilon \longrightarrow \text{E} \\ \text{ei} \end{cases} \\ \text{ə} \longrightarrow \text{ɯ} \longrightarrow \text{əu} \longrightarrow \text{u} \end{cases}
$$

史艳峰（2013）认为，参与子变合音的"子"尾韵母音值不限于[u]，"-子"尾历史演化的不同时段，都可能以 [əu][ʊ][o][ə][ɚ][ɯ][ŋ][ẽ][ə] 等不同音值与前面的韵母发生合音。这种说法看似对不同方言的变韵情况都有解释力，实际上则把不同的合音结果都解释为合音之前子尾所发生的音变，反而将合音机制简单化了。我们可以看见，在许多发生Z变音的方言中，同样的子尾，由于不同的共时韵母甚至是不同的历史来源导致了合音结果产生差异。例如夏俐萍（2012）所报告的河南封丘赵岗方言，在共时音系中，不同历史来源的[ai]会导致不同的变韵。来自古蟹摄的[ai]变韵为[iau]，而来自古咸山摄的[ai]则变韵为[a:i]。正如王福堂（1999）所观察到的，共时音系中不同的变韵，反映了语音的不同历史层次。这样的一种现象，显然不能解释成是由于音系中存在多种不同读音的子尾。因此，对史艳峰（2013）的结论我们无法认同。

滑县半坡店方言的变韵情况，与夏俐萍（2012）所报道的封丘赵岗Z变音不尽相同。明显的区别是在半坡店音系中，咸山摄的鼻韵尾还未消失，不像封丘赵岗方言的咸山摄鼻韵尾已经变成了[i]尾（滑县人称这种方言现象为说话"轻嘴儿"），与来自蟹摄的[ai]发生了合流现象。因此，半坡店方言的咸山摄变韵，其主要元音是[æ]，而不会像封丘赵岗方言那样，韵腹加长变成[a:i]。

从单元音韵母[ɿ][ʅ][i][u]的合音情况来看。在滑县半坡店方言发生合音的时候，子尾的读音处于[au]的阶段。一般的情况是非鼻音韵直接拼合成 X+au 的形式，如果韵母本身音值是[a]或是[au]的，则会使得本来的韵腹元音长化后加 u。比较特别的例子是来自蟹摄的[ai]→[iau]，但正如王洪君（1999）所拟测的获嘉方言一样，共时的[ai]可能来自于历时的[*ɛ]，而合音正是发生在[*ɛ]尚未变成[ai]的时期。后来[*ɛ]经历了 ɛ→ai 的音变，而早期的读音形式则依旧保留在变韵中。

在鼻音韵中，咸山摄的变韵韵母[æ]也可以看作是早期的读音形式。

唯一比较难以解释的是同属脂韵重四合口的"锥"和"穗"，其变韵形式有洪细之别：锥 tʂuei→锥 ᶻtʂuau，穗 suei→穗 ᶻsya:u。可能在合音发生的早期形式中，"锥"字的 i 被声母吞没，但"穗"还保留了合口细音的读法*syei。来自蟹摄二等的"筷"变韵为 kʰia:u，也属于相当特殊的现象，但是只有孤例，因此难以拟测其来源。

王士元（2013）：（词汇扩散理论）这种假设认为，含有语音 x 的 100 个词语并不是同时变化，而是一部分一部分地陆续发生变化。从 x 到 y 的音变方式，是通过词汇在不同的说话人之间，于世纪更替中逐渐扩散来实现的。从半坡店方言与其他地区 Z 变音的演变来看，有共性也有个性，但都有一定的系统性，是一部分一部分地陆续发生变化。由于语言的经济性原则的作用，滑县半坡店方言产生了合音，Z 变音合音要明显区别于儿化音和原有的双音节形式，所以开口度加大。Z 变音大多是"u"变音。滑县方言中"子"绝大多数被 Z 变音替代，显示了滑县 Z 变音比较彻底。在语言经济性规律的影响下，发生了合音，现在受普通话的影响，部分合音词又重新分音：桌子→桌ᶻ→桌子。笔者在滑县调查时也发现，"筷ᶻ、桌ᶻ、椅ᶻ"等常见的 Z 变音词，现在也经常被说成"子"缀词。王士元（2011）：演化语言学所要解决的中心课题是，如何把纵向传递（遗传而来）的特征，与横向传递（借用而来）的特征区别开来。豫北地区的 Z 变音受到了移民的影响，既有纵向传递，又有横向传递。集中分布于山西南部、河南北部的 Z 变音现象不是从"头"尾演变来的，而是从"子"尾演变来的，演变中经历了声母脱落、合音、变韵等过程。从分布特点及近代移民数据上看，河南方言中的 Z 变音现象极有可能是明代山西移民方言影响的结果。长期处于丰富和用法多样"子"缀的包围区，山西南部和豫北西部晋语区中的 Z 变音演化的慢，并不彻底，还有一定的"子"尾。而豫北东部地区，Z 变音演变更彻底，几乎没有"子"尾了。期待有更多地区的报道出现。

此部分感谢焦磊博士的帮助。

## 八 语法功能

### 8.1 名词标记

子变韵是"名词化标记"成分,一般表示一类事物的统称。

子变韵的语法功能主要有：构成名词的标记；名词化标记。

第一种变韵是一种构词手段，是构成名词的标记。有一部分语素不变韵不能单说,变韵在这里起构词的作用，变韵粘附在语素上，改变了语素的语法功能，使语素变为名词。如：鼻$^z$、狮$^z$、柿$^z$、簿$^z$、盒$^z$、虱$^z$、李$^z$、筐$^z$、筷$^z$。这些语素变韵之后成为可以单说的名词，能够自由地进入句子。

第二种是名词化标记，它具有名词化的作用。变韵粘附在动词、形容词或短语上，改变了动词、形容词的语法功能。子变韵后，动词变为名词的如：梳$^z$、刷$^z$、铲$^z$、架$^z$、钻$^z$、剪$^z$、包$^z$、锯$^z$、盖$^z$。子变韵后，形容词变为名词的如：小$^z$、秃$^z$、瞎$^z$、傻$^z$、瘸$^z$、尖$^z$。子变韵后，动词短语变为名词的如：躺椅$^z$、剃刀$^z$、圪料眼$^z$、转转耳$^z$。这些变韵具有名词化的作用，变韵粘附在短语上，改变了短语的功能，使短语变成名词。短语发生子变韵，变韵后成为名词，这里的子变韵也是名词化标记。

也有动词子变韵后变为量词的，如：摞$^z$。

8.2 黏着和自由

从子变前后语言单位的自由程度来看，子变后的语言单位是词，但从语言事实看，这些变韵词语并不都是自由的，而且变韵前的语言单位也并不都是不自由的。我们按照黏着和自由的标准来对子变韵所粘附的语言形式加以分类，对子变韵后的形式也可以从这个角度加以分类，从逻辑上可以分出四种类型。

其中 X 表示原形式，X$^z$表示变韵形式。

1）X 黏着，X$^z$自由

子变前是不成词语素，子变后是自由运用的名词。这一类例子最多，如：

孩—孩$^z$　　柿—柿$^z$

2）X 黏着，X$^z$也黏着

伯—伯$^z$　沓—沓$^z$

"伯"在滑县方言中不能独立成词，其变韵形式"伯$^z$"也无单独成词的情况，只能出现在"大伯$^z$哥"一词当中。对于"沓"和"沓$^z$"来说，后者是量词，一般要和数词共同使用，如"一沓$^z$纸"。

3）X 自由，X$^z$黏着

这一类型子变前是动词，可以自由运用；子变后是量词，一般要和数词共同出现，是黏着形式。如：

捏—捏$^z$　　提—提$^z$　　摞—摞$^z$

4）X 自由，X$^z$也自由

扇—扇$^z$　剪—剪$^z$

子变前是自由形式，"扇、剪"可以单独成词，也可以和别的语素组合；子变后的形式既可以单说，也可以和别的语素组合，如"小扇$^z$、铁剪$^z$"。

### 九　语法意义

对于普通话中的后缀"子"，赵元任说："虽然'子'尾的本义是孩子，可是作为后缀却没有指小的意思或轻松的口吻。"

滑县方言中子变韵也没有小称意义，具体的语法意义有以下三类。

1）表示通称

子变韵在滑县方言中可以表示某一类人或事物的名称，可以称之为"通称"。如"瞎ᶻ"表示"瞎子"这一类人，"辣ᶻ"表示"辣椒"这一类事物。

2）表示大称

子变韵在滑县方言中常常用来表示大称，对应的小称用儿化来表示。比如："刀ᶻ"是指大一点的刀，可以说"大刀ᶻ"，小称用"小刀儿"来表示。

3）表示恶称

滑县方言中，个别子变韵有厌恶的意味，我们将其称为"恶称"，对应的爱称用儿化来表示。例如："孩ᶻ"除了用来表示子女的意思外，还可以表示对男孩子的恶称，可适用于青少年的各个年龄段，只要其行为放荡不羁，都可以用"镇孬啊，这是谁家嘞孩ᶻ啊！"。"孩儿"则带有喜爱的感情色彩。

子变韵是一种合音现象，是由附加式合成词词缀读音融入词根读音当中发生音变而成的，只不过由于参与变韵的词缀形式基本不存在自成音节的形式，从变韵读音较难看出其变韵前的读音面貌。但变韵读音保留了浓重的合音色彩，因此仍能从中发现一些线索。

## 第四节　D 变韵

D 变韵最初被称为地名变韵，在豫北的一些方言中有些地名被变韵称呼。随后研究发现，大量动词、形容词、介词和副词也都以变韵的形式存在于方言口语中，这些变韵总称为 D 变韵。

D 变韵包括动词变韵、形容词变韵、介词变韵、副词变韵和地名变韵。

### 一　形容词变韵

滑县方言中的形容词变韵只涉及性质形容词，不涉及状态形容词。形容词变韵有四种语法功能和意义。

1）表示状况的实现。例如：

（1）俩星期她瘦ᴰ三斤。
（2）天阴ᴰ搁书拿屋里。
（3）他搁绳松ᴰ松ᴰ。

2）表示状况实现的终止点。例如：
（4）麦秆干ᴰ地了。

3）表示程度的夸张。例如：
（5）这儿离北京远ᴰ嘞。
（6）他玩起ᴴ疯ᴰ嘞很嘞。

4）表达祈使语气。例如：
（7）早ᴰ点儿来。

## 二 动词变韵

本节重点研究滑县方言的动词变韵。

河南方言中的动词变韵主要发生在河南北部、中部和中南部。北部获嘉、济源等地的方言属于晋语，中部与中南部的方言属于中原官话。我们看到的材料较为详细的有获嘉方言、荥阳方言、长葛方言、浚县方言、内黄方言、郾城方言等。获嘉方言属于晋语，其他属于中原官话。河南方言中的动词变韵从语音形式上来说，以北部最为丰富，可能是因为这些地区的动词变韵处于更早的一个演变阶段。

从总体上看，各地的动词变韵性质大体相同。从变韵的形式来看，它们都是由基本韵变来的，与基本韵系统都有整齐的对应关系。变韵的趋势都是简化，变韵使韵尾的格局变化最大。从变韵的语法意义来看，大致相当于普通话的"了""着""在""到"等虚成分。滑县方言的动词变韵具有自己的特点。

### 2.1 滑县方言动词的变韵系统

滑县方言的动词变韵是由基本韵而来，变韵系统与基本韵母的对应关系如下，括号前面是变韵韵母，括号内是所对应的基本韵母。

滑县方言基本韵有 42 个，其中 29 个遇动词有变韵现象，11 个遇动词没有变韵现象，ər、uɛ 所辖字没有发现常用动词，而无法判定是否存在动词变韵现象。变韵系统中的主元音韵头 i、u、y 没有改变，韵腹和韵尾有些发生了改变。

表 2-12　　　　　　　　　动词变韵韵母与基本韵母的对应关系

| ɿə（<ɿ） | ʅə（<ʅ） | | ʮə（<ʮ） |
|---|---|---|---|
| o（<au ou） | io（<iau iou） | uo（<u） | |
| ε（<ai ei） | iε（<i） | uε（<uai uei） | yε（<y） |
| ε̃（<ən） | iε̃（<in） | uε̃（<uən） | yε̃（<yən） |
| æ（<an） | iæ（<ian） | uæ（<uan） | yæ（<yan） |
| ã（<aŋ） | iã（<iaŋ） | uã（<uaŋ） | |
| ə̃（<əŋ） | iə̃（<iəŋ） | uə̃（<uəŋ） | yə̃（<yəŋ） |
| | ə | | ʮə |
| a | ia | ua | |
| ɤ | ɿe | uo | yo |
| ε | iε | uε | yε |

　　下面我们比较一下 6 个方言点的变韵系统：获嘉方言（贺巍，1989）的动词变韵韵母有 24 个，主元音有 7 个，变韵系统有阴声韵、喉塞尾和鼻化韵，n、ŋ 尾韵都变成了鼻化韵；浚县方言（辛永芬，2006）的动词变韵韵母有 18 个，主元音有 4 个，变韵系统有阴声韵和鼻音结尾 æŋ，在[aŋ iaŋ uaŋ]的变韵中保留了 ŋ 尾，其他尾韵都变成了阴声韵。滑县方言的动词变韵韵母有 17 个，主元音有 4 个，分别是 ə、o、ε、æ，在[uəŋ aŋ iaŋ iəŋ yəŋ uaŋ]的变韵中保留了 ŋ 尾，其他尾韵都变成了阴声韵。荥阳广武方言（王森）的动词变韵韵母有 10 个，主元音有 3 个，变韵系统只有阴声韵，n、ŋ 尾韵全都变成了阴声韵；长葛方言（赵清治，1998）的动词变韵韵母有 10 个，主元音有 3 个，变韵系统只有阴声韵，n、ŋ 尾韵全都变成了阴声韵；郾城方言（张慧丽、潘海华）的动词变韵韵母有 10 个，主元音有 2 个，变韵系统只有阴声韵，n、ŋ 尾韵全都变成了阴声韵。这 6 个方言点动词变韵的语音格局和演变趋势比较明显，韵母和主元音数量逐渐变少，韵尾类型逐渐减少，变韵系统逐步简化。这种情况说明变韵现象有一个强势的变韵中心地带，随地理位置的推移而逐渐弱化。从语言地图可知，越远离中心区，动词变韵越简单，子变韵也逐渐简化甚至没有。再比如变韵在句法中的分布，属于晋语的获嘉方言分布最广，可以出现在 27 种句式（贺巍，1989）当中，浚县方言、荥阳方言次

之，长葛方言的分布面最窄。

李学军（2015）分析了河南内黄方言双音节动词的变韵，但滑县方言双音节动词比较少发生变韵。

### 2.2 动词变韵的分布与条件

张慧丽、潘海华（2013）分析了郾城方言动词变韵的分布，笔者与其进行了对比。

1）$V^D$＋趋向补语

**过去时中**：$V^D$＋单音节趋向补语；*$V^D$＋双音节趋向补语

（1）书带$^D$来了 书带来了。

*（2）书带$^D$过来了。

*（3）衣裳扔$^D$出$^H$了。

趋向补语是单音节时，动词可以变韵，如例（1）。趋向补语是双音节或合音词时，动词不变韵，如例（2）。例（3）中"出$^H$"是"出来"的合音，这时动词"扔"不变韵。

**现在时中**：*$V^D$＋趋向补语

*（4）书正送$^D$去。

**将来时中**：$V^D$＋单音节趋向补语；*$V^D$＋双音节趋向补语

（5）笔扔$^D$来吧 把笔扔过来吧。

*（6）笔扔$^D$过来吧。

*（7）搁羊栓$^D$起$^H$哟？

（8）扔$^D$来一个笔吧/扔$^D$来一$^H$笔吧/扔$^D$来个笔吧。

（9）书兜$^D$走吧 把书兜走吧。

（10）俺先推$^D$走他再说 俺先把他推走再说。

同过去时一样，趋向补语是单音节时，动词可以变韵，如例（5）；趋向补语是双音节词时，动词不变韵，如例（6）；趋向补语是合音词时，动词不变韵，如例（7）"起$^H$"是"起来"的合音，处置标记"搁"是"给"的音变，相当于普通话中的"把"（胡伟、甘于恩，2015）；趋向补语后如果出现名词性成分，这个名词性成分是一个数量名结构，也可以是省略数词或量词的名词性成分，如例（8），滑县方言中，"一$^H$"是"一个"的合音，数词"一、二、三、四、五、六、七、八、九、十"与量词"个"都可以合音为一个音节。例（9）"兜"变韵，但"兜"后如果加了否定词"不"，则动词不变韵，这一点与郾城方言（张慧丽、潘海华，2013）不同，郾城方言动词后加"不"仍然变韵。无论是祈使句、疑问句还是陈述句，只要后接成分是趋向补语，动词就可以变韵。

2）*$V^D$＋结果补语

**过去时中：**＊$V^D$＋结果补语

（11）*俺吃$^D$饱了。

**现在时中：**＊$V^D$＋结果补语

＊（12）你一直吃，吃$^D$完它。

**将来时中：**＊$V^D$＋结果补语

＊（13）人快救$^D$活了。

在上面的三种时态中，滑县方言没有"$V^D$＋结果补语"的形式。

3）$V^D$＋动量结构

**过去时中：**$V^D$＋动量结构

动词后跟的是动量结构，可以变韵。

（14）他跑$^D$两趟 他跑了两趟。

（15）俺去$^D$安阳三趟了 我去了三趟安阳了。

（16）书俺读$^D$它好几回 书我读了它好几回。

例（14）中动词后是动量结构，发生了变韵。变韵动词与动量结构之间可以出现名词性成分，如例（15）。例（16）中变韵动词与动量结构之间既有复指代词"它"，又有修饰成分"好"。

**现在时中：**＊$V^D$＋动量结构

＊（17）他正看$^D$两眼。

**将来时中：**＊$V^D$＋动量结构

＊（18）北京要去$^D$两回。

4）$V^D$＋时量结构

**过去时中：**$V^D$＋时量结构

动词后面若是时量结构，可以变韵。如：

（19）俺想他想$^D$一年。

（20）关$^D$他三天。

例句中时间词不能缺少。例（19）中第一个"想"没有变韵，第二个"想"变韵。例（20）中变韵动词与时量短语之间可以出现名词或代词。

**现在时中：**＊$V^D$＋时量结构

＊（21）他搁水正烧$^D$一天。

**将来时中：**＊$V^D$＋时量结构

＊（22）他要泡$^D$一天衣裳。

5）$V^D$＋名量结构

**过去时中：**$V^D$＋名量结构

动词后面是名量结构，可以变韵，如：

（23）他开$^D$个车$^Z$。

（24）他夜个蒸$^D$六$^H$馍。

（25）葱他买$^D$两根。

名量结构中的数词、量词、名词都可以省略。例（23）省略了数词，滑县方言中数词"一"经常省略。例（24）中"六$^H$"是"六个"的合音。例（25）中承前省略了名词"葱"。

**现在时中**：*$V^D$＋名量结构

*（26）他正烧$^D$一碗水。

**将来时中**：

*（27）他要炒$^D$俩菜。

6）*$V^D$＋状态补语

如果动词后面直接跟状态补语，三种时态中，动词都不能变韵。

**过去时中**：*$V^D$＋状态补语

*（28）前个儿脸洗$^D$嘞可白。

**现在时中**：*$V^D$＋状态补语

*（29）地正扫$^D$嘞可净。

**将来时中**：*$V^D$＋状态补语

*（30）衣裳要穿嘞$^D$可正。

7）*$V^D$＋程度补语

如果动词后面直接跟程度补语，三种时态中，动词都不能变韵。

**过去时中**：*$V^D$＋程度补语

*（31）搁他气$^D$死了。

动词后跟程度补语，不能变韵，如例（31）。"搁他气$^D$个半死"可以变韵，是因为"个半死"是名量结构。

**现在时中**：*$V^D$＋程度补语

*（32）正搁他憋$^D$死了。

**将来时中**：*$V^D$＋程度补语

*（33）他要烦$^D$死了。

8）$V^D$＋光杆名词（非地点名词、时间名词、专有名词及代词）＋了$_2$/嘞/吧

**过去时中**：*$V^D$＋光杆名词（非地点名词、时间名词、专有名词及代词）＋了$_2$

如果动词后跟的不是地点名词、时间名词、专有名词及代词这些光杆名

词，则动词不能变韵。

＊（34）俺夜个儿炒$^D$菜了。

如果动词后跟的是地点名词、时间名词、专有名词或代词，动词能变韵，则转变为下面的第9）类。

**现在时中**：＊V$^D$＋光杆名词＋嘞

＊（35）老鹰正叼$^D$鸡$^Z$嘞。

**将来时中**：＊V$^D$＋光杆名词＋吧

＊（36）明个儿吃$^D$馍吧。

9）V$^D$＋终点格

**过去时中**：V$^D$＋终点格

普通话表示动作行为的终止点时，是在动词后通过介词（到、在、给、成等介词）与终点词语相联系（辛永芬，2006）。滑县方言用"V$^D$＋地点名词、时间名词、专有名词或代词"表达这一意义。如果后面加了"给、到、在、成"等介词，动词不能变韵。

（37）他躺$^D$床上了。

（38）他俩结婚定$^D$国庆节了。

（39）画儿摔$^D$那儿了。

（40）俺搁碗还$^D$他了。

例（37）"床上"是地点名词，也是位移的终点。例（38）"国庆节"是专有名词。例（39）"那儿"是指示代词。例（40）"他"是人称代词。变韵的动词仅限于含矢量和位移的动词，相当于动词后加"到、在、给"等。动词后的地点名词、时间名词、专有名词或代词实际上是动作的终点。

滑县终点格之前加否定词"不"，表示动作未能完成到终点的转移，这时动词不变韵，这点与鄢城方言不同，鄢城方言（张慧丽、潘海华，2013）的动词依然可以变韵。例如：

滑县：饭吃$^D$嘴里了。饭吃不嘴里。他躺$^D$床上了。他躺不床上。

鄢城：衣裳放$^D$柜子里了衣裳放到柜子里了。衣裳放$^D$不柜子里衣裳放不到柜子里。

也就是说，当已然态时，滑县动词变韵，当未然态时，滑县动词不变韵。而鄢城方言已然和未然态都变韵。

**现在时中**：＊V$^D$＋终点格

＊（41）他正躺$^D$床上嘞。

（42）他正在床上躺$^D$嘞。

例（41）不成立，例（42）可以，是因为句式已经改变，不是"V$^D$＋终点格"了,这里的"躺$^D$"相当于"躺着"。

　　**将来时中:**$V^D$+终点格

　　动词后面如果跟的是某个确定的地点、时间、代词和专有名词,则变韵。

　　(43)他快跑$^D$那儿了。

　　(44)书给$^D$他吧。

　　(45)苹果要兜$^D$家哟?

　　陈述句、祈使句和疑问句中,只要后接成分是确定的地点、时间、代词和专有名词,动词就能变韵,这些后接成分实际上都是动作的终点。

　　10)连动结构+了$_2$/嘞/嘹

　　**过去时中:**连动结构+了$_2$

　　连动结构中,第一个连动动词变韵。例如:

　　(46)夜个儿带$^D$走吃了。

　　(47)前个儿捎$^D$去卖了。

　　**现在时中:**＊连动结构+了$_2$

　　＊(48)书正带$^D$走扔嘞。

　　现在时中,"连动结构+了"中动词不能变韵,可以说成"书正带住去扔嘞",但动词不变韵。

　　**将来时中:**连动结构+嘹

　　(49)你一会儿搁腌臜东西带$^D$走扔嘹。

　　例(49)中的体标记词不是"了",而是"嘹"。"嘹"是"了哟"或"嘞哟"的合音。

　　11)＊$V^D$+了$_2$/嘞

　　如果动词后面直接跟"了"或"嘞",三种时态中,动词都不能变韵。

　　**过去时中:**＊$V^D$+了$_2$

　　＊(50)俺前个儿走$^D$了。

　　**现在时中:**＊$V^D$+嘞

　　＊(51)他正哭$^D$嘞。

　　**将来时中:**＊$V^D$+了$_2$

　　＊(52)雨后个儿斗停$^D$了。

　　12)$V^D$+$V^D$

　　**过去时中:**$V^D$+$V^D$

　　过去时中两个单音节动词重叠,可以变韵。例如:

　　(53)俺尝$^D$尝夜个儿嘞汤,有点咸。

　　(54)凉馍俺馏$^D$馏$^D$,可热乎啫。

（55）他搁烧鸡儿撕$^D$撕$^D$。

两个动词重叠后同时变韵，第二个音节读为轻声。动词后可以出现名词性成分或小句子，如例（53）和例（54）。滑县方言处置句（"搁"字句）中，两个变韵动词可以处于句尾，如例（55）。

现在时中：*$V^D+V^D$

*（56）他正淘$^D$淘$^D$米。

将来时中：*$V^D+V^D$

*（57）你后个儿喂$^D$喂$^D$猪。

13）N＋一＋$V^D$

如果动词前面是"N＋一"的形式，三种时态中，动词都不能变韵。

过去时中：*N＋一＋$V^D$

*（58）夜个儿他搁门一关$^D$，谁叫也不开。

现在时中：*N＋一＋$V^D$

*（59）他正搁书包一扔$^D$。

将来时中：*N＋一＋$V^D$

*（60）你明个儿搁钱一摔$^D$，吓吓他。

14）处所状语＋$V^D$

过去时中：*处所状语＋$V^D$

*（61）夜个儿屋顶儿站$^D$嘞。

现在时中：处所状语＋$V^D$

现在时中前接成分是处所状语，后跟的动词可以变韵。

（62）堂屋里住$^D$嘞。

（63）枕头椅$^Z$上放$^D$嘞。

变韵动词与某个处所联系紧密，前面的处所状语不能缺少。如果动词所涉及的名词在动词前，则动词后可以只跟语气词"嘞"，如例（62）、例（63）等。

过去时"$V^D$＋终点格"与现在时"处所状语＋$V^D$"可以平行变换。例如：

（64）菜炒$^D$锅里了。←→菜在锅里炒$^D$嘞。

可以说过去时动作结束之后，留下来的状态成了现在时，这个状态还在持续。

将来时中：*处所状语＋$V^D$

*（65）你后个儿门口儿站$^D$吧。

总之，在过去时中，动词是否变韵与后接成分有关。如果后接成分包含某种确定的"量"，则可以变韵，反之，则不可以变韵。这个结论与郾城方言（张慧丽、潘海华，2013）一致。动量、时量与名量的共同特点是表示确定的"数量",动词重叠表示"小量",趋向补语和终点格表示"矢量"。趋向补语和终点格都和动作的"矢量"相关,都存在一个潜在的原点和目的点。

滑县话中"听、炒、蒸、洗"都具有持续性,可以与处所状语共现,都能出现在动词变韵的句式中,而郾城话(张慧丽、潘海华,2013)不能。

### 2.3 动词变韵的功能

辛永芬(2006)认为浚县方言动词变韵的语法意义是完成体标记、持续体标记、终点格标记等。张慧丽、潘海华(2013)认为郾城话动词变韵的动能主要是事件实现、状态持续、动作矢量等。

#### 2.3.1 事件完成

张慧丽、潘海华(2013)认为：郾城话动词变韵后的单音节动词一个音节表示原来动词、了$_1$和了$_2$三个成分的三个意义——动作、动作完成和事件实现。辛永芬(2006)认为：浚县方言动词变韵的语法意义之一是完成体标记,动词变韵相当于动词后加"了",大致相当于普通话的"了$_1$",但在用法上有差异。滑县方言与浚县方言类似,动词变韵表示动作的完成或变化的实现,是完成体标记。

动词带非处所宾语,宾语前或后有数量短语,跟普通话"了$_1$"相同。如：

(1) 他唱$^D$两首歌。

(2) 她病$^D$五天了。

(3) 他都死$^D$好几年了。

几乎所有的动词都可以进入这个句式。这与浚县方言一致(辛永芬,2006)。例(1)中是动作动词。例(2)是状态动词。例(3)是瞬间动词。其中例(1)和例(2)可以与句尾的"了"(相当于普通话的"了$_2$")共现,例(3)必须与句尾的"了"共现。

动词带宾语,宾语前没有数量短语或其他成分时,普通话中可用可不用"了$_1$"的地方,滑县方言一定要用动词变韵,同时句尾要用"了$_2$"。如：

(4) 书掉$^D$屋里了。

如果例(4)句尾没有"了",句子不能成立。

动词重叠表示动作完成时,滑县方言两个动词都要变韵,普通话不能说"V了V了"。如：

(5) 我修$^D$修$^D$车。

(6) 烧鸡撕$^D$撕$^D$吧。

与浚县方言一致(辛永芬,2006),滑县动词带结果补语时,有两种情况。一种是变韵发生在补语上,与普通话的"了$_1$"对应;一种是变韵发生在动词上,常跟句尾的"了"共现,与普通话的"了$_1$"不对应。后一种动结式的补语一般只由"走""上"等有位移意义的动词充当。如：

（7）他打烂$^D$俩砖。

（8）他摔死$^D$仨小鸡。

（9）他牵$^D$走只羊。

滑县方言中，"打烂、摔死"类动补结构很像一个短语词，结合得紧密，"牵走"类动补结构之间结合得松。

与浚县方言一致（辛永芬，2006），普通话的"了$_1$"用在趋向补语后，趋向补语还可以放在宾语后。滑县方言与普通话不同，动趋式中，趋向补语为简单的"来""去"或复合趋向补语及其合音形式时，变韵发生在动词上，趋向补语不能放在宾语后。如：

（10）他捎$^D$来俩西瓜。

动词带复合趋向补语"回来""回去"时不发生变韵，就是说动词变韵跟复合趋向补语"回来""回去"相排斥。如：

（11）*你搁书捎回去吧。

与浚县方言一致（辛永芬，2006），滑县方言在动词连用的句式中，V$_1$、V$_2$（V包括动补式）都发生变韵时，表示两个动作都完成了或变化都实现了，如果V$_1$变韵V$_2$不变韵，只表示V$_1$完成或实现，V$_2$未完成或未实现。普通话中表示两个动作都完成或变化都实现时，V$_1$后往往不加"了$_1$"。滑县话如：

（12）他请$^D$俺吃$^D$个雪糕。

（13）你吃好$^D$再走。

与浚县方言一致（辛永芬，2006），滑县方言动词变韵还可以用在祈使句中，否定式祈使句表示请求、命令或嘱咐别人不要完成或实现某种动作或行为，肯定式祈使句表示请求、命令或嘱咐别人完成或实现某种动作或行为，这里的变韵与普通话的"了$_1$"不太对应。滑县话如：

（14）水，你白喝干$^D$。

（15）吃完$^D$饭，你再走。

在祈使句中，动词变韵可以出现在句尾，译成普通话是"了"。普通话句末"了"可能是"了$_1$""了$_2$"或"了$_{1+2}$"，不容易分别。滑县方言上述例句中用的是变韵，可以清楚地判断其相当于普通话的"了$_1$"。

普通话中的"了$_1$"和"了$_2$"在句尾相遇时常常合成一个"了"，既表示动作的完成又表示情况的实现。与浚县方言一致（辛永芬，2006），滑县方言的动词变韵是粘附在动词上与动词结合为一个整体，当在句尾与"了"相遇时，变韵不能发生。但变韵所表示的语法意义并没有消失，句尾的"了"承担了变韵的功能，这个"了"就像普通话的"了$_{1+2}$"。如：

（16）a. 他搁西瓜吃了。
　　　b. *他搁西瓜吃$^D$了。

2.3.2　状态持续

张慧丽、潘海华（2013）认为郾城话动词变韵的功能之一是状态持续。辛永芬（2006）认为浚县方言动词变韵可以表示状态持续，是持续体标记。滑县方言与其类似，动词变韵可以表示状态持续。表示状态持续的动词变韵有三种情况。

动词变韵跟句尾的"嘞"结合，或变韵前面有"在+处所词"等表示处所义的词语，变韵的意义大体相当于普通话的"着"。只表示状态持续，不表示进行。例如"开"之类的动词变韵之后并不像普通话的"开着"是表示动作进行的，而是表示"开"等所形成的一种状态的持续。一些不能产生状态的动词如瞬间动词"死"等则不能以变韵形式进入此句式。如：

（17）水在壶里开$^D$嘞。

（18）眼睁$^D$嘞。

与浚县方言一致（辛永芬，2006），滑县方言"NP（处所）+V+NP+嘞"句式中的"V"如果用基本韵，句子不表示存现，只表示一种将然的情况。要构成存现句，动词要变韵。如：

（19）a. 煤火上炕棉袄嘞煤火上是要炕棉袄呢。

　　　b. 煤火上炕$^D$棉袄嘞煤火上炕着棉袄呢。

　　　c. 棉袄在煤火上炕$^D$嘞棉袄在煤火上炕着呢。

例（19）中的 a 类句不是存现句，只表示一种将要发生的情况，b 类句跟普通话的存现句相对应，"NP"是无定的。如果"NP"是有定的，则要转换成 c 类句"NP+在+处所+V$^D$+嘞"。

与浚县方言一致（辛永芬，2006），滑县方言动词变韵后与表示弱处所义的"那儿"搭配使用，表示动作行为完成以后所形成的一种结果性状态的持续，句尾一般要有相当于普通话"了$_2$"的"了"。如：

（20）饭端$^D$那儿了。

与浚县方言一致（辛永芬，2006），在连动句中，滑县方言 V$_1$ 变韵也表示状态的持续，并常在句式义的制约下，作为 V$_2$ 的伴随状态或动作方式与连动式后半部产生关系，大致相当于普通话中类似情况下的"着"。如：

（21）他哥俩开$^D$灯玩嘞。

在"NP+V+数量短语+O"或存现句中，当 V 是状态动词时，变韵既可以理解为完成或实现，也可以理解为状态持续。状态动词所表示的动作一经完成或实现就转化为一种状态，可以说这种情况的完成和持续是一个连续体，无法截然分开。因此和普通话中的"了₁""着"有时候相通一样，滑县方言的动词变韵有一部分句子在表达上也是介于完成与持续之间的。如：

（22）他骑ᴰ一ᴴ车／他骑着一辆车。

（23）俺养ᴰ条狗／俺养着一条狗。

### 2.3.3 动作行为达到的终止点

张慧丽、潘海华（2013）认为郾城话动词变韵的动能之一是动作矢量。辛永芬（2006）认为浚县方言动词变韵表示行为达到的终止点，是终点格标记。滑县方言与浚县方言类似，动词变韵表示动作行为达到的终止点。普通话和许多别的方言表示动作行为的终止点时，是在动词后通过介词与终点词语相联系。滑县方言表达这一意义时，是用"Vᴰ＋处所词语或时间词语"。变韵后的处所词语或时间词语，表示动作行为所达到的处所或时间，大致相当于普通话动词后的"在""到"，但与"在""到"性质不同。滑县方言中相当于"在""到"类的成分已经完全虚化，只以变韵的形式与动词融为一体。滑县话如：

（24）车翻ᴰ水沟里了。

（25）破书扔ᴰ桶里吧。

与浚县方言一致（辛永芬，2006），如果处置的结果是使受事达到某一处所时，滑县方言可以用动词变韵将受事置于动词之后，但动词后的受事成分受到一定的限制，只能是代词或复指前面名词成分的代词。如：

（26）俺送ᴰ他家了。

（27）烧鸡撕ᴰ它吧。

"终点格"句式的否定形式，是"Vᴰ＋不＋处所词语或时间词语"，否定词"不"放在动词变韵和处所词语或时间词语中间，表示动作行为没达到预期的终止点，与普通话相应形式不同。如：

（28）鞋他穿ᴰ不脚上。

（29）他躺ᴰ不床上。

连动句中，如果 V₁ 带处所词语或时间词语，也要变韵。如：

（30）弄ᴰ院里去烧了。

（31）等ᴰ晌午暖和了再走吧。

### 2.3.4 表示添加于某处，相当于动词后面加"上"。

（32）你穿ᴰ鞋呗。

### 2.3.5 表示动作刚结束，有短时义，相当于重叠动词中间加"了"，"V了V"结构，如"张张、捅捅、看看、敲敲"。

（33）书你找ᴰ找ᴰ冇？

动词的变韵现象在豫北的晋语区、中原官话区有较广的分布，较为详细的材料有获嘉方言、荥阳方言、长葛方言、浚县方言等。获嘉方言属于晋语，荥阳方言、长葛方言、浚县方言属于中原官话。从总体上看，各地的动词变韵性质相同。从变韵的形式来看，它们都是由基本韵变来的，与基本韵系统都有整齐的对应关系。变韵的趋势都是简化，变韵使韵尾的格局变化最大。但各地方言变韵也有自己的特点，比如，属于晋语的获嘉方言跟属于中原官话的浚县、荥阳、长葛方言在变韵系统中韵尾的格局方面有很大不同。获嘉方言保留了喉塞音韵尾，其他 n、ŋ 尾韵都变成了鼻化韵。滑县方言是在[aŋ iaŋ iəŋ uaŋ uəŋ]的变韵中保留了 ŋ 尾，其他 n、ŋ 尾韵都变成了阴声韵。

### 三 变韵动词与零变韵动词例词表

表 2-13　　　　　　　　变韵动词例词

| 动词变韵 | 基本韵 | 动词变韵例词 |
|---|---|---|
| ɿə | ɿ | 撕 ᴰsɿə²⁴\|死 ᴰsɿə⁵⁵\|刺 ᴰtsʰɿə³¹² |
| ʅə | ʅ | 吃 ᴰtʂʰʅə²⁴\|使 ᴰsʅə⁵⁵\|试 ᴰsʅə⁵⁵\|直 ᴰtʂʅə⁵²\|指 ᴰtʂʅə⁵⁵\|治 ᴰtʂʅə³¹²\|织 ᴰtʂʅə²⁴\|试 ᴰsʅə³¹²\|拾 ᴰsʅə⁵² |
| ʮə | ʮ | 住 ᴰtʂʮə³¹²\|除 ᴰtʂʰʮə⁵²\|入 ᴰzʮə²⁴\|输 ᴰzʮə⁵⁵\|煮 ᴰtʂʮə⁵⁵\|处 ᴰtʂʰʮə³¹² |
| o | au | 跑 ᴰpʰo⁵⁵\|找 ᴰtso⁵⁵\|熬 ᴰo⁵²\|吵 ᴰtsʰo⁵⁵\|抄 ᴰtsʰo²⁴\|炒 ᴰtsʰo⁵⁵\|报 ᴰpo³¹²\|倒 ᴰto³¹²\|到 ᴰto³¹²\|考 ᴰkʰo⁵⁵\|捞 ᴰlo⁵²\|捎 ᴰso²⁴\|扫 ᴰso⁵⁵\|剥 ᴰpo²⁴\|薅 ᴰxo⁵²\|淘 ᴰtʰo⁵²\|捣 ᴰto⁵⁵\|搞 ᴰko⁵²\|烤 ᴰkʰo⁵⁵\|靠 ᴰkʰo³¹²\|冒 ᴰmo³¹²\|挠 ᴰno⁵⁵\|闹 ᴰno³¹²\|抛 ᴰpʰo²⁴\|泡 ᴰpʰo³¹²\|绕 ᴰzo³¹²\|烧 ᴰso²⁴\|少 ᴰso⁵⁵\|掏 ᴰtʰo⁵⁵\|套 ᴰtʰo³¹²\|凿 ᴰtso⁵²\|造 ᴰtso⁵²\|招 ᴰtso⁵²\|照 ᴰtso³¹² |
|  | ou | 收 ᴰso²⁴\|偷 ᴰtʰo⁵⁵\|走 ᴰtso⁵⁵\|露 ᴰlo³¹²\|扣 ᴰkʰo²⁴\|兜 ᴰto²⁴\|抽 ᴰtsʰo²⁴\|凑 ᴰtsʰo³¹²\|够 ᴰko⁵²\|抠 ᴰkʰo²⁴\|扣 ᴰkʰo³¹²\|搂 ᴰlo⁵⁵\|漏 ᴰlo³¹²\|揉 ᴰzo⁵²\|守 ᴰso⁵⁵\|受 ᴰso³¹²\|投 ᴰtʰo⁵²\|透 ᴰtʰo³¹² |
| io | iau | 咬 ᴰio⁵⁵\|叫 ᴰtɕio³¹²\|叼 ᴰtio²⁴\|掉 ᴰtio³¹²\|小 ᴰɕio⁵²\|笑 ᴰɕio⁵⁵\|跷 ᴰtɕʰio⁵²\|瞧 ᴰtɕʰio⁵²\|标 ᴰpio²⁴\|钓 ᴰtio⁵⁵\|调 ᴰtio⁵⁵\|调 ᴰtʰio⁵²\|浇 ᴰtɕio⁵⁵\|缴 ᴰtɕio⁵⁵\|教 ᴰtɕio⁵⁵\|搅 ᴰtɕio⁵⁵\|描 ᴰmio⁵²\|漂 ᴰpʰio²⁴\|飘 ᴰpʰio²⁴\|敲 ᴰtɕʰio⁵⁵\|撬 ᴰtɕʰio³¹²\|挑 ᴰtʰio⁵⁵\|跳 ᴰtʰio³¹²\|摇 ᴰio⁵²\|要 ᴰio³¹² |
|  | iou | 修 ᴰɕio²⁴\|留 ᴰlio⁵²\|丢 ᴰtio⁵⁵\|救 ᴰtɕio³¹²\|流 ᴰlio⁵²\|扭 ᴰnio⁵⁵\|求 ᴰtɕʰio⁵²\|绣 ᴰɕio³¹²\|游 ᴰio⁵²\|邮 ᴰio⁵² |

第二章　滑县方言语音

续表

| 动词变韵 | 基本韵 | 动词变韵例词 |
|---|---|---|
| uo | u | 哭 ᴰkʰuo²⁴\|补 ᴰpuo⁵⁵\|锄 ᴰtʂuo⁵²\|读 ᴰtuo⁵²\|堵 ᴰtuo⁵⁵\|扶 ᴰfuo⁵²\|雇 ᴰkuo³¹²\|糊 ᴰxuo²⁴\|扑 ᴰpʰuo²⁴\|铺 ᴰpʰuo⁵²\|梳 ᴰʂuo²⁴\|数 ᴰʂuo³¹²\|涂 ᴰtʰuo⁵²\|吐 ᴰtʰuo⁵⁵\|捂 ᴰuo⁵⁵\|租 ᴰtsuo⁵⁵ |
| ε | ai | 买 ᴰmε⁵⁵\|掰 ᴰpε²⁴\|摆 ᴰpε⁵⁵\|带 ᴰtε³¹²\|戴 ᴰtε³¹²\|改 ᴰkε⁵⁵\|盖 ᴰkε⁵⁵\|开 ᴰkʰε²⁴\|来 ᴰlε⁵²\|赖 ᴰlε³¹²\|摘 ᴰtʂε²⁴\|猜 ᴰtsʰε²⁴\|采 ᴰtsʰε⁵⁵\|踩 ᴰtsʰε⁵⁵\|拆 ᴰtʂʰε²⁴\|该 ᴰkε²⁴\|害 ᴰxε³¹²\|开 ᴰkʰε²⁴\|埋 ᴰmε⁵²\|迈 ᴰmε³¹²\|卖 ᴰmε³¹²\|排 ᴰpʰε⁵²\|派 ᴰpʰε³¹²\|筛 ᴰʂε²⁴\|晒 ᴰʂε³¹²\|抬 ᴰtʰε²⁴\|栽 ᴰtsε²⁴\|宰 ᴰtsε⁵⁵ |
|  | ei | 给 ᴰkε⁵⁵\|背 ᴰpε²⁴\|费 ᴰfε³¹²\|飞 ᴰfε²⁴\|陪 ᴰpʰε⁵²\|赔 ᴰpʰε⁵²\|配 ᴰpʰε³¹²\|睡 ᴰʂε³¹² |
| ε̃ | ən | 分 ᴰfε̃²⁴\|趁 ᴰtʂʰε̃³¹²\|跟 ᴰkε̃²⁴\|认 ᴰzε̃⁵²\|沉 ᴰtʂʰε̃⁵²\|恨 ᴰxε̃³¹²\|啃 ᴰkʰε̃⁵⁵\|喷 ᴰpʰε̃⁵²\|忍 ᴰzε̃⁵⁵\|审 ᴰʂε̃⁵⁵\|渗 ᴰʂε̃³¹² |
| iε | i | 骑 ᴰtɕʰiε⁵²\|记 ᴰtɕiε³¹²\|离 ᴰliε⁵²\|立 ᴰliε²⁴\|提 ᴰtʰiε²⁴\|踢 ᴰtʰiε²⁴\|替 ᴰtʰiε³¹²\|依 ᴰiε²⁴\|洗 ᴰɕiε⁵⁵\|气 ᴰtɕʰiε³¹²\|递 ᴰtiε³¹²\|比 ᴰpiε⁵⁵\|寄 ᴰtɕiε³¹²\|理 ᴰliε⁵⁵\|立 ᴰliε²⁴\|批 ᴰpʰiε²⁴\|劈 ᴰpʰiε²⁴\|砌 ᴰtɕʰiε³¹²\|剔 ᴰtʰiε²⁴\|剃 ᴰtʰiε³¹²\|吸 ᴰɕiε²⁴ |
| iε̃ | in | 紧 ᴰtɕiε̃⁵⁵\|尽 ᴰtsiε̃⁵⁵\|进 ᴰtɕiε̃³¹²\|淋 ᴰliε̃⁵²\|拼 ᴰpʰiε̃²⁴\|亲 ᴰtɕʰiε̃²⁴\|印 ᴰiε̃³¹²\|阴 ᴰiε̃²⁴ |
| uε | uai | 拐 ᴰkuε⁵⁵\|摔 ᴰʂuε²⁴\|拽 ᴰtʂuε³¹² |
|  | uei | 推 ᴰtʰuε²⁴\|喂 ᴰuε⁵²\|跪 ᴰkuε⁵⁵\|毁 ᴰxuε⁵⁵\|随 ᴰsuε⁵²\|怼 ᴰtuε⁵⁵\|吹 ᴰtʂʰuε²⁴\|催 ᴰtsʰuε²⁴\|堆 ᴰtuε²⁴\|对 ᴰtuε³¹²\|回 ᴰxuε⁵²\|退 ᴰtʰuε³¹²\|褪 ᴰtʰuε³¹²\|围 ᴰuε⁵²\|追 ᴰtʂuε²⁴\|醉 ᴰtsuε³¹² |
| uε̃ | uən | 问 ᴰuε̃³¹²\|轮 ᴰluε̃⁵²\|存 ᴰtsʰuε̃⁵²\|蹲 ᴰtuε̃²⁴\|滚 ᴰkuε̃⁵⁵\|混 ᴰxuε̃³¹²\|抡 ᴰluε̃⁵²\|捆 ᴰkʰuε̃⁵⁵\|顺 ᴰʂuε̃³¹²\|吞 ᴰtʰuε̃²⁴\|闻 ᴰuε̃⁵²\|吻 ᴰuε̃⁵⁵ |
| yε | y | 去 ᴰtɕʰyε³¹²\|捋 ᴰlyε²⁴\|取 ᴰtɕʰyε⁵⁵\|娶 ᴰtɕʰyε⁵⁵\|举 ᴰtɕyε⁵⁵\|锯 ᴰtɕyε³¹²\|遇 ᴰyε³¹² |
| yε̃ | yən | 晕 ᴰyε̃²⁴\|运 ᴰyε̃³¹²\|熨 ᴰyε̃³¹² |
| æ | an | 站 ᴰtʂæ³¹²\|安 ᴰæ²⁴\|按 ᴰæ³¹²\|搬 ᴰpæ²⁴\|担 ᴰtæ²⁴\|翻 ᴰfæ²⁴\|干 ᴰkæ²⁴\|赶 ᴰkæ⁵⁵\|看 ᴰkʰæ⁵⁵\|烦 ᴰfæ⁵²\|办 ᴰpæ³¹²\|拌 ᴰpæ³¹²\|搀 ᴰtʂʰæ²⁴\|缠 ᴰtʂʰæ⁵²\|铲 ᴰtʂʰæ⁵⁵\|犯 ᴰfæ³¹²\|干 ᴰkæ³¹²\|喊 ᴰxæ⁵⁵\|砍 ᴰkʰæ⁵⁵\|拦 ᴰlæ⁵²\|瞒 ᴰmæ⁵²\|盼 ᴰpʰæ³¹²\|染 ᴰzæ⁵⁵\|删 ᴰʂæ²⁴\|扇 ᴰʂæ⁵⁵\|闪 ᴰʂæ⁵⁵\|贪 ᴰtʰæ²⁴\|摊 ᴰtʰæ²⁴\|谈 ᴰtʰæ⁵²\|弹 ᴰtʰæ⁵²\|叹 ᴰtʰæ³¹²\|探 ᴰtʰæ³¹²\|沾 ᴰtsæ²⁴\|蘸 ᴰtsæ³¹² |
| iæ | ian | 见 ᴰtɕiæ³¹²\|撵 ᴰniæ⁵⁵\|验 ᴰiæ³¹²\|编 ᴰpiæ²⁴\|变 ᴰpiæ³¹²\|点 ᴰtiæ⁵⁵\|捡 ᴰtɕiæ⁵⁵\|减 ᴰtɕiæ⁵⁵\|剪 ᴰtsiæ⁵⁵\|练 ᴰliæ³¹²\|炼 ᴰliæ³¹²\|捻 ᴰniæ⁵⁵\|碾 ᴰniæ⁵⁵\|撵 ᴰniæ⁵⁵\|念 ᴰniæ³¹²\|骗 ᴰpʰiæ³¹²\|牵 ᴰtɕʰiæ²⁴\|签 ᴰtɕʰiæ²⁴\|欠 ᴰtɕʰiæ³¹²\|添 ᴰtʰiæ²⁴\|填 ᴰtʰiæ⁵²\|舔 ᴰtʰiæ⁵⁵\|掀 ᴰɕiæ²⁴\|献 ᴰɕiæ³¹²\|淹 ᴰiæ²⁴\|咽 ᴰiæ⁵⁵\|腌 ᴰiæ²⁴\|演 ᴰiæ⁵⁵ |
| uæ | uan | 穿 ᴰtʂʰuæ²⁴\|灌 ᴰkuæ³¹²\|关 ᴰkuæ²⁴\|管 ᴰkuæ⁵⁵\|还 ᴰxuæ⁵²\|换 ᴰxuæ³¹²\|暖 ᴰnuæ²⁴\|完 ᴰuæ⁵²\|拴 ᴰʂuæ²⁴\|传 ᴰtʂʰuæ⁵²\|喘 ᴰtʂʰuæ⁵⁵\|串 ᴰtʂʰuæ³¹²\|断 ᴰtuæ³¹²\|关 ᴰkuæ³¹²\|涮 ᴰʂuæ³¹²\|算 ᴰsuæ³¹²\|弯 ᴰuæ²⁴\|转 ᴰtʂuæ³¹²\|赚 ᴰtʂuæ³¹²\|钻 ᴰtsuæ²⁴ |
| yæ | yan | 卷 ᴰtɕyæ⁵⁵\|镟 ᴰsyæ³¹²\|劝 ᴰtɕʰyæ³¹²\|选 ᴰsyæ⁵⁵\|怨 ᴰyæ³¹² |

续表

| 动词变韵 | 基本韵 | 动词变韵例词 |
|---|---|---|
| ã | aŋ | 放 ᴰfã³¹²\|嚷 ᴰzã²⁴\|躺 ᴰtʰã⁵⁵\|帮 ᴰpã²⁴\|藏 ᴰtsʰã⁵²\|张 ᴰtʂã²⁴\|唱 ᴰtʂʰã³¹²\|长 ᴰtʂã⁵⁵\|尝 ᴰtʂʰã\|当 ᴰtã²⁴\|攘 ᴰnã⁵⁵\|上 ᴰʂã²⁴\|烫 ᴰtʰã²⁴\|绑 ᴰpã²⁴\|挡 ᴰtã⁵⁵\|防 ᴰfã⁵²\|扛 ᴰkʰã²⁴\|让 ᴰzã³¹²\|伤 ᴰʂã²⁴\|赏 ᴰʂã⁵⁵ |
| iã | iaŋ | 养 ᴰiã⁵⁵\|凉 ᴰliã⁵²\|降 ᴰtɕiã³¹²\|想 ᴰɕiã⁵⁵\|奖 ᴰtɕiã⁵⁵\|亮 ᴰliã³¹²\|量 ᴰliã⁵²\|讲 ᴰtɕiã⁵⁵\|响 ᴰɕiã⁵⁵\|晾 ᴰliã³¹²\|仰 ᴰiã⁵⁵ |
| uã | uaŋ | 忘 ᴰuã³¹²\|闯 ᴰtʂʰuã⁵⁵\|装 ᴰtʂuã²⁴\|逛 ᴰkuã²⁴\|撞 ᴰtʂuã³¹²\|望 ᴰuã³¹² |
| ə̃ | əŋ | 等 ᴰtə̃⁵⁵\|扔 ᴰzə̃²⁴\|剩 ᴰʂə̃³¹²\|成 ᴰtʂə̃⁵²\|蒸 ᴰtʂə̃²⁴\|瞪 ᴰtə̃³¹²\|蹦 ᴰpə̃²⁴\|弄 ᴰnə̃³¹²\|挣 ᴰtʂə̃³¹²\|盛 ᴰtʂə̃⁵²\|称 ᴰtʂʰə̃³¹²\|登 ᴰtə̃²⁴\|缝 ᴰfə̃⁵²\|捧 ᴰpʰə̃⁵⁵\|碰 ᴰpʰə̃³¹²\|生 ᴰʂə̃²⁴\|升 ᴰʂə̃²⁴\|省 ᴰʂə̃⁵⁵\|胜 ᴰʂə̃³¹²\|疼 ᴰtʰə̃⁵²\|腾 ᴰtʰə̃⁵² |
| iə̃ | iəŋ | 赢 ᴰiə̃⁵²\|听 ᴰtʰiə̃²⁴\|病 ᴰpiə̃³¹²\|领 ᴰliə̃⁵⁵\|评 ᴰpʰiə̃⁵²\|停 ᴰtʰiə̃⁵²\|醒 ᴰɕiə̃⁵⁵\|擤 ᴰɕiə̃⁵⁵\|定 ᴰtiə̃³¹²\|请 ᴰtɕʰiə̃⁵⁵\|叮 ᴰtiə̃²⁴\|盯 ᴰtiə̃²⁴\|钉 ᴰtiə̃²⁴\|顶 ᴰtiə̃⁵⁵\|敬 ᴰtɕiə̃\|拧 ᴰniə̃⁵² |
| uə̃ | uəŋ | 揌 ᴰuə̃⁵⁵\|送 ᴰsuə̃³¹²\|哄 ᴰxuə̃⁵⁵\|松 ᴰsuə̃⁵⁵\|种 ᴰtʂuə̃³¹²\|轰 ᴰxuə̃²⁴\|动 ᴰtuə̃³¹²\|供 ᴰkuə̃³¹²\|弄 ᴰnuə̃³¹²\|通 ᴰtʰuə̃²⁴\|捅 ᴰtʰuə̃²⁴ |
| yə̃ | yəŋ | 用 ᴰyə̃³¹²\|穷 ᴰtɕʰyə̃²⁴\|涌 ᴰyə̃⁵⁵\|熊 ᴰɕyə̃⁵² |

表 2-14 　　零变韵动词例词

| 动词不变韵 | 基本韵 | 例词 |
|---|---|---|
| a | a | 打 ta⁵⁵\|拿 na⁵²\|塌 tʰa²⁴\|拔 pa⁵²\|擦 tsʰa²⁴\|查 tʂʰa⁵²\|差 tʂʰa²⁴\|搭 ta²⁴\|发 fa²⁴\|罚 fa⁵²\|拉 la²⁴\|抹 ma²⁴\|骂 ma³¹²\|趴 pʰa²⁴\|爬 pʰa⁵²\|怕 pʰa³¹²\|撒 sa⁵⁵\|洒 sa⁵⁵\|杀 ʂa²⁴\|塌 tʰa²⁴\|踏 ta²⁴\|压 ia³¹²\|轧 ia³¹²\|扎 tʂa⁵²\|砸 tsa⁵²\|铡 tʂa⁵²\|炸 tʂa³¹² |
| ia | ia | 下 ɕia³¹²\|吓 ɕia²⁴\|加 tɕia²⁴\|夹 tɕia²⁴\|掐 tɕʰia²⁴\|瞎 ɕia²⁴ |
| ua | ua | 挂 kua³¹²\|刷 ʂua²⁴\|刮 kua²⁴\|花 xua²⁴\|划 xua⁵²\|化 xua³¹²\|画 xua³¹²\|夸 kʰua²⁴\|跨 kʰua³¹²\|抓 tʂua²⁴ |
| ɤ | ɤ | 搁 kɤ²⁴\|饿 ɤ³¹²\|割 kɤ²⁴\|喝 xɤ²⁴\|合 xɤ⁵²\|磕 kʰɤ²⁴\|渴 kʰɤ⁵²\|摸 mɤ²⁴\|磨 mɤ⁵²\|抹 mɤ⁵⁵\|泼 pʰɤ²⁴\|破 pʰɤ³¹² |
| ɛ | ɛ | 得 tɛ²⁴\|塞 sɛ²⁴\|拍 pʰɛ²⁴ |
| iɛ | iɛ | 贴 tʰiɛ²⁴\|切 tɕʰiɛ²⁴\|斜 ɕiɛ²⁴\|叠 tiɛ⁵²\|憋 piɛ²⁴\|跌 tiɛ²⁴\|接 tsiɛ²⁴\|解 siɛ⁵⁵\|戒 tsiɛ³¹²\|借 tsiɛ³¹²\|裂 liɛ²⁴\|灭 miɛ²⁴\|捏 niɛ²⁴\|歇 siɛ²⁴\|写 siɛ⁵⁵\|卸 siɛ³¹²\|噎 iɛ²⁴ |

续表

| 动词不变韵 | 基本韵 | 例词 |
| --- | --- | --- |
| yɛ | yɛ | 掘 tɕyɛ⁵⁵\|缺 tɕʰyɛ²⁴ |
| uo | uo | 挪 nuo⁵²\|坐 tsuo³¹²\|脱 tʰuo²⁴\|多 tuo²⁴\|夺 tuo⁵²\|躲 tuo⁵⁵\|剁 tuo³¹²\|过 kuo³¹²\|裹 kuo⁵⁵\|活 xuo⁵²\|和 xuo⁵²\|落 luo²⁴\|锁 suo⁵⁵\|缩 suo²⁴\|拖 tʰuo²⁴\|托 tʰuo²⁴\|驮 tʰuo⁵²\|握 uo²⁴\|捉 tʂuo²⁴\|搦 nuo²⁴ |
| yo | yo | 学 ɕyo⁵² |
| ɿə | ɿə | 遮 tʂɿə²⁴\|折 tʂɿə²⁴\|摺 tʂɿə²⁴\|赊 ʂɿə²⁴\|舍 ʂɿə⁵⁵\|射 ʂɿə³¹²\|惹 zɿə⁵⁵\|扯 tʂɿə⁵⁵ |
| ʯə | ʯə | 说 ʂʯə²⁴ |

说明：零变韵动词即没有发生动词变韵，仍然保留了基本韵的动词。有 11 个基本韵有例词，另外 2 个基本韵没有找到例词。

# 第三章　滑县方言语法

## 第一节　实词

### 一　名词

**1.1　意义和语法特点**

名词表示人或事物及时地的名称。名词的语法特点是：主要充当主语、宾语和定语，不能作补语，只有少数名词能作状语；大多数能受数量短语的修饰；不能受否定副词"不"的修饰；一般不能重叠。

滑县的特色名词较多，如：庵、媳妇、稀八脚、赤马糊、光棍儿、败家子儿、草驴、土坷垃。

**1.2　种类**

**1.2.1　表示人和事物的名词**

表示人和事物的名词又可分为四类：

1）个体名词。又叫可数名词，都有专用的个体量词。如：学生、牛、羊、飞机。

2）集合名词。不能加个体量词，可以与集合量词或不定量词"对、批、部分"搭配。如：人口、人马、群众。

3）抽象名词。只能与种类量词或不定量词搭配。如：礼节、思想、水平。

4）物质名词。如：水、油、肉、光、风。

**1.2.2　时间名词**

时间名词又叫时间词。语法特点是：能用作动词"待（在）""到""等到"的后面作宾语；能用"啥时候"提问；能用"这个时候""那个时候"指代。

如：这会儿、那会儿、唐朝、前年、去年、今年、明年、前儿个、夜儿个、今儿个、明儿个、后儿个、清起儿、晌午、礼拜一、春天。

### 1.2.3 处所名词

处所名词又叫处所词。语法特点是：能用在动词"待（在）""到""往"的后面作宾语，能用"哪儿"提问。能用"这儿""那儿"指代。

如：亚洲、中国、广州、暨南大学、小卖铺儿、邮局。

### 1.2.4 方位名词

方位名词又叫方位词，是指称方向或位置关系的词。可以单独使用，也可以附着在别的词语（主要是名词）后面，组成方位词组来表示处所、时间或数量范围。

方位名词又可分为单纯方位词、合成方位词和特殊方位词三类。

单纯方位词：上、下、前、后、左、右、里、外、东、西、南、北、中。

合成方位词有两类：一是在单纯方位词后面加上"边""面""头"构成，如"上边""下面""里头"；二是在单纯方位词前面加上"以"构成，如"以前""以南""以内"。单纯方位词单用，要对举才可以，如"上有天，下有地"。由"边""面""头"构成的合成方位词能独立使用，由"以"构成的合成方位词除了少数（以上、以下、以前、以后）可以独立使用外，一般必须跟名词组合成方位短语后才能使用。

特殊方位词有四类：一是由单纯方位词相互组合而成，如"东南""东北""西南""西北"；二是由正反义的方位词构成，如"前后""左右""上下""里外"；三是单纯方位词和别的语素组合而成，如"南方""北方""东方""西方""当中""背后""内部""外部"；四是"边""面""头"跟别的语素组合而成，如"这边""那边""旁边""这面""这头"。

### 1.3 名词的构词

高颖颖（2010）对河南临颍的方言词汇进行了研究，李淑娟（2004）对河南禹州的方言词汇进行了研究，李孝娴（2003）对河南固始的方言问句进行了系统考察，刘佳佳（2004）对孟州方言的重叠式做了深入研究，这些对本书有启示作用。

构词法是研究单个汉字和音节按什么方法组合成词的方法。滑县方言语素组合成词主要采用以下构造方法：复合法、附加法和重叠法。

### 1.3.1 复合法

复合法是滑县方言最主要的构词方式，按一定的规则把词根语素组合在一起构成复合词，滑县方言的复合名词主要有：联合型、偏正型、述宾型、补充型和主谓型。

1)联合型复合词

眉目、矛盾、尺寸、拐棍、手腕、国家、窗户、案板（面板）、条橡儿（连襟）、条杆（身材好）。

2)偏正型复合词

马路、泥地、纸烟、汽车、白布、公鸡、母猪、开水、躺椅、叫驴、草驴、瓜地、面瓜、脆瓜、水垄沟、青醭（青苔）、甜树杆（甘蔗）、床帮（床的侧面）、衣裳架、老婆嘴、牲口车（牲口拉的车）。

3)补充型复合词

书本、车辆、稿件、人口、物件（东西）、雪花、水珠、乡下、耳朵。

4)述宾型复合词

烧鸡、顶针、扶手、蒸馍、烙馍、烧饼、变蛋、炒面、煎鸡蛋。

5)主谓型复合词

地震、口红、麦罢（麦子收获以后的时候）、秋罢（秋苗收获以后的时候）。

### 1.3.2 附加法

按照词缀在词中的位置，派生词可以分为前缀式（词缀+词根）和后缀式（词根+词缀）。

#### 1.3.2.1 前缀式（词缀+词根）

滑县方言中常用的前缀有"老、圪、第、初、小"等。

1）老

滑县方言中的"老"与普通话的用法比较一致，构词能力比普通话略强。主要有以下用法。

附加在表称谓的名词性粘着语素前构成名词，起成词作用：老婆、老哥、老弟。

附加在表姓氏的名词性粘着语素前，构成表称呼的名词，加上"老"称呼时有亲昵色彩或者尊重义，"老"也起成词作用：老胡、老王、老李、老郭。

附加在动物名词之前，构成复音节词：老鼠、老鸹、老虎、老鳖、老鹰。

附加在"大"或者从一到九的基数词前面表示排行，使原词变义、转类：老一、老三、老九。

附加在某些名词性词根前构成普通名词：老板、老茧、老末、老手、老师儿（熟悉某项技术的师傅）。

附加在谓词性词根前表示人或事物的性质：老抠。

2）圪

"圪"头词，是指一类带"圪"的词语，因为在这些词语中"圪"一般在前面，所以称为"圪"头词。"圪"头词的分布很广，山西、陕西、内蒙古、河北、河南等省区都有。但是，从数量上看山西省的"圪"头词所占比例最高。据朱艳娥（2005）统计："以《汉语方言大词典》所收的 1025 个'圪'头词为准，晋语中'圪'头词占 90％，中原官话占 8％，其他官话中仅占 2％。""圪"头词是晋语区的一个重要方言特征。除了晋语区，中原官话中"圪"头词所占的比例是最高的，换算一下，也就是说，《汉语方言大词典》中所收的中原官话区的"圪"头词有 82 个。

"圪"字可以跟一些语素构成名词、动词、形容词、量词、拟声词、副词等。"圪"头词的构成方式主要有"圪 A、圪 AA、圪 A 圪 B、圪 A 圪 A"等。

由"圪+单音节语素"构成的名词有三种情况：第一种是"圪"附加了"小"的意义。如"圪针"即细小的刺。第二种是"圪"附加了"圆形、凸起、硬块儿"的意思。如"圪堆儿"即物体堆成的圆形、凸起的形状，"圪痂儿"即伤口愈合后形成的硬块儿。第三种是"圪"毫无意义，只是起了补足音节的作用。如"圪杈儿"即树杈。

滑县方言中的"圪"头名词如：圪瘩、圪棒（非常细小的棍子）、圪堆（儿）、圪角儿（指角落）、圪旯儿（指缝隙）、圪老肢（腋窝）、锅圪渣（锅底残留的烧糊的饭）、鼻圪渣（鼻屎）、圪蚤（指跳蚤）、圪针、树圪杈儿（树枝）、圪痂儿（伤口愈合后结成的硬块儿）、灰圪痂儿（身上脏东西结成的块儿）、圪巴（硬块儿）、圪檩儿（条状的凸起）、腿圪廊（大腿根）、圪弯儿（弯曲的地方）、圪档儿（高粱杆儿）。

3）第、初、小

第一、第三、初一、初五、小刀、小孩儿。

1.3.2.2　后缀式（词根＋词缀）

滑县方言中常用的词缀有"儿""子""头""家""气""货"等。

1）儿

滑县方言的"儿"化词比普通话分布得广得多。在口语中，人们习惯于在词后加"儿"。例如：花儿、画儿、空儿、水坑儿、半山坡儿、臭蛋儿、村儿、腊八儿、今儿、挑刺儿、歇晌儿、慢慢儿、胖胖儿、篮儿、尖儿、好儿（结婚日期）、鸡蛋黄儿、鸡蛋清儿。

2）子

滑县方言中"子"的运用没有普通话广泛，有很多被子化韵替代，如秃子（秃$^z$）、麻子（麻$^z$）。也有一些普通话用"子"尾的词语在滑县方言中说成儿化。受普通话影响，有时也用词缀"子"，如：丸子、筷子、妹子。

3）头

"头"在滑县方言中使用较为广泛，作为名词词缀，与词根一起表示某种事物、某种感受、某类人、某个地方等。

附加在名词之后，构成名词。例如：床头、石头、砖头、骨头、地头、门头、苗头。

附加在动词之后，构成名词。例如：玩头、想头、赚头、看头、说头、打头。

附加在形容词之后，构成名词。例如：苦头、甜头；老实头、绝户头。前者表示一种感受，后者表示某一类人。

附加在量词之后，构成名词。例如：块头、个头。

附加在方位词之后，构成名词。例如：东头、西头。

4）家

"家"作为词缀在滑县方言中使用，主要用在称谓类名词后，表示某一类人。

用在某些名词后面，表示某一类人，例如：作家、专家、亲戚家、小孩家、娘家、姥姥家、闺女家（妞儿家）、老婆儿家、老丈人家。用在名字等称呼后面，表示某家的老公或妻子。例如：李坡家、王华家。

5）气

词根和"气"共同表示人或事物的状态或性质。如：霉气（遇事不顺利）、骚气、老气（显得老）、小气（吝啬）。

6）货

"货"作为贬义词缀在滑县方言中使用，主要用在形容词后，表示某一类人。如：孬货、憨货、傻货。

据笔者调查，这个词缀在粤语和潮汕话（闽南话）中都没有，在客家话中也较少使用，应该是汉语中后起的词缀。

### 1.3.3 重叠法

吴吟、邵敬敏（2001）研究了普通话的名词重叠现象，刘佳佳（2004）研究了孟州方言的重叠式，辛永芬（2006）研究了浚县方言的重叠式，这些研究对本书有较高的参考价值。

普通话重叠式名词极为单纯和有限，只限于部分亲属称谓和少数物名如"爷爷、爸爸、妈妈、姑姑、奶奶、叔叔、猩猩"等。与普通话相比，滑县方言重叠式名词不仅数目繁多、格式多样，而且表义复杂，富有特色。

普通话以重叠式形式出现的亲属称谓词，在滑县方言中，一般不用重叠形式，而多以单音节词形式表示，例如"妈(妈妈)、叔(叔叔)、婶儿(婶婶)"等。极个别的少数亲属称谓（一般仅用于儿童语言中，是一种小称、昵称）的叠音词的后一个音节不但不读轻声，反而读得更重，如"奶奶"，后一个音节读得比前一个音节还重。

滑县方言没有晋方言中的 AA 嘟式（如万荣的"车车嘟"）、ABCC 式（如寿阳的"冰糖蛋蛋"）、AA 子 B 式（如临汾的"阴阴子天"）、AA 佬式（如洪洞的"苦苦佬"）和 A 圪 BB 式（如太原的"肉圪蛋蛋"）。

1.3.3.1  AA 式

单音节名词重叠后根据构词特点可分为以下四类：

1）单音节名词重叠后，词义不变。如:姐姐、星星、屁屁、碗碗、妞妞、蛋蛋(鸡蛋)、糖糖(糖果)、汤汤(汤)、饭饭(饭)、花花(花儿)、菜菜(菜)、果果(苹果)、帽帽（帽子）。这些重叠词，多用于儿语，成人一般不能说，只有与儿童交谈中才用到。如"屁屁"指的是小孩儿的屁股，多用于和婴幼儿说话，表示亲昵和生动。这种多用在儿语中的重叠词在各地方言中大都存在。

2）单音节名词重叠后，词义缩小，有轻微、细小等意义，含亲切、可爱等感情色彩。如"妞妞"用来称呼小女孩儿，"毛毛"指面值一毛、两毛、五毛的纸钱，即重叠形式具有小称作用，重叠后多数要儿化。如：蛋儿蛋儿（小琉璃蛋）、环儿环儿(小环)、孩儿孩儿（婴儿）、渣儿渣儿（碎片）、毛儿毛儿（纤维）、穗儿穗儿（流苏）、格儿格儿、条儿条儿、道儿道儿、圈儿圈儿、点儿点儿、丝儿丝儿。

3）单音节名词与重叠式表示两种不同的名物，大部分儿化，儿化后产生新的意思。如：头（脑袋）——头儿头儿（领导）；人(指一般人) ——人儿人儿(小人儿)；面（面粉）——面儿面儿（粉状物，如石灰粉等）。

AA 式可在句子中作宾语、主语和定语。如：

（1）搁黄瓜切成丝儿丝儿吧。

（2）花花儿冇了。

（3）那个格儿格儿裙儿丢了。

1.3.3.2  ABB 式

1）ABB 中的 A 是一个名词性语素，AB 不成词。如：花滴滴（鲜艳漂亮的花衣服）、月奶奶(月亮)。这类重叠式在滑县方言中数量较少。

2）ABB 中 B 是名词性语素，AB 可以表达完整的意思，但口语中不说，ABB 的基式不完全是 AB。如：白面儿面儿(白色的粉剂或粉末儿)、窄缕儿缕儿（又细又长的条状物）、黑点儿点儿。"窄缕儿"是"窄缕儿缕儿"的基式,但"白面儿（海洛因）""白面（小麦磨成的面粉）"都不是"白面儿面儿(白色的粉剂或粉末儿)"基式。

3）ABB 是一个整体,AB 是名词,可以单说,与 ABB 并用,AB 是 ABB 的基式。如：水沫儿沫儿、油渣儿渣儿。滑县方言中 BB 一般都儿化。

名词重叠式 ABB 具有名词的语法功能,在句子中常作主语、宾语和定语。作定语时,一般要加结构助词"嘞"。

例如：

（4）油渣儿渣儿都扔 ᴅ 吧。（主语）

（5）水里咋恁些白泡儿泡儿呀？（宾语）

（6）窄缕儿缕儿嘞裤你穿 ᴅ 不合适。（定语）

#### 1.3.3.3 AAB 式

滑县方言中,AAB 中的 AA 是修饰性或限制性的语素。

根据 AA 成分中 A 语素的词性,滑县方言的重叠式 AAB 可分为以下几类：

1）A 是名词性语素,如：娃娃脸、蛛儿蛛儿网、窝窝头、面儿面儿药、毛儿毛儿雨、毛毛虫。"毛毛雨"形容雨像毛毛一样多,而"毛毛虫"是说虫的毛毛很多。

2）A 是方位名词,重叠后表示极端或极点"最"的意思,一般后面加一个虚词词尾"起"。例如：头儿头儿起（最前面）、角儿角儿起（最角落）、边儿边儿起（最边缘）。"头儿头儿起"可以说成为"紧头儿起","角儿角儿起（最角落）"可以说成"紧角儿起"。

3）A 是动词性语素,如：碰碰车儿、跷跷板儿、转转耳。

4）A 是形容词性语素,如：尖儿尖儿帽、豁儿豁儿嘴（兔唇）。

5）A 是量词性语素,如：格儿格儿纸、块儿块儿糖、分分钱。

6）A 是拟声词性语素,如：咕咕喵（猫头鹰）、嘎嘎鸭（鸭）。

7）AAB 整体构成一个含义。如：荠荠菜、咪咪蒿、蒌蒌牙。"荠荠菜、咪咪蒿、灰灰菜、蒌蒌牙"是菜或者草的名字。

名词重叠式 AAB 在句子中常作主语、宾语和定语。

（7）格儿格儿纸不好买。

（8）你去玩转转耳吧。

（9）跷跷板儿嘞漆掉了。

### 1.3.4 AABB 式

AABB 中 A 与 B 的结构关系有两种情况。

1）AB 是基式词,这样形成的名词重叠式 AABB 式最多。如：角角落落、风风雨雨、方方面面、头头脑脑、花花草草、汤汤水水。

2) AB 不是词。如：婆婆妈妈、风风火火、坑坑洼洼、瓶瓶罐罐、锅锅碗碗。

名词重叠 AABB 式的基本语法意义是"状态化"（如"婆婆妈妈"）或"数量的增加"（如"头头脑脑"）。此外这类名词重叠还表遍指与统指，或者表泛化与转指。遍指相当于"每一"，如"方方面面"就相当于"每一个方面"。统指相当于"全部"，如"锅锅碗碗"是统指"厨房全部的东西"。泛化是指 AABB 语义的概括化和扩大化，同基式 AB 相比，它所指的对象在内涵和外延上都显得模糊与笼统。有些时候，还可以泛指相关的各种事物，如"一当院儿都是花花草草"，这里的"花花草草"泛指与花草相关的各种事物。

AABB 式按其句法功能大致上可以分为四类：

1）只能作主语、宾语，不能作谓语、状语，其总体功能是名词性的。

这类 AABB 式比较少，有"山山水水、是是非非、恩恩怨怨、头头脑脑"等。如：

（10）恁些山山水水都可好，你咋能去完ᴰ？(主语)

（11）那些全是单位嘞头头脑脑，不好招待呀。(宾语)

2）可以作谓语、定语、状语，不能作主语、宾语，近似于形容词。如：疙疙瘩瘩、坑坑洼洼、婆婆妈妈、风风火火、形形色色、星星点点。例如：

（12）事儿冇办好，他心里疙疙瘩瘩嘞。（谓语）

（13）她好扯一些婆婆妈妈嘞事儿。(作定语)

（14）他成天风风火火嘞跑，不知ᴴ弄啥嘞。(状语)

3）只作状语，这类词语较少，近似于副词。如：时时刻刻、口口声声。例如：

（15）他时时刻刻都想飞。(状语)

4）可以作主语、宾语和定语，也可以作状语。其整体功能介于名词性和形容词性之间。这类 AABB 重叠式最多，有"盆盆罐罐、锅锅碗碗、年年月月、分分秒秒、家家户户、字字句句、风风雨雨、花花草草、枝枝叶叶、老老少少、世世代代、祖祖辈辈、子子孙孙、上上下下、前前后后、左左右右、里里外外、方方面面、角角落落、汤汤水水、针针线线"等。例如：

（16）老老少少都去赶会了。(主语)

（17）他家里净是些盆盆罐罐。（宾语）

（18）前前后后嘞树都得砍。（定语）

（19）他搁上上下下都得罪完了。(状语)

## 二 动词

### 2.1 意义和语法特点

李淑娟（2004）研究了河南禹州的动词，刘佳佳（2004）研究了河南孟州的动词，辛永芬（2006）研究了河南浚县的动词，高颖颖（2010）研究了河南临颍的动词，殷相印（2006）研究了微山的动词，这些研究对本书有启示作用。

动词表示动作、行为、心理活动或存在、变化、消失等。

滑县方言动词的语法特点有：动词常作谓语或谓语中心，多数能带宾语；动词能够受副词"白""不"修饰，多数不能受程度副词修饰。表心理活动的动词和一些能愿动词前可以加程度副词，如"血怕、可高兴"；动词多数能带"住、了、过"等表示动态；有些表示可持续的动作行为动词可以重叠，表示短暂、轻微等，如"看看、说说、想想、琢磨琢磨、研究研究、洗洗澡、睡睡觉"。

### 2.2 分类

按照意义并参考功能，滑县方言动词一般可分为八类。

1) 动作动词，如：打、吃、喝、走、说、摔、夯、打扫、收拾。
2) 使令动词，如：请、派、叫、要求。
3) 心理动词，如：想、爱、恨、妒忌、相信。
4) 存现动词，如：有、在、增加、减少。
5) 趋向动词，如：来、去、上来、下去、回来、过去。
6) 能愿动词，如：敢、能、会、可以、愿意、应该。
7) 判断动词，如：是、叫、姓、等于。
8) 形式动词，如：加以、给以、致以。

### 2.3 动词的构词

#### 2.3.1 复合法

复合法是按一定的规则把词根语素组合在一起构成复合词，滑县方言的复合动词主要类型有：联合型、偏正型、述宾型、补充型和主谓型。

1) 联合型复合词

如：裁判、改革、吆喝、指望、教学、收发、买卖、比划、拾掇（收拾）、摆治（修理）、跍蹲（蹲）、争竞（计较）。

2) 偏正型复合词

如：小看、速记、胡闹、难听、稍息、瞎喷（说大话）。

3) 补充型复合词

如：打烂、割断、推翻、提高、绊倒、睡着、拾起[H]。

4）述宾型复合词

如：理发、得罪、带头、放心、劝架、拍手、上粪、倒霉、犁地、起雾、套被子、掰花杈儿、摘花、害眼、叨菜、坐桌（参加宴席）、上冻（结冰）、滴星儿（下雨）、上肥料、弹棉花、缀扣儿、解小手、解大手、挑刺儿、当家儿、栽嘴儿（打瞌睡）、包红指甲、娶媳妇。

5）主谓型复合词

如：心虚、眼气、头疼。

### 2.3.2 附加法

按照词缀在词中的位置，派生词可以分为前缀式（词缀+词根）和后缀式（词根＋词缀）。

#### 2.3.2.1 前缀式

滑县方言中常用的前缀有"圪"等。

"圪"附加在谓词性语素前，构成动词或形容词，如：圪蹬、圪肢、圪捞、圪挤眼儿。

滑县方言中，"圪"附加在具体的动作行为前，具有了能产性，主要分布于"圪A、圪A圪A"式中，其中"圪A"式出现的频率最高。"圪"头词通常表示动作行为的轻微、反复之意，这种意义是由"圪"的附加意义而引发的。如："圪捞"指用棍子等来回地拨动、搅动，有动作反复和轻微之意。"圪蹬"指单脚跳。

#### 2.3.2.2 后缀式（词根＋词缀）

##### 2.3.2.2.1 巴

"巴"类后缀并不是滑县方言所独有的，在许多方言里都存在，是动词后缀中活动能力较强的一个。"巴"类词缀如：熬巴、擦巴、冲巴、吹巴、眨巴。

这类后缀有如下特点：

1)附着在能够表示"断断续续动作"的单音动词词根后，构成新词，如"撕巴"等，不表示这一语义内容的单音动词，如"学、讲、想、听"等不能加"巴"缀。加"巴"的词根大都是表示较强烈动态动作的动词。而非动态动作的动词，表示复杂和抽象行为动作的动词不能加"巴"。非动态动作的动词"买、骗"和表示复杂和抽象行为动作的动词"帮、选、养、教、学、爱"等都不能加"巴"缀。表示嘴部动作的动词大都可以加"巴"，如"舔巴、咂巴、嚼巴、吸巴"。

2)读轻声，双音节动词不能加"巴"缀。如不能说"撕扯巴、打砸巴"等。

3)ABAB式重叠，表示很短暂的动作。很少使用原式，只有表达完成动作时才用。如"撕巴撕巴"等。

4)"巴"缀词词根绝大多数是自由的单音节语素，只有少数是半自由或粘着的语素。带"巴"后缀的词根都是意志动词，即在句中一般都有表人（或拟人）的词语作它的主语或潜主语。非意志动词是不能加"巴"的，如没有"病巴、伤巴、想巴"等说法。单向动词是不能加"巴"的，如不能说"醒巴、活巴、走巴"等。

滑县方言中的"巴"所附带的感情多有贬义等语义内涵。在特定的语境里，"巴"可以使动词附加上某种感情色彩，有一定的语用作用。具体有：

1)表示厌恶。

(1)他又眨巴眼儿嘞，一肚坏水儿。

2)表示随意。

(2)搁纸揉巴揉巴扔[D]它。

3)表示欺负。

(3)他好强巴人。

4)表示随便。

(4)烧鸡撕巴撕巴吃吧。

#### 2.3.2.2.2 叨

"叨"缀词大多表示语言行为随便或含有厌烦等贬斥的感情色彩。如"说叨、唠叨、念叨、数叨、絮叨、磨叨"等，表示对言说对象语言行为的不赞同；"鼓叨（捣）、拾叨（掇）"等，表示动作的随便。"叨"缀动词的重叠形式多是 AABB 式，同样表达语言行为随便或厌烦等语义色彩，加重了贬斥语义。

#### 2.3.2.2.3 乎

滑县方言里，"乎"用于动词性词根后，把单音节动词变为双音节动词，如：缺乎、扯乎、搅乎、掺乎、凑乎。

构成的动词语义有增势，在句中往往有贬义，如：

（5）这事儿你就白掺乎了。

### 2.3.3 重叠法

1）AA 式

张宝胜（2000）认为："不定量"是动词重叠所表示的核心语义，"尝试""轻微""反复"等是动词重叠所表示的附加语义。笔者赞同此说。除瞬间动词、结果动词、能愿动词、助动词外，大部分动词 A 都可重叠为 AA 式。如：蒸蒸、学学、游游、哄哄、洗洗、浇浇、喷喷、剥剥、闻闻、印印、钩钩。单音节动词重叠表示动态的过程，例如"游游"是从家里出去逛逛，"喷喷"是指聊天，如可以说"冇事儿咱俩喷喷"。滑县方言这类重叠式中间不能加"一"。

动词 AA 式常在句子中做谓语。例如：

（6）俺洗洗就走。

（7）10 点了，小孩儿该磕磕（睡觉）了。

动词重叠 AA 式也可以作主语和宾语，但动词重叠 AA 式作主语和宾语时，作谓语的动词都不是动作动词。如：

（8）逛逛可有意思。（主语）

（9）这事儿你要好好儿说说。（宾语）

滑县方言中动词 AA 式重叠，根据语境可表示"完成"。如：

（10）衣裳洗洗再拿走。

2）AAB

AAB 式如：吃吃饭、喝喝水、打打球。

AAB 是由双音节词 AB 重叠 A 后构成的。AB 为支配式离合词，AA 与 B 之间是动宾关系。滑县方言中，动词重叠式 AAB 常在句子中作主语、谓语、宾语。如：

（11）玩玩水可得。(主语)

（12）冇事儿，他经常爬爬山、逛逛街。(谓语)

（13）下班了，他喜欢散散步，打打拳。(宾语)

3）ABB

ABB 在滑县方言中数量有限，且多保留在民谣和俗语中，现在方言口语中用的很少。它是由双音节动词 AB 重叠后一个音节 B 构成的重叠式。A 与 BB 之间一般是动宾关系。如："胡咧咧、打能能（幼儿学直立）、打哇哇（小孩子把手蒙在嘴上发出'哇哇'的声音）"等。

ABB 式一般充当句子的谓语和宾语，ABB 充当谓语时后面不能带宾语。如：

（14）你白胡咧咧。（谓语）

（15）小妮儿学会打哇哇了。（宾语）

4）ABAB

ABAB 由双音节动词 AB 重叠构成，如：拾掇拾掇、比划比划、理料理料、意思意思、帮衬帮衬、活动活动、商量商量。

其中，"拾掇拾掇"也可写作"拾叨拾叨"，是收拾的意思；"理料理料"有两个意思，一是收拾东西，二是收拾人，或批评人或打人。

ABAB 可在句子中充当谓语、主语。如：

（16）晌午恁俩比划比划呗。(谓语)

（17）活动活动可得劲儿。(主语)

5）AABB 式

动词重叠 AABB 式的构成主要有两种情况：

AB 是词，分别重叠 A 和 B 得到了 AABB 式。如：摔摔打打、说说笑笑、拉拉扯扯、躲躲闪闪、来来往往、嘟嘟噜噜、磨磨唧唧、晃晃悠悠。

AB 不是词，AA 的重叠式和 BB 的重叠式叠加在一起构成了 AABB 式。如：写写画画、进进出出、偷偷摸摸、推推搡搡、挑挑拣拣。

AABB 式在句中可以作谓语、状语、定语、补语、主语和宾语。作状语、定语、补语时一般要加结构助词"嘞"。如：

（18）他俩一路上说说笑笑，可高兴了。（谓语）

（19）他偷偷摸摸嘞跑了。(状语)

（20）喝多了，他走嘞晃晃悠悠嘞。(补语)

（21）大街上，拉拉扯扯多不好看。（主语）

（22）他哥俩就好说说笑笑。(宾语)

6）圪 A 圪 A

圪 A 圪 A 式如：圪蹬圪蹬（单腿跳跳）、圪蹦圪蹦（吃东西的声音）、圪捞圪捞（搅搅）。

此类重叠式在句子中可作谓语和状语。如：

（23）你再圪搅圪搅。(谓语)

（24）他好圪蹦圪蹦嘞吃东西。(状语)

7）一 A（AB）一 A（AB）

"一 A（AB）一 A（AB）"中 A 为单音节动词，AB 为双音节动词，A 或 AB 一般都是表示可以反复进行的动作动词，重叠之后都是描写由动作反复进行而形成的一种状态。辛永芬（2006）认为：浚县方言动词重叠式"一 A 一 A"和"一 AB 一 AB"中的"一"跟数量短语重叠式中的"一"性质不同，数量短语重叠式中的"一"具有实在意义，而这里的"一"明显已经虚化，更像是一个词缀，准确地说这里的"一 A 一 A"和"一 AB 一 AB"是动词的加缀重叠。滑县方言与浚县类似。如：一闪一闪、一晃一晃、一扭一扭、一压一压、一圪蹬一圪蹬、一忽扇一忽扇、一骨涌一骨涌、一卜溅一卜溅。

可在句中做谓语、状语、补语，作谓语时不能再带宾语和补语，作状语、补语时一般加结构助词"嘞"。如：

（25）喝酒喝多了，他一晃一晃嘞。（谓语）

（26）他一扭一扭嘞来了。（状语）

（27）他高兴嘞一蹦一蹦嘞。（补语）

### 三 形容词

#### 3.1 意义和语法特点

李淑娟（2004）研究了河南禹州的形容词，刘佳佳（2004）研究了河南孟州的形容词，辛永芬（2006）研究了河南浚县的形容词，高颖颖（2010）研究了河南临颍的形容词，殷相印（2006）研究了山东微山（属于中原官话）的形容词，这些研究对本文有启示作用。

形容词表示性质、状态等。滑县方言形容词的语法特点有：多数能受否定副词"不"和程度副词"很""些""可"的修饰；常作谓语、定语和补语；不能带宾语；部分形容词能重叠。

#### 3.2 分类

按照意义并参考功能，滑县方言形容词主要可分为两类。

1）性质形容词，指能够前加"很"的形容词，如：软、硬、甜、苦、好、坏、远、近、斜、直、胆大、精（聪明）、大方。性质形容词重叠以后就变成了状态形容词，如"干净→干干净净"。

2）状态形容词，表示比较高的意义，前面不能加"很"，使用时后面一般要加"嘞"，可比较自由地充当谓语、补语和状语。如：雪白、漆黑、死沉、滚烫、火热、血红、水灵灵、慢腾腾、香喷喷、乱哄哄、毛茸茸、甜咕啾、黑不溜丢、傻啦吧唧、糊里糊涂。

#### 3.3 形容词的构词

##### 3.3.1 复合法

滑县方言的复合形容词类型主要有：联合型、偏正型、述宾型。

1）联合型复合词

如：麻利、牢稳（稳当）、齐整（漂亮）、枯憸（皱）。

2）偏正型复合词

如：主贵（贵重）、材坏（残疾）。

3）述宾型复合词

如：气人、瘆人（使人害怕）、烦人（使人讨厌）、有眼色（机灵）、当家儿（做主）。

##### 3.3.2 附加法

按照词缀在词中的位置，派生词可以分为前缀式（词缀+词根）和后缀式（词根+词缀）。

#### 3.3.2.1 前缀式（词缀+词根）

1）圪

加了前缀的形容词，表示性状程度的加强，滑县方言中常用的前缀有"圪"等。

"圪"头形容词在滑县方言中主要有两种附加意义：第一种是贬义；第二种是表示程度加深。如"圪料"指物体歪斜、扭曲、变形，引申出脾气古怪、难以捉摸。在此基础上派生出一个"歪三圪料四"，表示扭曲的程度加深。"圪（疙）圪瘩瘩"指表面凸凹不平，是在"圪瘩"的基础上派生出来的。

2）溜

"溜"是非能产性的前缀，起加强事物性状特征的作用，用于有"光滑圆润"义的单音节形容词性语素前，如"溜圆、溜光、溜滑"。

#### 3.3.2.2 后缀式（词根＋词缀）

滑县方言中常用的形容词后缀有"儿""气""巴""乎"等。

1）儿

滑县方言的"儿"化词比普通话多。在口语中，人们习惯于在词后加"儿"，有多种作用：可以表示程度的减弱，如"苦苦儿、慢慢儿、胖胖儿"；可以表示小称，如"恁些儿、镇长儿"；可以表示轻松随意，如"黑黑儿、轻轻儿"。

2）气

滑县方言中"气"与词根一起表示人或事物的性质或状态。滑县方言中"气"作为形容词词缀，组成"霉气、老气、大气、小气"等词。"霉气"是指倒霉，遇事不顺利，"老气"指显得老，"大气"是指人很大方，"小气"指人很吝啬。

3）巴

"巴"多用在表示事物性质的单音节形容词性词根后面，表示肯定和强调意味。如：紧巴、干巴、瘦巴。这些词多表达人们对事物的不满意，词根大多具有贬义色彩。

4）乎

"乎"用于形容词性词根后，使单音节形容词变为双音节形容词。构成的词不少，主要有：近乎、玄乎（神乎其神）、粘乎、血乎、二乎、热乎、软乎、匀乎。

"乎"构成的形容词，能用"X 不 X"方式提问，如"热乎不热乎"。能受程度副词修饰，如"可玄乎、忒热乎、可软乎"等。构成的双音节重叠形式为 AABB，如"晕晕乎乎、二二乎乎"等，重叠后不再受程度副词的修饰。

对主语直接陈述时，要加助词"嘞"，如"你瞧搁他二乎嘞"。

形容词后还可以加"嘞慌"形成补语格式。

"嘞慌"多用在表示心理活动或感觉的单音节形容词（或动词）后面，表示一种状态，表示"很～"的意思，加深了前面实语素的程度义，略含感叹语气，如"热嘞慌"是指很热的状态。主要有：嘞慌（饿～、晒～、憋～、想～、急～、热～、冷～、疼～、使（累）～）。

"嘞慌"也可以用于个别表味觉的形容词后面，如"酸嘞慌、苦嘞慌、辣嘞慌"，但不能说"甜嘞慌"。"嘞慌"不能用于表色彩的形容词后，如不能说"红嘞慌、白嘞慌、绿嘞慌、紫嘞慌"等。带"嘞慌"的词大多表示心理活动和感觉，所以主体只能是人不能是物。

加"嘞慌"构成的形容词生动形式，能用"A不A"格式提问。如"热嘞慌不热嘞慌""苦嘞慌不苦嘞慌"；可以受程度副词的修饰，如"可憋嘞慌""忒屈嘞慌"；不能用"AA"形式重叠，也不能用在名词或人称代词前作定语。在句子中作谓语，对主语（表人的名词）的动作和状态作描述，不能作状语和补语。有时"嘞慌"之前可以插入受事。

(1)水管冻手嘞慌。

(2)他可恼人嘞慌。

形容词和"嘞慌"之间插入受事后，形容词则变成了带宾语的及物动词了，可以看作形容词的使动用法。如"冻手、恼人"的意思是"使手冻、使人恼"。

形容词后也可以加"嘞很"形成补语格式。

"～嘞很"中的形容词大部分是单音节性质形容词，也有双音节形容词，加上后缀，对表达的意思有加深作用，比如，"玄嘞很"是说非常差。主要有：嘞很（好～、玄～、苦～、辣～、红～、热～、冷～、烦～、齐整～、老实～）。

形容词后也可以加"死了"。如：香死了、臭死了、苦死了、热死了、黑死了。

### 3.3.3 重叠法

#### 3.3.3.1 单音节形容词重叠

1) 构词重叠

单音节形容词重叠后一般仍是形容词，滑县方言中一般要儿化，如"高高（儿）、低低（儿）、胖胖（儿）"。但有一批单音节形容词重叠后，还可作名词，有的不儿化，有的儿化，有的两个音节都儿化。如"乖乖（对小孩子的昵称）、弯儿弯儿(指物体弯曲的部分)"。

2）构形重叠

普通话的形容词重叠 AA 式，这些重叠式一般不儿化，表示程度加深的语法意义。滑县方言中，AA 式一般儿化，加助词"嘞"形成"AA 儿嘞"格式，类似于"有点儿+形容词"，表小量，表弱态语义，几乎所有的单音节形容词 A 都可构成重叠 AA 式。重叠后第一个音节读本调，第二个音节读升调（调值是 24），与阴平调相同。如：甜甜儿嘞、酸酸儿嘞、香香儿嘞、臭臭儿嘞、辣辣儿嘞、冷冷儿嘞、热热儿嘞、面面儿嘞、麻麻儿嘞、长长儿嘞、生生儿嘞、脆脆儿嘞、薄薄儿嘞、大大儿嘞、明明儿嘞、狠狠儿嘞、黑黑儿嘞、白白儿嘞、灰灰儿嘞、光光儿嘞、花花儿嘞、滑滑儿嘞、傻傻儿嘞、黏黏儿嘞、瘦瘦儿嘞、胖胖儿嘞、软软儿嘞、松松儿嘞、硬硬儿嘞。

例如：

（3）这个甜瓜咋苦苦儿嘞？

重叠后的形容词语义程度发生了变化，有的表示程度减轻，如说"苦苦儿嘞"是有点儿苦；有时还带有委婉的意思，例如：某个人比较黑，但又不好意思说他很黑，为了减轻"黑"的程度，也表示亲切的意味，就说成"黑黑儿嘞"。

形容词重叠 AA 式的语法功能，可在句子中充当谓语、定语、补语和状语。作谓语时，后面不能带补语。AA 加"儿"后，不能受程度副词修饰，表程度减弱。

如：

（4）黄瓜脆脆儿嘞，可好吃。（谓语）

（5）俺好吃薄薄儿嘞面片。（定语）

（6）她狠狠儿嘞咬[D]他一下[H]。（状语）

（7）搁绳扯嘞长长嘞。（补语）

3.3.3.2  双音节形容词重叠

双音节形容词的重叠形式有四种：ABB（儿）、BAA、AABB、ABAB。

1）ABB（儿、嘞）式

第一类是 ABB（儿）。重叠之后一般要加上"儿"，这类重叠式的基式是"AB"，第一个音节读本调，第二个音节读轻声，第三个音节读为阳平调。如：年轻轻儿、光碾碾儿、支棱棱儿、干净净儿、平展展儿、圆囵囵儿、凉快快儿、暖和和儿、软和和儿。重叠式有较强的描述性，语义也有所加强。如"平展展儿"比"平展"更平。

滑县方言 ABB 式中有两个较特别的词语：一般般（儿）和一样样儿。这两个词的重音落在第三个音节上,均读成阳平调,而且它也是这个词的重音所在。"一般般"不儿化时,意思为"水平不太高",充当谓语,如:

(8)他俩打篮球一般般。

"一般般"加儿化时,意思与"一样样儿"相同,都为"一样或同样"之意。

(9)这俩手巾一般般儿大。(状语)

"一样样儿"只修饰形容词,充当状语。如:

(10)他对俺俩一样样儿好。(状语)

第二类是 ABB(嘞)。"形容词+叠音后缀+嘞"中的形容词多是表示性质的单音形容词,加上叠音后缀词义也有加强作用,能使所描写的事物更加生动形象。如:肥头头嘞、乱糟糟嘞、紧绷绷嘞、热乎乎嘞、圆乎乎嘞、白乎乎嘞、黑乎乎嘞、胖乎乎嘞、毛乎乎嘞、粘乎乎嘞、软乎乎嘞、烂乎乎嘞、甜丝丝嘞、青丝丝嘞、凉丝丝嘞、酸溜溜嘞、湿溜溜嘞、冷呵呵嘞、白唧唧嘞、黄央央嘞、稀巴巴嘞、圆溜溜嘞、光牛牛嘞、臭烘烘嘞、乱哄哄嘞、乱糟糟嘞、厚墩墩嘞、胖墩墩嘞、肉墩墩嘞、凉瘆瘆嘞、娇滴滴嘞、明晃晃嘞、香喷喷嘞、麻酥酥嘞、涩啦啦嘞、冷呵呵嘞、硬邦邦嘞、潮叽叽嘞。

跟基式相比,重叠式有较强的描状性,并伴随着语义程度的加强,语法功能同状态形容词,加上助词"嘞",在句中主要做谓语、补语和定语。如:

(11)教室乱哄哄嘞。(谓语)

(12)他吃嘞胖乎乎嘞。(补语)

(13)甜丝丝嘞点心真好吃。(定语)

滑县方言中单个形容词可以加"嘞"名物化,相应的重叠式也能。如:

(14)蛋糕要吃软乎乎嘞。

上例中"软乎乎嘞"指代"软乎乎的蛋糕"。

2)BAA(嘞)式

如:齐整整嘞、新崭崭嘞、白刷刷嘞、冷冰冰嘞。这类重叠式的基式是 AB 或无基式,是状态形容词,在普通话中常说"整齐、崭新、刷白、冰冷",但是在滑县方言中不用,"BAA"重叠式很少,可能是受使用频率高的"ABB"重叠式的影响类化而来,语音模式、语义特征和语法功能都同"ABB"重叠式一致。

3)AABB 式

这种重叠式的基式为 AB,在滑县方言中单独使用多是性质形容词(单纯词或合成词)。这类重叠式表示性质程度的加深,在滑县方言中数量众多,使用范围广，且很常用。如：拖拖拉拉、晕晕乎乎、结结实实、冒冒失失、毛毛糙糙、窝窝囊囊、热热闹闹、枯枯慭慭、干干巴巴、瘦瘦巴巴、疲疲塌塌、顺顺溜溜、啰啰嗦嗦、老老实实、顺顺当当、随随便便、扎扎实实、磨磨蹭蹭、摸摸索索（做事很慢）。

滑县方言中 AABB 式比较有特色的是某些形容词的重叠式有几个不太一致的意思。如：

（15）他弄啥都好马马虎虎嘞。（粗心）

（16）俺这回马马虎虎能及格（差不多、刚好）

（17）麦秸秆他捆嘞结结实实嘞。（坚实耐用）

（18）他爹结结实实打他一顿。（狠狠地）

（19）他腿上嘞肉结结实实嘞。（紧凑）

4）ABAB

双音节状态形容词 AB，重叠之后语义程度加强，重叠式 ABAB 在句子中只能作谓语、补语和定语。作定语时加结构助词"嘞"。如：

（20）这个小孩儿猴精猴精。（谓语）

（21）你去空调屋里凉快凉快。（补语）

（22）冰凉冰凉嘞水喝多了不好。（定语）

### 3.4 其他生动形式

#### 3.4.1 Axyz

河南滑县方言中有一些只通过加缀构成的生动形式，笔者简称之为 Axyz 格式。例如：傻啦吧唧、粘儿吧唧、迷儿吧噔、黑不溜秋（主要指人长得黑）、黑咕隆咚（主要指事物或环境）、花里胡哨、灰不溜秋、白不叉叉、胖不啦唧、瘦不溜秋、腌儿吧臜（主要指人不洁净）、脏不啦唧（主要指地方不干净）、甜不啦唧、酸不拉唧、胖不拉唧、丑不拉唧、直不愣腾、脆不愣怔。

滑县方言中的"迷儿吧（二八）噔"，浚县方言称做"迷六七噔"（辛永芬，2006）。

基式 A 是性质形容词，"x、y、z"是没有实在意义的词缀，组合后 Axyz 构式有贬义。辛永芬（2006）研究了河南浚县的 Axyz，滑县方言 Axyz 语音模式和河南浚县发音比较一致，A 读本调，x 读轻声，y 读略低于上声 55 调的 44 调，z 读阴平 24 调。从前面的 A 可以被替换成其他形容词可知。A 和 xyz 间主要存在修饰关系，语义关系决定了句法关系，构成了句法上的偏正结构。

下面列举几个常见的多音后缀。

1）不唧嘞

"不唧嘞"含有"有点儿"的意思，用于表示事物的性状、颜色或者人感觉的单音节形容词后，表示程度的弱化，说话者往往带有责怪、反感、不满等主观感情色彩。

例如：

(23)他怪不唧嘞，可不好吭。

(24)这个小褂儿白不唧嘞，不好看。

用于人，略含贬义评价或程度弱化，含有不喜欢的意思。如：能不唧嘞、肉不唧嘞、面不唧嘞、大不唧嘞、懒不唧嘞、楞不唧嘞、笨不唧嘞、怪不唧嘞。

"不唧嘞"用于表示事物，略含贬义评价，主要有：黄不唧嘞、红不唧嘞、绿不唧嘞、黑不唧嘞、紫不唧嘞、灰不唧嘞、白不唧嘞、苦不唧嘞、甜不唧嘞、咸不唧嘞、酸不唧嘞、辣不唧嘞、软不唧嘞、冷不唧嘞、热不唧嘞、凉不唧嘞、湿不唧嘞。

2）啦吧唧

"啦吧唧"多用于消极的单音节形容词性词语后面，表示人或事物的某种状态，用于否定性的评价，含有明显的贬斥色彩。如：傻啦吧唧、瘦啦吧唧、骚啦吧唧、丑啦吧唧、能啦吧唧、怪啦吧唧。

"啦吧唧"前面不局限于形容词性词语，也可以是名词性词语。只有个别名词加"啦吧唧"构成生动形式，多含有"……一样"的意思，仍表否定性主观评价。如：

(25)他猴啦吧唧嘞。

3）不啦唧

"不啦唧"多用于消极义的单音节形容词后，表示某种主观评价，有较强的贬斥色彩。如：臭不啦唧、酸不啦唧、疯不啦唧、臊不啦唧、傻不啦唧、蔫不啦唧、苦不啦唧、黄不啦唧、黑不啦唧、土不啦唧、油不啦唧、笨不啦唧、湿不啦唧、白不啦唧、孬不啦唧、软不啦唧、干不啦唧。

"不唧嘞"和"啦吧唧、不啦唧"尽管都是表达贬义的后缀，但有显著差异：前者表示较弱的贬义色彩，后两个表达较强的贬义色彩。

Axyz 构式在句中主要作谓语、补语、定语。

（26）这个人傻啦吧唧嘞。（谓语）

（27）他穿嘞腌啦吧臢嘞。（补语）

（28）他好吃甜不啦唧嘞东西。（定语）

Axyz 构式具有主观评价功能，叙述人对动作行为加入了自己的感情色彩，表达了自己的主观态度与评价，可以反映贬义的感情色彩。大多多音后缀带有贬义色彩，有的多音后缀可以儿化，儿化后贬义色彩减轻或转化为褒义色彩。

Axyz 构式具有语音和谐功能。从音乐性上来看，它是四个音节，四字词组节奏鲜明、语音和谐、音节整齐、言简意赅、朗朗上口，且从字面上不难理解。

### 3.4.2 Ayxx

如：黑不出出、紫不溜溜、灰不出出、乌不出出、白不叉叉、甜不唧唧、软不唧唧、光不溜溜、滑不溜溜、胖不墩墩、粘不唧唧、肉不唧唧、粘咕叨叨、甜不叽叽、脓不叽叽、软不叽叽、热不叽叽、稀不嚓嚓。

"词根+词缀"的形式表示程度的加深，带有讨厌的意味。例如，"甜不叽叽"指东西太甜了。"脏不叽叽"指非常脏。

这类词在滑县方言中虽数量不多，却很常用。作谓语时，后面必须跟标记"嘞"。A 与 XX 之间的"不"只是一个音节形式，本身无实在意义，起补足音节的中缀作用。A 不 XX 式的语音形式为：第一个音节 A 读原调，第二个音节"不"和最后一个音节 X 读轻声，第三个音节 X 读重音长调。"A 不 XX"一般要加结构助词"嘞"，在句子中可以充当谓语、定语、状语和补语。

（29）他嘞手黑不出出嘞。（谓语）

（30）光不溜溜嘞鱼儿拿不住。（定语）

（31）他软不叽叽嘞打一拳。（状语）

（32）他吃嘞粘咕叨叨嘞。（补语）

### 3.4.3 Axy

Axy 是性质形容词，"A"是基式，"x、y"是词缀，无实际意义。

如：酸不唧、甜咕哝、涩乎啦、苦不音、白不唧、灰不出、乌不出、黄圪腌、光不纽、粘不唧、滑不溜、热呼啦、黑咕咚、温不瘆、凉不瘆。

### 3.4.4 A 不唧唧嘞

"A 不唧唧嘞"用于某些表人的感觉和事物性状的单音节形容词后面，表示消极色彩，例如：脏不唧唧嘞、破不唧唧嘞、烂不唧唧嘞、瘦不唧唧嘞、松不唧唧嘞、灰不唧唧嘞、滑不唧唧嘞、粘不唧唧嘞、晕不唧唧嘞。

### 3.4.5 其他表达方式

如：可酸、真酸、些酸喈、酸嘞很。

## 四 数词

贺巍（1989）研究了获嘉方言的数量词，辛永芬（2006）研究了河南浚县方言的数量词，刘佳佳（2004）研究了河南孟州的数量词，殷相印（2006）研究了山东微山（属于中原官话）的数量词，这些研究对本书有启示作用。

### 4.1 意义和语法特点

数词表示数目或次序。数词通常要跟量词组合成数量短语，才能作句法成分，如"两位干部、跑一趟"。数词一般不直接跟名词组合，但是某些古汉语说法仍保留到现在，如"一草一木"。数量短语通常用作定语或补语，如"一只鸡、瞅ᴰ一眼"。一些词有固定的用法，"俩"是"两个"的合音，"仨"是"三个"的合音，相应有"妯俩""姊妹仨"的说法。倍数只能用来表示数目的增加，不能表示数目的减少。分数既可以表示数目的增加，也可以表示数目的减少。

### 4.2 分类

数词可以分成基数词、序数词、概数词、倍数词和分数词。本书主要研究前三类。

#### 4.2.1 基数词

基数词是表示数目多少的词。基数词包括系数词和位数词，系数词如"一、二、三、四、五"；位数词如"十、百、千、万、亿"。系数词和位数词可以组合成复合数词，如：二十、三百、十万、五亿。

普通话中的数词几乎不能重叠，"三三两两、千千万万"等词有成语化倾向，无法扩展。滑县方言中，数词重叠形式很少，如"七七八八、八八九九"，其重叠式主要是 AABB 式。在句中作宾语、状语，作状语时，一般加结构助词"嘞"。

例如：

（1）你嘞事儿俺能说个七七八八吧。（宾语）

（2）这事儿八八九九能成。（状语）

#### 4.2.2 序数词

序数词是表示次序前后的词。一般是在基数前加前缀"第"或"初"组成，如：第一、初一。有时可用"甲、乙、丙、丁"或"子、丑、寅、卯"等表示序数。

普通话的序数，常常用不带数词的词语表示。滑县方言序数的表示法与此不同，主要用包含数词的词或短语表示。基数都可以表示序数（不用前缀"第"）。普通话在数字前面加前缀"第"，构成第一、第二等表序数；而滑县方言里，这种表达多出现在书面语里。

##### 4.2.2.1 十位数以内的序数表示法

老派序数的表示法，一般不在数字前面加前缀"第"；而是在表示"第一"的前面加"头"缀,"二"以后的序数只用基数表示,如"第二、第三"说成"二、三"等,其序数的序列为"头一名(个、天等)、二、三、四……"。"头一名"等的"一"常常省略,只说"头名"。 序数"最后一个"往往用"老末、最末、末一名、垫底嘞"等词语表示。如:

(3) 在班里,属他跑嘞最快,他是头一名,孬蛋二名,王华是老末。

滑县方言序数的表达有以下几个特点:

1)"一"可以省略。"头一回、头一名、头一趟、头一胎"里的"一"可以省略而意思不变,可以说成"头回、头名、头趟、头胎"。

2)名量词的省略。数词与名量词构成的短语作句子主语时,可以只保留数字部分而省略名量词,然后加"嘞"表序数。如"二名是胡强,三名是王华",可以说成"二嘞是柱牛,三嘞是虎牛"。

3)最后一个的表示法。用"末了、末名、末一名、末格了、老末"等表示。

#### 4.2.2.2 列举事项的序数表示法

列举事项的序数可以用"一来……二来"或"一是……二是……"来表示。如:

(4) 他一来冇钱儿,二来冇人儿,事儿冇办好。

(5) 俺想要回那二亩地种,一是多了零花钱,二是活动活动手脚。

"一来……二来……"和"一是……二是……"的用法、功能都一样,它们表示的序数有限,一般最多说到三,四个以上基本不用。它们不是严格意义上的序数词。应把它们看作列举事项的序数词,说话人目的是为了使事理清晰。

### 4.3 概数词

滑县方言可分为表量多的概数词、表量少的概数词和表约数的概数词。

#### 4.3.1 表量多的概数词

量多的概数词主要表示超出的意义,滑县方言有以下表示法:

1)位数前加"几、好几、大几、挂零"。如"几百吨、好几千人"等,但一般不象普通话那样,在位数前加"好多"。

(6) 他都五十好几了。

(7) 这袋红薯儿,有一百挂零儿。

"好几、大几"比"挂零(带零)"表示的数量相对多,说话者往往带有主观上认为大或多的意思。

2)极言数量之多的"一大"往往带有夸张的语气,如:

(8) 他爹是教师,有一大屋书。

（9）这一大堆衣裳，你叫谁洗呀？

（10）你回家恁娘做一大桌 ᶻ 菜。

"一大"有极多的意思。后面多跟表示事物的名词；只能修饰表示空间和处所的名词，不能修饰表时间或长度的名词，后者多用"大半、多半"修饰，如"大半天、大半月、多半年、大半米、大半里"。

3）表略超出的"开外"。"开外"表示略微超出某个数目，用在数词或数词短语之后，多用于距离、长度、年龄等，如：

（11）这儿到高中有六十里开外。

（12）他都六十开外了。

滑县方言为了强调数量超出某个数目之多，往往在"开外"后加"不止"。如：

（13）他爷爷八十开外不止了。

### 4.3.2 表量少的概数词

普通话里的"把"是个表约数的概数词，表示比给定的数目略多或略少的数量。滑县方言也用"把"，表量少。

（14）这儿斗百把人。

（15）这个绳儿寸把长。

（16）他买了斤把葱。

极言量少的"一点点、一拧儿、一拧拧儿、一丁点、丁不点、丁点点"。往往带有不满意的感情色彩。如：

(17)地里就掉 ᴰ 一点点白菜了。

(18)冰糕化嘞就剩一拧儿了。

滑县方言里"一点点、一丁点、丁不点、丁点点"还可以做程度副词,如"一丁点儿大、丁点点高"，不能修饰名词；而表数量的数词，只能修饰名词，不能修饰形容词。

### 4.3.3 表约数的概数词

表约数的概数指既不比某个数量多、也不比某个数量少的概数词，只以某个限定的数目为基准上下浮动，主要有"把来""郎当"等。

普通话的"把""来"都可以用在位数词"百、千、万"之后表示约数，也可以用在量词后面，如"百把人、十来斤粉条"，具体语用上，说话者主观上既可以认为数量多，也可以认为数量少。这些用法，滑县方言也有。但滑县方言也可以把"把"和"来"放在一起组成"把来"表约数。如：

（19）搬百把来斤嘞化肥，他跟玩儿样。

（20）一个月千把来块钱，不够花呀。

位数词是"十"时，只能说"十来斤重、百来斤重、百把斤重"，不能说"十把来斤重"。普通话可以说成"百斤来重、百斤把重"；滑县方言的"百把来斤重"则不能说成"百斤把来重"。

"郎当"主要表示年龄的约数。如：

（21）他二十郎当岁就出国做生意了。

（22）他看起来可年轻，也就三十郎当岁。

## 五　量词

### 5.1　意义

量词表示计算单位。语法特点是不单独使用，而是先和数词组合成为数量短语，或者跟指示代词组成指量短语，作定语、状语或补语等。单音节量词大都可以重叠，重叠后能单独充当定语、状语、主语、谓语，不能作补语、宾语。量词有时单独可作句法成分。滑县方言的量词常用"个"，如"一个糖、一个馍"。

### 5.2　分类

量词包括名量词和动量词两类。

#### 5.2.1　名量词

名量词表示人或事物的单位。包括个体量词、集体量词和度量词。

个体量词主要指称个体事物，如：个、位、只、头、口、匹、条、根、块、张、本、座、辆。

集体量词指称集体事物，如：双、对、副、群、队、排、批、捆。

度量词表示度量衡单位，如：厘、分、寸、尺、丈、斤、两、亩、吨、公斤。

借用的名量词，主要由名词或动词充当，如"一桶水、一船人、一碗饭、一挑水、一捆柴、一堆土"。

滑县方言比较有特色的名量词如下。

1）筒

用来指鼻涕的量词，如"两筒鼻儿"。在俗语里，也可以用"把"做量词，如"哭嘞鼻儿一把泪一把"。

2）泡

用来指人或动物粪便的量词，如：一泡屎、一泡尿。

3）属[fu$^{52}$]

表姓氏中的辈分。和普通话的"辈"相当，一般用于同一个血亲下的辈分，如"三属、五属"，再如：
　　（1）他俩还冇出五属嘞。
4）拖
表长度的度量词，两臂极力伸展开后两手掌之间的距离。
　　（2）这个长板凳，有两拖长。
5）炮儿
相当于普通话的"份"或"份儿"。"炮儿"既可以用在系数词后面，也可以用在序数词后面，表示人或事物序列，如：
　　（3）会快散了，苹果再有一炮儿就冇了。
　　（4）俺是第三炮。
6）溜儿
常常用于排行并列在一起的人或事物。如：
　　（5）那一溜儿榆树生虫了。
　　（6）学生站嘞可齐，一溜儿一溜儿嘞。
7）骨轮儿、骨截儿
"骨轮儿""骨截儿"相当于普通话的"段"，表条状物的量词。如：
　　（7）搁甜黍秆儿砍几骨轮儿。
　　（8）把黄瓜切三骨截儿。
这两个量词可以放在名词后面，如可以说成"葱骨轮儿、树骨截儿"等。
8）剂儿
专门用于指称面条的量词，是类似于"把"的意思。如：
　　（9）今儿个下两剂儿面条就中了。
9）拃
手张开后大拇指和中指之间的距离。
　　（10）这俩凳儿有一拃远。
10）嘟噜
用来指成串事物的量词，普通话往往用"串"。如"一嘟噜葡萄"等。
11）拨儿
用于人的量词，和普通话"批"的意思同。如：
　　（11）一拨儿又一拨儿人去他家玩儿。
12）茬
其本义是"作物收割后留下的茎根"，虚化为量词"作物生长的次数"如"一年种两茬麦"，再引申为用于人的量词。如：
　　（12）高粱一年只收一茬。

（13）小孩儿一茬一茬嘞长嘞快ᴰ嘞。

13）个

滑县方言中几乎所有的单个事物前面都可加量词"个"。如：

（14）那个书拿走。

（15）那个衣裳不要了。

名量词的重叠形式是"AA（A 儿 A 儿）"。一般来说，单音节名量词重叠后仍是量词，但有一些单音节名量词重叠后，还可作名词，重叠后大多儿化。如：道儿道儿、条儿条儿、丝儿丝儿、块儿块儿、片儿片儿、个儿个儿、件儿件儿、张儿张儿、门儿门儿。

也有的是时间词重叠，表"每"的意思，第二个字读轻声，如：年年儿、月月儿、天天儿。

量词性语素 A 重叠后构成的名词 AA 与量词 A 重叠构成的重叠式 AA 虽形式相同，但差异很大。语音形式不同，词义也不同。由量词语素 A 构成的名词 AA 式，第一个音节读原调，第二个音节读轻声，多具有与此量词的形状相关的意义，多做宾语。如：

（16）搁纸撕成条儿条儿。

量词 A 构成的量词重叠 AA 式(两个音节读原调)，表示"每一"，多做主语。如：

（17）这几天件儿件儿都是好事。

也可作主语的定语，如：

（18）块儿块儿糖真好吃。

5.2.2 动量词

动量词是表示动作行为的单位。如：次、回、下、阵、趟、顿。借用的动量词，主要由名词或动词充当，如：踢了一脚、砍了两刀、打了三枪。

滑县方言里的动量词比物量词要少得多，同一个动量词可以和不同的动词相配合，满足多种动作行为的需要；多个动量词也可以配合同一个动词使用。因此，动量词和动词形成了一对多或多对一的关系。滑县方言里大部分的动量词和普通话形式一样，意义和用法也相似，如"次、回、阵、下、遍"等，少部分不同。

1）气儿

相当于普通话的"气儿、口"，多和液体有关。

(19)好东西白一气儿喝完ᴰ。

"气儿"主要和人的喘气有关，常做动词的状语，用于夸张。

(20)他一气儿游到那边了。

2）滚儿

水开为一滚儿，再往里加冷水，再开为两滚儿。

（21）饺子滚了几滚儿了？

3）水、擩

"水"和"擩"都是"遍"的意思，指用于清洗衣物的次数。如：

(22)衣裳洗ᴰ几水啦？

"擩"是形声字，"手"与"霍"联合起来表示"用手泼水"；本义即用手泼水。引申义是一次性用手倾倒大量土、水等物。在滑县方言中再引申为动量词，如：

(23)这是第二擩了。

4）捏儿

指用拇指、食指和中指攥取的数量。如：

(24)糖给我加一捏儿。

5）掐儿、掐

"掐儿"指用拇指、食指环扣起来攥取的量，多用于细长事物，表示多量时，不儿化，用"掐"；而"捏儿"多用于细碎的东西。

（25）我要一小掐儿葱，一大掐蒜苗。

（26）你去拿一掐柴火。

6）趟

意思是"趟"，表示走动的次数；还用于成行的东西，多指农作物。如：

(27)多去两趟，恁俩都熟了。

(28)隔两趟麦种一趟落生。

7）出儿

滑县方言和普通话一样，都是指戏曲中的一幕。但滑县方言还引申为量词，有"一把"的意思，常常和代词"这、那、哪"搭配。如：

(29)你还给我玩这出儿。

动量词语素 A 构成的重叠形式"AA（A 儿 A 儿）"式意义与普通话相同，多表示"每一"。如"顿儿顿儿、趟儿趟儿、回儿回儿、遍儿遍儿"等。动量词重叠式第一个音节读原调，第二个音节读轻声，一般都儿化。在句子中常作状语，有时也可作主语。如：

（30）你回儿回儿都走不好，该认真了。(状语)

5.3 数量短语重叠

5.3.1 一 AA 儿

"一 AA 儿"是由数词"一"和重叠式 AA 构成的(A 为表示少量的抽象

量词），语法意义表示"极少"，第一个音节 A 读原调，第二个音节 A 读轻声，且儿化，这类重叠式比较少。如：一拧拧儿、一块块儿、一星星儿、一会会儿、一下下儿、一点点儿。

由名量词构成的"一 AA 儿"具有名词的特性，它们在句子中常作主语、宾语、定语；由动量词构成的"一 AA 儿"式，还可在句子中作状语。如：

（31）（糖）一拧拧儿都够了。（主语）

（32）她就给俺留ᴴ一拧拧儿。(宾语)

（33）他连一点点儿苦都受不了。（定语）

（34）俺一下下儿就吃完了。(状语)

5.3.2　一 A（儿）一 A（儿）

"一 A（儿）一 A（儿）"是由数量短语"一 A"整体重叠后构成的重叠式。

1）名量重叠式"一 A（儿）一 A（儿）"，如：一车一车、一筐一筐、一根儿一根儿、一枝儿一枝儿、一张儿一张儿、一袋儿一袋儿、一条儿一条儿、一封儿一封儿、一套儿一套儿。

名量重叠式"一 A（儿）一 A（儿）"在句子中可充当主语、定语、状语和谓语，作定语时，修饰语与中心语之间一般加结构助词"嘞"[刘佳佳（2008）指出河南孟州方言中加结构助词"呐"，滑县与孟州不同]，作主语或同位语时，"一 A 一 A"表"遍指"（常与"都"同时出现）或"逐一"；作谓语时，数量短语重叠式具有形容词的特性，后面常带语气助词"嘞"，表示动作行为的方式"逐一、接连不断"。

如：

（35）一筐一筐抬ᴰ走。(主语)

（36）这几ᴴ小孩，一个一个都可好。（同位语）

（37）一篮儿一篮儿嘞苹果都是他摘嘞。（定语）

（38）他一条儿一条儿写下来了。(状语)

（39）他嘞歪词儿一套儿一套儿嘞。(谓语)

2）动量重叠式"一 A（儿）一 A（儿）"，如：一趟儿一趟儿、一回儿一回儿、一下儿一下儿、一遍儿一遍儿、一顿儿一顿儿、一阵儿一阵儿、一遭儿一遭儿、一场儿一场儿。

动量短语重叠为"一 A 一 A"后，可在句子中充当状语，具有副词的特性，一般加结构助词"嘞"。表示"反复"之意。如：

（40）他一下儿一下儿嘞掏耳朵。(状语)

### 5.3.3 一AB一AB

"一AB一AB"是由数词"一"与双音节量词"AB"组合成的数量词整体重叠后构成的重叠式，临时性名量词也可以进入"一AB一AB"重叠式。这类词在滑县方言中数量相对较少。如：一骨截儿一骨截儿、一圪瘩儿一圪瘩儿、一簸箕一簸箕、一三轮儿一三轮儿、一汽车一汽车。

这类数量重叠式与"一A一A"式语法功能相似，常在句子中作定语、补语和状语。如：

（41）一汽车一汽车嘞书都叫烧了。（定语）

（42）辣椒一嘟噜一嘟噜都挂屋里了。（状语）

（43）甜黍秆儿都叫砍成一骨截儿一骨截儿了。（补语）

## 六 代词

### 6.1 概述

代词是具有替代和指示作用的词。它同所替代、所指示的语言单位的语法功能大致相当，所指代的词语能做什么句法成分，代词就能做什么成分。郑献芹（2007）研究了浚县方言的人称代词，张俊阁（2007）研究了汉语第一人称代词"俺"的来源，张俊（2010）研究了河南光山话的代词，吴会灵（2011）研究了河南中牟方言的人称代词，这些对本书有参考价值。

### 6.2 分类

代词一般按作用划分成人称代词、指示代词和疑问代词三类。

#### 6.2.1 人称代词

人称代词是替代人或事物名称的词。

第一人称代词单数一般用"俺"或"我"。第一人称复数使用的是"俺、咱"或短语形式，短语形式是在"俺、咱"后边加数量短语，如"俺俩""俺一班儿"。滑县方言用"俺""俺仨""俺一班儿"等表达包括式，没有普通话"我们"的用法。"咱""咱俩""咱仨""咱一班儿""咱几个儿"表示包括式，没有普通话"咱们"的用法。第二人称代词单数一般用"恁"或"你"，复数是"恁""恁俩""恁仨""恁一班儿""恁几个儿"等。第三人称代词单数一般用"他""她""它"，复数一般是"他俩""他仨""他一班儿""他几个儿"。其他人称代词有"自个儿""人家""大伙儿"等。

"俺、恁"这两个词可以分别称代单数的第一、第二人称，而且语感上"俺、恁"更具本土色彩，使用频率很高。

作定语时,"俺、我、你、恁、他(她)"的用法不大相同,"我、你"不能直接修饰亲属称谓、所属单位、所属集体或表职位、职称等的一些称谓语,"俺、恁、他"不受限制。强调领属关系时,普通话中有"我的爸爸""你的老师"的说法,滑县方言的"我、你"无此用法,"他"和双音节的词语之间可以用结构助词"嘞"。如:

俺妈　*俺嘞妈　俺外甥儿　俺嘞外甥儿　俺村长　俺学校　俺嘞学校
*我妈　*我嘞妈　*我外甥儿*我嘞外甥儿*我村长　*我学校　我嘞学校
恁妈　*恁嘞妈　恁外甥儿　*恁嘞外甥儿　*恁村长　恁学校　恁嘞学校
*你妈　*你嘞妈　*你外甥儿*你嘞外甥儿*你村长　*你学校　你嘞学校
他妈　*他嘞妈　他外甥儿　他嘞外甥儿　*他村长　他学校　他嘞学校

"我""你"可以在句中做主语、宾语,这和普通话用法是一致的,但"我""你"做定语时有与普通话相异的用法,"我、你"不能直接修饰亲属称谓、所属单位或表职位、职称等的一些称谓语。强调领属关系时,普通话中有"我的老师""你的爷爷"的说法,滑县方言的"我、你"无此用法,一般作"俺老师""恁爷爷"。只有当被领属的是表示一般事物的名词时,"我""你"可以做定语,如:

(1)我嘞围脖厚,你嘞围脖薄。

"俺""恁"在滑县方言中使用最为广泛。单数第一人称代词"俺"有时相当于普通话中的"我"或"我的",作主语或定语,如:

(2)俺赢了。
(3)俺妈走了。

单数第二人称的"恁"主要相当于"你的"作定语,有时也相当于"你"作主语,或者相当于"你的",如:"恁爸爸"。也可以作宾语。如:

(4)恁哥走了冇?
(5)恁吃嘞啥呀?

可能是受普通话的影响,"我""你"也在滑县话中使用,不会讲普通话的老人很少使用这两个词。

滑县方言中"俺""恁"还可以作兼语,例如:

(6)俺娘叫俺回家吃饭嘞。
(7)听说恁不上学了。

"俺""恁"可以直接修饰亲属称谓、所属单位或表职位、职称等的一些称谓语,如"俺舅、俺村儿、恁老师",但做一般事物的定语时,必须加"嘞",如"俺嘞鞋"。

"他、她"以及"它",只是在书面语中有区别,滑县口语里读音一样,同许多其他北方方言一样,滑县方言的第三人称代词的声调也受语音的"类化作用"影响,与"你、我、俺"变为同调。跟普通话一样,在非拟人状态下一般主语位置上的"他、她"指人,而非指物或动植物;"它"可直指动植物或物,一般作回指,有时在动词或介词之后作宾语。如:

(8)你瞧那个狗,它不咬了。

(9)你白打它了。

普通话的"我们"既是排除式,有时又可以是包括式。滑县方言中的"俺"为排除式,排除听话者,"咱"为包括式,把听话者视为说话者一方。二者分工明确,没有交叉指称。如:

(10)恁仨都有苹果,就俺冇。(排除式)

(11)咱吃饭吧。(包括式)

"恁"用做复数时和"俺"的复数用法相似,至于何时用于单数,何时用于复数则需要在具体语境中判断。如:

(12)小孩儿坐你嘞车去。

(13)甲:(和小王一起骑车要出发)俺走了啊。

乙:恁走吧。

此时的"俺""恁"表明对话双方不止一个人,是复数形式。

滑县方言中常用"恁几个""俺几个""俺俩""咱仨"这种短语形式表示复数。吕叔湘先生在《近代汉语指代词》中曾说过:"单数和复数的区别,在古代汉语里不受重视,尔、我等字大率是可单可复。近代也还有这种情形:明明所指不止一人,可是不加'们'字。例如代词后要是说明人数,就常常不加'们'字,如:我两个(我俩),他三个。"

"他、她、它"有"他仨""他几个"这种短语形式的复数表示法。"他、她、它"在滑县方言中表示复数的还有"他都、她都、它都",一般用作指称前文已提及的对象。如:

(14)甲:刷墙那几个人嘞?

乙:他都去吃饭啦。

"自己"在滑县话中是合音词,单用时经常作定语,例如:

(15)自ᴴ嘞事白麻烦人。

"自己"一般不作主语、宾语。当它与"你、我、他、咱、俺"等人称代词连用构成同位短语"你自ᴴ、我自ᴴ、他自ᴴ、咱自ᴴ、俺自ᴴ"时,可以共同作主语、定语、宾语,强调人称代词所指的对象。如:

(16)他自ᴴ能吃。

（17）你自ᴴ嘞事，谁都管不了。

（18）他会照顾他自ᴴ吧。

"人家"在滑县话中是合音词，读音为[iæ⁵²]，与"自ᴴ"是对立的两个词，既可以表示单数，也可以表示复数。它的基本用法可以泛指、专指说话人和受话人以外的人，相当于第三人称代词，如"好拿人ᴴ嘞东西不是个好小孩儿"，这里的"人ᴴ"其实隐含着泛指说话人以外的任何人，总是与"自己"或某个人对举，是不确指，来进行对比说明道理。"人ᴴ"也可以指说话人自己，相当于第一人称代词，如"爷爷，人ᴴ还有吃吧饭嘞"，用"人ᴴ"代替"我"表示嗔怪和抱怨。如果谈话的参与者只有两个人，而且谈论的话题不涉及第三方，"人ᴴ"可以指听话人，即"人ᴴ"也可以相当于第二人称代词"你"；还可以作为复指成分，和后面的名词性成分构成同位语。"人ᴴ"可以作定语、主语和宾语，如：

（19）这是人ᴴ嘞菜。

（20）人ᴴ乡长才不管这小事儿嘞。

（21）人ᴴ爸爸搁书都给人ᴴ了。

滑县方言没有专门的"大家"称代词，称代"大家"时，只是在少数场合会使用"大伙儿"这个形式，但在口语中更多是用"咱、恁"与副词"都"或数词相结合来称代大家。

（22）恁几ᴴ跟我走吧。

"我、你、他、人ᴴ"在句中有时是任指，不是指具体的某个人，而应该理解为任何人，普通话中这种用法也很普遍。如：

（23）你一碗饭他一ᴴ馍，搁他养活了。

"他"插在数词短语之前多数没有实际指称对象，不表示实际意义，表虚指。

（24）管他三七二十一，拿走再说。

代词也有转指的现象，如两个母亲见面说"恁比俺白，冇俺高"，这里"俺"转指我的孩子，"恁"转指你的孩子，伴有亲昵的感情色彩。

郑献芹（2007）认为：浚县方言中的"俺、咱、恁"都是合音而来的。"俺"是"我们"的合音，"咱"是"自家"的合音，它们都是浚县方言第一人称的复数形式。

吕叔湘先生认为："宋金白话文献里的'俺'只是取'俺'之声来谐'我们'的合音。也有写成'唵'的。"但吕先生又指出"'俺'字略有问题"。太田先生认为："'俺'是影母，而'我'却是疑母。一般认为，影母和疑母的区别在元代大致是存在的，认为这种区别在宋代就已不存在了，大约稍为早了一点。徐渭在《南词叙录》中说'恁'是'你每二字合呼为恁','喒'是'咱们二字合呼为喒',但对于'俺'没有这样说。这也许是因为不认为'俺'是'我们'的合音。"张俊阁（2007）认为：汉语第一人称代词"俺"也正是在汉语与阿尔泰语接触时出现的，并且多用于领属格。这种现象不是巧合，而恰恰说明汉语第一人称代词"我"是在领属格这一特定的句法位置上，在阿尔泰语领属格的语音影响下发生了鼻音音变，即带上了鼻辅音韵尾-n，音变后借用了同音字"俺"来表示，因而"俺"多用于领格。笔者倾向于认为"俺"是汉语本身发展的结果，还需要深入研究。

### 6.2.2 指示代词

指示代词用来指代人和事物。

"这"类为近指代词，例如：这、这儿、这里、这边、这会儿、这些。"那"类为远指代词，例如：那、那儿、那里、那边、那会儿、那些。"各"指全体中的任何一个个体。如：

（25）各人有各人嘞事儿。

"这"作代词分为以下三种情况。

1)代替比较近的人或者事物。代替人，限于在判断句中做主语。代替事物，经常作主语，如：

（26）这是俺爹。

（27）这怪黑啊。

2)与"那"相对，表示不确指某人或者某事物。

（28）你一会儿吃这，一会儿吃那，冇法办。

3)表示现在，有加强语气的作用。

（29）这都该做晌午饭了。

"那"作代词分为以下两种情况。

1)代替比较远的人或者事物。代替人，在判断句中作主语；代替事物，作主语。

（30）那是俺老师。

（31）那是他嘞鞋。

2）与"这"相对，表示不确指的某人或者某事物。

（32）他闻闻这，闻闻那，最后啥都不要。

### 6.2.3 疑问代词

疑问代词是用来表示疑惑并提出问题的词。滑县方言的疑问代词有问人、问物、问事、问处所、问时间五类。

疑问代词可以活用，下面例子中的疑问代词可以不表示疑问。

（33）谁有活儿都找他干。（任指）
（34）不知ʰ他去哪儿了。（虚指）
（35）咋着儿舒服咋着来。（承指）
（36）啥老张老王，俺都不知ʰ。（例指）

1）问人的疑问代词，如"谁"。

"谁"有几种用法：有疑而问，多表示问什么人；用在反问句里表示"没有一个人"的意思；表示虚指无具体指代对象，表示"不知道哪一个"的意思；表示任指，"任何人"的意思。如：

（37）谁吃饭？
（38）谁还管他？
（39）谁搁俺嘞车推ᴰ走了？
（40）钥匙丢了，谁都有责任。

从语法功能上说，"谁"可以作主语、宾语和定语。

2）问物的疑问代词，如"啥"。

"啥"主要做主语、宾语或定语。单用只能指代事物，做修饰语时没有这个限制，可以附着在指称事物的名词前，也可以附着在指称人的名词前。如可以说"啥事、啥饭、啥东西、啥人"。"啥"还可以表示虚指或任指。如：

（41）不知ʰ是啥掉ᴰ头上了。（虚指）
（42）啥东西都有。（任指）

3）问事的疑问代词，如"咋""咋着""咋样""为啥""干啥"。

"咋"有以下几种用法：问事情的原因或目的，常常放在动词性词语的前面；常常表示方式，用于反问时，多含有责备、不满的意思；"咋了"可以独立成句，常常充当复句的前一个分句(后一个分句往往是问句形式)，表示惊讶和出乎意料之外；"咋"后面可以有否定词，问原因，不问方式。如：

（43）你咋不走呀？
（44）你咋犁嘞地呀？
（45）咋了，你哭啥呀？
（46）你咋不早说啊？

"咋着"的具体作用如下：

①问方式：
(47)你咋着搁石磙弄ᴰ一边啦？

②问状态：
(48)他一直哭，是咋着啦？

③问原因：

(49)书咋着烂了？

④问程度：

(50)海南听说可热，咋着个热法？

4）问处所的疑问代词，如"哪儿"。

"哪儿"能充当多种句法成分，如主语、宾语、定语、状语等。

（51）哪儿漏水啊？

（52）你去哪儿呀？

（53）哪儿嘞麦熟了？

（54）你哪儿疼呀？

"哪儿"可表示任指。前面往往有表任指条件的关联词"不管、无论、不论"，后面往往有副词"也、都"等。如：

（55）不论去哪儿，他都拿水杯。

用于反问句时，表否定，不表处所，意义等同"怎么"。

（56）他哪儿有恁大力呀？

5）问时间的疑问代词，如"多咱""啥时候"。

"多咱"表示对过去某个时间的疑问，如：

（57）恁多咱出嘞门啊？

表示对将来某个时间的疑问，例如：

（58）恁多咱走呀？

表示无疑而问，如：

（59）这会儿都多咱了，你还不走？

表示虚指、任指和反问，如：

（60）俺多咱说过这话呀？

## 七　副词

### 7.1　意义和语法特点

副词常限制或修饰动词、形容词性词语，表示程度、范围、时间等意义。孙庆波（2009）研究了卫辉方言"可"类副词，杨正超（2011）研究了河南唐河方言中的"没得"和"没有"，孙红举（2012）研究了河南鲁山方言的程度副词"通"，王素改（2012）研究了河南濮阳方言的"都"，马谊丹（2011）研究了河南洛阳方言的程度副词，李楠（2012）研究了周口扶沟方言的副词，辛永芬（2006）研究了河南浚县方言的副词，这些研究对本书有重要的参考价值。

滑县方言副词的语法特点有：副词都能作状语，程度副词"很"还可以作补语；有一些副词既可以用来修饰谓词，也可以用来修饰名词性成分，例如："就俺一个人来了｜光钱斗有一箱"；"才、好、正好"等词可以修饰数量短语，用来表明说话人对数量的一种看法，句子所叙述的事实都是已经成为事实的,例如："买ᴰ才三天可坏了｜跑来好几ᴴ｜用了正好100块钱"。副词一般不能单说，只有"不、冇、有点儿、随斗、正好"等在省略句中可以单说。部分副词兼有关联作用，有单用的，也有成对使用的，如"打嘞赢斗打""越吃越多""又说又笑"。"冇"是副词又是动词。

## 7.2 分类

滑县方言的副词大致可分为六类。

1）时间频率副词。如：先、后、老。
2）程度副词。如：太、多、最、忒、越嘞越。
3）范围副词。如：都、全、满共、只满。
4）情状副词。如：胡、瞎、白、胡乱、随便儿、出心。
5）否定副词。如：不、冇、白、休。
6）语气副词。如：恐怕、总是、敢、反得、望望儿。

## 7.3 时间频率副词

滑县方言的时间频率副词比较多，常见的有：先、后、才、快、又、再、一直、赶紧、将、都（斗）、随ᴰ、随ᴰ都、随ᴰ可、老、成天儿。

### 7.3.1 将[tɕiaŋ²⁴]

副词"将"用在谓词性成分前，表示动作行为或性质状态不久前发生，或一事件发生于"将"后事件之前，大致相当于普通话的"刚""刚刚"。

（1）他将走，你赶紧撵吧。
（2）将吃两碗墨水，可不知ᴴ东南西北了。

### 7.3.2 都（斗）[tou²⁴]

时间副词"都"有四种用法。

1）大致相当于普通话中"已""已经"。

（3）他都跑ᴰ恁远了，你撵不上了。
（4）都十二点多了，该下晌了。
（5）麦秸车都装不下了。

2）表示变化很快会发生。

（6）水马上都晾凉了。

3）表示事情发生或结束的早。

（7）俺爹夜个儿都走了。

4）表示两件事情紧接会发生。

（8）俺喝碗水都去。

7.3.3　随 $^D$[suɛ⁵²]、随 $^D$都[suɛ⁵² tou²⁴]、随 $^D$可[suɛ⁵² ·kʰɤ]

"随 $^D$"表示动作行为将要发生或完成，或者动作行为与某事件的发生或完成紧连，多是未然事态。它的来源是"随住"，普通话的表达方式为"随着"，含义为"紧接着"。先是虚化，然后又合音，合音形式和 D 变韵一致。"随 $^D$都"一般用于未然事态，"随 $^D$可"一般用于已然事态。

（9）我一下火车，随 $^D$找俺哥。

（10）热烧饼你随 $^D$吃吧。

（11）你先走吧，俺随 $^D$都跟住走。

（12）一咋唬，他随 $^D$可说了。

7.3.4　老[lau⁵⁵]

"老"表示总是发生某事，带有不满意或埋怨的语用色彩。例如：

（13）你老是埋怨人。

（14）你老是吃恁些，这能减肥哟？

7.3.5　成天 $^z$[tʂʰən⁵² tʰiæ²⁴]、天天儿[tʰian²⁴ tʰiər²⁴]

"成天 $^z$、天天儿"用在谓词性成分前，表示事件经常发生。

（15）他成天 $^z$/天天儿喝酒。

（16）俺成天 $^z$/天天儿待这儿打火烧，你不认俺哟？

7.3.6　争个[tsəŋ²⁴·kə]

"争个"是两个同音字，它用在谓词性成分前，有两种用法。第一种是"一直"的意思，表示某段时间内某个动作持续发生。

（17）甭争个逗他笑，再笑出毛病儿。

（18）尝尝都妥了，白争个吃。

第二种是用于否定，表示时间较长，有不耐烦的语用色彩。

（19）菜争个不熟，冇法儿吃了。

7.3.7　不定啥时候[pu⁴² tiəŋ³¹² ʂa²⁴ ʂʅ⁵² xou³¹²]、绷个仨儿嘞[pəŋ²⁴ kɤ²⁴ sɚ[²⁴·lɛ]、不知 $^H$啥时候[pu⁴² zɔ²⁴ ʂa²⁴ ʂʅ⁵² xou³¹²]

"不定啥时候、绷个仨儿嘞、不知 $^H$啥时候"用于谓词性成分前，在句中作状语，功能和意义同副词相同，它们处于由短语向副词语法化的过程中。在动词前用"不定啥时候、绷个仨儿嘞、不知 $^H$啥时候"时，事件发生的频率依次降低。

（20）不定啥时候吃一回肉。

（21）绷个仨儿嘞吃回肉。

（22）不知ʰ啥时候能吃一回肉。

## 7.4 程度副词

程度副词的语义特征是表示性质状态的程度或某些动作行为的程度。滑县方言的程度副词主要有：太、够、真、怪、多、有点儿、更、还、最、血、铁、生、略稍、刚、不咋儿、越发、越嘞越。比较有特色的主要有：血、铁、生、略稍、刚、不咋儿、越发、越嘞越。

### 7.4.1 可[kɤ⁵⁵]

"可"用在形容词前，表示程度高，和"很"意义相当，在句中多做谓语和补语。"可"既可以修饰褒义词，也可以用来修饰贬义词和中性词，是个使用频率极高的程度副词。滑县方言中的程度副词"可"既可以表示主观程度之高，也可以表示客观程度之高。

例如：

（23）他可笨。

（24）俺可高兴！

"可"一般会重读，音节拖长，表达了说话人一种比较急切、强烈的情感，有点夸张、不可思议的意味。"可"在方言中多用在祈使句、感叹句中。例如：

（25）道口烧鸡吃ᴰ可得！

"可"能比较自由地修饰单个形容词，修饰动词时会受到限制，一般只能修饰助动词、表心理活动的动词和某些特定的动词性结构。

滑县方言程度副词"可"，修饰限制形容词的情况很常见。一般性质形容词都可以受"可"的修饰。表量度意义的，如：可多、可少、可长、可短、可深、可浅、可大、可小。表品质类的，如：可好、可懒、可精、可实诚。表感官类的，如：可好看、可好闻、可香、可臭、可苦、可咸。表情貌类的，如：可高兴、可严肃、可委屈、可难受。表情状类的，如：可慌张、可紧张。偏正式状态形容词前可以用"可"。例如：可阴冷、可油亮、可清凉。"可"不修饰有重叠式后缀的附加式状态形容词。

"可"与否定副词"不"连用，以"可+不+形容词"格式来修饰形容词的否定形式。例如：可不顺、可不乖、可不高兴、可不简单、可不干脆、可不容易、可不老实。

"可"能够修饰限定的动词性成分非常有限，修饰动词时，主要能修饰能愿动词、助动词、心理动词和感官动词。例如：可能、可疼、可想、可烦、可急、可心疼。

在滑县方言中，"可+有/冇+NP"结构用来突出强调表达某人的某种特质或者品性，如：可有胆、可有出息、可有脸、可冇记性。

"可"能够修饰名词，形成"可+NP"形式。如：可爷们、可小气、可幼稚、可标准、可高级、可现代、可二百五、可一般。

"可"与语气词可形成不同的搭配，如：可……嘞、可……呀、可……啦（了）。

（26）这个小孩可孬嘞。

（27）这儿嘞玩具可好玩呀。

（28）他家盖嘞屋可大气啦。

"嘞"可以用在句末表示说话人较为强烈的情感。"可……嘞"中间的插入成分既可以是 VP 也可以是 AP。"可……呀"中间的插入成分可以是 VP 也可以为 AP，有时还可以插入 NP，语气较为委婉，这种句法形式的适用度要比"可……嘞"广。

滑县方言中的"可 X"作谓语或者补语时，可以重叠，如"可浅可浅、可深可深、可高可高、可大可大、可难可难、可想可想、可长可长"等，根据说话人表达需要，还可以重叠多次。重叠之后形成的形容词性或者动词性短语，表示量的增加或程度的加深。重叠之后带有更多说话人突出强调或夸张性描述的口吻。例如：

（29）柳青河嘞水可浅可浅了。

方言程度副词"可"在句子中所充当的句法成分很单一，只能作状语，用来修饰限定动作行为或者是人或事物的性状、特质等。

"可"，在句中所传达的语义信息在说话人看来，听话人是未知的；或者说即使是已知信息，但所指的情况是过去的而非当前的，是背指的而非面指的。也就是说，"可"及其修饰成分不能用在传达当下信息或者当前发生的语境中。

滑县方言中的"可"在句中重读，是自然焦点的标识，在句中只有突出强调意义，没有对比，重点在凸显程度之高。

### 7.4.2　些[ɕiɛ²⁴]

滑县方言中的程度副词"些"的情感色彩包含了说话人一种"出乎意料""吃惊"的意思。说话人有个预先设定的标准或者看法，用"些"表示动作、性状超出了这个标准，有意外、惊叹的意味。从附加的感情色彩上看，"些"大多表示褒义，很少用来表示贬义。修饰动作或者性状时含有"出乎意料""惊叹""赞叹"的意思；指人的时候还暗含了一种"钦佩"之意。"些"用来修饰中性词所表达的语义比较积极，修饰贬义的词语气委婉，留有一定的回旋余地。"些"本身只能作状语，用来修饰限定动作行为或者是人或事物的性状、特质等。

例如：

（30）他笑嘞些好看。

（31）他办事儿些透钻。

（32）你些能啊。

（33）他这个人些烦人。

"些"，构词能力比较差，多用来修饰限定形容词，且多为褒义词和中性词，动词性成分一般修饰心理活动词、"有/没+NP"以及由能愿动词组成的动词词组。

形容词能进入"些+不+AP"这一格式。程度副词"些"的这种用法，为句子平添了一种遗憾、无奈、意料之外不可接受之意。如：些不顺、些不美、些不老实、些不好听、些不划算、些不容易、些不顺眼。

（34）他俩过嘞些不容易，你多照顾照顾吧。

能进入"些+不+VP"这一格式的"VP"多为"能愿动词+一般活动词"，如"些不能喝、些不会唱、些不会办事、些不敢干"；也可以是"心理活动词+行为动词"，如"些不好吃"。

"些+有/冇+NP"这类格式一般用来表示人拥有或没有某种能力或者特质。如：些有种、些有钱、些有胆、些有本事、些冇耐心、些冇胆。

### 7.4.3　忒[tɛ²⁴]

"忒"主要用在形容词、助动词和动词短语前，表示程度很高。"忒"带有很强的主观性，只用于表示不如意的事情，表示程度过头。

（35）他忒不要脸了。

（36）水忒热了。

### 7.4.4　将[tɕiaŋ³¹²]

"将"表示程度不深，有"勉勉强强"的意思。它由时间副词发展引申而来，用在形容词、助动词或某些动词短语前面。

（37）肉将熟一点儿，还不能吃。

（38）小孩还小，将能走两步。

### 7.4.5　镇[tʂən³¹²]、恁[nən³¹²]

"镇"是"这么"的合音词，"恁"是"那么"的合音词，语气表达比较夸张。在方言使用中，"镇""恁"保留了指示代词的用法，在表示近指的情况下多用"镇"；在表示远指情况下多用"恁"。举例说明：

（39）他妮儿长嘞镇好看呀。

在语用功能上，"镇""恁"在句中重读，凸显焦点，专门用来传递现时的信息。离说话人距离近用副词"镇"，指示对象多在说话现场。相反的，表达离说话人距离较远用远指示副词"恁"，所指示对象可以不出现在说话现场。由此衍生的"镇们""恁们"，同"镇""恁"用法大致相同，但是在程度上又有所加深，传达出了说话人一种很意外、惊诧的意思。例如：

（40）你咋镇们坏嘞!

（41）他咋恁们孬嘞!

### 7.4.6　略稍[luo²⁴ ṣau⁵⁵]

"略稍"表达"差别不大,略有些"的意思，表示数量不多或程度不深，语气委婉。它们可以在句中修饰限定中心语，也可以单独成句。例如：

（42）盐加嘞略稍多了点。

（43）略稍往外靠靠都得劲了。

### 7.4.7　不咋儿[pu²⁴·tser]

"不咋儿"是"不怎么"合音后的儿化形式，由短语逐渐凝固成词，是词汇化在滑县方言程度副词中的体现。意义大致相当于普通话中的"不太""有点儿不"。常用在形容词、助动词或某些动词短语前表示程度不深。用程度副词"不咋儿"来使说话的语气谦和、委婉，多用来曲折地表达说话人的建议、不满亦或是表谦虚、谨慎。例如：

（44）水可是不咋儿干净啊。

（45）题忒难了，他不咋儿会做。

## 7.5　范围副词

范围副词主要有：都、全、全都、总共、一共、只、也、满共、一满、只满、光、净。

### 7.5.1　光[kuaŋ²⁴]

滑县方言中的"光"大致相当于普通话中的"光、只、仅仅、只管、只是"等，表示对范围的限定，比普通话中的"光"使用范围更广一些。"光"在修饰动词性成分时，通常情况下谈及的是过去的事情而且是说话人不喜欢或者不赞同的，带有一种委屈或者不满的感情色彩。

（46）老天爷不能光打雷不下雨呀。

（47）光水都喝饱了。

"光"还可以表示经常、反复发生某些动作或情况，大致相当于"老是""总是"。

（48）小孩这一段光吃手指头。

"光"还可以用在表示条件关系的复句中表示结果，大致相当于"就会"。如：

（49）冰西瓜吃多了光拉肚。

副词"光"后面是光杆名词时，可以变韵，如下例中的"光"读音为[kuã:²⁴]。

（50）他今儿个光身嘞。

### 7.5.2 净[tɕiŋ³¹²]

滑县方言中的"净"作为范围副词，一般用来表示总括，大致相当于普通话中的"全、都"，常和"是"相连，"是"有时也可省略。跟普通话中的"净"相比，使用范围略窄。在滑县方言中，表达"只、只是、仅仅、单、单单"等义时，一般只用"光"而不用"净"；在表示概括事物的范围，取"全、都"义时，通常只能用"净"而不用"光"。但在普通话中表示"只"义时，二者是可以互换的。"净"常用来表示说话人不满的语气。

（51）他俩商量事儿嘞，你净说话捣乱。

当副词"净"后跟光杆名词时，也可以变韵，如下例中的"净ᴅ"[tɕiə̃³¹²]。

（52）一下雨鞋上净ᴅ泥。

## 7.6 情状副词

情状副词主要有：胡、乱、瞎、白、偷偷儿、直接、使劲儿、硬、手把手、亲眼、狠、胡乱、随便儿、斗那、当模儿、单门儿、出心、冷不丁、冷不防儿、一齐儿、赶ᴅ、伙、吃劲儿。

### 7.6.1 狠[xən⁵⁵]

"狠"在滑县方言中可以表达"拼命地、使劲地、一直不停地、一个劲儿地、不顾一切地"等义，表示某种行为或情状的持续或反复。"狠"作为表示情状的副词，往往表现出某种行为或状态的发出者反复进行某一动作或持续处于某种状态中，让听话人听了之后很容易就能联想到说话人所描述的当时的情状。这样的表达让句子显得十分生动具体。另外，"狠"后所修饰的动词本身大多数情况下是不带感情色彩的，但用"狠"这一情状副词修饰之后，则常常表达出说话人对听话人的责备、不满等语气。例如：

（53）你白狠笑，光咳嗽。

"狠"还可以表示"好好地、狠狠地"。表示"狠狠地"义时，往往是说话人对听话人提出某种建议，暗含说话人不满的情绪。例如：

（54）他狠吵了他一顿。

### 7.6.2 当模儿[taŋ⁵⁵ mɤr²⁴]

"当模儿"与普通话中的"故意"大致一样。它一般用在谓词性成分前，表示某种动作、行为是故意如此的。

（55）馍扔ᴰ筐上，他是当模儿嘞。

（56）他当模儿不叫俺喝水嘞。

7.7 否定副词

否定副词主要有：不、冇、没、没冇、甭、白、休。

7.7.1 白[pɛ⁵²]

"白"在滑县方言中的意义主要为"别、不要、不用"。通常情况下，普通话中用"别、不要"等表示否定的地方，滑县话中都用"白"，使用范围非常广。"白"可能是"不要"的合音。滑县方言中的"白"主要用来表示劝阻、禁止、提醒、警告或揣测。例如：

（57）你白走嘞。

（58）白瞧他小，他啥都懂。

滑县方言中的"白"表示劝阻、禁止、提醒、警告等义时，一般用于祈使句，常和语气副词"可"连用，后面主要跟动词或动词短语，句子的主语常可省略。例如：

（59）你可白开车了，光出事儿。

"白"表示揣测义时，和普通话中的"别、别是"意思相当，常出现在复句的后一分句中，构成"白+VP+了"结构。这里的 VP 可以和否定副词"不、冇"共现。

（60）这会儿还冇出门嘞，白是出啥事儿吧。

表揣测义的"白"有时还可出现在句首，修饰整个复句，表示对后面整个句子所表达的内容的揣测。例如：

（61）白你还冇吃嘞，他先吃完了。

7.7.2 不[pu²⁴]

"不"用在谓词性成分或个别副词的前面，表示对行为、性状、变化、意愿等的否定。如：

（62）葡萄你不能吃恁些。

（63）俺不走了。

7.7.3 冇[mau²⁴]

"冇"在谓词性成分前作副词。它也可以用在体词性成分前作动词。

"冇"能单独回答问题，如：

（64）他俩吵了冇？——冇。

"冇"在疑问句中使用，可以用在句尾也可以用在句中，例如：

（65）你去过广州冇？

（66）你冇吃饭哟？

### 7.7.4 候[xou²⁴]

"候"是个同音字，有可能来源于近代汉语中的"休"，"候"作否定副词表示禁止或劝阻，后面多跟行为动词。常和"先"等词呼应。

（67）他还有吃罢饭嘞，你候慌嘞。

（68）你先候回家嘞。

### 7.8 语气副词

语气副词主要有：恐怕、总得、到底、总是、正、看好儿、保准、明明、非、非得、当然、实在、真、只管、怪不嘞、都、斗、才、偏、斗是、权当、好歹、光冒、约摸儿、敢、敢是、种、看ᴅ、情、清、反得、真是、可、才着、望望儿、亏嘞、端ᴅ。

#### 7.8.1 赌[tɕʰiŋ⁵²]

语气副词"赌"，常用于祈使句，往往暗含了说话人某种强烈的主观感情，或提醒警告，或支持鼓励，或表达建议，或羡慕佩服等。

语气副词"赌"主要有如下四种用法。

1）用在表示中性或消极意义的动作、行为前，含有说话人对听话人的某种行为、状态等很生气，对听话人发出警告，对方却不听从，因而无可奈何的语气。这种语境中，句子的主语一般都是第二人称，主语通常可以省略，含有"如果再/一直……就"的意思。例如：

（69）你赌狠吸烟了，以后有毛病谁也不管你。

（70）你赌狠哭了，眼哭肿都得去医院。

2）用在中性的语境中，一般第二人称作主语，表示说话人对听话人将要做的事情的支持或鼓励，或是让听话人不必有任何的担心和顾虑，大致相当于普通话中的"尽管/只管……"。例如：

（71）你赌放心走了，交给我冇事儿。

3）用在中性语境中，表示说话人在谈话过程中提出的建议，供听话人或者对话中涉及的人参考，并不要求对方接受，和普通话中表达语气的副词"就"意义接近，有时也有"只管"的意思。这里的主语可以是第二人称或第三人称，日常对话中常省略。例如：

（72）事儿办完ᴅ赌叫他走吧。

4）"赌+等着"形成一个固定搭配，后面既可以跟表积极意义的动词性结构，又可以跟表消极意义的动词性结构，意为"坐等（责备、处罚）；坐享（现成的）"，在句中常表达说话人责备或者羡慕的语气。"赌"在这里相当于普通话的"就、只管"义，起加强语气的作用。例如：

（73）小孩考上北京大学了，以后赌等着享福吧。

(74)你不好好儿干活，赇等着受罪吧。

### 7.8.2　才说[tsʰai⁵²ʂuə²⁴]

"才说"一般用在谓词性成分前，表示所述动作行为是很难的。

(75)他才说要走了，你一来他又不走了。

(76)你嘞腿才说不疼了，又要去打球哟。

## 第二节　虚词

### 一　介词

#### 1.1　意义

介词是起介引作用的虚词，它引出与动作相关的对象（施事、受事、与事、工具）或处所、时间等。介词往往先同体词性成分组成介词短语，然后再与谓词发生直接语法关系。辛永芬（2006）研究了浚县方言的介词，鲁冰（2010）研究了河南中牟方言的介词，秦晶（2006）研究了《歧路灯》中的介词结构，这些论著对本书有重要参考价值。

#### 1.2　语法特点

滑县方言的介词与普通话大多同源，但使用范围、频率或条件不完全相同。

#### 1.3　分类

借鉴李如龙、张双庆（2000）等学者的做法，滑县方言介词按语义分成5大类。

1）引进时间处所的介词。主要有：待、打、从、押、搂、沿住、顺住、往、朝、照、照住、对住、到ᴰ、离。

2）引进施事受事的介词。主要有：叫、搁。

3）引进关涉对象的介词。主要有：对、给、替ᴰ、跟ᴰ、比ᴰ、除ᴰ、除出ᴴ。

4）工具依据介词。主要有：使ᴰ、搁、掌ᴰ、用、拿、趁ᴰ、趁住、问、按ᴰ、按住、照ᴰ、照住、比住、依ᴰ、凭、论、可、可住、尽ᴰ。

5）原因目的介词。主要有：汤为、为ᴰ。

#### 1.4　引进时间处所的介词

##### 1.4.1　待[tai³¹²]

"待"的本字应该是"在"。"待"能跟处所、方位、时间等词语组合，表示动作发生、事物存在、出生居留等的处所，或表示时间。组合后的介词短语用在动词前作状语。

（1）柳絮儿待天上飘嘞。

（2）恁仨待家玩吧。

（3）俺待村里大队旁边住嘞。

（4）待俺可小说俺家都换ᴰ地场了。

（5）他待吃上可得手。

1.4.2　到ᴰ[tɔ³¹²]

"到ᴰ"用来引进处所或时间。

（6）俺到ᴰ年歇才回家。

（7）你到ᴰ家打个电话啊。

（8）从东头到ᴰ西头都有他嘞亲戚。

1.4.3　离[li³¹²]

介词"离"可以用来引进空间或时间距离，例如：

（9）恁哥家离大队远不远？

（10）离明店会还有几ᴴ月。

介词"离"也可以用来引进对象或条件，这时候的"离"往往以变韵的形式存在，读音为[liɛ³¹²]。

（11）小孩离ᴰ娘肯定不中。

（12）高血压离ᴰ药不中。

1.4.4　从[tsʰoŋ⁵²]/打[ta⁵⁵]

介词"从"和"打"可自由替换，都可以引进时间和处所。

（13）从/打夜个儿起，学生都放罢假了。

（14）他才从/打家去郑州。

1.4.5　摁[ia³¹²]

"摁"能引进时间和处所。

（15）摁今儿个起，你斗白吃饭了。

（16）欣欣摁小卖铺一过斗要买吃嘞。

1.4.6　遛[liu⁵²]

"遛"表示经由、起点或方向，相当于普通话的"从"或"朝着"。

（17）去兰州开全国汉语方言会议，火车遛西安过。

（18）明儿个遛家走吧。

（19）遛桌ᶻ上摔。

1.4.7　沿住[ian⁵²·tʂʅ]/顺住[ʂuən³¹²·tʂʅ]

介词"沿住"和"顺住"可自由替换，可以引进处所。

（20）沿住河边走。

1.4.8　往 [uaŋ⁵⁵]

介词"往"引进处所，所表示的动作一般是有方向性的移动。

（21）往柳圈去嘞路你知ᴴ咋走吧？

1.4.9　朝[tʂʰau⁵²]

介词"朝"引进处所，既能表示动向的处所，又能表示静态的朝向。

（22）小偷朝西头跑了。

（23）大门儿一般朝南开。

1.4.10　对住 [tuei³¹²·tʂʅ]

介词"对住"引进具体事物所代表的方向。

（24）风扇对住热馍吹。

1.5　引进施事受事的介词

滑县方言中，引进施事的介词为"叫"，引进受事的介词为"搁"。

1.5.1　叫[tɕiau³¹²]

滑县方言里引进施事的介词"叫"由表示"容许"义的"叫"语法化而来，它几乎包括了普通话引进施事的介词"被""叫""让""给"四个介词的用法。"叫"字被动句大多含有不如意的意思，有时可以用在一些中性意义的句子中，不会用于表达积极意义的句子中。

（25）他叫烧ᴰ下。

（26）俺嘞书叫他拿走了。

（27）他嘞腿叫碾折了。

1.5.2　搁[kɤ²⁴]

"搁"与普通话中引进受事的介词"把"的用法基本一致。

（28）他搁书扔了。

（29）搁衣裳穿ᴰ身ᴴ。

（30）俺搁水再热热。

1.6　引进关涉对象的介词

1.6.1　对[tuei³¹²]

介词"对"引进关涉的对象，有时会变韵。例如：

（31）他对俺可中。

（32）冇考上大学对他来说打击可大。

（33）你对ᴰ他说嘞啥呀？

### 1.6.2 给[kei⁵²]

"给"字介词短语用在谓语动词前时，引进服务的对象；"给"字介词短语用在谓语动词后时，引进交付或传递的对象。例如：

（34）白忘给俺打个电话啊。

（35）他送给俺一桶油。

（36）搁碗递给他。

### 1.6.3 替 ᴰ[tʰiɛ³¹²]

"替"发生变韵，引进替代的对象。例如：

（37）你替ᴰ俺去吧。

（38）白替ᴰ他害怕了。

### 1.6.4 跟 ᴰ[kɛ²⁴]

"跟"发生变韵，引进协同的对象。例如：

（39）他跟ᴰ俺去马庄了。

（40）俺跟ᴰ他不说话。

### 1.6.5 比 ᴰ[piɛ⁵⁵]

"比"发生变韵，引进比较的对象。例如：

（41）他比ᴰ小红长嘞黑多了。

（42）夜个儿比ᴰ今儿个热。

### 1.6.6 除 ᴰ[tʂʰʮə⁵²]、除出 ᴴ[tʂʰʮ⁵²·tʂʰuai]

"除ᴰ、除出ᴴ"引进排除的对象。例如：

（43）除ᴰ/除出ᴴ雨牛家，别嘞家都浇罢地了。

（44）除ᴰ/除出ᴴ他，还有仁人有吃饭嘞。

（45）小猪娃除ᴰ/除出ᴴ吃斗是睡。

## 1.7 引进工具依据的介词

### 1.7.1 使 ᴰ[ʂʮə⁵⁵]

"使"发生变韵，引进具体的工具和材料。例如：

（46）使ᴰ筷ᶻ夹菜。

（47）天冷，白使ᴰ凉水洗脸。

### 1.7.2 掌 ᴰ

"掌"发生变韵，引进具体的工具和材料。例如：

（48）你掌ᴰ手拽住它。

（49）甲骨片掌ᴰ钱买不来。

### 1.7.3 用[yəŋ³¹²]

"用"引进工具、材料、方式和表示生命或抽象事物的体词性成分。例如：

（50）他用三轮车拉货。
（51）他用报纸当书皮包课本。
（52）"发抖"用滑县话咋说？
（53）他用假长虫吓唬俺。

1.7.4　趁 ᴅ

"趁"发生变韵，引进依据或凭借。例如：

（54）趁 ᴅ 你牙还管用嘞，多吃点。
（55）趁 ᴅ 你还冇走嘞，抬个床。

1.7.5　按 ᴅ[æ³¹²]

"按"发生变韵，引进依据或标准。例如：

（56）按 ᴅ 他说嘞干吧
（57）高考是按 ᴅ 分录取嘞。

1.7.6　照 ᴅ[tʂɔ³¹²]、照住[tʂau³¹²·tʂʅ]

"照"发生变韵，引进依据或标准。例如：

（58）钱照 ᴅ/照住上一回嘞分呗。
（59）照住恁爹嘞腰带买呗。

1.7.7　依 ᴅ[iɛ²⁴]

"依 ᴅ"发生变韵，引进依据，一般用来引进人的看法、说法或脾气等。例如：

（60）依 ᴅ 俺看哟，这事儿冇多大。
（61）今个儿依 ᴅ 你说嘞办吧。

1.7.8　凭[pʰiən⁵²]

"凭"引进根据、凭借或依靠。例如：

（62）高中是阳光招生，全凭分嘞。
（63）他凭啥能进去？
（64）他凭做古典家具发财了。

1.7.9　论[luən³¹²]

"论"与量词组合表示以某单位为标准，同其他名词或动词组合表示根据某个方面。例如：

（65）老河寨嘞西瓜论斤卖嘞。
（66）论说话论办事数他嘞。

1.7.10　尽 ᴅ

"尽"发生变韵，有两种用法，第一种是引进指人的名词性成分，表示任由某人做某事，有时介词"尽"的宾语可以省略，例如：

（67）西瓜尽ᴰ他吃能吃仨哟。
（68）书店嘞书尽ᴰ（他几个）瞧嘞。

第二种是引进指人或指物的名词性成分，表示动作首要考虑的对象。例如：

（69）苹果先尽ᴰ小孩吃。
（70）甜瓜先尽ᴰ个大嘞挑出ᴴ。

1.7.11　撑ᴰ[tʂhã²⁴]

"撑"发生变韵，引进指人的名词性成分。例如：

（71）钱撑ᴰ你花嘞。
（72）水撑ᴰ恁一班儿人喝嘞。

1.8　引进原因目的的介词

1.8.1　为ᴰ[uɛ³¹²]

"为"发生变韵，引进动作的目的。例如：

（73）为ᴰ你能吃嘞好点儿，恁娘今儿个六点斗起ᴴ了。
（74）为ᴰ小孩能娶上媳妇儿，他爹六十多了还去盖房嘞。

滑县方言中，部分动词变韵成为介词，给我们解决许多疑难问题带来了启发。如"连人跟ᴰ车"中"连、跟"的词性应为介词。现代汉语中"比"字句中的"比"是介词，西汉时期"比"字句中的"比"是动词。处置句中的"搁"应该是"给"的变韵，可以看成是一个新词。而被动标记"叫、被"理解成介词是因为受到了处置标记和比较标记被理解成介词的位置类推影响。

## 二　连词

### 2.1　概述

连词是附加在两个或两个以上语言结构体之间的虚词。它只表示抽象的语法关系意义或逻辑关系意义。方言中一般少用连词或不用连词。

### 2.2　分类

滑县方言连词可分为联合连词和偏正连词两类。

1) 联合连词。如：又、跟ᴰ、不递、再加上、再说、甭说、又……又……、一是……二是……、越……越……、要不……要不……、是……还是……、不光……还……、不是……斗是……、斗是……也……。

2) 偏正连词。因为、怪不嘞、不过、只是、不管、除非、只要、只有、假如说、哪怕、倘为、除ᴰ、甭管、冲、脆、望望儿、为ᴰ、免嘞、省嘞、要是……（嘞话）、要……（嘞话）、就/斗是、就/斗是……也……、就/斗算……也……、既然……就/斗……、即便……也……。

我们主要分析滑县方言里特有或与普通话用法不一致的连词。

2.3 联合连词
2.3.1 跟 ᴅ

"跟 ᴅ"以变韵的形式存在,它的动词义为"跟着",虚化为连词,表示并列关系,既可连接体词性成分,也可以连接谓词性成分。例如:

(1) 他种嘞西瓜跟 ᴅ 甜瓜都可好吃。
(2) 明儿个跟 ᴅ 后儿个俺都有事儿。
(3) 说书嘞跟 ᴅ 唱戏嘞都来了。
(4) 放风筝跟 ᴅ 吹气球小孩 ᶻ 都好这一事。

2.3.2 再说[tsai³¹² ʂuə²⁴]

"再说"表示追加的理由或情况,是表示递进关系的连词。

(5) 纸尿裤恁贵,再说恁小孩又大了,白要了。
(6) 去一趟路费不便宜,再说我又才去罢有多长时候,这回不去了。

2.3.3 甭说[piəŋ⁵² ʂuə²⁴]

"甭说"附加在词、短语或句子上,既可以表示递进关系,也可以表示并列关系。

表示递进关系的如:

(7) 甭说你来,恁爹来也不中。
(8) 小孩拉屎都顾不上管嘞,甭说吃饭了。

表示并列关系的如:

(9) 甭说啦,俺可不好受。
(10) 俺这会儿斗去,你甭走了,

2.3.4 不递[pu⁵² ti³¹²]

"不递"意义为"不如",一般附加在短语或句子上,表示选择关系。

(11) 你去不递他去
(12) 俺过嘞不递他。
(13) 跟 ᴅ 他干活还不递不干嘞。

2.3.5 不是[pu⁵² ʂʅ³¹²]……斗是[tou⁵² ʂʅ³¹²]……

"不是……斗是……"可以附加在词、短语或句子上,表示选择关系。有两种含义。

一种含义是表示两种情况交替出现,例如:

(14) 他脾气不好,待家不是摔锅斗是打碗。
(15) 小妮儿不是看电视斗是玩游戏,就不说学习。

另一种含义是表示两种情况中的一种真实,例如:

(16) 不是你忘拿了,斗是路上丢了。

（17）将过去那个人儿不是强牛斗是他哥。

### 2.3.6 斗是[tou⁵² ʂʅ³¹²]……也[iɛ⁵⁵]……

"斗是……也……"一般附加在句子上，表示选择关系。有两种含义。

一种含义是表示言语者愿意选择前一种情况，不愿意后一种情况出现。例如：

（18）他斗是晒嘞黑偶，也不想戴草帽。

另一种含义是选择前一种情况，目的是为了后一种情况能发生。

（19）你斗是干个三天三夜，也得搁活儿赶出ᴴ。

### 2.3.7 不光[pu⁵² kuan²⁴]……还[xai⁵²]……

"不光……还（也、都）……"一般附加在句子上，表示递进关系。

（20）他不光会木匠活儿，还会盖屋。

（21）不光俺要走，他也要走。

（22）她不光不听俺说，谁说都不听。

## 2.4 偏正连词

我们选择了部分有特色的偏正连词来分析。

### 2.4.1 为ᴰ[uɛ³¹²]

"为ᴰ"一般用在表示目的的分句里，是表示目的的连词，

（23）要不是为ᴰ你嘞面儿，说啥俺也不走。

### 2.4.2 除ᴰ[tʂʰɤ⁵²]

"除ᴰ"是表示唯一条件关系的连词，它还可作介词。

（24）除ᴰ家里有事儿，一般他都待门市上。

### 2.4.3 倘为[tʰaŋ²⁴·uei]

"倘为"能附加在词、短语或句子上，表示因果关系，它既可做连词也可做介词。

（25）不知ᴴ倘为啥，他俩打起ᴴ了。

### 2.4.4 从[tsʰuəŋ⁵²]

"从"表示条件关系，后边一般是疑问代词的形式。

（26）他可犟，从谁说他都不听。

（27）从咋说他都不去。

### 2.4.5 不管/甭管 [pu²⁴ kuan⁵⁵]/[piəŋ⁵² kuan⁵⁵]

"不管（甭管）"表示条件关系，紧跟疑问代词、正反疑问句或选择疑问句，常和"都、也"呼应。

（28）不管/甭管他说啥，你都听住。

（29）不管/甭管好不好，咱都买。

2.4.6　要[iau³¹²]（要是）……（嘞话）

"要（要是）……（嘞话）"表示假设关系，

（30）要是去，斗早点走。

（31）要想玩嘞话，斗吃ᴰ力玩。

2.4.7　免嘞[mian⁵⁵·lɛ]、省嘞[ʂəŋ⁵⁵·lɛ]

"免嘞、省嘞"表示目的关系，一般用在后一分句中表示不希望该事件发生。例如：

（32）小孩儿多穿点衣裳，免嘞感冒。

（33）你搁钱还ᴰ俺吧，省嘞俺天天催。

2.5　"连A跟B"和"连A挂B"

2.5.1　框架构式

"构式"术语早已有之，Fillmore&Kay的框架语义学和Langacker认知语法限定"构式"为语言的研究单位，是形式意义的配对，具有非转换性。而Goldberg构式语法中的"构式"也具有这些特点，并且认为构式存在于语言的不同层面，语素也是构式。笔者对构式定义如下：构式是语言中一系列固定的表达式，这些表达式有固定的格式存在，数个格式可以抽象为最少有一个X（或A等任意符号）的抽象表达式，X≥10。质的准则是抽象表达式中有X，量的准则是X≥10。笔者称"连A跟B"和"连A挂B"为双框类框架构式，"连……挂……，连……跟……"是双框标记，双框类框架构式中的构件具有重要的成分义，A、B是交际中的焦点。双框类框架图式是语言符号，其中A形成了一个聚合，B形成了一个聚合，分别具有相似性，是隐喻发生了作用。双框与A、B组合，体现了临近性，方式是换喻的。本文讨论的"连A跟B"和"连A挂B"框架构式，指由"连、跟"或"连、挂"分别把两个不同的语言成分连接起来，中间没有任何停顿的格式。

普通话中当A和B是名词、代词时，如"连人带车、连你带他"，有人认为"连、带"是动词或介词。当A、B是动词时，如"连跑带跳、连吃带喝"，"连、带"有些虚化。有人认为此时的"带"是连词，表示两个动作同时进行，相当于"又"。"连"和"带"不好认定词类。我们暂时按其为连词理解。

滑县话中的"连A跟B"和"连A挂B"与普通话的"连A带B"有所不同，普通话中不管A、B是何种成分，只用"连A带B"。滑县话中，如果A、B是体词性成分，用"连A跟[kɛ²⁴]B"；如果A、B是谓词性成分，用"连A挂B"。例如：

（1）连人跟车都倒了。

(2) 你瞧瞧，他走路连蹦挂跳。

与普通话中的"连 A 带 B"一样，"连 A 跟 B"和"连 A 挂 B"中的 A、B 相对排斥数量词，名词性短语也很少用修辞词，如"严师、智者、善人、恶棍、歹徒、懦夫"；A、B 是短语时，只有联合短语、偏正短语、述宾短语、主谓短语和"嘞"字短语。

2.5.2 语义

2.5.2.1 语义关系

进入"连 A 跟 B"或"连 A 挂 B"的成分 A、B，主要是语素、名词、动词、形容词、代词与短语。A 和 B 语义上须有某种联系，完全没有联系的语言成分不能同时进入该格式。A、B 间主要有包括、同时和先后三种关系。语义关系决定了句法关系，构成了句法上的并列结构。

1) 包括关系

包括关系表示 A、B 两项包括在一起，A、B 大多是名词性的类义关系，"连 A 跟 B"在句法上构成并列结构。如：连泥跟水、连工跟料、连根跟土、连人跟船、连顶儿跟底儿、连工资跟奖金、连报纸跟电视。

2) 同时关系

"连 A 挂 B"中的 A、B 是动词性成分时，A、B 展示的是同时发生的动作或事件。如：连哄挂吓、连哭挂叫、连踢挂打、连推挂扛、连跑挂跳、连喊挂叫、连说挂笑、连拖挂打、连急挂吓、连装饰挂防滑。

3) 先后关系

"连 A 挂 B"中的 A、B 是动词性成分时，A、B 展示的是先后发生的动作或事件。如"连洗头挂剪发、连看病挂拿药"。

"框架效应"是指框架会对整体构式产生语义影响，形成构式义。概念整合理论把语义的构建看成一种现时的处理过程（on-line process）。框架构式整合后，会有新的框架意义浮现。框架部分规定了整个构式的构式义和关系义，可变项表示了整个构式的具体义和实用义。"连 A 跟 B"和"连 A 挂 B"有增多或加深的"框架效应"，如"连头跟尾巴"不仅指头、尾，还包括了躯干、四肢甚至外包装等等。"连打挂训"不仅包括了"打、训斥"，还包括了"教育、指导"等。

(3) 小孩回来了，他开始连打挂训。

2.5.2.2 语义类型

1) 语义增值

"连 A 跟 B"或"连 A 挂 B" > A+B

例如：连哭挂叫=哭+叫+闹等。再如：连头跟脚、连吃挂穿。

2）语义复合

"连 A 跟 B"或"连 A 挂 B"= AB

这一类 AB 是联合式复合词。例如：连编挂造=编造。再如：连夫跟妻、连嘲挂讽。

3）语义相当

"连 A 跟 B"=A+B

例如：连本跟息=本+息。再如：连你跟我。

4）语义包含

"连 A 跟 B"⊆A 或 B

例如：连人跟手⊆人。

2.5.3 句法

"连 A 跟 B"或"连 A 挂 B"在单句或复句中可作状语、谓语、定语、主语、宾语、补语六种句法成分，例子分别如下：

（4）她一下$^z$冇弄好，连车跟人都倒了。

（5）他哪一回都连陪床挂伺候。

（6）他连肉跟骨头吃$^D$力啃嘞样叫人恶心。

（7）连他跟俺都滑趴那了。

（8）要是俺冇连说挂哄，他才不来嘞。

（9）小孩吓嘞连哭挂叫。

2.5.4 语用

框架构式在语言交际使用过程中，往往显示出独特的语用特色。

1）客观描写

叙述人就动作行为进行纯客观的描写，并不表明自己的主观态度。

（10）去嘞人连他跟我一共俩。

2）主观评价

叙述人对动作行为加入了自己的感情色彩，表达了自己的主观态度与评价。"连 A 跟 B"和"连 A 挂 B"可以表达说话人的主观感情情绪，可以表达中性与贬义、褒义的感情色彩，其中以中性居多，贬义次之。表达中性、贬义、褒义感情色彩的例子如下：

（11）她连馍跟篮$^z$都扔了。

（12）小偷儿吓嘞连滚挂爬。

（13）小妮儿连跑挂跳嘞来接俺了，俺可高兴。

3）主观强调

主观化用法主要是增量表达，起"强调"的情态语气。

（14）她连哭挂叫，疯了似嘞。

4）语音和谐

双框类框架构式一般属于"2+2"的基本韵律组合形式，对词语的整合起到了重要作用。从音乐性上来看，"连A挂B"或"连A跟B"通常是四个音节，构成两个停顿，有的虽然不是四个音节，但往往也有两个停顿，两个停顿之间有个间歇，起舒缓语气的作用，这给人一种匀称的感觉。四字构式节奏鲜明、语音和谐、朗朗上口，且从字面上不难理解。如"连头跟脚、连土跟盆、连文跟武、连推挂打"等。

5）经济简省

"连A跟B"或"连A挂B"有很大一部分可以认为是由复句压缩而来的，如果不用此类构式，则使用语繁杂。如"连汤跟水（既有汤又有水）"等。运用构式以后就可以省掉一系列的关联词语，使用语经济，表意深刻。

### 2.5.5 A、B 的语序

#### 2.5.5.1 A、B 语序的优选性

当"连A跟B"或"连A挂B"的熟语化程度高时，A、B 的语序基本是固定的，如"连纸跟笔、连吃挂喝、连跑挂跳"等。在语序的选择上表现出一定的优选性，人们总是倾向于其中一种。因为这种优选倾向与人类的思维和认知顺序有关，体现了认知语言学中的象似性原则（iconicity）。沈家煊（1993）认为象似性是指语言结构映照人的经验结构或概念结构。语言成分之间的线性排列次序反映了人类思维与认知的轨迹。

"连A跟B"和"连A挂B"反映了人类思维与认知的轨迹，A、B 的语序主要遵循了如下顺序。

1）时空顺序。语序主要受时间顺序、空间顺序的制约。例如从时间上看，是从日到夜，所以有"连白介儿跟黑介儿"。从空间来看，则往往有上下顺序，所以有"连墙跟地面儿"。

2）社会顺序。语序还要受到思维视点和文化观念等社会因素的制约，即与文化规约性之间也有象似性关系。语言是文化的载体，语言结构能够在一定程度上反映该语言群体的文化观念，文化象似性原则主要表现在尊卑和主次等方面，"连男跟女、连官儿跟兵、连老头跟老婆"等都反映了中国传统的尊卑主次观念。

3）词汇顺序。"吃喝、跑跳、蹦跳"是汉语中的双音节词汇，所以就形成了"连吃挂喝、连跑挂跳"等。

4）动作顺序。事物发生发展有时有一定的动作顺序，有的符合动作顺序，

如"连洗挂晒"等。

5）逻辑顺序。事理有一定的逻辑，"连本儿跟利儿"符合先有本钱再有利息的逻辑顺序。

2.5.5.2　倒序现象

在语言的实际使用中，有时候会打破通常的顺序原则，例如我们通常说"连人跟车"，但也会说"连车跟人"。这反映了部分使用者思维模式中对此框架构式的意义进行了整合，认知心理中浮现出的是整体意义，而不考虑构件 A 和 B。试比较下面的两句：

（15）他冇站稳，连人跟车翻$^D$地下儿了。

（16）他连车跟人都倒$^D$路上了。

但有时倒序现象的产生是因为语用因素的制约，如上下文的语境限制或表达的需要。下例中"连车跟人"前面有"洋车"，语境中凸显了"车"。

（17）他嘞洋车轮儿掉$^D$坑里啦，连车跟人都翻$^D$了。

2.5.6　其他方言中的相关形式

印欧语系中的英语也有类似形式，如果 A、B 是名词，一般用"both A and B"，如果 A、B 是动词，中间一般用"and"。

（18）The enemy both rolling and climb.（敌人连滚带爬。）

（19）He was scared to cry and shout.（他吓得连哭带喊。）

第一种是与普通话一致的方言。例如下面方言中的此类构式与普通话一致。

北京话中有"连 A 带 B"构式。

（20）他连收带外卖，就这么营业。（《1982 年北京话调查资料》）

闽语（福州话）中，有"连 A 带 B"的构式。

（21）伊连人带车冇了。（他连人带车没了）

客家话（河源话）中，有"连 A 带 B"的构式。

（22）大家连说带笑走进课室。（大家连说带笑走进教室）

粤语（番禺话）中，有类似"连 A 带 B"构式的形式。

（23）渠哋连人带车跌入河沟。（他们连人带车掉进河沟）

第二种是带体词和带谓词，框架标记不同的。

如中原官话中的滑县话和固始话。

固始话框架标记后是体词性的，如"连头夹尾"。吴语中也有类似表达。

湘方言（衡阳话）中，当 A、B 是体词性成分时，用"连 A 和 B"；当 A、B 是谓词性成分时，用"连 A 带 B"。方言例子来源于笔者的调查。

（24）警察连人和货一起扣留哒。（警察连人带货一起扣留）

（25）她连唱带跳地走进哒校门。（她连唱带跳地走进校门）

汉语中各方言中有"连A带B"或近似"连A带B"这样的表达，显示了汉语的统一性。在汉民族的思维意识中有两个事物或动态同时出现的意义范畴，促使了此构式的产生和发展。通过对不同方言的比较可以发现，"连A带B"或类似表达形式在汉语中生命力旺盛。"连A挂B"和"连A跟B"构式有类型学的价值，在人类的思维意识中，有两个事物或动态同时出现的意义范畴，产生了此类构式。但在不同的语言中，使用的构式不一定相同。

2.5.7　CCL 语料库中"连A带B"发展历程的启示

CCL 语料库中，唐朝文献仅出现类似的两例，是"连山带峙、连言带耳"。我们认为这两例还不能认为是典型的"连A带B"构式，"连、带"还是动词。有了这些形式，就为出现典型的"连A带B"构式提供了重新分析的可能。"连A带B"在宋金元时期是初创期，明代此构式才发展成熟。

CCL 语料库中，宋代出现了1个典型的"连A带B"构式，是"连花带柳"，A、B 为名词。

（26）又恐怕、残春到了无凭据。烦君妙语。更为我将春，连花带柳，写入翠笺句。（《全宋词》）

CCL 语料库中，金元时期出现了9个"连A带B"构式，A、B 都是单音节名词，是"连叶带子、连娘带爷、连皮带肉、连肩带臂、连人带马、连皮带骨、连枝带叶"等。

CCL 语料库中，明代"连A带B"中A、B 是单音节名词的有47个，分别是"连车带人、连城带阁、连房带店、连根带蔓、连根带叶、连肩带背"等。A、B 是单音节动词的有5个，如"连搽带骂、连跌带滚、连饥带渴"。当"连A带B"中的A、B 是动词时，"连A带B"构式发展成熟了。也有A、B 是双音节的，如"连果子带五谷、连头带胳膊"等。出现了"连……带……"为分裂句的：

（27）他这官司，连房钱饭钱，带别样零零碎碎的，我也使够他百十两银子。（《醒世姻缘传》）

CCL 语料库中，清及民国时期"连A带B"中A、B 是单音节名词的有110个，分别是"连棒带手、连背带刃、连本带利、连匾带对、连鬓带腮、连蟾带水"等。A、B 是单音节动词的有144个，分别是"连背带扛、连蹦带跑、连蹦带跳、连病带饿、连搀带劝"等。A、B 为单音节形容词的有3个，分别是"连整带碎、连多带少、连新带陈"。A、B 为单音节动词加形容词的有2个，分别是"连吓带累、连乏带饿"。A、B 为单音节代词的有1个，是"连你带他"。A、B 为单音节代词加名词的有 2 个,是"连你带银、连夫带我"。A 或 B 为双音节或多音节的名词或名词性短语大量出现,例如"连本山带外请的、连刀盘带刀柄、连刀柄带老贼的腕子、连底盘带栅栏、连赶驮子的带客人、连胳膊带腿、连手掌带胳臂、连水手带镖行的人"。首次出现了 A、B 为主谓短语的"连嘴说带手比"。也出现了"连……带……"为分裂句的。还出现了"连……带……带……"的形式,例如:

(28)近来湖中走不得,我听见人说,连客人带船带船家都走不了。(《小五义》)

CCL 语料库中,现代"连 A 带 B"中 A、B 是单音节名词的有 197 个,分别是"连鞍带人、连帮带叶、连杯带茶、连背带手、连本带利"等。"连 A 带 B"中 A、B 是单音节动词的有 370 个,分别是"连搀带扶、连搬带扛、连抱带拉、连抱带抢、连抱带拖、连背带抱"等。A、B 为单音节形容词的有 4 个,分别是"连香带烫、连生带熟、连新带旧、连大带小"。"连生带熟、连新带旧、连大带小"里面的"生、熟、新、旧、大、小"有点类似于定语,笔者认为后面省略了名词中心词。A、B 为单音节动词加形容词的有 7 个,分别是"连乏带饿、连冻带累、连急带累、连累带饿、连累带呛、连气带累、连疼带累"。A、B 为单音节代词的有 1 个,是"连他带我"。A 或 B 也有很多是双音节或多音节的,如"连报纸带电视、连集体带村民、连飞机带机组人员、连夺金牌带破世界纪录"。

构式化的机制主要是"模式化""类推"和"扩展"。模式化引发了构式"连 A 带 B"中词类使用的类推,例如元代的"连 A 带 B"中,A、B 主要是名词,明代类推到了动词,清代类推到了形容词。模式化也促进了基本构式结构的扩展,例如框架构式"连 A 带 B"中,模式化引发了构式中词类使用的类推和语素的扩展,A、B 由名词居多,到动词频率增加,到形容词也出现,并且名词、动词由开始的单音节到双音节到多音节的增多。CCL 语料库中,从宋代到现代,A、B 为单音节名词的比例逐渐减少:100%→100%→90.38%→41.99%→34.08%。从明代到现代,A、B 为单音节动词的比例逐渐增加:9.62%→54.96%→63.68%。

笔者推测,滑县方言中,"连 A 跟 B"和"连 A 挂 B"的构式化历程和普通话中的"连 A 带 B"有相似之处。一开始是只有"连 A 跟 B",A、B 是体词性成分,多反映空间关系。由于类推机制,然后产生了"连 A 挂 B",A、B 是谓词性成分,多反映时间关系。后来 A、B 为动词的占大多数,反映了此构式的发展趋势和特点,逐渐以反映时间关系为常。"连 A 带 B"中 A、B 由名词居多,到动词频率增加,到形容词也出现,并且名词、动词由开始的单音节到双音节到多音节的增多，这种现象具有类型学价值。

框架构式中A、B发展的斜坡：

单音节词＞双音节词＞短语＞小句

原来松散的四字构式短语趋向于凝固成词。如《现代汉语词典》收录了一部分四字构式词。框架构式标记趋向于变成连词。

滑县方言"连A跟B"和"连A挂B"中的A、B词性截然不同，可能有深层的原因，类似这样的现象在其他方言中也存在，期待学界有更多更深入的讨论出现，也期待关注汉语方言框架构式的研究者越来越多。

### 三　助词

#### 3.1　意义和分类

助词是后置性的虚词，一般附加在词、短语或句子之后，给被附加的语言成分增添某种语法意义。

滑县方言的助词可以分为四类：体貌助词、结构助词、时间助词和能性助词。

#### 3.2　体貌助词

"体"是指动作行为或事件在时间进程中的状态，"貌"是指动作行为或事件在情貌方面的状态。滑县方言的体貌系统可以分为持续体、完成体、进行体、经历体、起始体、实现体、短时貌、尝试貌等。"体貌"（又叫"体"）是一个语法范畴，其参照系不是话语行为的时间，而是动词所表达的事件本身的进程。"体貌"反映句子所表达的事件构成，对事件不同的观察角度表现出不同的体，用不同的形式来表示，如表示动作行为的起始、持续、已然、反复、短暂、经历、完成等。滑县方言在发展过程中，逐步演变出一些表现"体"范畴的形式，而且这些形式仍在演变过程中。从共时平面看，滑县方言有些实词的词义基本消失，其功能主要表达"体"的语法意义。

##### 3.2.1　持续体助词

###### 3.2.1.1　住[・tʂu]

语言类型学研究发现，持续体或进行体标记大多源于处所表达结构（Bybee et al, 1994; Comrie, 1976; Kuteva, 2001; Heine and Kuteva, 2002），如用he is at working之类的形式表达he is working之类的意思。汉语中也多见这种现象，如近代汉语句尾的"在、里、在里"（吕叔湘，1941），苏州话里的"勒海"（石汝杰，1996），等等。杨永龙（2005）论证了汉语中（包括客家话、吴方言、粤方言等）存在着另外一条语法化路径，从稳紧义形容词到持续体助词。这个结论很有价值。他指出：在广州周边地区，"紧"存在着这样一条路径：稳紧义形容词（结果补语）>唯补词（动相补语）>持续体助词>进行体助词。本文发现滑县话中的持续体标记"住"由动词演变而来，属于第三类演变。

滑县话中"住"有居住、住宿的动词意义。

（1）俺住学校。

滑县话中"住"由动词演变为用在动词的后面作补语，表示牢固或稳当，记为"住₁"。赵元任从句子成分角度称作"动相补语"（phase complement），刘丹青（1994）从词类角度称作"唯补词"。

（2）盯住他。

（3）记住老师嘞话。

（4）拿住笔。

持续体分静态和动态两种。静态持续体就是指动作在进行过程中或者完成后会形成一种静止的状态或结果。也就是说，除了动作发生的起点以外，往后的一段时间里，在时间轴上任意抽取一个点，它所表现出来的动作特征和其他点是一样的。动态的持续体表示动作持续重复的出现，一直具有动作性。从动作开始发生之后，在时间轴上任意抽取一点，它所表现出来的动作特征和另外任意一点所表现出来的动作特征不一定相同。滑县话的"住"一般情况下是作为静态的持续体标记。

曹广顺（1995）指出，在汉语史上存在着这样一个语法化链："连动式>动补式>动词+助词"，"得""将""却"等动态助词都是经由这一过程演化的，而且大都经历了表示动作的实现或达成这一阶段，又都在一定语境中具有表示动作持续的语法功能。刘丹青（1996）指出：苏州话中相当于"完成"的动词"好"，就是在补语位置经由唯补词阶段发展为持续体助词的。可以看出，补语的位置触发了语法化。与上述论述类似，滑县话"住"也是在补语位置发展为持续体助词的。

"住₁"演变为持续体助词（记为"住₂"）的过程与杨永龙（2005）所论证的汉语史中助词"定"的演变类似。唯补词"住₁"可以处于延续性语境中，会给人以表示持续的感觉，这是它发展为持续体标记的语用基础，"住₁"正是在延续性语境中由唯补词重新分析为持续体助词的。重新分析是"住₁"语法化的机制，而动因是语用推理（pragmaitc inference），从观察结果出发，援引事理法则，做出可能的推断，这种推断是一种"估推"（abduction）。通过估推，使得持续语境中隐涵的持续体意义规约化为"住₂"的语法意义。

（5）他捂住头。

上例中，"捂住"也可以重新分析为"捂着"，而有了持续意义。再如

下面例子中的"住",已经是持续体助词了。持续体助词"住"用在动词或形容词后表示动作行为或状态的持续。例如:

(6) 你拿住吧。

(7) 开住门吧

(8) 他提住书走了。

(9) 绑住那俩辫。

(10) 狗待门口趴住嘞。

(11) 他睡住觉嘞。

(12) 他待水里扑腾住不出ᴴ。

持续体是表示与动作、行为有关的某种状态的持续。彭小川(2010)指出:广州话中表示持续体的助词是"住"。而滑县话与广州话相同,持续体的助词多用"住₂"。广州话的例子如下:

(13) 只眼望住佢眼睛盯住他。(广州话)

(14) 佢记住老师上课讲嘅知识点他记住老师上课讲的知识点。(广州话)

(15) 佢揸住支笔他拿住一支笔。(广州话)

笔者调查发现,广西梧州万秀粤语"住"有四种体貌助词的用法:持续体、进行体、始续体与惯常体助词,有语言类型学的价值;"住"的语法化路径:动词 > 唯补词、动相补语 > 持续体助词 > 进行体助词 > 始续体助词 > 惯常体助词。从动词演化为持续体助词以及进行体助词,这与世界语言普遍存在的处所表达结构演化为持续以及进行体标记的路径不同,也与由稳紧义形容词演演化为持续以及进行体标记的路径不同。万秀话还进一步演变出了始续体助词与惯常体助词的用法。句法位置、词汇意义、重新分析、语用推理以及语境是演变的前提、动因与机制。(另文讨论)

滑县话中表示关系的动词不能跟"住₂"结合;"住₂"也不能位于瞬间变化并产生结果的动词后,这类动词具有非持续且情状的起始点和终结点在时间轴上靠的很近的特点。这类动词如:死、沉、赢、烂、跌。例如:

(16) *那个老人死住。

对于可多次重复进行的瞬间性动作动词,在句中只有一个谓语的情况下不能与"住"结合。动词如:笑、搬、打、唱、买、卖、扫、饮、食、搓、摇、挖、喂、吸、讲。这时的"V 住₂"后如果有其他的动词结构并表示伴随持续的状态或方式时一般可以。如下面的两个例子。

(17) a.*他搬住书。

　　　b.他搬住书往里走。

（18）a.*他打住拍子。
　　　　b.他打住拍儿教歌儿。
　　动作可均质持续进行的动词可以跟"住$_2$"结合。这类动词如：拿、握、摁、抱、捧、担、拖、举、踩、看。这时的"V 住$_2$"表示动作行为所形成的状态的持续，如：
（19）他一直拿住那本书。
（20）他摁住不松手。
（21）你看住俺。
　　附着义动词可以跟"住$_2$"结合。这类动词如：刻、着、插、挂、装、包、绑、吊、钉、贴、开、戴、写、画。这时的"V 住$_2$"表示动作结束后形成状态的持续，如：
（22）你穿住那个白小褂。
（23）插住那个花儿。
（24）挂住那个篮儿。
（25）画儿贴住它。
（26）她头上戴住个花。
（27）你先写住。
　　静态动词可以跟"住$_2$"结合。这类动词如：陪、争、等、隔、对、欠、帮、等、留、记。这时的"V 住"表示行为、情状的延续，如：
（28）你陪住他走。
（29）钱先争住你。
（30）俺等住你来。
　　用"住"表持续体，滑县方言有两个特殊结构：
　　1)"V 住+V 住"。表示动作持续进行，用于单音节动词。"V 住+V 住"主要表示持续体，往往表示动作行为在持续中发生了某种变化，有反复的意味。"V 住+V 住"不能单独做谓语，不能单说，其后必须有表示动作变化的动词。如：
（31）他跑住跑住不跑了。
（32）水流住流住干了。
　　2)"$V_1$+住+个+宾语+$V_2$(+宾语)"。整个结构表达不满或讨厌等感情色彩。这种结构前后两个动词表示的动作行为同时发生，前者往往是后者存在的状态或方式。前一动词常常受时间副词"老""总是"等修饰。"个"增强了口语色彩，强调其后的宾语成分，往往不能省略。这一结构往往表达说话者对他人行为的否定性评价，所以主语多用"他、你"而少用"俺"。如果用"俺"做主语,也表达对自身过去行为的否定性评价,常常带"以前"等词语。用"你"时,这种否定性评价更强烈。

(33) 他张住个嘴净想吃点心。

(34) 他总是弯住个腰走路。

(35) 你老骑住个车儿瞎跑。

3.2.1.2 嘞

表达持续体意义时,"嘞"常同 D 变韵和表示处所的词语或"待这儿/那儿"共现。

(36) 园里种嘞白菜。

(37) 椅上搁嘞花。

(38) 他待那儿歇嘞。

滑县方言表持续体的助词"住""嘞"有以下几个特点:

1) 由于动词所表示的动作行为是持续的,"住""嘞"不能和表具体计量的动量词语同现。如不能说"我打住他三下"等。

2) 由于动词所表示的持续的终点不确定,"住""嘞"不能和表达具体某段时间的词语同现。如不能说"俺写住一天"等。

3) 由于动词所表示动作行为在持续、未完成,其结果或状态是未知的,所以这些动词性词语(大多是短语)不能和包含结果补语的词语同现。如大多数动补结构的双音节短语,因其有结果补语,所以都不能和"住""嘞"同现,象"喝干""吃完""看懂"等;带结果补语的动补型的动词也不能和"住""嘞"同现,如"认清""提高""抓紧"等。

3.2.2 完成体助词

沈家煊(2003)在 Sweetser(1990)的基础上区分和界定了三个既有区别又有联系的概念域,即行域、知域、言域。"行"指现实的行为和行状,跟"行态"或"事态"有关,"知"指主观的知觉和认识,跟说话人或听话人的知识状态即"知态"有关,"言"指用以实现某种意图的言语行为,如命令、许诺、请求等,跟言语状态即"言态"有关。刘丹青(2008)发现粤语里句尾"先"和"添"存在三域的用法。肖治野、沈家煊(2009)研究了普通话中"了$_2$"的行、知、言三域。张宝胜(2011)考察了河南汝南方言中"了$_2$"的三域用法。邓思颖(2013)以粤语为例讨论"了$_2$"的三域。

完成体表示动作的完成或变化的实现。表示完成或实现的动词可以是 D 变韵(见上文),主要标记形式是"了、嘞、罢、过"等。

1) "动词+了"结构表示动作的完成

(1) 晌午他喝了酒。

下面的"了"表示情况的实现,应该是语气词"了$_2$"。

(2)喝罢酒了。

(3)他吃胖了。

(4)豆角儿该摘了。

"动词+都+动词+了"结构表示动作行为的完成和既成事实,动词的重叠表强调。

(5)酒撒都撒了,吵他有啥用啊?

这种结构表示事实已经完成或实现,说话人带有无奈、不满意语气,如上例"撒"的动作已经完成,说话者带有无可奈何的意味,强调事实和说话者的愿望相反。这种结构多充当复句中的分句,不能单独充当单句。这种结构的动词大多是单音节的,如果是双音节的动词,主要是动宾型和动补型,结构的前一动词是动宾型或动补型的动词性语素,后一动词是动宾型和动补型本身,整个结构为"动词+都+动宾型或动补型动词+了",如:

(6)俺瞅都瞅着了,你还瞒啥呀?

普通话里没有这种双音节动词的离合用法,但在滑县方言中非常普遍。有时"动词+都+动词+了"后有数量短语做补语,如:

(7)书看都看五回了,就是记不住。

2)完成体助词"了$_1$"与语气助词"了$_2$"

(8)他吃了饭去上学了。

例(8)中的第一个"了",表动作的完成,对应普通话的"了$_1$",常放在动词或形容词后面表示已完成,为完成体助词,记之为"了$_1$",是动态助词。例(8)中用于句尾的"了",记之为"了$_2$",对应普通话中的"了$_2$",是语气助词。

3)"了$_1$"的位置

用于动宾之间。

(9)俺买了两本书。

(10)你吃了饭再走吧。

例(9)(10)中的"了"均放置在动宾结构之间,表示动作的完成。"动词+了"表示动作的完成。例(9)中的动作行为发生在过去,表示"俺"在过去完成了"买书"的动作,例(10)中的动作行为发生在将来,表示劝说"你"完成"吃饭"的动作再走,实际上还没有"吃饭"。

但某些情况下,"了"并不代表动作的"完毕"。如:

(11)俺读了两年研究生。

例（11）仅表示"俺读研究生"这个持续性行为阶段性的完成（读了两年），但读研究生这一持续性动作整体尚未完成。

动词后加上"了"，还可以表示动作的结果具有延续性。

（12）a.他待安阳买了两套房。

　　　b.他待安阳买过两套房。

例（12）a 表示，在说话人说话时，"两套房"的所有权仍在"他"手中；而例（12）b 则表示"他"在安阳"拥有过两套房"，即着重表示他经历过"有两套房"这个状态，而说话时"他"是否还拥有"两套房"，则说话人一般并不清楚。但是如果主语为说话人本身或者说话人了解其中情况时，语义会产生差别。

用于句末或停顿之前。

（13）我吃了。

例（13）中的"了"位于句末，所表示的是"了"前面的动作已完成。

（14）他写字儿嘞水平提高了，可好看。

例句（14）中的"了"位于停顿之前（小句末尾），所表示的是状态变化的完成，是指写字的水平由低到高变化的完成。

刘月华（2003）指出谓语动词后有复合趋向补语又有宾语时，"了$_1$"有以下三种位置：

　　（I）动词+"上"类字+"了$_1$"+宾语+来/去

　　（II）动词+复合趋向补语+"了$_1$"+宾语

　　（III）动词+"了$_1$"+宾语+复合趋向补语

滑县话则只有（II）（III）两种用法，例如：

（15）*a.他拿出了一本书来。

　　　b.他拿出$^H$（出来）了一本书。

　　　c.他拿了一本书出$^H$（出来）。

滑县话没有普通话（I）这种用法，而普通话的"了"显然要灵活得多。

4）三域理论与"了"

肖治野、沈家煊（2009）对助词"了"进行了详细划分："了行1"表示"动作的完成"，位于动词后；"了行2"表示"事态出现变化"，位于句尾。"了行1+行2"表示"动作的完成且事态出现变化"，位于动词后的句尾部分（包括小句末尾）。

（16）a.他写了了行1回信了行2。（他写了回信了。）

　　　b.他写回信了了行1+了行2。（他写了回信了。）

滑县话与此对应，例（16）a中的"了行1"表示"动作的完成"，位于动词后；"了行2"表示"事态出现变化"，位于句尾。例（16）b中的"了行1+了行2"表示"动作的完成且事态出现变化"，位于动词后的句尾部分。

（17）俺有点乏，睡着了行1+了行2。

（18）他已经来了行1+了行2，不用打电话了。

滑县话用兼表总括与完成的"完"时，句尾用"了"。

（19）我做完这些作业了。

（20）都恁大嘞人了，还喜欢玩泥巴。

例（20）中，说话者的语气是要用"大人"与"玩泥沙"做出对比，表示对被说话者的不解或调侃，例句中强调被说话者已经从小孩子变成了大人，强调的是一种"事态的变化"，因此句中的"了"在行域上应归入"了行2"的范围。

对于在强调事态完成的语境中，滑县话中用"了行2"。

（21）菜都糊了，还炒！

从以上例句中可以得知，滑县话中，"了"在行域上的范围包括"了行1""了行2""了行1+行2"。

5）"了"的行言知三域

肖治野、沈家煊（2009）对助词"了"进行了三域的分析："了行"表示"新行态的出现"，其中"了行1"表示"动作的完成"，位于动词后。"了行2"表示"事态出现变化"，位于句尾。"了知"表示"新知态的出现"，位于句尾。"了言"表示"新言态的出现"，位于句尾。

结合知、言两域的定义。笔者对"了知、了言"的理解为："了知"是人的主观认知、知觉等出现变化。"了言"是出现某种新的言语行为。

由此，关于"了"在三域交叉的情况也不难理解：在某些情况中，客观环境的变化（行），不可避免的会导致人的主观认识（知）和言语行为（言）发生变化。因此，在用三域理论分析滑县话完成体助词时，同样也会出现这种情况。下面用肖治野（2016）中普通话的例句与滑县话比较。

（22）他肯定喝了行1敌敌畏了知。

例（22）符合肖治野、沈家煊（2009）"我想[P]了"知域判定格式，"了2"是"了知"。"了1"是"了行1"。

（23）这件拍卖品归了行1你了言。

例（23）符合肖治野、沈家煊（2009）"我说[P]了"言域判定格式，"了2"是"了言"。"了1"是"了行1"。

（24）他肯定睡着了行1+知。

例（24）中的"了"，表示的是他入睡这个动作的完成，并且是说话人主观认知上（肯定）的完成，因此其涉及概念域范围应为"了行1+了知"。

（25）他肯定走了行1+知，不用等他了。

例（25）中滑县话前句句尾用"了"，其涉及概念域范围应为"了行1+了知"。

根据"了"在句子中出现的位置的差异，可以划分出其所包含的范围。

滑县话中，"了"在三域上的范围包括"了行1""了行2""了言""了知""了行1+2""了行1+知"。

张宝胜（2011）曾以河南汝南方言"了"的不同读音证明了北京话区分"了1"和"了2"是正确的，尽管"了1"和"了2"读音相同。

滑县话中，"了2"读音多为[·lɤ]，"了1"多读[·liau]，"了1"也有读为[·lɤ]的。

我们注意到，滑县话中，"了2"读音为[·lɤ]的，多是行域里的"了2"。下列句子（张宝胜，2011）的"了2"，滑县话都不能读成[·lɤ]，而应该读成[·la]，有可能是"了啊"的合音。

（26）再见了[·la]。

（27）谢谢你了[·la]。

（28）走了[·la]，走了[·la]。

这三个例句中句末的"了2"是"了言"，而不是"了行"。滑县话里"了行"的读音为[·lɤ]，"了言"的读音为[·la]。

如果是"了言+行"，则读[·lɤ]和[·la]两可。如：

（29）天冷了，下雪了。（张宝胜，2011）

这个句子既可以是陈述天气发生变化的事实(行域)，又可以是告知别人这一事实(言域)，所以读[·lɤ]和[·la]均可。

而单纯的"了知"，读音却是[·lɤ]和[·la]两可。

1）"动词+嘞"

（30）前儿个去嘞北京。

上例中的"嘞"有类似于"了"的作用，表示完成。

2）罢[pa³¹²]

"罢"表示动作完成或变化完结，粘附在动词或少数动结式后边，动词所带宾语放于"罢"后。例如：

（31）喝罢了冇？

（32）衣裳腌臢了，你阖洒（抖）一下。

（33）欤囊早斗叫他清罢了。

3）过[kuo³¹²]

"过"侧重表示动作的结束。

（34）他去过零和村了。

（35）吃过饭了冇？

### 3.2.3 进行体

"正……嘞"表示动作行为在进行之中。表达进行体意义时，"正……嘞"常同"待这儿/那儿"共现。例如：

（1）他正吃嘞。

（2）他正待这儿忙嘞。

（3）他正待那儿炒菜嘞。

（4）村里正下雨嘞。

### 3.2.4 经历体助词

经历体助词是表示动作行为或变化的助词。滑县方言与普通话一样，在动词性成分或形容词成分后附加助词"过"。

（1）他俩从来冇搁过气。

（2）《对花枪》那个戏俺早斗听过了。

（3）冇材料嘞事儿他从来冇办过。

表示动作行为已经发生,主要用"过₂"来表示经历体。滑县方言的"过"有两个："过₁"用在动词后面，表示动作的完成，如"俺吃过₁饭了"，"过₁"经常被"罢"替代；"过₂"用在动词后，表示某种行为曾经发生过，但是未持续到现在，如"俺吃过₂榴莲"。一般认为，"过₁"是完成体（或近时完成体），"过₂"是近时体（或远时完成体）。在滑县方言里，"过₁"重读，"过₂"轻读，它们的问句也不相同，问句的语气词也不同，如：

（4）a.你吃过₁嚛？——俺吃过₁了。

　　b.你吃嚛？——俺吃了。

（5）你吃过₂榴莲哟？——俺吃过₂榴莲。

上面第一个例子中，提问动作是否完成，"过₁"可以省略，只用"嚛"表示对完成与否的提问，如可以说"你吃嚛"。答话也可以只用表完成的助词"了"，不用"过₁"，如可以回答"俺吃了"。答句语气词用"了"。第二个例子中，"过₂"主要表经历体，所以问话中的"过₂"不能省略，问句语气词用"哟"，答句不用语气词。

经历体结构有以下几个特点：

1）"过₂"表示具有普遍意义的经历，动词不具体指某一次动作行为，而表示泛指的动作。

2）动词大多是单音节的词。如果是双音节的动词，双音节的动词是不及物动词，且大多是动宾型的动词。

3）动词和宾语之间也可以有补语存在。如"他叫人打烂过头"等。动词可以带双宾语，如"俺借过他书""他送过俺东西"。

### 3.2.5 起始体助词

起始体表示动作行为或变化的开始，滑县方言中，起始体的标记成分是"起ᴴ"（"起来"的合音形式），语音形式是[·tɕʰiai]。

（1）外头下起ᴴ了。

（2）一扬巴掌他可哭起ᴴ了。

### 3.2.6 短时貌助词、尝试貌助词

短时貌表示动作行为或变化所经历的时间短，有时也指动作行为或变化所涉及的量小。尝试貌表示动作行为的尝试。

1）一下ᶻ[·i·ɕiau]

"一下ᶻ"既是短时貌助词，又是尝试貌助词。

（1）俺去问一下ᶻ。

（2）你去瞧一下ᶻ他走了冇。

（3）搁那个鱼翻一下ᶻ。

2）试试[ʂʅ³¹²·ʂʅ]

"试试"是尝试貌助词。

（4）裤我试试合身不合身。

（5）车俺开开试试。

## 3.3 结构助词

结构助词的语法作用在于改变或标示被附加语言成分的结构功能。滑县方言里的结构助词主要有"个""那""嘞"等。

### 3.3.1 个[·kɤ]

滑县方言里的结构助词"个"由量词"个"语法化而来，用来标示句法结构关系，语音形式是轻声。

"个"可以标示动词与一般宾语、表示数量的准宾语之间的关系，如：

（1）你喝个水也不安生。

（2）来个俩仨人都不够用。

"个"也可以附在动词后，标示动词与它后面的成分之间是动补关系。

（3）他一直吃个不停。

### 3.3.2 嘞[·lɛ]

结构助词"嘞"分为副词性成分标记、形容词性成分标记、名词性成分

标记和补语标记。

1）副词性成分标记。副词性成分标记"嘞"附加在形容词的重叠式、副词、拟声词、并立结构或其他短语之后，使这个组合成为副词性的语言成分，相当于普通话的"地"。例如：慢慢儿嘞、孬孬儿嘞、轻轻儿嘞、望望儿嘞、呼哧呼哧嘞、稀里糊涂嘞、不停事儿嘞、一口一口嘞。整个组合在句子中的语法功能和副词相同，一般用在谓词性成分前表示情状，作状语。

（4）这个小孩儿孬孬嘞。

（5）他呼哧呼哧嘞喘气。

2）形容词性成分标记。形容词性成分标记"嘞"附加在名词、动词、量词、形容词、拟声词的重叠式之后，使这个组合成为形容词性的语言成分，相当于普通话的"的"。例如：块块儿嘞、低低儿嘞、冷飕飕嘞。整个组合在句子中的语法功能和形容词接近，一般在句子中作谓语、补语或定语。

（6）她这个人疯疯嘞。

（7）他嘞手白白嘞。

（8）她嘞裙儿干净净嘞。

生动形式或描状性的短语也可以附加"嘞"。例如：甜不拉唧嘞、酸不出嘞、热流呼啦嘞。

3）名词性成分标记。名词性成分标记"嘞"附加在名词、动词、形容词、代词、数量短语、动宾短语、动补短语、主谓短语、连动短语、兼语短语、联合短语、小句后，使这个组合成为名词性的语言成分，相当于普通话的"的"。例如：欣妮嘞、喝嘞、黑嘞、俺嘞、五尺嘞、喝水嘞、吃嘞瘦嘞、他玩嘞、去屋里拿书嘞、叫你去悠嘞、整天儿冇事瞎胡跑嘞。整个组合在句子中的语法功能和名词一样，一般在句子中作主语、宾语、定语。例如：

（9）你嘞是个玩具。（作主语）

（10）那个书是夜个捎来嘞。（作宾语）

（11）回家嘞人都走啦。（作定语）

4）补语标记。补语标记"嘞"主要附加在谓词性成分后，使该谓词性成分具有带补语的功能，后面连接的一般是结果补语、情态补语或程度补语，相当于普通话的"得"。例如：

（12）夜儿个玩嘞可得。（结果补语）

（13）热嘞俺呼哧呼哧喘气。（情态补语）

（14）他嘞腿瘦嘞可很。（程度补语）

3.4　时间助词

滑县方言有一个附加在谓词性成分或小句之后表示相对意义的"说"可

以称为时间助词。

（1）捞面条生说不能吃。

（2）你约摸病好说再走

（3）割麦说小心点儿。

（4）你吃饭说他都走罢了。

3.5 能性助词

（1）你说话俺听着了。

（2）饭你吃完了吃不完？

（3）啤酒你喝了了哟？

**四 语气词**

4.1 概述

滑县方言的语气词数量比较多，本节讨论19个：喽[lɔ]、了[lɤ]、吧[pa]、呗[pɛ]、哦[ɔ]、啦[la]、哟[io]、嘞[lɛ]、呀[ia]、哪[na]、俩[lia]、啊[a]、嘹[lio]、喈[tɕiɛ]、咾[lau]、算了[suan lɤ]、拉倒[la tau]、妥了[tʰuo lɤ]、嘞话[lɛ xua]。由于语气词的字调不固定，所以上面的标音没有标注声调。

4.2 单用于句末的语气词

句末单用语气词根据语气类型可分为陈述句、疑问句、感叹句和祈使句四部分讨论。

4.2.1 陈述句

单用于陈述句的语气助词14个：喽、了、吧、呗、哦、啦、哟、嘞、呀、哪、俩、啊、算了、拉倒。其中"喽"和"了"只用于陈述句，不用于疑问、感叹和祈使句中。

1）喽。表达愉快的心情。

（1）吃饭喽吃饭了。

例（1）表达"要吃饭了"的愉悦心情。

2）了。表示新情况、新信息的出现。如：

（2）前儿个看见他了前天看见他了。

"看见他"是对方不知道或者与对方已知不同的事实。

3）吧。表示建议、商量的语气。

（3）咱俩吃罢饭再走吧我俩吃过饭再走吧。

例（3）向对方建议"吃过饭再走"。

4）呗。表示不太在意或不耐烦的语气。

（4）叫恁玩儿恁斗去玩儿呗叫你去玩你就去玩好了。

(5) 恁想笑斗笑呗你愿意笑就笑。

例（4）表示不太在意。例（5）表示"你愿意笑就笑，没人管你"，含有不耐烦的意味。

5）哦。表示恍然大悟的语气。如：

(6) 他是个官儿哦他是个当官的啊。

6）啦。表达提醒、评价或推测语气。

(7) 他到道口镇啦他已经到道口镇了。

(8) 她变嘞好看多啦她变得比以前好看多啦。

(9) 再不叫他斗走啦再不喊他就走啦。

例（7）表示解释或提醒的语气。例（8）"啦"用在形容词"多"后面，表示对情况或状态的评价。例（9）表示"再不叫他"这个虚拟的事件发生时，"他会走"这个事件会发生。

7）哟。表达意外、不满、醒悟或轻视的语气。

(10) 恁这不是冇事儿找事儿哟你这就是没事找事。

(11) 说嘞是他哟说的人是他呀。

(12) 他不斗是个村干部哟他只不过是个村干部。

例（10）表示说话人对听话人所做的事情感到不满的态度。例（11）相当于普通话中的"啊"，表示突然明白的语气。例（12）有"不斗"与"哟"呼应，表示轻视、蔑视的语气。

8）嘞。表达肯定、确认、怀疑、提醒的语气。

(13) 天儿还早嘞时辰还早呢。

(14) 他是坐高铁回来嘞他是坐高铁回来的。

(15) 明儿个才八月十五嘞明天才是八月十五呢。

(16) 水才冇恁多嘞水才没有那么多呢。

例（13）肯定并强调"天儿还早"的事实，"嘞"读音要拉长。例（14）表示对整句话内容的确认。例（15）提醒"明天才是八月十五"这一事实，有时带有责怪的口吻。例（16）表示怀疑或轻视等语气。

9）呀。表达提醒或申辩的语气。

(17) 下雨了，恁白出 ᴅ呀下雨了，你不要出来呀。

(18) 冇人儿打他呀没有人打他呀。

例（17）提醒或劝告对方不要出去。例（18）表示申辩的语气，意思是说"没有人打他"。

10）哪。表达提醒的语气。

(19) 明儿个去你可得带 ᴅ伞哪明天去你可要带上伞啊。

例（19）提醒对方去目的地要带上伞。

11）啊。表达告知或不满的语气。

（20）俺走了啊<sub>我走了啊</sub>。

（21）恁好好儿干啊<sub>你认真干活啊</sub>。

例（20）告知听话人自己要走了。例（21）表示对听话人行为的不满。

12）唡。"唡"是"嘞""呀"或"了""呀"的合音形式。表达告知、肯定、惊奇的语气。

（22）他去玩唡<sub>他去玩了</sub>。

（23）有在那儿哟？他去唡<sub>没有在那里吗？他去了呀</sub>。

（24）红薯喂罢猪唡<sub>红薯喂过猪了呀</sub>。

例（22）用来告知对方"他已经去玩啦"这件事。例（23）肯定"他已经去了"的事实，说话语气较重。例（24）陈述"红薯喂过猪"这一事件已经做过了，带有惊奇的语气。

13）算了/拉倒。"算了"和"拉倒"语用环境基本相同，对别人不做或没有完成的事情，说话人都表示随便或无所谓的态度。

（25）吃不完算了/拉倒。

二者的区别只是语气轻重的不同，用"算了"语气轻；"拉倒"则语气重，有时含有不满的语气在里面。

4.2.2 疑问句

在疑问句中用到的语气词有9个：吧、啦、呀、哦、哟、嚎、唡、啊、嘞，它们还可用于其他句子类型。

4.2.2.1 是非问。是非问句中用到的语气词7个：吧、啦、呀、哦、哟、嚎、唡。其中，"哦、哟、嚎"只能用于是非问句。

1）吧。多表示推测的语气。

（26）酒喝高了吧<sub>酒喝多了吧</sub>？

例（26）"吧"减弱了句子的疑问程度，包含一种更为明显的推测语气，说话人对答案有更为明显的倾向，句末语调上扬。

2）啦。表达询问、推测的语气。

（27）都走啦？

例（27）在询问中还有推测"全都走啦"的语气。

3）呀。表达询问、推测或希望得到证实的语气。

（28）恁知<sup>H</sup>他呀<sub>你知道他呀</sub>？

例（28）询问"你知道他"中兼有推测或希望得到证实的语气，"呀"有缓和生硬的疑问语气的作用，也有稍显惊讶的意思。

4）哦。句末用疑问词"哦"表达询问的语气。如：

（29）恁冇买那本书哦你没有买那本书吗？

5）哟。表达疑问、求证或不认可的语气。

（30）他真去哟他真去吗？

（31）他真嘞不管你哟他真的不管你吗？

（32）恁还缺钱花哟你还缺钱花吗？

（33）这是走不动哟这是走不动吗？

例（30）表达对"他真去"的怀疑。例（31）问话人已经有些确定答案，但想得到对方的证实。例（32）表示说话人对所述情况的不认可。例（33）说话人用现在的事实证明对方原来说"走不动"的虚假性。

6）嘹。"了""哟"或"嘞""哟"的合音。多是对正在或将要发生的事情或状况的询问。

（34）恁明儿个回家嘹你明天回家？

例（34）说话人猜测对方"明天要回家"，为了确认这一将要发生的事件而作出询问，主语一般为第二人称，或者不出现。

7）啊。表达不高兴、不耐烦的语气。如：

（35）谁说俺不去啊谁说我不去呀？

8）嘞。用于简略问句中，在语境中的含义为是非问句。

（36）——明儿个俺来不了啦明天我来不了啦。

　　　——后儿个嘞后天能来吗？

例（36）意义为"后天能来吗"，为简略式是非问。

4.2.2.2 特指问。在特指问中运用的语气词5个：啊、呀、吧、啊、嘞。

1）啊。表达询问的语气。

（37）谁明儿个坐汽车去郑州啊谁明天坐汽车去郑州呀？

（38）他明儿个咋着去郑州啊他明天怎么去郑州呀？

例（37）询问"是谁去"。例（38）询问"怎么去"。

2）呀。"呀"起缓和语气的作用，如：

（39）他喝嘞啥呀他喝的是什么呀？

3）吧。"吧"加强了询问语气，有时还含有不满语气。如：

（40）恁说咋办吧你说怎么办吧？

4）啊。"啊"表达深究的语气，要求对方给以明确的答复，主要询问人物、情状、处所和时间等。

（41）恁找谁啊你找谁啊？

（42）他咋来啊他咋来了啊？

例（41）对听话人要找的对象进行深究。例（42）对"他怎么来了"进行深究。

5）嘞。在省略问句中，"嘞"承担了询问语气，也承担了一定语境中的疑问内容，还有完句的功能。滑县话有"NP+嘞"和"VP+嘞"两种特殊的简略格式，它们不靠特指疑问词提出疑问，而是在一个词或短语之后加上语气助词来提问，要求有针对性的回答。

（43）俺妈嘞我妈在哪儿？

（44）俺吃道口烧鸡，恁嘞我吃道口烧鸡，你吃什么？

（45）要是他不去嘞如果他不去怎么办？

（46）恁说嘞你说怎么办呢？

例（43）、例（44）是"NP+嘞"，这是一种询问存在的疑问句，信息焦点在名词性成分（主语）。这种问句，如果是首发句，一般是询问处所，相当于问"NP 在哪儿？"，如例（43）。在特定的语境中，当"NP 嘞"处在后续句的情况下，也可用询问处所以外的其他情况，相当于问"NP 怎么样"，如例（44）。例（45）（46）是"VP+嘞"。例（45）用在"要是……嘞"这样的假设问句中，这样的问句由"要是……，（那么）嘞"省略而来，形式上只保留了"要是"领起的假设分句和语气词"嘞"，表示的语义通常是"如果出现了某种情况，该怎么办"，语义特征是虚拟性和条件性，主要是对未然情况的询问，这种假设句一般在有上文的情况下才会出现，常常是假设一种不好的、意料之外的情况，问在那样的情况下自己应该怎么办。在一定条件下，这类问句也可以不含假设义，如例（46），此句中的主语一定要用第二人称，谓语动词限于"看，说，想，瞧"等。

4.2.2.3 选择问。选择问句中用到的语气词 3 个：啊、呀、唡。

1）啊。一般用"啊"，也可以不用，用"啊"时询问口气更重一些。如：

（47）恁是去安阳还是去濮阳啊你是去安阳还是去濮阳啊？

2）呀。表达对还未发生的事进行询问。如：

（48）吃馍呀还是喝汤呀吃馒头还是喝汤呀？

3）唡。表达对过去已发生了的事件的询问。如：

（49）是恁不上学唡，还是恁哥不上学唡是你不上学啊，还是你哥不上学啊？

4.2.2.4 反复问句。在反复问句中用到的语气词 3 个：呀、唡、嘞。

1）呀。"呀"起缓和语气的作用。

（50）恁喝不喝水呀？

（51）给不给他书呀？

上面两例都起到了缓和语气的作用。例（50）谓词性成分是带简单宾语的形式。例（51）谓词性成分是带双宾语的形式。

2）啊。"啊"用在正反问句的末尾，表示一般的询问语气，多是对对方的一种关心。如：

（52）恁是不是哭啊你是不是哭了？

3）嘞。"嘞"代替正反问项，可用于有情景语境的省略问句，这种省略问句所表示的具体内容由情景语境决定，问句属于正反问句。

（53）桶里嘞桶里有没有？

（54）后儿个嘞后天去不去？

（55）一千嘞一千元够不够花？

例（53）是"处所名词+嘞"，例（54）是"时间名词+嘞"，例（55）是"数量词+嘞"。

4.2.3　祈使句

祈使句中用到的语气词6个：啊、呀、呗、吧、啦、妥了。

1）啊。用在祈使句句尾，表达建议、劝告的语气。如：

（56）恁慢ᴰ点儿啊你慢点儿呀。

2）呀。用在祈使句句尾，表达提醒的语气。如：

（57）明个儿早点儿起ᴴ呀明天早点起来呀。

3）呗。表达请求、命令或催促的语气。

（58）去搁钱拿来呗去把钱拿来呀。

（59）等等俺呗等等我呀。

例（58）用在祈使句末尾，表示对他人的命令或请求，"呗"使得生硬的语气变得比较缓和，让人容易接受。例（59）请求对方等等自己。

4）吧。能缓和劝告、命令或请求的语气。如：

（60）赶紧走吧。

5）啦。"啦"的作用主要是缓和语气，有时含有不满的意味。如：

（61）白打啦不要打架啦。

6）妥了。"妥了"能增强句子所表达的随意、随便的语气，常跟表示随意、随便的情状副词"瞎胡""随便儿"搭配使用，它还有完句的功能。如：

（62）黄瓜瞎胡涮涮妥了黄瓜随便洗洗算了。

4.2.4　感叹句

感叹句中用到的语气词2个：喈、哪。

1）喈。"喈"表示夸张语气，常跟程度副词搭配使用，有加强语气的功能。如：

（63）书可好喈书很好啊！

2）哪。"哪"表示责备语气。说话人太气愤一时说不出很多话，或有很多责备的话不知从何说起。如：

（64）他这个人哪！

### 4.3 用于句中表停顿的语气词

滑县方言用于句中表停顿的语气词主要有 6 个：咾、哦、呀、哟、嘞、嘞话。

1）咾。"咾"出现在假设复句中，在偏句末尾表达假设语气。如：

（65）这事儿俺知ᴴ咾也得去这事情我知道了也要去。

2）哦。"哦"出现在假设复句偏句末尾，说话人比较自信，表示某种情况不会出现。如：

（66）他要能考ᴰ上学哦，都考上了他要是能考上学呀，都能考上了。

3）呀。"呀"起舒缓语气的作用，也能表达责备、感叹、提醒的语气。

（67）猪呀，牛呀，羊呀，他家啥都喂猪、牛、羊，这些牲畜他家都喂养。

（68）天天玩儿呀，玩儿呀，也不说学习他整天只愿意玩，不愿意学习。

（69）他呀，谁都惹不起谁都惹不起他。

（70）今儿个呀，谁都不对今天呀，谁都做的不对。

例（67）"呀"的作用是在并列项后舒缓语气。例（68）"呀"用在两个重复动词"玩儿"之后，带有责备的语气。例（69）表感叹语气，对"他"无可奈何，还带有讽刺的意味。例（70）提醒对方注意下文。

4）哟。表达强调、假设、顿悟的语气。

（71）这小孩哟，可精细这个小孩很聪明。

（72）要是他要哟，我才不给他嘞如果是他要，我才不会给他呢。

（73）是恁哟，咋才来呀是你呀，怎么才来呀。

例（71）用于句首语"这小孩"之后，表达强调等语气。例（72）用于假设分句的暂时停顿，表假设语气。例（73）用在陈述句中，表示顿悟的语气。

5）嘞。能缓和语气，也能表达夸张和顿悟的语气。

（74）一会儿干这嘞，一会儿要那嘞，真是老驴上套，不屙斗尿一会儿干这，一会儿要那，真是老驴上套，不拉屎就拉尿。

（75）还是村干部嘞，啥事儿都不管还是村干部呢，什么事都不管。

（76）——小红生病了。

——俺说嘞，瞧ᴰ他斗不对劲儿我说呢，看他就不对劲儿。

例（74）中的"嘞"有缓和语气的作用，用于句中列举项之后的暂时停顿。例（75）指明"是村干部"的事实并略带夸张。例（76）原来对"小红生病了"未知，但心中有疑惑，后来有人说起才知道这事，表示一种顿悟的语气。

6）嘞话。表示假设语气。如：

（77）恁要是作难嘞话俺斗不借了<sub>你如果为难的话我就不借了</sub>。

### 4.4　语气词的连用

所谓连用，即一个语气词接着一个语气词使用。不是所有的语气词都可以连用。能够连用的语气词一般是位于句末的语气词，句中的语气词一般不能连用。滑县方言中以两个语气词连用最为常见，三个语气词连用的几乎没有。滑县方言中连用的语气词主要有：了吧、咾嘞、妥了吧、嘞呀/了呀、了哟/嘞哟。

1）了吧。表达不大肯定或揣测的语气。

（78）水快流出<sup>H</sup>了吧<sub>水快要流出来了</sub>。

（79）他出<sup>H</sup>玩了吧<sub>他出来玩了吧</sub>？

例（78）用于陈述句末，表达对事实不大肯定的陈述语气。例（79）用于是非疑问句句末，表示揣测语气，有时候问话人用疑问的语气说出来只是为了向对方求证。

2）咾嘞。表示假设的语气，提醒对方注意自己所说的情况。如：

（80）钱万一叫偷咾嘞<sub>钱万一叫偷了呢</sub>？

3）妥了吧。

（81）搁书弄妥了吧<sub>把书弄好了吧</sub>。

4）嘞呀/了呀。见上文中"呐"的分析，"呐"是"嘞""呀"或"了""呀"的合音形式。说话人有时说成"嘞呀/了呀"，有时说成"呐"。

5）了哟/嘞哟。见上文中"嘹"，"嘹"是"了""哟"或"嘞""哟"的合音。说话人有时说成"了哟/嘞哟"，有时说成"嘹"。

滑县方言的语气词有一定的特色，期待更多关于语气词的论文出现。

## 第三节　句型

### 一　主谓句

#### 1.1　概述

句子根据内部结构可分为单句和复句。单句是由短语或词充当的、有特定的语调、能独立表达一定意义的语言单位。句型是根据全句语气分出来的类，主要分为主谓句和非主谓句。

### 1.2 主谓句

由主语、谓语两个成分构成的单句叫主谓句。从谓语的构成看，滑县方言主谓句可以分成动词谓语句、形容词谓语句、名词谓语句、主谓谓语句等小类。

#### 1.2.1 动词谓语句

动词性词语充当谓语的句子叫动词谓语句。例如：

（1）天爷儿‖照住了全村。（主‖动+宾）

（2）膀‖磨烂了。（主‖动+补）

（3）他‖打烂一ᴴ碗。（主‖动+补+宾）

（4）他俩‖以前说过。（主‖状+动）

（5）他‖就吭ᴰ一声。（主‖状+动+补）

（6）俺‖前儿个去ᴰ一趟安阳。（主‖状+动+补+宾）

有些动词要重叠，例如"俺想想啊｜恁俩收拾收拾"。

#### 1.2.2 形容词谓语句

形容词性词语充当谓语的句子叫形容词谓语句。形容词性谓语句常常是复杂形式（指状+形、形+补、状+形+补），状态形容词作谓语时常加"嘞"，例如"小孩嘞手热呼呼嘞"。

性质形容词则要常常加上程度副词、某些语气副词或者表示比较的成分等做状语、补语。例如：

（7）他些能干。

（8）风可凉快。

（9）人好嘞很。

（10）今年雪下嘞比去年早嘞多。

#### 1.2.3 名词谓语句

名词谓语句是由名词性词语充当谓语的句子。例如：

（11）今儿个礼拜天。（名‖名，表时间）

（12）明儿个年歇。（名‖名，表节日）

（13）夜儿个阴天。（名‖名，表天气）

（14）薛二小，延津人。（名‖名词短语，表籍贯）

（15）熬馍一碗，炒菜两盘。（名‖数量短语，表数量）

（16）这个书新买嘞。（名词短语‖"嘞"字短语，表类属）

名词谓语句可以看成是动词谓语句的变体或者省略形式。

名词谓语句与动词谓语句和形容词谓语句不同，是不完备的特殊句型，名词一般是不能作谓语的，只有在以下四种条件限制下才能充当谓语。

a.只能是肯定句，不能是否定句；

b.只能是短句，不能是长句；

c.一般只能是口语句式，不能是书面语句式；

d.限于说明时间、天气、籍贯、年龄、容貌、数量等口语短句。

名词性谓语句的谓语中心名词性词语进入主谓框架的谓语位置上都有表述性，有的又能前加副词状语，例如：

（17）他正好七十了。（名‖数量短语，表年龄）

（18）沟里净ᴰ水。（方位短语‖副、名，表存在）

有的必须前加数量短语或形容词，例如：

（19）俩人一ᴴ房。（名词短语‖名词短语，表数量）

（20）他大眼儿，黑脸儿。（代‖定中短语，表容貌）

### 1.2.4　主谓谓语句

主谓短语充当谓语的句子叫主谓谓语句。主谓谓语句是凭谓语的结构定的类名。若按小谓语的词性分类，它应归入上述动词谓语句、形容词谓语句和名词谓语句。

如果从全句的主语（大主语）和主谓短语里的主语（称为小主语）是施事还是受事以及其间的关系等方面来分析，大致有下面五类。

1）大主语是受事，小主语是施事，全句的语义关系是：受事｜施事——动作。例如：

（21）这事儿‖俺几ᴴ都愿意。

（22）啥困难‖他都能战胜。

（23）一口水‖俺都不喝。

（24）大伙儿的事儿‖大伙儿办。

大主语原来是谓语里的一个成分，由于表达的需要，移位到句首当主语。下例谓语里连用两个动词，大主语只跟其中一个动词有动作和受事关系。

（25）这个书，　你捎回去给ᴰ小三吧。

2）大主语是施事，小主语是受事，全句的语义关系是：施事‖受事——动作。例如：

（26）你这人哪，‖镰把都冇摸过。

（27）他‖啥酒都喝过。

（28）他‖啥苦都吃过。

（29）你‖一口水都不喝。

（30）俺‖书桌也拾掇罢了。

3）大主语和小主语有广义的领属关系。例如：

（31）他工作认真。

有的句子的小谓语，可以跟大主语和小主语同时发生语义联系，即使不用小主语，句子也能成立，例如：

（32）她态度和蔼。

有一些跟大主语没有直接的语义联系，如果删去小主语，句子不能成立。

（33）他俩眼可红。

4）谓语里有复指大主语的复指成分。

小主语是大主语的复指成分，例如：

（34）老王这个民办教师，他一直好好上课。

宾语是大主语的复指成分，例如：

（35）这小孩，俺也疼她。

5）大主语前暗含一个介词"对、对于、关于"等等。大主语如果加上介词，就变成句首状语了。例如：

（36）这事儿‖他嘞经验可多了。

（37）这㠯题，‖俺几ᴴ说俩。

（38）全村老少爷们，‖俺就服他。

也有用名词语作小谓语的，但其实是省略了动词的口语短句。

（39）皮渣一斤多少钱？（一斤要多少钱）

（40）大伙儿一人一包。（一人给一包）

（41）㠯人一人一根油条。（一人买一根油条）

**二　非主谓句**

2.1　概述

分不出主语和谓语的单句叫非主谓句。它由主谓短语以外的短语或单词加句调形成。可以分为动词性非主谓句、形容词性非主谓句、名词性非主谓句、叹词句和拟声词句。

2.2　动词性非主谓句

由动词语加语调形成。这种句子并不是省略了主语，而是不需要补出，或无法补出主语。动词性非主谓句不需要特定的语言环境就能表达完整明确的意思。例如：

（1）走！

（2）出ᴴ月明地儿了。

（3）上课了。

（4）白吸烟！

（5）提倡少生优生！

这种句子通常用来说明自然现象、生活情况、祈望，有的是口号。还有一些兼语句也是。

（6）有个村叫王林。

（7）叫人下不来台。

2.3 形容词性非主谓句

由形容词或形容词性短语形成。例如：

（8）好！

（9）坏了！

（10）对！

（11）可得！

2.4 名词性非主谓句

由名词或定中短语形成，例如：

（12）真好啊！（表示赞叹）

（13）好车！（表示赞叹）

（14）长虫！（表示突然的发现）

（15）小李！（表示呼唤）

（16）夏天了！（怎么还不发芽？）（表示已到了夏天季节。）

2.5 叹词句

由叹词形成，例如：

（17）"啊！嗯！"

2.6 拟声词句

由拟声词形成，例如：

（18）"呜！呼呼！"

## 第四节 句式

### 一 处置式

1.1 概述

滑县方言主要有"搁"字处置式和代词复指型处置式。

1.2 "搁"字处置式

1.2.1 处置标记

滑县方言中的处置标记读音为$[kɤ^{24}]$，与滑县方言中的动词"搁"同音，但二者词性和意义在滑县方言中区分明显,处置标记[kɤ²⁴]是介词,意义相当于北京话的"把","搁"为动词,意义为"放"。笔者把处置标记[kɤ²⁴]记为同音的"搁"。根据贺巍(1989、1993),卢甲文(1992),张恒(2007)的研究和笔者的调查,河南郑州、开封、洛阳、南阳的处置标记主要是"给"。滑县与浚县毗邻,辛永芬(2011)报道浚县方言中的处置标记是"□[kai²¹³]"或"弄 ᴰ [no²¹³]"。滑县方言中的处置标记"搁"与上述地区中的"给"和"□[kai²¹³]"应该同源,都来源于"给"。"给"在滑县方言中读为[kei⁵⁵],在滑县人的语感中,"给"只有动词一种用法,意义为"给予",[kɤ²⁴]只用作处置标记,它们的区分十分明显,可能是动词"给"语法化为介词时引发了语音等的演化。

1.2.2 语法意义

滑县方言中介词"搁"的作用是引进动词所支配、关涉的对象,充当谓语动词的状语。语法意义是表示由于某种动作或原因的影响而产生某种结果或状态。由于句子中必须出现表示"结果"或"状态"的词语,因此,"搁"字句的谓语结构就要求是复杂的,不能只是单音节动词。

1.2.3 "搁"字处置式的分类

李蓝(2013)把汉语方言里有处置标记的处置式分成了五种,这五种在滑县方言里都有"搁"字句对应。下面的解释和普通话例句参考李蓝(2013)。

1)强处置句

强处置句由"处置标记+可见对象宾语+(动作性)VP"构成,动作行为明显,句子的处置义很强。如:搁窗户关 ᴰ 上把窗户关上。

2)一般处置句

一般处置句由"处置标记+对象宾语"构成,句子有明确的处置对象,但处置义不及强处置句强。如:搁作业写完 ᴰ 把作业写完。

3)对待义处置句

对待义处置句由"(方向性)处置标记+(指代词)处置对象+(方式性)谓语"构成,主要用来表示用什么方式对待处置对象。如:恁能搁俺咋着你能把我怎么样?

4)致使义处置句

致使义处置句由"处置标记+兼语式处置对象+动结式 VP 构成",句子有明显的致使义。如:电影搁大伙儿都瞧迷了这场电影把大家都看入迷了。

5)命名义处置句

命名义处置句由"处置标记+处置对象+命名义动词+处置结果"构成,用来给处置对象命名。如:大伙儿都搁他叫老王大家都把他叫老王。

1.2.4　否定词、助动词的位置

否定词以及助动词只能出现在"搁"字结构之前，而不能在它之后。

（1）恁白搁雨伞带ᴰ来<sub>你别把雨伞带进来。</sub>*恁搁雨伞白带ᴰ来。

（2）俺能搁事儿办好ᴰ<sub>我能把事情办好。</sub>*俺搁事儿能办好ᴰ。

在一些习惯用法中，"不"字可以放到"搁"字结构后面。

（3）忒不搁人当人了<sub>太不把人当成人了。</sub>——忒搁人不当人了。

1.2.5　构成"搁"字句的动词

构成"搁"字句的动词一般应该有较强的动作性，能够带表示结果的补语或宾语。从动词的性质上说，能进入"搁"字句的动词一般为非持续及物动作动词；"搁"字句的谓语结构要求是复杂的，不能只是单音节动词。

1.2.6　"搁"字处置式的类型

滑县方言"搁"字处置式的标准形式为：（A）+搁+B+V+X（A 为施事，B 为受事等，V 是动词或动结式，X 为动词或动结式后的其他成分，下同）。

滑县方言"搁"字处置式的结构类型主要有十二类。

1）（S）+搁+N+V+趋向补语

（4）俺搁老师嘞衣裳拿过来了<sub>我把老师的衣裳拿过来了。</sub>

2）（S）+搁+N+V+结果补语

（5）他搁驴嘞腿打折了<sub>他把驴的腿打断了。</sub>

3）（S）+搁+N+V+动量补语

（6）他搁松瓜片儿又炒ᴰ一遍<sub>他把松瓜片儿又炒了一遍。</sub>

4）（S）+搁+N+V+时量补语

（7）他搁衣裳泡ᴰ一天<sub>他把衣服泡了一天。</sub>

5）（S）+搁+N+V+嘞+状态补语

（8）他搁屋里扫嘞可干净<sub>他把屋里面扫得很干净。</sub>

6）（S）+搁+N+V+程度补语

（9）你快搁人烦死ᴰ了<sub>你快要把人烦死了。</sub>

7）（S）+搁+N₁+V+（给/到/在/成）+N₂+了/吧

（10）我早斗搁碗还给他了<sub>我早就把碗还给他了。</sub>

（11）他搁这个桌ᶻ面改成黑板了<sub>他把这个桌子面改成黑板了。</sub>

8）（S）+搁+N₁+连动结构+了/吧

（12）恁搁俺家嘞红薯捎ᴰ走卖ᴰ吧<sub>你把我家的红薯捎走卖了吧。</sub>

9）（S）+搁+N+V+了/着

（13）他搁书丢了<sub>他把书丢了。</sub>

（14）搁门开着吧把门开着吧。

10）（S）+搁+N₁+V+N₂

（15）搁门安把锁把门安把锁。

11）（S）+搁+N+VV

（16）搁恁屋里收拾收拾把你屋里收拾收拾。

12）S+搁+N+一+V

（17）他搁花儿一扔，拿起ᴴ棍儿斗打他把花儿一扔，拿起来棍儿就打。

### 1.2.7 "搁"字宾语的特点

伯纳德·科姆里在《语言共性和语言类型》（沈家煊译，1989）一书中提出了生命度和生命等级序列的概念，生命等级序列为：第一/第二人称代词>第三人称代词>其他人类名词短语>动物名词短语>无生命物名词短语。生命度等级序列中的词语都可作"搁"的宾语。从语义上看，"搁"的宾语主要是动作的受事，它的受事对象众多，"搁"的宾语还可以是工具、处所、时间、与事、使事乃至施事。

受事宾语如：

（18）服务员不当心搁茶杯打碎了服务员不小心把茶杯打碎了。

工具宾语如：

（19）写过来写过去，俺搁笔都弄坏了写来写去，我把笔都弄坏了。

处所宾语如：

（20）他搁地面铺上地砖了他把地面铺上了地砖。

时间宾语如：

（21）搁这个月熬过去斗好了把这个月熬过去就好了。

与事宾语如：

（22）俺还有搁衣裳钉上扣儿嘞我还没有把衣服钉上扣子呢。

使事宾语如：

（23）他嘞话，搁大娘笑嘞合不上嘴他的话，把大娘笑得不拢嘴。

施事宾语如：

（24）咋着搁小偷跑了怎么把个小偷跑了？

从信息论的角度看，"搁"的宾语一般是定指的、已知的，前面常加"这""那"或其他限制性的修饰语，否则不好构成"搁"字句。

（25）恁搁那个笔给ᴰ俺你把那支笔给我。

（26）汽车搁那个小树儿撞倒了汽车把那棵小树儿撞倒了。

代表不确定事物的名词不能跟"搁"组合，例如：

（27）他买了可多书他买了很多书。＊他搁可多书买了。

### 1.3 代词复指型处置式

辛永芬（2011）把方言中与代词复指相关的处置式归纳为单代型、介代呼应型、介代短语型、介词与介代短语呼应型、介代短语与代词呼应型五种类型，笔者借鉴了这些名称。

#### 1.3.1 单代型处置式

单代型处置式是没有处置标记但有复指代词的处置式，它的形式为：（B）+（A）+V$^D$+复指代词+X。这是一种不使用"搁"类标记词而表达处置意义的格式，格式中的动词如果是单音节动词时必须变韵，如果是动词短语时大部分后一个动词变韵，动词后必须有一个代词用来复指受事成分，被复指的受事成分可以在动词前出现，也可以省略。X 是动词后的其他成分，有一定的限制。

##### 1.3.1.1 结构特点

受事成分位于句首，交际过程中受事对象明确，有时可以不出现。施事位于受事成分后，语境中默认为第二人称，可以不出现。如果受事、施事同时出现，一般情况下是受事在前，施事在后。如：

（28）（饭）（你）吃$^D$它你把饭吃了。

谓语核心为动词或动结式，使用变韵形式，单音节动词重读并变韵，动结式后一个音节大多重读并变韵。这样的动词或动结式有：熬、扒、耙、掰、搬、剥、娶、染、挑、贴、停、捅、糊、脱、洗、掀、种、用、熨、砸、杀、淋湿、扑灭、灌满、喝完、推倒、晾干、擦净、踩死、烧开、叫醒、气死、倒光、砸烂、搅乱、弄落、打烂、打晕、放坏、晒黑、戳穿、扳直、修好、弄穷、炸焦、踢翻、拔掉、煮烂、烫平、灌醉、抓紧、撵跑、倒空、挑明、读熟、背会、算清、洗净、擦干、撂倒、关严、扭弯、哭肿、治好等。

复指代词用来复指受事成分，它后边是零形式或有表示处所、位移的成分。

（29）鸡儿杀$^D$它把鸡杀了。

（30）狗栓$^D$它当院吧把狗栓到院子里吧。

（31）那个猪撵$^D$它走吧把那头猪撵走吧。

动词后不加"它"仅仅表达一种动作，没有处置义；加"它"后，动作就有了处置义。如"喝！"没有处置义，而"喝$^D$它！"则表示"把它喝了！"，含有处置义。

"它"还能用于兼语句中，兼语句的前一动词常用"叫、请、喊"等，

（32）树你叫老二砍$^D$它你让老二把树砍了。

如果是"扔、丢"等动词时，复指代词"它"也能位于句中，"V 它"位于受事的前面做定语，这种句子比较少见。如：

（33）扔ᴰ它嘞书白要了扔了的书别要了。

1.3.1.2　语义特点

1.3.1.2.1　生命度越低的受事越容易出现在句首。与辛永芬（2011）报道的浚县方言中的复指型处置式一致，受事都是定指性比较高的成分，常常位于句首，它能否在句首出现跟这个名词所指称事物的生命度有关，即在生命度等级序列中除人称代词外，其他越是位于等级序列后面的成分越容易在句首出现。人称代词作为受事在单代型处置式中不能位于句首。

（34）鞋恁捎ᴰ它来吧你把鞋捎来吧。

（35）俺嘞牛牵ᴰ它圈里吧把我的牛牵到圈子里吧。

（36）买羊嘞偷ᴰ它走了买羊的人把羊偷走了。

1.3.1.2.2　动词语义是使受事的状态或动态发生变化，如"纸烧ᴰ它"中"烧"改变了纸的状态。动词或动结式使用变韵形式。当复指代词后为处所成分时，动词变韵是终点格标记，相当于普通话动词后的"到"或"在"。当复指代词后无处所成分时，动词变韵是完成体标记，相当于普通话动词后的"了₁"。如：

（37）馍盖ᴰ它篮ᶻ里把馍盖到篮子里。

（38）鞋穿ᴰ它把鞋穿了。

1.3.1.2.3　复指代词有不同读音，如为轻声，该代词容易被省略。与辛永芬（2011）报道的浚县方言不同的是，滑县方言复指代词后如果是零形式，整个式子表示一种有结果的处置，复指代词不读轻声，正常发音。如：

（39）饭吃完ᴰ它把饭吃了。

类似的句子还有：床铺ᴰ它。｜画贴ᴰ它。｜锅砸ᴰ它。｜地扫ᴰ它。｜头剃ᴰ它。｜酒喝ᴰ它。｜鞋脱ᴰ它。｜萝卜拔ᴰ它。

复指代词后 X 如果有表示处所的成分或表示位移的成分，"它"不负载重音，只读轻声。

1）X 为表示处所的成分，整个构式意义为将某人或某物移动到某一地方（或抽象地点）。如：

（40）苦水儿恁斗咽ᴰ它肚里吧你就把苦水儿咽到肚子里吧。

2）X 为表示移动的成分。

X 为表示移动的成分，整个构式表示将某人或某物进行移动。

（41）恁搬ᴰ它走吧你把它搬走吧。

1.3.1.2.4　复指代词后的成分有一定语义限制：或者是零形式；或者是表

示处所的成分，包括抽象的处所；或者是表示位移的成分，一般是"来、去、走、跑"。如：

（42）不要嘞书恁撕$^D$它你把不要的书撕了。

（43）树叶儿恁吹$^D$它筐里吧你把树叶儿吹到筐子里吧。

（44）放好$^D$它再跑啊把它放好再跑啊。

#### 1.3.1.3 语法意义

单代型处置式都可以相应地替换为"搁"字处置式而意义不变，它主要用来表示位移处置和结果处置。单代型处置式常用在陈述句或祈使句中，陈述句一般用于表示已然情况，祈使句一般用于表示未然情况。如：

（45）板凳俺搬$^D$它走了啊我把板凳搬走了啊。

（46）板凳恁搬$^D$它走吧你把板凳搬走吧。

#### 1.3.1.4 复指代词的省略

滑县方言中单代型处置式可以省略代词，变化的动因应该是语言的经济性原则在起作用。

复指代词省略有两种不同形式。

1）（B）+（A）+V$^D$+X

这种形式是谓语核心为动结式的单代型处置式的省略式。受事是定指的，放在句首，一般是动物名词短语和无生命物名词短语。施事如果出现则放在受事后，谓语核心是动结式，后面一般要跟一个语气词，如"吧"等。要求或命令别人做或不做一件事的语气最强烈。

（47）菜煮烂$^D$它。——菜煮烂$^D$吧。

类似的句子还有：米恁吃完$^D$吧。｜布晾干$^D$吧。｜桶倒空$^D$吧。

2）（A）+V$^D$+B+X

受事一般是"恁、俺、他"等人称代词，受事后一般是"来、走"等动词或处所宾语。例如：

（48）接$^D$恁来吧把你接来吧。

（49）俺捎$^D$恁走吧我把你捎走吧。

（50）他差点儿搡$^D$俺沟里他差点儿把我推到水沟里。

### 1.3.2 介代呼应型处置式

介代呼应型处置式是既有处置标记"搁"，又有复指代词的处置句，它用处置介词与复指代词呼应表达处置意义，记做"（A）+搁+B+V$^D$+复指代词+X"。

（51）搁酒喝完$^D$它。

类似的句子还有：搁饭倒$^D$它。｜搁电视关$^D$它。｜搁树砍$^D$它。｜搁猪

喂ᴰ它。|搁黄瓜摘ᴰ它。|搁蒜苗掐ᴰ它。|搁麦割ᴰ它。|搁柴火烧ᴰ它。|搁书扔ᴰ它吧。

受事一般为动物、植物、无生命物等名物词。介代呼应型处置式结构中的动词一般是非持续性及物动词。这类动词都具有共同的语义特征，那就是都可以表示动作"完成了"或"完成掉"。单音节的动词要变韵，如"喝、倒、丢、关、喝、吃、咽、吞、泼、洒、扔、放、涂、抹、擦、碰、砸、摔、磕、撞、踩、杀、宰、切、冲、卖、还、毁、解、忘"。句中的"它"复指前面的受事，使句子意义自足完整。

用处置介词与复指代词呼应表达处置意义的句式被广泛使用，与只用处置介词的句式相比，这种强化式所表达的处置意义更为强烈，一般用在语气强烈的祈使句中。

### 1.3.3 介代短语型处置式

介代短语型处置式是复指代词常跟一个起介引作用的介词"搁"相邻共现，组成一个介代短语，记做"（B）+（A）+搁+复指代词+V+X"。

（52）书搁它买了<u>把书买了</u>。

类似的句子还有：瓜搁它吃了。|水搁它喝了。|树搁它砍了。|钱搁它花了。|板凳搁它扔了。

介代短语型处置式中的动词如果是单音节，后面往往有语气词"了"，"了"有足句和足调的作用，这时的单音节动词不变韵。

### 1.3.4 其他方言中代词复指型处置式的相关形式

学界对用代词复指来表达处置意义的现象给予了相当多的关注，根据李新魁等（1995）、黄伯荣（1996）、项梦冰（1997）、徐烈炯（1998，2003）、陈淑梅（2001）、左林霞（2001）、麦耘（2003）、朱冠明（2005）、刘丹青（1997，2008）、王东等（2007）、叶祖贵（2009）、辛永芬（2011）、陈山青（2011）的报道，代词复指处置式是一种强势句式。左林霞（2001）报道的孝感方言中这种句式在 20 世纪 50 年代以前是唯一的格式。借鉴上述学者的成果，笔者认为有复指代词的处置式在同一方言中主要有下列存在形式。

#### 1.3.4.1 同一方言中只有一种类型

##### 1.3.4.1.1 单代型

（53）那个狗撵ᴰ它走吧<u>把那只狗撵走吧</u>。（浚县）

（54）床铺它呕<u>把床铺了</u>。（固始）

单代型处置式在中原官话中比较常见。

##### 1.3.4.1.2 介代呼应型

（55）把门关严它。（巢县）

（56）<u>把</u>这盆水泼了<u>它</u>。（英山）

（57）你<u>把</u>我打死<u>它</u>。（孝感）

（58）<u>把</u>门关哒<u>它</u>。（公安）

（59）<u>把</u>事情办好了<u>它</u>。（鄂南）

介代呼应型在中原官话、江淮官话、西南官话中常见。介代呼应型处置式中，处置介词加上复指代词，有加强语气的作用。

1.3.4.2　同一方言中有两种类型共存

1.3.4.2.1　单代型和介代呼应型共存

（60）柴火垛子烧<u>它</u>把柴火垛烧了。｜你要再乱说，我<u>把</u>你杀了<u>它</u>。（罗山）

（61）侬地板拖拖<u>伊</u>你把地板拖一下。｜<u>拿</u>旧书旧报侪卖脱<u>伊</u>。（上海）

（62）<u>耐</u>衣裳侪汏清爽<u>俚</u>你把衣服洗干净了。｜<u>拿</u>哀两段课文背熟<u>俚</u>把这两段课文背熟了。（苏州）

（63）饮晒啲啤酒<u>佢</u>啦把这些啤酒喝了吧！｜<u>将</u>条颈链卖咗<u>佢</u>，唔系有钱啰把项链卖了，不就有钱了！（广州）

（64）门开咗<u>佢</u>把门打开。｜<u>将</u>啲功课做咗<u>佢</u>，唔喺唔带你哋去睇戏把这些功课做完，不然的话不带你们去看电影。（香港）

单代型和介代呼应型共存的方言目前所见有：中原官话罗山方言、吴语区的上海和苏州方言、粤语区的广州和香港方言。

1.3.4.2.2　介代短语型和介词与介代短语呼应型共存

（65）酱油<u>逮渠</u>递丐我把酱油递给我。｜你<u>逮</u>妹妹<u>逮渠</u>丐我你把孩子给我。（温州）

（66）摄饭<u>甲伊</u>食了。｜伊<u>将</u>个碗<u>甲伊</u>扣破喽。（潮州）

（67）我双鞋<u>佮伊</u>物对地块去把我的鞋给弄哪儿去了？｜伊<u>对</u>凄凄惨惨趁来许几个钱拢<u>佮伊</u>输到白白去他把辛辛苦苦赚来的几个钱全给输光了。（汕头）

介代短语型和介词与介代短语呼应型共存的方言目前报道过的有：吴语区的温州方言、闽语区的潮汕方言。介代短语型中的代词用来复指被置于动词前的受事成分，不同方言中的介词不一定都与普通话中的"把"对应，但这些介代短语在句中都是用来表示处置意义的。介词与介代短语呼应型主要存在于闽语和吴语地区，它在用处置介词将受事成分置于动词前的基础上又使用介代短语进一步强化了处置意义，是一种强化处置句式。

1.3.4.3　同一方言中有三种类型共存

1.3.4.3.1　介代短语型、介词与介代短语呼应型和介代短语与代词呼应型共存

（68）许几个学生<u>共伊</u>叫入来把那几个学生叫进来。｜<u>将</u>大厝<u>共伊</u>卖嗦去，哪

会无钱把大房子给卖了,哪能没钱? ｜许的钱着共伊开伊了那些钱要把它花完。(泉州)

介代短语与代词呼应型目前见于报道的只有闽语区泉州方言,这种句式可以理解为双重处置,表达了一种强烈的处置意义,是介代短语与复指代词前后呼应的强化句式。

**1.3.4.3.2 单代型、介代呼应型和介代短语型共存**

(69) 墙推倒其把墙推倒。｜把电视关咖其把电视关了。｜飞机票把其买哒把飞机票买了。(衡阳)

衡阳方言为笔者对衡阳蒸湘区的调查。单代型、介代呼应型和介代短语型共存的方言目前调查有:中原官话滑县方言和湘语衡阳方言。四种形式或五种形式共存于同一方言的目前尚未见报道。

各地方言中究竟有多少复杂的处置式,以及各地处置式的具体使用情况如何,期待有更多的研究出现。

**1.4 泌阳方言的"掌"字处置式及中原官话的处置标记**

**1.4.1 调查情况**

泌阳县位于河南省驻马店市西部,南阳盆地东沿,东西距驻马店、南阳两市均为90公里。全县辖6镇18乡,400个行政村,人口96万,总面积2774平方公里。据贺巍(2005),泌阳方言属于中原官话南鲁片。

调查对象:(1)安春景,23岁,研究生,泌阳县官庄镇山前王村。(2)安运祥,60岁,高中,泌阳县官庄镇山前王村。(3)吕庆先,24岁,研究生,泌阳县双庙街乡吉楼村。(4)吕家银,55岁,初中,泌阳县双庙街乡吉楼村。两地方言与泌阳城里的语音没有明显差别。例句一部分出自调查,一部分为自拟,再向发音人核实。文中各地区的方言调查人数众多,在此不一一赘述。

数十年来,处置式的研究和讨论一直是汉语语法学上的热点问题,研究成果众多,李蓝、曹茜蕾(2013)系统总结了汉语方言的113个处置标记,但还没有人报道"掌"字处置式。

**1.4.2 泌阳方言的"掌"字处置式**

泌阳方言中的处置标记为"掌",读音为[tʂaŋ²⁴]。"掌"在泌阳方言中主要有两种词性:一是动词,意义为"叫、让",例如"你掌他先吃";一为介词,意义为"把"。泌阳方言中的"掌"不作名词,"手掌"在泌阳方言中说成"手""手面"或"手心";也没有"掌握""掌管"这些词。笔者认为,泌阳方言中"掌"来源于"将",它们都是阳声韵,"掌"是"将"的语音变体。学界普遍认为,"将"字句在北方方言中消失了。而本文的发现有助于我们更深入的认识"将"字句的演变。

"掌"的语法意义是表示由于某种动作或原因的影响而产生某种结果或状态。泌阳方言中介词"掌"的作用是引进动词所支配、关涉的对象,充当谓语动词的状语。由于句子中必须出现表示"结果"或"状态"的词语,因此,"掌"字句的谓语结构就要求是复杂的,不能只是单音节动词,否则语义不完整。构成"掌"字句的动词一般有较强的动作性,多为非持续及物动作动词,能够带表示结果的补语或宾语,如:"扔、打开"。

否定词一般出现在"掌"字结构前。在一些习惯用法中,"不"字可以放到"掌"字结构后面。

（1）你白掌球鞋拿来你别把球鞋拿来。

（2）忒不掌人当人了太不把人当成人了。——忒掌人不当人了。

"掌"的宾语前面常加"那""这"等定指性的修饰语。

（3）你掌那个书烧了你把那本书烧了。

伯纳德·科姆里在《语言共性和语言类型》（沈家煊译,1989）一书中提出了生命度和生命等级序列的概念,生命等级序列为:第一/第二人称代词>第三人称代词>其他人类名词短语>动物名词短语>无生命物名词短语。生命度等级序列中的词语都可作"掌"的宾语。从语义上看,"掌"的宾语主要是动作的受事,还可以是时间、处所、工具、与事、使事甚至施事。

（4）他不操心掌玻璃瓶打碎了他不小心把玻璃瓶打碎了。（受事宾语）

（5）掌今年过好吧把今年过好吧。（时间宾语）

（6）他掌小院儿扫净了他把院子扫干净了。（处所宾语）

（7）画过来画过去,俺掌笔都弄坏了。（工具宾语）

（8）俺还没有掌衣裳连上扣儿嘞我还没有把衣服钉上扣子呢。（与事宾语）

（9）他嘞话,掌小王笑嘞合不上嘴他的话,把小王笑得合不拢嘴。（使事宾语）

（10）咋掌偷羊嘞跑了怎么把个偷羊贼跑了？（施事宾语）

李蓝、曹茜蕾（2013）把汉语方言里有处置标记的处置式分成了五种,这五种在泌阳方言里都有"掌"字句对应。

a.强处置句,如:掌窗户关上把窗户关上。

b.一般处置句,如:掌作业写完把作业写完。

c.对待义处置句,如:你能掌俺咋着你能把我怎么样？

d.致使义处置句,如:电影掌人都看迷了这场电影把大家都看入迷了。

e.命名义处置句,如:人家都掌他叫老王大家都把他叫老王。

泌阳方言的处置标记可以和复指代词共现,组成介代呼应型和介代短语型处置式。[这两种叫法参考辛永芬（2011）]

介代呼应型处置式是处置标记"掌"和复指代词前后呼应共同表达处置

意义的句子，记做"（A）+掌+B+ V+复指代词+ X"。交际过程中，施事一般不出现，受事多为动物、植物、无生命物等名物词。介代呼应型处置式中，处置介词加上复指代词，有加强语气的作用。介代呼应型处置式结构中的动词一般是非持续性及物动词，表达动作"完成掉"或"完成了"。句中的"它"复指前面的受事，使句子意义自足完整。这种句式使用比较广泛，这种强化式所表达的处置意义比只用处置标记的句式更为强烈，一般用在语气强烈的祈使句中。

（11）掌水喝完它。｜掌羊杀了它。｜掌电视关了它。｜掌饭倒了它。｜掌树砍了它。｜掌蒜苗掐了它。｜掌麦割了它。｜掌柴火烧了它。

介代短语型处置式是处置标记"掌"与复指代词相邻共现，组成一个介代短语的句子，记做"（B）+（A）+掌+复指代词+ V + X"。介代短语型中的代词用来复指被置于动词前的受事成分，介代短语在句中用来表示比较强烈的处置意义。介代短语型处置式中的动词如果是单音节，后面往往有语气词"了"，"了"有足句和足调的作用。

（12）书掌它买了把书买了。｜瓜掌它吃了。｜水掌它喝了。｜树掌它砍了。｜钱掌它花了。｜板凳掌它扔了。

1.4.3　中原官话处置结构类型的比较

中原官话处置式的标准形式为：（A）+处置标记+B+V+X（A 为施事，B 为受事等，V 是动词或动结式，X 为动词或动结式后的其他成分，下同）。

中原官话处置式的结构类型主要有十二类。泌阳、滑县和罗山的例句为笔者调查，其他例句来自于叶县（张雪平，2005）、开封（张恒，2007）、浚县（辛永芬，2006）、灵宝（王欢欢，2010）。

1）（S）+掌+N+V+趋向补语

泌阳：俺掌老师嘞衣裳拿来了 我把老师的衣裳拿过来了。

开封：我早给东西送过去了

滑县：俺搁白纸贴上了。

浚县：在这点儿苹果提上去吧。

叶县：妈叫饭端过来了。

罗山：把书拿来！

灵宝：你拿伞拿进来。

2）（S）+掌+N+V+结果补语

泌阳：他掌驴嘞腿打断了 他把驴的腿打断了。

开封：我给衣裳洗完了。

滑县：他搁字儿写错了。
浚县：在钱放好 $^D$，甭弄掉 $^D$。
叶县：闹钟叫我吵醒了。
罗山：把嗓子唱哑了。
灵宝：拿他撞翻了。

3）（S）+掌+N+V+动量补语

泌阳：他掌肉又炒了一遍他把肉又炒了一遍。
开封：你给我吓一跳。
滑县：他搁书又看 $^D$ 两眼。
浚县：那个门儿在我嘞手挤 $^D$ 一下 $^Z$。
叶县：我叫钱查了两遍儿。
罗山：他把老李噘了一顿。
灵宝：你拿书看一下。

4）（S）+掌+N+V+时量补语

泌阳：他掌衣裳泡了一天他把衣服泡了一天。
开封：他给标本泡了一整天。
滑县：他搁馍蒸 $^D$ 俩小时。
浚县：他在水烧 $^D$ 一天。
叶县：他叫包子热了俩小时。
罗山：他把衣裳泡了一天。
灵宝：他拿水烧一天。

5）（S）+掌+N+V+得（嘞、哩）+状态补语

泌阳：他掌屋里扫嘞可干净他把屋里面扫得很干净。
开封：他给屋里收拾嘞整整齐齐嘞。
滑县：他搁脸洗嘞可白。
浚县：她在厨屋 $^H$ 收拾嘞些干净。
叶县：他叫被子叠哩可齐。
罗山：他把鞋刷得好白。
灵宝：他拿衣裳收拾得可齐整。

6）（S）+掌+N+V+程度补语

泌阳：你快掌人烦死了你快要把人烦死了。
开封：你给人坑死吧。
滑县：快搁人憋死 $^D$ 了。
浚县：在他坑死 $^D$ 了。

叶县：你叫我吓死了。

罗山：把他气个半死。

灵宝：你都拿人烦死了。

7)（S）+掌+N₁+V+（给、到、在、成等介词）+N₂（代词）+了/吧

泌阳：我早斗掌碗还给他了我早就把碗还给他了。

开封：你给作业交给老师（吧）。

滑县：俺搁书扔给他了。

浚县：我早斗在钱还给她了。

叶县：她叫新衣裳卖给人家了。

罗山：把口哨还给他了。

灵宝：我拿苹果卖给老王了。

8)（S）+掌+N₁+连动结构+了/吧

泌阳：你掌俺家嘞红薯捎走卖了吧你把我家的红薯捎走卖了吧。

开封：你给书捎过去给他吧。

滑县：恁搁豆角儿捎ᴰ走卖ᴰ吧。

浚县：你在这块儿牛肉拿⁰走吃ᴰ吧。

叶县：你叫包子带走吃了吧。

罗山：把饭吃完再走！

灵宝：你拿苹果拿走扔了吧。

9)（S）+掌+N+V+体标记（"着、了"等）

泌阳：他掌书丢了他把书丢了。

开封：我给这事忘了。

滑县：搁门开住（着）吧。

浚县：他在鞋扔了。

叶县：他叫腿伸着。

罗山：他把书扔了。

灵宝：他拿刀扔了。

10)（S）+掌+N₁+V+N₂

泌阳：掌门安个锁把门安把锁。

开封：你给床打个眼儿。

滑县：搁桌ᶻ钉个钉儿。

浚县：在书包个皮儿。

叶县：他叫那块儿地种了瓜。

罗山：把书包个皮儿。

灵宝：拿纸穿个绳。

11）（S）+掌+N+VV

泌阳：掌你屋里收拾收拾把你屋里收拾收拾。

开封：给衣裳叠叠。

滑县：搁恁床上拾掇拾掇。

浚县：在门口儿嘞雪扫扫吧。

叶县：我叫衣裳洗洗。

罗山：你把被子扯扯。

灵宝：你拿那苗花浇浇。

12）S+掌+N+一+V

泌阳：他掌花儿一扔，拿起棍儿斗打他把花儿一扔，拿起来棍儿就打。

开封：他给门一关，谁叫也不开。

滑县：他搁书一扔，拿起ᴴ盆斗摔。

浚县：我在钱往桌上一搁可跑ᴴ出了。

叶县：他叫书包一放，跑出去了。

罗山：他把钱往地上一摔。

灵宝：他拿书一扔就跑。

由以上比较可知，中原官话中的处置标记比较多，但它们可以被分成五类，详见下文。泌阳是中原官话南鲁片，滑县、浚县是中原官话郑开片，泌阳处置式中的动词和形容词不变韵，而滑县、浚县方言处置式中大部分动词和动结式变韵，如上面例子中的"炒ᴰ、泡ᴰ"等词。泌阳和滑县词语形式也有不同，如泌阳方言说"断了，打断了，鸡子"，而滑县方言说"折了，打折了，鸡儿"。泌阳、唐河有可能代表早期的中原官话，而变韵有可能是山西移民到河南后，和当地方言融合的结果。

### 1.4.4　中原官话主要处置标记的类型及来源

河南省中原官话主要（常用）的处置标记只有五个，分别是"掌""给""叫""把""拿"。据此，可以把河南省的中原官话分成五个区域，它们的方言地理图形分别是：短粗线形、亏眉月形、大圆形、小圆形和弯粗线形。以上均为不太规则的形状。每个区域方言内部的语音、词汇和语法比较接近。

第一类主要处置标记是"掌"。使用地区如唐河、泌阳和确山，这三个地区是线性相邻地区。泌阳处置标记的演变方式是：将（表给予）→将（表使役）→将（表处置）→"掌"（语音变体，表使役和处置）。

不同的历史时期，处置标记一直在发展变化。不同文献中记录了河南方

言中的"将"字句。杜甫(公元712—770),河南巩县(今巩义市)人。他的诗中有"将"字处置句。如:

(13) 谁将此义陈?(杜甫《寄李十二白》)

(14) 见酒须相忆,将诗莫浪传。(杜甫《泛江送魏十八诗》)

(15) 念我常能数字至,将诗不必万人传。(杜甫《公安送韦二》)

《歧路灯》中,"把"字处置句有1191例,"将"字处置句有313例(张蔚虹,2005)。《歧路灯》的作者是河南宝丰人,笔者调查了宝丰县赵庄乡木中营村,现在当地人处置标记主要用"搁"("给"的语音变体)。《歧路灯》里面描写的区域是开封,现在开封话的主要处置标记是"给"。为什么《歧路灯》中的处置标记"把、将"和现在宝丰、开封使用的处置标记"给、搁"不一样?具体原因需要进一步研究。

现在河南方言中没人报道"将"字处置句,可能处置标记"将"在河南方言中音变为了"掌"。滑县方言中也有用"掌"作为处置标记的例子(见下文),应该也是来源于"将",是语音变体。

第二类是"给"及其变体。如濮阳县、长垣县、封丘县、开封(张恒,2007)、郑州(卢甲文,1992)、中牟县、新密市、登封市、洛阳(贺巍,1993)、邓州市、漯河市区、鲁山县、方城县、社旗县、新野县的主要处置标记是"给";滑县、伊川县、镇平县、宝丰县、卫辉市方言的主要处置标记是"搁",它是"给"的语音变体;浚县方言的主要处置标记是"在[kai²¹³]",也是"给"的语音变体。"给"及其变体作为处置标记的区域在豫北、豫中和豫西南。凡是使用"给"及其变体作为处置标记的方言,绝大多数都有动词变韵和子变韵。调查发现新密市和宝丰县动词变韵和子变韵基本消失,可能是由于这两个地区靠近"叫"字处置标记地区,由于语言接触动词变韵和子变韵现象逐渐消失了。而使用"掌""叫""把""拿"处置标记的地区,几乎没有动词变韵和子变韵现象。动词变韵和子变韵不是所有中原官话的类型标记,只是豫北至豫西南"亏眉月"形的类型标记。

洪波、赵茗(2005)认为"给"的语义发展是:给(表给予)→给(表使役)→给(表处置)。笔者认为,郑州、开封、洛阳的开封方言也大致这样演变。滑县和浚县的"给"又发生了语音演变,滑县方言的"搁"是"给"的变韵,滑县部分地方现在"给"和"搁"还共存,都做处置标记。辛永芬(2011)研究了浚县方言中的处置句,她指出浚县的主要处置标记是"在[kai²¹³]"。浚县与滑县相邻近,浚县和滑县的介词几乎都由动词变韵而来,笔者调查后认为浚县的主要处置标记"在[kai²¹³]"应该和滑县的"搁"一样,是语音变体,也是"给"的变韵。这显示了处置标记一直在演变中,越来越标记化。

第三类主要处置标记是"叫"。如叶县（张雪平，2005）、尉氏县、鄢陵县、舞阳县、襄城县、郾城县、长葛县、扶沟县、西华县、淮阳县、商水县、上蔡县、正阳县、平舆县、太康县、鹿邑县、沈丘县、永城市、项城市、禹州市、周口市区的主要处置标记是"叫"。

赵茗(2003)指出："我们倾向于认为'叫'用作使役和被动是从'教'而来的，是对'教'的取代。'教'从唐代开始在语音上分化出平声表使役，但是其去声并没有消失；而'叫'字读作去声，与'教'的去声同音，这样'教'的使役用法就被笔画简单的'叫'逐渐取代了。""叫"作处置标记的演变方式是：教（唐代：去声保存，平声表使役）→叫（同声替代去声"教"）→叫（使役用法的"教"也被取代）→叫（表处置）。

第四类主要处置标记是"把"及其变体。如罗山县（王东，2010）、睢县、固始县、光山县、新县的方言。有人把中原官话信蚌片、商阜片方言点的"把"字记为了"帮"，这是个借音字。新蔡县的"拜"也是"把"的语音变体。

从早期的文献材料中看到，处置式用"将"字句比"把"字句普遍，后来才渐渐为"把"字句所代替。处置介词"把"在《歧路灯》里占绝对优势。中原官话中"把"作处置标记的演变方式是：把（"持、握"义动词）→把（表处置）。

第五类主要处置标记是"拿"。如三门峡陕州区、灵宝县、渑池县的方言。中原官话中"拿"作处置标记的演变方式是：拿（"持、握"义动词）→拿（表处置）。

中原官话每个地区可能还有几个次要的处置标记。叶县、长葛县的主要处置标记是"叫"，但还有处置标记"给"。再如滑县方言处置标记除了主要标记"搁"，还有"把""掌""弄$^D$""叫"，如：

（16）你把花儿拿走。

（17）你掌水喝了。

（18）你弄$^D$书拿走。

（19）叫他叫老胡。

文化程度较高的人群和青年人喜欢用"把"字。其他标记滑县方言中比较少用。

李蓝、曹茜蕾（2013）系统总结了汉语方言中的113个处置标记，为我们全面认识处置标记提供了很好的资料，我们还可以进一步合并归类这113个处置标记，整理出它们的谱系类别，研究它们的"家谱"及起源演变。如甘于恩、黄碧云(2005)认为"吴语'拨'即是由表'给予'义的动词'把'虚化为介词

'把'并进一步语音促化而成为一个新的语法单位……吴语中的'拨'及其同源的'八'、'不',都是借音字,实际来源应是'把'字"。可以建立"把"的家谱,研究它们的分化演变。纷繁复杂的处置标记应该都有源头。

### 1.4.5 小结

泌阳方言的处置标记是"掌","掌"是"将"的语音变体。从类型学角度看,中原官话有五类主要的处置标记。贺巍(2005)对中原官话的分区主要采用了语音标准。笔者认为,处置标记也可以是方言分区的一种标准,而且是一个有效的语法标准。同一种大类方言中,处置标记相同的次类方言,它们的语音、词汇和语法也最接近。中原官话的分区可能需要进一步深入研究。使用"给"作处置标记的区域有可能掺杂了晋语,是明朝从山西洪洞县移民到河南的结果,因为有动词变韵和子变韵的河南区域,更靠近河南的晋语区(如获嘉)。本研究也对移民史研究有启发意义。泌阳方言和其他方言的语言事实和讨论表明,处置标记在中原官话中普遍存在,并具有一定的地理分布特征。中原作为文化底蕴深厚的地区,处置标记对古代文献具有继承性,同时也还在不断的演变中,值得学界关注。

## 二 被动式

### 2.1 概述

"叫"字被动式是滑县方言被动式的主要形式。

### 2.2 "叫"字被动式

#### 2.2.1 被动标记

"叫"是滑县方言中的被动标记。"叫"作介词表示被动意义,引进施事或工具等成分,与之构成介宾短语作状语,相当于普通话的介词"被"。例如:

(1)他叫狗咬[D]一下他被狗咬了一下。

(2)门叫他锁住了门被他锁住了。

#### 2.2.2 "叫"字被动式的标准形式

滑县方言"叫"字被动式的标准形式为:(B)+叫+(A)+V+X(A 为施事、工具等,B 为受事等,V 是动词或动结式,X 为动词或动结式后的其他成分)。其中,B 充当主语;A 与"叫"组成介宾短语;V+X 充当谓语,一般是复杂的谓词性结构。

滑县方言被动式中,被动式的语义焦点为 V,V 要对主语产生一定的影响,一般是具有强影响性的及物动词。V 可以是表示动作行为、评价、感觉和心理活动的动词,如"吃、喝、杀、打、偷、抢、摸、踢、开除、爱、恨、怀疑"等;V 还可以是表完结义的动词,一般是双音节动词和粘合式述补词,如"提高、变坏、暴露、改良、看完、害死、哭哑"等。

在滑县方言的被动式中,句末动态助词"了"是完成体标记,表示谓语动作完成。如果去掉,整个被动式就变成了另外一种意思。如:

（3）苹果叫他吃了 苹果被他吃完了!

（4）苹果叫他吃 苹果让他吃!

"叫"字被动式用于劝诫句时,一般是用在否定的劝诫句中,表示"不要被 VP"的情况,劝诫句 VP 所表示的事件是非现实性的,内容和现实没有必然的联系,是主观上想要避免的事情。例如:

（5）你白叫小偷偷了。

### 2.2.3 谓语结构类型

滑县方言"叫"字被动式的谓语结构类型主要有十二类。

1）（S）+叫+$N_1$+V+$N_2$

$N_1$ 是代词或名词性成分。$N_2$ 为名词性成分,可以是名词或者名词性短语,包括普通名词、处所名词、数量结构的名词性短语等。下面是 $N_2$ 为处所名词和数量结构的例子:

（6）猪叫他赶 $^D$ 圈里了 猪被他赶到圈里了。

（7）冬瓜叫她扎仨窟窿 冬瓜被她扎了三个窟窿。

S 和 $N_2$ 都是 $N_1$ 发出的动作的直接或间接影响者。$N_2$ 作为宾语成分和主语 S 在语义上有密切的关系,常见的又可以分为以下几种：$N_2$ 是 S 的一部分；$N_2$ 是 S 的处所；S 是 $N_2$ 的工具；S 是 $N_2$ 的材料。

下面是 $N_2$ 为 S 的一部分的例子:

（8）那个画儿叫他撕成纸片了 那幅画儿被他撕成碎纸片了。

2）（S）+叫+$N_1$+V+（给/到/在/成）+$N_2$+了/吧

$N_2$ 位于 V 的后面,充当述宾结构的宾语。例如:

（9）那个画叫她拍成电影了。

3）（S）+叫+N+V+了/唠

V 形式上可以是单音节动词或双音节动词,"V"后一般要带表完成态的"了"或"唠"。陈述句一般用"了",祈使句、劝诫句、誓愿句一般用"唠"。例如:

（10）他叫领导相中了 他被领导看中了。

（11）馍叫他吃唠 馍叫他吃了。

4）（S）+叫+$N_1$+连动结构+了/吧

谓词性成分由两个动词连用,不过两者的语义指向不同,$V_1$ 一般为 $N_1$

发出的动作，V₂可能是 S 发出的动作，也可能是 N₁ 发出的动作。例如：

（12）铁皮叫他拿走卖了 铁皮被他拿走卖了。

（13）他叫他爸训哭了。

5）（S）+叫+N+VV

（14）饭叫狗舔ᴰ舔ᴰ 饭被狗舔了。

6）（S）+搁+N+一+V

（15）钱叫小偷一偷，啥都冇了 钱被小偷一偷，什么都没有了。

7）（S）+叫+N+V+结果补语

（16）苹果叫他卖完了。

8）（S）+叫+N+V+趋向补语

（17）小褂叫他脱下来了 短袖衬衫被他脱下来了。

9）（S）+叫+N+V+嘞+状态补语

（18）屋里叫他扫嘞可干净 屋里面被他打扫得很干净。

10）（S）+叫+N+V+程度补语

（19）俺叫他快烦死ᴰ了 俺被他快要烦死了。

11）（S）+叫+N+V+动量补语

（20）玉黍黍叫他又翻ᴰ一遍 玉米被他又翻了一遍。

12）（S）+叫+N+V+时量补语

（21）床单叫他泡ᴰ一天 床单被他泡了一天。

### 2.2.4 S 的句法和语义特征

#### 2.2.4.1 S 的句法特征

1）位于句首，有时可以省略。当说话人为了凸显主语的受影响性时，句中就会出现 S。当说话人叙述事情或描写状况时，为了保证话语的连贯性，在后面的谈论中，可能会省去话题 S。例如：

（22）（钱）叫他拿走了 （钱）被他拿走了。

2）S 是体词性成分，可以是普通名词、人称代词、处所名词、时间名词、数量名词，还可以是联合结构、数量结构或"的"字结构的名词性短语等。S 是数量名词的例子如：

（23）几十万都叫他花完了 几十万块钱都被他花完了。

3）S 是谓词性成分，S 陈述一种事实，具有的指称作用和名词性成分相同，可以看成是一种广义的名词性成分，S 中的行为动作已经事物化了。例如：

（24）他偷看小说叫俺抓住了。

滑县方言中的"叫"字被动式选用人称主语时有不同的倾向。陈述句中，人称主语优先选择第三人称，较少使用第一人称。疑问句或者表示劝诫的否定句中，优先选择第二人称。例如：

（25）他叫门碰$^D$下$^H$他被门碰了一下子。

（26）俺叫门碰$^D$下$^H$。

（27）你叫门碰$^D$下$^H$？

（28）你白叫人$^H$[iæ$^{52}$]坑唠你不要被人家骗了！

2.2.4.2　S的语义特征

1）S 具有话题性，表示动作的对象。例如：

（29）板凳叫他摔坏了。

2）S 能容入多种语义角色

S 是动作的受事，一般是施动者 N₁ 发出的动作的实际影响者。例如：

（30）树叶儿叫风吹跑了。

S 作为 V 的影响或结果的承受者，它能容入多种语义角色，主要是受事，还可以是当事、工具、处所、时间、与事、感受主体等。例如：

（31）眼都叫他哭瞎了。

（32）饭盒叫他装酱豆了。

（33）屋里都叫她弄脏了。

（34）一下午都叫他浪费了。

（35）衣裳还有叫俺钉上扣儿嘞衣服还没有被我钉上扣子呢。

（36）俺叫他气晕了。

3）S 可以是定指或不定指的词语。普通话的被动式中，S 是有定的，但是在滑县方言中，定指或不定指的词语均可以作 S。不定指的如：

（37）有人叫抓住了。

（38）一点儿白菜能叫她吃俩月。

例（37）中 S 中不定指标记"有"表示不定指；例（38）中的 S 是不定指的，但是句子中要有助动词"能"，表示可能存在的一种情况。

4）S 可以是生命度等级序列中的各类词语。伯纳德·科姆里在《语言共性和语言类型》（沈家煊译，1989）一书中提出了生命度和生命等级序列的概念，生命等级序列为：第一/第二人称代词>第三人称代词>其他人类名词短语>动物名词短语>无生命物名词短语。生命度等级序列中的各类词语都可以作 S。

2.2.5　"叫"字宾语的特点

生命度等级序列中的词语都可作介词"叫"的宾语。"叫"的宾语，一般是名词、代词或者名词性短语，定指或不定指的词语均可做"叫"的宾语。例如：

（39）他嘞手叫门夹住了 他的手被门夹住了。

（40）俺家嘞桶叫人 ᴴ[iæ⁵²]偷走了 我家的桶被人家偷走了。

从语义上看，"叫"的宾语是被动行为的制造者，通常是施事，也可以是工具、致因。如：

（41）书叫他撕坏了。

（42）肉叫刀剁碎了。

（43）他叫俺一说吓坏了。

而下例中的"自"既是受事又是施事。

（44）他叫自ᴴ毁了 他被自己毁了。

2.2.6 "叫"字被动式的语用特色

滑县方言中被动式可以表达不如意、中性、如意三种感情色彩。

在滑县方言中，绝大多数"叫"字被动式表示不如意或者不希望发生的事情，表达说话人不满或生气的情感。例如：

（45）他叫冻感冒了 他被冻感冒了。（不如意）

（46）苹果叫掉ᴰ地下了 苹果被掉到地下了。（不满）

同样是表达不如意的感情色彩，语义指向位置可能不同。语义可以指向S，可以指向"叫"字宾语，也可以指向动词宾语。例如：

（47）笔叫他扔ᴰ地ᴴ了 笔被他扔到地下了。

（48）他叫自ᴴ坑ᴰ一下ᴴ了 他被自己坑了一下子。

（49）鸡儿叫他杀俩ᴴ 鸡儿被他杀了两只。

上例（47）中不如意的情况指向的是"笔"；例（48）中的"自ᴴ"是反身代词，不如意现象针对施受两者；例（49）中不如意的情况是针对直接受事"（两只鸡）"。

一部分"叫"字被动式表达"中性"的感情色彩，或是描述无所谓好或坏的现象，或是描述客观事实。例如：

（50）树叶儿叫风刮跑了。

极少数"叫"字被动式表达"如意"的感情色彩，它表示的是希望发生的事情，传达的是一种愉悦的情感。例如：

（51）他叫北京大学录取了。

从话语交际的角度分析，由于话语环境和话语角色的不同，同样的句子可能有不同的感情色彩。

在不同的话语环境中，同一句式表达不同的语义色彩。例如：

（52）——下雨了，夜儿个俺忘关窗户了 下雨了，昨天我忘关窗户了。

——窗户叫恁哥关住了 窗户被你哥哥关住了。

（53）——真不透气，这是谁搁窗户关住了啊真不透气，这是谁把窗户关住了啊？
——窗户叫恁哥关住了窗户被你哥哥关住了。

在例（52）表达的是中性的感情色彩，是陈述一种客观事实；例（53）中，表达的是不如意的语义色彩，陈述的是不希望发生的事情。

不同的话语角色也会导致不同的感情色彩。例如：

（54）王华叫村里嘞人选成村长了。

例（54）中，对于说话人来说，是他所期待的事情，但对听话人来说，他希望自己被选为村长，所以是不希望发生的事情。

2.3 "叫"的语法化

"叫"字在滑县方言中既可以用作被动义介词，还可以作动词，表示叫请义、允让义、使役义、致使义。所有用法的"叫"字的读音都是相同的。

1）人或动物的发音器官发出较大的声音，表示某种情绪、感觉或欲望。如：

（55）他大叫了一声。

2）叫请义，"叫喊、邀请某人"。

（56）去叫恁妈回家。

3）使令义，意思为"使、让"，有时强调的是主语的意愿，如例（57），有时强调的是兼语的意愿，如例（58）。

（57）老师叫他走了。

（58）恁叫他走吧。

4）致使义，"致使"强调的是前因后果的逻辑关系。

（59）掉头发叫我可烦。

"叫"字语法化的演变脉络可能是：叫请义–使令义–被动义。它的使令意义和兼语格式用法，使得它具有向被动标记发展的基础。

在滑县方言中，不同的语气词也很重要，有语气词"吧"的"叫"字句中的"叫"一般是使令义，有语气词"了"的"叫"字句中的"叫"一般是被动义。例如：

（60）废纸叫他拿走扔$^D$吧废纸让他拿走扔了吧。

（61）废纸叫他拿走扔了废纸被他拿走扔了。

从类型学的角度看，英语、韩语、法语等其他语言往往也是由使役句转化为被动句。从历史语法的角度看，汉语"叫（教）"字句向被动式转化的演变萌芽于元代，发展于明末清初，是致使句发展的结果。其来源是，表致使的单句或复句中出现了三个论元，其中使动者和动词的宾语之间具有反身关系，即当S和NP$_2$是同一个对象，或有领属关系，或有其他密切关系时，由于使动者受影响的方面得到强化,因此S的使动者的意味抽象化,其被动者的角色得以突显。这时,NP₂可以省略,经过重新分析,就形成被动句。其中的谓语动词为强影响性动词,并且后来结果补语等有界成分的使用使被动意味强化。详细论证请看李崇兴、石毓智(2006),朴乡兰(2011)等。

2.4 其他方言中的被动标记"叫"

实词虚化的历程能为共时的语法现象提供一种重要的参考,语言共时平面的变异,是历时演变在不同阶段、不同层次上的反映。桥本万太郎(1985)认为:"亚洲大陆各语言有一个特点,就是它们突破了上世纪所谓'语系'差异,形成一个完整的结构连续体……""句法上古代语向现代语的'纵'的演变,和句法类型上南方语向北方语的'横'的推移,正好相反,互为验证……这种对应不只是在南北或古今的两极,连接古代和现代之所谓'纵'的变化的中间阶段,也和处于南方语北部、北方语南部所谓'横'的中段相对,从而我们可以把这些区域性推移当作历史演变的反映来考察。"但被动标记"叫"却有复杂的地理表现。

根据笔者的调查和张雪平(2005)、石毓智(2009)等人的论述,"叫"字兼表被动和处置的方言有:河南省的项城、叶县、郾城、襄城、桐柏,山东省的剡城等。"叫"发展成被动式标记的方言:河南省的确山、舞阳、洛阳,山东省的枣庄、烟台,河北省的邢台、内蒙古的呼和浩特等。"叫"发展成处置式标记的方言:河南省的南阳、方城、鲁山,湖北省的襄樊等。

"叫"字被动式广泛存在于北方方言区。"叫"字被动式在方言中的南北演变不太符合桥本万太郎的"语言类型推移"说。"叫"字在北方各方言区由中原官话向周围方言区扩散,显示出辐射的分布特点。"叫"字句在北方方言区中的分布呈现出串点成片、跨区串片的特点。但是由于各种被动标记的竞争以及"叫"字自身的不平衡发展,"叫"字在北方各方言区由中原官话向周围方言区扩散,显示出辐射的分布特点。"叫"字句在不同的地域处于不同的演变层次,有不均衡发展的特点。

2.5 山西临汾方言中的"得"字被动式

据笔者调查,中原官话绝大多数地区用"叫"字作为被动句的标记,但也有例外。

位于山西省南部的临汾,历史悠久,是华夏民族的重要发祥地之一,有"华夏第一都"之称。当地语言在语言分支上属于中原官话汾河片平阳小片。在临汾中原官话区的表达中,常使用"得"作为被动句的标记,"得"充当介词时相当于普通话中的"被"。如:

(62) 茶杯得俩打破啦 茶杯被他打破了。

（63）佴得狗咬了一口他被狗咬了一口。

（64）花都得雨淋坏了棉花都被雨淋坏了。

乔全生（1999）指出：洪洞方言的介词"得"有两种含义，一是"依"（得我看，就不行），二是"被"。

### 2.6 襄汾县古城镇的"拿"字被动式

襄汾县古城镇的方言属于中原官话汾河片中的平阳小片。"拿"是襄汾县古城镇的主要被动标记。

襄汾县，隶属于山西省临汾市，位于山西省中南部。东临浮山、曲沃、翼城，西傍乡宁，南毗曲沃、侯马、新绛，北连临汾。总面积1034平方公里。总人口42.26万人(2010年)。襄汾县下辖七镇六乡，共349个行政村。因地域范围略大，且在长期发展中，各村联系并不广泛，故而在方言使用上存在较大差异，即使相邻村镇之间，仍有部分方言存在差异，因此，用"拿"字做被动标记在襄汾县并非普遍现象，仅仅是部分地区。

发音人：乔建军，男，1974年生，襄汾县古城镇人；乔彤，女，2000年生，襄汾县古城镇人。

古城镇方言中，"拿"字的被动式结构如下:B+拿+A+动词+其他，其中A为施事，工具等，拿+A构成介宾结构，B为受事，是主语。V可以是表示动作行为、评价、感觉和心理活动的动词，如"吃、喝、杀、打、偷、抢、摸、踢、开除、爱、恨、怀疑"等；V还可以是表完结义的动词，一般是双音节动词和粘合式述补词，如"提高、变坏、暴露、改良、看完、害死、哭哑"等。动词一般与"啦"字构成完成结构。例如：

（65）我的苹果拿他吃啦我的苹果被他吃了。

（66）再不快一点儿，我的东西就拿他拿走啦再不快点，我的东西就被他拿走了。

"拿"字做被动式标记用在劝诫句中，通常与否定词连用表示对未知事件的劝诫，用来表明如果事情不用心很有可能会发生，如:小心不要拿他骗喽你小心不要被他骗了。

"拿"字在被动式用法中一般有以下几种结构：

1）S＋拿＋$N_1$＋V＋$N_2$

其中$N_2$作为一个名词性成分存在，可以是处所名词、普通名词、数量结构的名词短语，也可以表示S的一部分。

（67）猪已经拿他引到猪圈里去啦猪已经被他引到猪圈里去了。

（68）杯儿里拿人装满喽水杯子里被人装满了水。

（69）衣裳上已经拿她弄上喽两块油啦衣服上已经被她弄上两块油渍了。

（70）饮料拿他分成喽一杯儿一杯儿的啦饮料被他分成一杯儿一杯儿的了。

例（67）$N_2$ 是处所名词。例（68）$N_2$ 是普通名词。例（69）$N_2$ 是数量结构的名词短语。例（70）$N_2$ 是 S 的一部分。

2）S＋拿＋$N_1$＋V＋（给/到/在/成）＋$N_2$＋啦

（71）我的娃娃拿妈妈送给喽小林啦我的娃娃被妈妈送给小林了。

（72）兀套家具拿他卖到喽旧货市场啦那套家具被他卖到了旧货市场。

（73）鞋拿人安安稳稳地放到鞋柜儿里啦鞋子被人规矩地放在鞋柜里了。

（74）衣裳拿她改成抹布啦衣服被她改成抹布了。

3）S＋拿＋N＋V＋啦

（75）兀包零食拿我吃啦那包零食被我吃了。

（76）鞋拿他扔啦鞋子被他扔了。

4）S＋拿＋N＋连动结构＋啦

（77）书包拿她拿走缝啦书包被她拿去缝了。

5）S＋拿＋N＋一＋V

（78）盖头拿人一盖，啥都看不见了盖头被人一盖，什么都看不见了。

（79）兀件儿衣裳拿他一穿，气质突然显出来啦那件衣服被他一穿，气质突然显了出来。

6）S＋拿＋N＋V＋结果补语

（80）桌子上的菜已经拿我吃完啦桌子上的菜已经被我吃完了。

（81）存钱罐里的钱又拿他拿完啦存钱罐里的钱又被他拿光了。

7）S＋拿＋N＋V＋趋向补语

（82）兀张欠条就拿他拿出来啦那张欠条就被他拿出来了。

（83）他拿两个五大三粗的男的扔下去啦他被两个五大三粗的男人扔下去了。

8）S＋拿＋N＋V＋状态补语

（84）兀片草原拿他涂得绿油油的那片草原被他涂得绿油油的。

（85）小明拿班主任骂得狗血淋头的小明被班主任骂得狗血淋头。

9）S＋拿＋N＋V＋程度补语

（86）她拿外头的蝉叫声烦得要命她被外头的蝉叫声烦得要命。

（87）他拿兀篇文章逼得要死他被那篇文章逼得要死。

10）S＋拿＋N＋V＋动量补语

（88）每一碗要拿我刷三遍才行每一个碗要被我刷三遍才行。

（89）他拿保安上下打量喽几遍他被保安上下打量了几遍。

11）S＋拿＋N＋V＋时量补语

（90）除湿袋拿我放喽三天在柜儿里，就囤喽好多水除湿袋被我放了三天在柜子里，就囤了好多水。

（91）这歌儿拿人连续放喽一天，听的我都快吐啦<small>这首歌被人连续放了一天，听得我都快吐了。</small>

有时，为了体现话语的连贯性，或者在交谈中对话双方都了解的情况下，被动式的 S 是可以省略的，例如：一天之内都拿他花完了（钱一天之内都被他花完了）。

以"拿"字作为被动标志的被动句的使用方法在山西襄汾的部分地区使用，尽管在山西地区并不常见，但这并不是孤立的现象。

在广东南雄市乌迳镇的客家方言中"拿"字同样作为被动标记出现。

（92）你的鞋拿他拿走嘞<small>你的鞋被他拿走了。</small>

（93）碗拿他打碎了<small>碗被他打碎了。</small>

（94）老鼠拿猫咬死嘞<small>老鼠被猫咬死了。</small>

（95）她拿老板开除嘞<small>她被老板开除了。</small>

何洪峰、苏俊波(2005)提到，拿字可以表示被动作为被动标记，且语法化程度很高，这种用法的分布主要在湘、客、赣、闽、粤几个方言区。从地理类型来看，"拿"为什么在山西古城镇方言中表被动，是个有待更广泛调查和深入研究的问题。

### 三　双宾式

#### 3.1　概述

双宾式也叫双宾句或双及物构式。两个宾语意义上前一个一般指人，可被称为指人宾语或近宾语，后一个宾语一般指物或事情，可叫指物宾语或远宾语，多由"数量名"短语构成。

根据语义特征可将双宾动词分为"给予"义、"取得"义、"叙说"义和"称说"义。它的语序是（S）＋V＋O$_{间}$＋O$_{直}$。

双及物构式理想化的认知模式（CIM），在码化公式 NP$_1$+V+NP$_2$+NP$_3$ 中，其组成成分具有以下特征：

V：含有固有的、突出的给予意义的三价动词；

NP$_1$：典型施事成分，即有生命力、有意志力的人；

NP$_2$：典型与事成分，即有生命力的人；

NP$_3$：典型受事成分，主要指占据空间位置、可见可触的具体事物。

#### 3.2　给予类双及物构式

张伯江（1999）指出：汉语中双及物语法结构式形式表现为"V-N$_1$-N$_2$"，语义核心为"有意的给予性转移"。"给予"义动词是比较典型的一类双宾（双及物）动词，给予义是这类动词本身固有的，属于"给予"义动词的语义默认值。式中 $O_T$ 表示充当直接宾语的客体（theme），$O_R$ 表示充当间接宾语或介词宾语的与事（recipient）。

"S+V+$O_T$+$O_R$"（A式）。这是滑县方言最自然的的双及物语序之一，如：

（1）他给 <sup>D</sup> 俺一 <sup>H</sup> 书他给了我一本书。

（2）你给 <sup>D</sup> 俺书。

动词变韵在这里表示完成态。当施事是"我"或"他"时，"书"前要加数词合音词等，当是第二人称时，可加可不加。

"给予"类动词是最典型的双宾语动词，表示主语把对直接宾语的领属权转移给间接宾语，可以细分为三类：一是显性"给予"，指的是"与者"主动地使所与之物转移至"受者"，如"给、送、赏、奖励、寄给、递给"等；二是条件性"给予"，指的是"与者"在一定条件下将所与之物之物转移至"受者"，如"找、付给、退给、还给、补给、卖给、赔给"等；三是隐性"给予"，这类动词的"给予"义是蕴含在动作行为之中的，如"分、输给、教（给）、打给、派、写"等。

（3）老师奖励她个本儿。

（4）他退给俺一块钱。

（5）卖甜瓜嘞找他五毛钱。

（6）刚输给他十块钱。

（7）师傅教给他一身好手艺。

（8）他分 <sup>D</sup> 俺一块糖。

（9）你打给俺张欠条。

这三类动词的间接宾语是直接宾语的接受者。

### 3.3 "取得"类双及物构式

"取得"和"给予"意义相反，指的是主语获得了间接宾语对直接宾语的领属权的动词，包括"拿、取、赢、要、偷、抢、撕、扯、摘"等等。间接宾语放在直接宾语的前面，间接宾语是直接宾语的提供者，又是受损者。实际语义上，间接宾语与直接宾语有领属关系。

（10）俺拿俺娘俩馍。

（11）俺爹取 <sup>D</sup> 俺哥点钱用几天。

（12）他要俺仨火烧。

（13）小偷偷 <sup>D</sup> 俺家仨母鸡。

（14）有人抢他四 <sup>H</sup> 甜瓜。

### 3.4 "叙说"类双及物构式

在滑县方言里，"叙说"义动词包括"问、打听、求、教、说、答应"

等等。"叙说"义的直接宾语除了名词短语外还可以由谓词性短语充当。

(15) 他问俺为啥落生长$^D$地$^H$。

(16) 爸爸交代俺看好妹妹。

在意义上，这类动词可以以看做是"予取"类动词从物质领域向话语领域的一种拓展，它们是信息传递、思想交流的动词。

### 3.5 "称呼"类双及物构式

"称呼"义动词在滑县方言里常见的有"叫""喊"，相当于普通话里的"称"或"称呼"。这类构式如：

(17) 俺叫他王师傅。

(18) 大伙儿都喊他二百五。

### 3.6 兼"给予""取得"类双及物构式

这类词按语义来说，兼有"给予"义和"取得"义，如"租""借"等。从指向上说，它们属于双向动词，包含两种相反语义。

(19) 她租俺间房。

(20) 她借俺支笔。

## 四 比较式

### 4.1 平比句

滑县方言里的平比句常用格式有如下几种。

1) 比较前项+跟$^D$+比较后项+一般+比较结果（AP/VP）。如：

(1) 他跟$^D$俺一般大儿。

此格式中的介词"跟"发生动词变韵，表示比较结果的形容词必须是儿化形式，表示比较结果的形容词一般仅限于描写事物度量衡特征和数量的单音节形容词，如"大、多、高、长、粗、宽、大、深、稠、厚、重、沉、远"等。这个格式只能切分成"他跟$^D$俺/一般大儿"，而不能分析成"他跟$^D$俺一般/大儿"。

本格式的否定式有两种：

第一种是在"一般"前加"不"，如：

(2) 俺跟$^D$他不一般沉儿。

另一种是在介词"跟"前加"不/冇"，如：

(3) 俺不/冇跟$^D$他一般沉儿。

例（2）否定的是"一般沉儿"，例（3）否定的是"跟他一般沉儿"。

2) 如果将除上式里的形容词外的其他形容词性词语与此格式进行同义的比较，滑县方言就会有以下两种格式。

格式1：比较前项+跟 ᴰ+比较后项+AP+一 ᴴ样儿/一模样儿/一模似样儿。如：

（4）俺跟 ᴰ他嘞鞋大小一个样儿/一模样儿/一模似样儿。

（5）这个桶跟 ᴰ他家嘞桶粗细一个样儿/一模样儿/一模似样儿。

格式2：比较前项+劲儿+跟 ᴰ+比较后项+一 ᴴ样儿/一模样儿/一模似样儿。

（6）他吃饭那个劲儿跟 ᴰ他爹一个样儿/一模样儿/一模似样儿。

（7）她摇头那个劲儿跟 ᴰ他妈一个样儿/一模样儿/一模似样儿。

格式1中的AP只能是具有反义关系的两个形容词，如"粗细、大小、长短、胖瘦、高低、厚薄、热冷"等等。格式2中比较前项的中心语是由形容词加后缀"劲儿"组成，或者只有后缀"劲儿"。

一般来说，格式1只是一种客观陈述，只说明两者在某方面程度相同；而格式2只能用来表示说话者对谈话双方以外的第三方的一种贬低、蔑视、不屑的心理状态。

这两种格式的否定式都是在"一 ᴴ样儿/一模样儿/一模似样儿"前加"不"。如：

（8）俺跟 ᴰ她嘞鞋大小不一 ᴴ样儿/一模样儿/一模似样儿。

3）比较前项+跟 ᴰ+比较后项+样+恁+比较结果。如：

（9）她跟 ᴰ胡冰洁样恁白。

（10）他嘞腿跟 ᴰ麻杆样恁细。

"恁+比较结果"放在句尾表示构成比较结果的形容词的程度高，一般来说，"恁"重读。

否定式是在介词"跟 ᴰ"前加"不/冇"，如：

（11）他嘞手巾不/冇跟 ᴰ泥样恁黑。

在此格式中，否定词只能放在介词前，否定的是介词以后的整个句子，它已是差比句。

4）混在一起的比较前后项+一 ᴴ样儿/一模样儿/一模似样儿。如：

（12）这俩手巾一 ᴴ样儿/一模样儿/一模似样儿。

（13）他哥俩一 ᴴ样儿/一模样儿/一模似样儿。

否定形式是把否定词"不"放在"一 ᴴ样儿/一模样儿"之前，并且没有"不一模似样儿"这种表强调的说法。

5）混在一起的比较前后项+AP嘞+一 ᴴ样儿/一模样儿/一模似样儿。如：

（14）这俩砖沉嘞一 ᴴ样儿/一模样儿/一模似样儿。

（15）他俩黑嘞一 ᴴ样儿/一模样儿/一模似样儿。

此格式主要强调比较前后项在某方面的程度相同。

否定形式是把否定词"不"放在"一ᴴ样儿/一模样儿"之前，并且没有"不一模似样儿"这种表强调的说法。

6）比较前项+跟 ᴰ+比较后项+差不多（儿）。如：

（16）他跟ᴰ俺吃嘞差不多（儿）。

（17）你跟ᴰ恁爹拿嘞钱差不多（儿）。

此格式中，"差不多（儿）"强调两事物之间几乎没有差别。

否定形式是把"差不多（儿）"换成"差嘞远"。

7）比较前项+都（有）+比较后项+比较结果。如：

（18）落生都（有）二指高了。

（19）水都（有）两米深了。

否定形式是把"都（有）"换成"冇"，但这是差比句。

8）一个+比住（照住）+一个+……。如：

（20）他家那几个小孩儿一个比住（照住）一个，都考上好大学了。

否定形式是把"比住（照住）"换成"不敌/不胜"，这是差比句。

4.2 差比句

甲、乙两物比较，甲超过乙或乙不如甲叫差比，主要是比较性质或程度。

滑县方言里的差比句常用的格式有以下四种。

1）比较前项+比 ᴰ+比较后项+比较结果。如：

（21）俺比ᴰ她小。

（22）这个书比ᴰ那本书多二十页。

（23）你嘞肚比ᴰ俺嘞大一圈。

这里的标记词"比"发生了变韵。

否定形式可以在介词"比ᴰ"前面加上"不"，也可以把介词"比"换成"冇"。如：

（24）他不比ᴰ俺黑。

（25）他冇俺黑。

2）比较前项+比较结果ᴰ+比较后项+数量性成分。如：

（26）俺沉她十斤。

（27）俺哥小他两岁。（他比我哥大两岁。）

（28）俺大你一轮。（我比你大十二岁。）

比较后项后面必须有数量性成分。能够进入这一格式充当比较结果的形容词只能是描写事物度量衡特征和数量的单音节形容词"沉、多、长、粗、宽、高、大、深、稠、厚、重、远"等，以及与之意义相反的表消极意义的形容词"少、低、浅、稀、轻、近、短、细、窄、小"等。

否定形式是：比较前项（+还）+不敌/不胜（+数量性成分）+比较后项（+数量性成分）。如：

（29）你还不敌/不胜他嘞。

在这种否定式中，数量性成分可出现在比较后项的前或后，并与副词"还"同现或同隐。

3）比较前项+比较结果+超过+比较后项。

如：

（30）她嘞肚鼓嘞超过你了。

在这一格式中，句尾要有表示完成态的"了"出现。

## 五 连谓式、兼语式、存现式

### 5.1 连谓式

连谓式又叫连谓句。连谓句由连谓短语充当谓语或独立成句。它的前后谓词语有以下的语义关系。

（1）他拿罢书走了。（表先后发生的动作）

（2）村长表扬先进树立榜样。（前后表方式和目的关系）

（3）他低头想事儿。（前一动作表方式）

（4）俺俩站住不动。（从正反两方面说明一件事）

（5）大伙儿听了可高兴。（后一性状表前一动作的结果）

（6）俺瞧书瞧使慌了。（前后两件事表因果关系）

（7）他有资格去北京。（前后有条件和行为的关系）

有时候，也可以连用几个谓词，例如：

（8）他开车上半坡店卖菜去了。

连谓句内部的几个谓词不管语义关系如何，排列顺序大都是遵循时间先后，即先出现的动作在前。第一个谓词除了用"来、去"或"来、去"组成的词外，一般不用单个动词，要带上宾语、补语等成分，后一谓词没有限制。这些谓词都是陈述同一主语，即能分别和同一个主语发生主谓关系。

### 5.2 兼语式

兼语式又叫兼语句，是由兼语短语充当谓语或独立成句的句子。根据兼语前一动词的语义，常见的兼语句有以下几种：

#### 5.2.1 使令式

前一动词有使令意义，能引起一定的结果，常见的动词有"叫、请、号召"等。例如：

（9）老师叫学生好好学习。

### 5.2.2 爱恨式

前一动词常是表示赞许、责怪或其他心理活动的及物动词，它是由兼语后面的动作或性状引起的，前后谓词有因果关系。常见的动词有"夸、笑、骂、恨、嫌、埋怨"等。例如：

（10）他埋怨俺冇给他办成事儿。

### 5.2.3 选定式

前一动词有"选聘、称、说"等意义，兼语后头的动词有"为、做、当、是"等。

（11）俺几ʰ选他当代表。

### 5.2.4 "有"字式

前一动词用"有""冇""轮"等表示领有或存在等。例如：

（12）俺有个哥哥可能干。

（13）冇人走呀！

（14）是谁找你呀？

（15）轮到你上班了。

兼语句和连谓句可以先后连用在一句里。例如：

（16）你去叫恁妈来接电话。

（17）你派人叫他明儿个打电话托人请医生看病。

还有一种兼语连谓兼用句，兼语后头的动词是"俺"和"他"的共同动作，不是"他"（兼语）一方的动作。例如：

（18）俺陪他逛超市。

（19）俺搀他下楼。

（20）俺带他去瞧电影。

还有双兼语句，前一动词的双宾语兼作后一动词双主语（施事主语和受事主语）。例如：

（21）俺给你水喝。（"你""水"是双兼语）

（22）他送俺三百块钱花。（"俺""三百块钱"是双兼语）

### 5.3 存现式

存现式又叫存现句，表示什么地方存在、出现或消失了什么人或物，是用来描写环境或景物的一种特定句式。存现式可细分为存在句、出现句和消失句三种。三种存现句大都可分为前、中、后三段。前段叫处所段，必须有语义上的处所性，用的是表示方位或处所的词语，如"村里、灶台上"等。前段表示"何处"的词语的前面或后面，可以有时间词语，如"今儿个、夜儿个"等。中段叫动作段，存在句的动词常带助词"住"或"了"，出现句的动词常带趋向补语和"了",消失句的动词多带"了"。后段叫存现宾语段,存现宾语大都有施事性或不确定性。

1)存在句。它是表示何处存在何人或何物的句式。例如:

(23)村里有个小学。

(24)屋顶上挂个灯。

下例的动词可以隐去,变成了名词谓语句,这是存现式的变体,动词也可用"是"。

(25)当院净砖头。

下两例结构形式相似,但实质有静态和动态的区别,静态是动作停止后遗留的状态,动态是动作的进行状态,可以用变换法来鉴别。静态句可以变换成"主席团坐待台上"。动态句不能变换成"*豫剧唱待台上"。变换后不合存现式格式,不再是存现式。

(26)台上坐嘞主席团。

(27)台上唱嘞豫剧。

2)出现句。出现句是表示何处出现何物的句式。例如:

(28)烟囱里飘出[H]一股黑烟儿。

(29)他身[H]露出[H]一根红绳。

有的方位短语前可加介词"从、待"等构成介词短语,作状语,变成了非主谓句,可认为是存现式的变式句,例如:

(30)待他身[H]露出[H]一根红绳。

3)消失句。消失句是表示何处消失了何物的句式。例如:

(31)坑边随可冇了他嘞鞋。

(32)前儿个村里死[D]—[H]狗。

上例中的"前儿个"是状语,这句话如果改成下例,可以理解为隐去了处所主语,这是存现式的变式句。

(33)前儿个死[D]—[H]狗。

## 第五节 句类

### 一 陈述句

句类是根据全句语气分出来的类,主要分为陈述句、疑问句、祈使句和感叹句。陈述句是叙述或说明事实的具有陈述语调的句子，它是使用得最广泛的一种句子。例如：

（1）他跳起ᴴ了。

（2）俺不去。

（3）今儿个礼拜一了。

（4）下雨了。

有时候肯定的意思可以用"双重否定"来表示。双重否定的陈述句常在一句话内用两个互相呼应的否定词，如"不……不……""冇……不……"

（5）他不会不来。

（6）他不能不去。

（7）他不敢不来。

（8）冇一ᴴ人不怕他。

（9）冇啥不能说嘞。

（10）冇不来嘞。

（11）他非走不中。

滑县方言中还有"非得去""非要说"等说法，形式上不是"双重否定"，但跟"非……不……"的意思相同，可能是从"非……不……"变来的。

## 二　疑问句

### 2.1　简述

疑问句包括疑惑和询问双重含义。一个疑问句，可以是既疑且问，也可以疑而不问，还可以问而不疑。汉语的疑问句如何分类，目前学术界的意见还不一致。例如，疑问句如何做下位的分类，尤其是反复问句（即正反问句）的归属更是颇多争议，朱德熙（1985）认为反复问句应归在选择问句之下。吕叔湘（1985）认为反复问句是由是非问句派生而成的。学者们一般根据形式差异分类，如甘于恩（2007）把疑问句分为是非疑问句、正反疑问句（即反复疑问句）、选择疑问句、特指疑问句四种。笔者借鉴这种分类方法。

### 2.2　滑县方言的是非疑问句

是非疑问句是指结构跟一般陈述句相同，以整个句子为疑问点，要求对整个命题的"是"或"否"做出回答的疑问句。滑县方言是非疑问句的主要类型有下面两类。

1）S+↗。S指单句，↗指句末上升调。单句加上句末上升调，带有怀疑、惊讶的语气，询问的功能较弱。如：

（1）恁今儿个去郑州↗？

说此话时往往无需听话者做出回答，其隐含的意思是"我怎么不知道啊"或"怎么走得这么匆忙"等等，有时说话者会加上一些表意外的后续句，如"真快呀"（这么快）之类。

2）S+疑问语气词。

疑问语气词有：啰[·lɔ]、吧、啦、哟、嘹[·liə]。

（2）他去新乡啰？

（3）书是你嘞吧？

（4）你出差啦？

（5）你走不动哟？

（6）你明儿个去道口镇嘹？

"吧""啰"的询问语气较弱，"啦""哟"的询问语气较强。使用"啰""吧""啦"和"哟"时，多是对过去发生或正在发生的事情或状况的询问；使用"嘹"时，多是对正在或将要发生的事情或状况的询问。

在否定语气的是非疑问句里，句末用疑问词"哟"或"哦"。例如：

（7）比赛你冇参加哟？

（8）你冇买那本书哦？

如果是非疑问句没有疑问语气词，语调必须上升。是非问句中，疑问语气词和升调必居其一，疑问信息由疑问语调或疑问语气词或二者共同承担。如果有疑问语气词，语调升或降都可以，如果既有疑问语气词又用升调，带有强调的意思。回答这些是非问句，肯定回答用"欸"或"V+了"，否定回答可用"冇"或"冇+V"等。

## 2.3 滑县方言的特指问句

特指问句是用疑问代词代替未知的部分进行提问，要求对方针对未知的部分做出回答的疑问句。特指问句的语序与陈述句的语序一样，提问句子的哪个成分，就把疑问代词放在哪个成分的位置上。

2.3.1 特指问句需要对疑问点做出回答。普通话一般特指问句的句末是不用语气词的，滑县方言的特指问句一般却要在句末加语气词，有时也可以不用。例如：

（9）你是干啥嘞呀？

（10）谁去新乡？

滑县话陈述句中的每一项都可用疑问代词来替换，从而构成特指问句。例如"他明儿个坐汽车去郑州"这句话，可用构成以下几个特指问句：

（11）谁明儿个坐汽车去郑州啊？

（12）他啥时候坐汽车去郑州呀？
（13）他明儿个咋着去郑州啊？
（14）他明儿个坐汽车去郑州干啥呀？
（15）他明儿个坐汽车去哪儿呀？

疑问代词承担了特指问句的疑问信息，同时也形成了疑问焦点，希望对方针对疑问代词作出回答。句调可升可降。特指问句要求针对疑问焦点作答，所以不能用简单的肯定或否定词回答。

2.3.2　滑县话有两种特殊的简略格式，不靠特指疑问词来提出疑问，而是在一个词或短语之后加上语气助词来提问，要求有针对性的回答。

2.3.2.1　NP（名词性成分）+嘞

这种问句，如果是首发句，一般是询问处所，相当于问"NP 在哪儿"。在特定的语境中，当"NP 嘞"处在后续句的情况下，也可用询问处所以外的其他情况，相当于问"NP 怎么样"。如：

（16）他嘞他在哪里？
（17）你去打球，俺嘞我干什么呢？

一定程度上可把它视为一种省略句，因为这种句子的扩展性很弱，一般只限于询问地点，也就是说，语气助词起到特指疑问词的作用。但并非所有询问地点的句子都可用"NP+嘞"，谓语性强的特指问句就无法进入这一格式，如"你要去哪里？"这类句子就不能说成下例。

（18）你嘞？

"NP+嘞"疑问句是一种询问存在的疑问句，信息焦点在名词性成分（主语），不适合用在信息焦点在谓语的这类句子（如：你去哪里呀？）。

2.3.2.2　VP（动词性成分）+嘞

句中的VP是动词、形容词或主谓结构。"VP+嘞"一般询问假设性的后果，句中可以出现假设连词。如：

（19）要是他不去嘞？

在一定条件下，这类句子也可以不含假设义。如：

（20）老师傅，你说嘞你说怎么办呢？

上例中的主语一定要用第二人称，谓语动词限于"看、说、想、瞧"等。下例中的谓语动词被省略了。

（21）你对他可好，那他对你嘞他对你怎么样呢？

2.4　滑县方言的选择问句

选择问句是提出两种或两种以上的情况，让对方从中进行选择的疑问句。滑县方言的选择问句和普通话的形式一样，经常使用"A 还是 B"，"是 A

还是 B"等表达形式。语气词一般用"啊",也可以不用。比较而言,使用语气词时的询问口气更重一些。如:

（22）你喝矿泉水儿还是喝饮料?

（23）你是去安阳还是去濮阳啊?

（24）你吃点啥啊?烩面?熬馍?饺子?

选择问句的回答形式比较多,可以选择疑问项中的一项,可以全部否定,也可以在疑问项之外另选一项回答。如:

A：你吃烧鸡儿还是卤牛肉?

B₁：吃牛肉。

B₂：两样儿都不想吃。

B₃：吃素拼。

### 2.5 滑县方言的反复疑问句

反复疑问句也称正反疑问句,是说话者就一件事的正面和反面进行询问的一种疑问形式。在句法结构上,反复问的疑问点总是由肯定和否定并列的形式充当。反复疑问句中必有的成分是否定词。朱德熙（1999）指出,"反复问也是一种选择问句。区别在于一般的选择问要对方在 X 与 Y 里选择一项作为回答,反复问句是让人在 X 和非 X 里选择一项作为回答"。

滑县方言的两种正反问依据否定词的不同呈互补分布,"VP Neg VP"中只出现"不",而"VP Neg"中只出现"冇"。

#### 2.5.1 VP 不 VP

"VP 不 VP",VP 是谓词性成分,VP 不同又可分为八个小类。

##### 2.5.1.1 V 不 V 或 A 不 A

谓词性成分是光杆动词或形容词。如:

（25）你走不走?

（26）床你拾掇不拾掇?

（27）西瓜甜不甜?

（28）他家热闹不热闹?

这一小类的反复问格式是"V 不 V"或"A 不 A"。V 或 A 如果是双音节,还有"拾不拾掇""热不热闹"的说法,即有的学者所说的"A 不 AB"。

##### 2.5.1.2 VO 不 V

谓词性成分是带简单宾语的形式。如:

（29）你喝水不喝?

谓词性成分是带双宾语的形式。如:

（30）给他书不给?

谓词性成分含助动词。如：

（31）你能去北京一趟不能？

谓语动词为"是""知ʜ知道""懂嘞懂得""认嘞认得"。如：

（32）他是卖菜那个老王不是？

（33）你知ʜ他吃嘞啥不知ʜ？

### 2.5.1.3　V 不 VO

谓词性成分是带简单宾语的形式。如：

（34）你喝不喝水呀？

谓词性成分是带双宾语的形式。如：

（35）给不给他书呀？

谓词性成分含助动词。如：

（36）你能不能去北京一趟？

谓语动词为"是""知ʜ知道""懂嘞懂得"。如：

（37）他是不是卖菜那个老王？

（38）你知ʜ不知ʜ他吃嘞啥？

谓词性成分是复杂宾语，或谓词性成分中含助动词的，或动词为"是""认嘞认得""信嘞相信""懂嘞懂得""知ʜ知道"等。如：

（39）你会画画儿不会你会不会画画儿？

（40）他是张老师不是他是不是张老师？

（41）你认嘞他是谁不认嘞你认得不认得他是谁？

（42）你懂嘞这事儿该咋办不懂嘞你懂得不懂得这事儿该咋办？

这一小类的反复问格式有两种，一是"VO 不 V"，一是"V 不 VO"。

滑县方言里的反复问格式总是动宾结构中的动词发生肯定否定的叠加，含助动词的谓词性成分采用助动词肯定否定的叠加形式，而不是后面的动词。

虽说以上两种格式都可以用，但滑县方言里"VO 不 V"使用频率更多，"V 不 VO"也可以用，估计是受到了普通话的影响。

### 2.5.1.4　V₁（O）V₂P 不 V₁

谓词性成分为连动式或兼语式。如：

（43）恁去他家打牌不去？

（44）叫他去安阳不叫？

这种格式的反复问跟"VO 不 V"类型总体一致。

### 2.5.1.5　PPV 不 V

谓词性成分中含介词短语。如：

（45）搁书拿走不拿走把书拿走不拿走？

（46）你打这儿走不走/你打这儿走不打这儿走<small>你从这儿走不走</small>？

（47）搁菜煮好不煮好<small>把菜煮好不煮好</small>？

如果动词后不带宾语或补语成分，介词短语还可以跟动词一起重复，形成"PPV 不 PPV"。

含介词短语的反复问格式，滑县方言仍使用动词的肯定否定相叠加的形式，普通话有些采用介词的肯定否定叠加形式，如例（46），而有些则不能，如例（47）的"搁"。与滑县方言不同，普通话里含介词短语的句子，其反复问格式一般不使用动词的肯定与否定叠加形式。

### 2.5.1.6　"VC 不 VC"

谓词性成分中含结果补语、趋向补语。如：

（48）小褂洗干净<sup>D</sup>不洗干净<sup>D</sup><small>小褂要不要洗干净</small>？

（49）苹果拿来不拿来？

滑县方言使用谓词性成分本身的肯定否定叠加形式，而普通话是在原谓词性成分前添加使用助动词的肯定否定叠加形式，这与含介词短语的情况相同。

### 2.5.1.7　V 嘞 C 不 C

（50）天热嘞很不很？

（51）雨下嘞大不大？

谓词性成分中含程度补语和情态补语。滑县方言中带"嘞"的情况与普通话相同。

### 2.5.1.8　V 不 C

谓词性成分中含结果补语、趋向补语、数量补语等。这一小类的反复问格式不带宾语时有"VCV 不 C""VC 了 V 不 C"两种形式，带宾语时有"VCOV 不 C""VC 了 OV 不 C"两种形式。这类反复问的否定部分总是"V 不 C"。如：

（52）作业写好写不好/作业写好了写不好<small>作业能写好不能</small>？

（53）你蹲下来蹲不下来/你蹲下来了蹲不下来<small>你能蹲下来不能</small>？

（54）你喝了三碗汤喝不了/你喝了了三碗汤喝不了<small>你能喝完三碗汤不能</small>？

### 2.5.2　VP 冇

"VP 冇"中"VP"为肯定部分，"冇"为否定部分，其中"冇"总处于句尾，后边不能附加别的成分。

1）询问存在情况。如：

（55）他在村里嘞冇？

2）询问完成、经历情况。如：

（56）笔买好了冇？

（57）你看过这本书冇？

3）询问进行、持续情况。如：

（58）他仁在那儿喝酒嘞冇？

（59）学生正上课嘞冇？

4）询问领有情况。

形式为"有冇"和"有O冇"。如：

（60）洋葱恁家有冇<sub>洋葱你家有没有</sub>？

（61）他有书冇？

询问是否领有时，如果"有"不带宾语，滑县方言的反复问格式和普通话一样，是"V冇"。"有"带宾语时，滑县方言为"VO冇"。

## 三 祈使句

要求对方做或不要做某事的句子叫祈使句。它可分为两大类：一类是命令、禁止，一类是请求、劝阻。这两类句子都用降语调，但语气词略有不同。

表示命令、禁止的祈使句一般带有强制性，口气强硬、坚决。这种句子经常不用主语，结构简单，语调急降而且很短促，不大用语气词。例如：

（1）吃饭快儿点！

（2）带ᴅ走他几ᴴ！

（3）白乱丢东西。

（4）甭吃了。

（5）白动。

表示请求、劝阻的祈使句包括请求、敦促、商请、建议和劝阻等。用比较平缓的降语调。表示请求时，多用肯定句，常常用语气词"呗、吧、啊"。表示劝阻时，多用否定句，常用"白、甭、休"等词语和语气词"了、啊"等。例如：

（6）恁喝水呗。

（7）歇会儿吧。

（8）吃啊。

请求或敦促人家做事，总是有商量的余地，比较客气，有时用重叠形式的动词，有时用敬词"请"。

（9）您坐坐。

下面是表示劝阻的句子：

（10）白来了，事儿办好了。

（11）甭提啦，唉。

## 四　感叹句

带有浓厚的感情的句子叫感叹句。它表示快乐、惊讶、悲哀、愤怒、厌恶、恐惧等浓厚的感情。感叹句一般用降语调。

有的感叹句由叹词构成。例如：

（1）哦，我想起㐅了。——表示醒悟

（2）呸！瞎胡扯！——表示鄙视

（3）哈哈！真好喝！——表示喜悦

（4）嘿嘿嘿！太小气了！——表示讥笑

（5）哎呀！疼死了。——表示痛楚

（6）唉！又黑了。——表示叹息

（7）呀！恁挤呀！——表示感慨

（8）欻！真发了呀！——表示诧异

# 第四章　滑县方言词汇

## 第一节　合音词与分音词

### 一　合音词

#### 1.1　简述

王森（1994）研究了《荥阳（广武）方言的分音词和合音词》。刘雪霞（2006）研究了河南方言语音的演变与层次，辛永芬（2006）研究了浚县方言的合音词，刘荣琴（2008）讨论了滑县方言中的合音词，孙红举（2014）研究了合音现象。这些研究对本书有重要的参考价值。

合音词是语流音变的结果，它是两个或两个以上的字在一定条件下由于连读或快读出现的语音合流现象，产生这种语音合流现象的词即"合音词"。合音词自古就有，我们读古代文献，会发现这样的一些词：诸、焉、盘、孔……这些词，训诂学家们称之为"合音词"。在现代汉语中，也存在合音词，只是使用的数量不多，如"甭"，意为"不用"等。现在使用的合音词大多见于方言中。滑县方言中的词语合音现象，是滑县方言中的一种语音形式。它常常表达某种特殊的语法意义，而这种词语合音后有两种类型，一是有音有字类，如"孬、俩"这些字都可以在常用的工具书中查到，但数量很少；二是有音无字类，即人们在口语中能正常使用，但找不到对应的汉字，滑县方言中大多数的合音词都属于这一类。合音词既突出体现了汉字集音、形、义于一身的特点，又说明汉字有从单个存在走向群体结合的多功能的形态。

1.2　类型划分

1）名词合音词

清早[tsʰiə̃²⁴]、后晌[xã³¹²]、集上[tsiã⁵²]、亲家[tsʰiæ²⁴]、弟兄俩[tiə̃³¹² lia⁵⁵]、底下[tia⁵⁵]、地上[tia³¹²]、里头[liɔ⁵⁵]。滑县方言中，合音变读时，有元音鼻化现象。

2）动词合音词

起来[tɕʰiai⁵⁵]、出来[tʂʰuai²⁴]、知道[tʂɔ²⁴]、做啥/咋[tsua⁵²]。

3）形容词合音词

不好/孬[nau²⁴]。

4）数量词合音词

一个[yɔ⁵²]、两个/俩[lia⁵⁵]、三个/仨[sa²⁴]、四个[sʅɔ³¹²]、五个[ŋɤ⁵⁵]、六个[liɔ³¹²]、七个[tsʰiɛ⁵²]、八个[pa⁵²]、九个[tɕiɔ⁵⁵]、十个[sʅə⁵²]、几个[tɕiɛ⁵⁵]。

5）代词合音词

你们/恁[nən⁵⁵]、自己[tsia³¹²]、人家[iæ⁵²]、那么/恁[nən³¹²]、这么/镇[tʂən³¹²]、哪儿[næ⁵²]、怎么/咋[tsua⁵²]、什么/啥[ʂa³¹²]。

6）副词合音词

没有/冇[mau²⁴]、不用/甭[piŋ⁵²]。

7）单音节动词与助词"着""了"的合音

等着[tə̃⁵⁵]、想着[ɕiã⁵⁵]、瞒着[mæ⁵²]、抬着[tʰɛ²⁴]、装着[tʂuã²⁴]、躺着[tʰã⁵⁵]、轮着[luɛ⁵²]、穿着[tʂʰuæ²⁴]、住着[tʂʅə³¹²]、做着[tsuə³¹²]、养着[iã⁵⁵]、停着[tʰiə̃⁵²]、拾了[sʅə⁵²]、撕了[sʅə²⁴]、续了[ɕyɛ³¹²]。

8）单音节形容词与助词"着"的合音

粗着[tsʰuɔ²⁴]、低着[tiɛ²⁴]、急着[tɕiɛ⁵²]、利着[liɛ³¹²]、厚着[xɔ³¹²]、小着[ɕiɔ⁵⁵]、高着[kɔ²⁴]、巧着[tɕʰiɔ⁵⁵]、早着[tsɔ⁵⁵]、赖着[lɛ³¹²]、快着[kʰuɛ³¹²]、坏着[xuɛ³¹²]、慢着[mæ³¹²]、难着[næ⁵²]、甜着[tʰiæ⁵²]、闲着[ɕiæ⁵²]、狠着[xɛ⁵⁵]、神着[ʂɛ⁵²]、肥着[fɛ⁵²]、鬼着[kuɛ⁵⁵]、响着[ɕiã⁵⁵]、旺着[uã³¹²]、胖着[pʰã³¹²]、能着[nə̃⁵²]、红着[xuə̃⁵²]、疼着[tʰə̃⁵²]、灵着[liə̃⁵²]、痛着[tʰə̃⁵²]。

1.3　形成规律及原因

滑县方言中语音合成形式大都有其内在的规律。这规律便是：两字合音后，前一字的声母、韵头基本不变，而主要是韵腹和韵尾发生了变化。如果韵腹和韵尾是舌位低、开口度比较大的元音，就保持不变；如果韵腹和韵尾是舌位高、开口度比较小的元音，就变读为开口度比较大的元音。这和滑县人说话时习惯于开口度大有密切关系。声调一般用第一个字的调值。

### 1.3.1 由于快说而形成的合音

当说话速度快、语流连续不断,有些词语连在一起说时,便会把本来的两个音节说成一个音节。这是受语流结构和语流速度的影响而合为一个音节的音变现象,它常常表达某些特殊的语法意义。并且已经基本形成一种固定的音节形式,而这些音节也是在方言中使用频率非常高的。如：底下[tia⁵⁵]。

### 1.3.2

在滑县方言合音中,一般后一个字的韵母是后鼻韵母时,变读时一般读音为元音鼻化,在元音上加元音鼻化符号,这是受鼻韵尾的制约而形成的一种音变现象。而当"动/形+着""动+了"变读为合音时,助词"着/了"读音消失。当"动/形"是后鼻韵尾时,也要变读为元音鼻化。

### 1.3.3 由于受原韵母舌位前后的影响,合音音变有两种趋势。

第一,当原来韵母为前元音、前鼻音,或以前元音、前鼻音收尾时,合音后的韵母为前元音或以之收尾。

第二,当原韵母为后元音、后鼻音,或以后元音、后鼻音收尾时,合音后的韵母为后元（鼻）音或以之收尾,并且元音鼻化。

总之,方言中合音现象的产生,是由于人们对这部分双音节词语长期频繁连读而简省的结果,它以其简约的口语化风格,方便了人们的交流,丰富了方言词汇,并对丰富语言的表现能力,发挥了不可低估的作用。从总体上看,合音词是符合语言的经济性原则的。因此,合音词在滑县方言中有着相对较强的生命力。随着方言的发展,可以预测,合音词很有可能也会向前发展,但是,其数量可能不会有太大的变化。

## 二 分音词

分音词是指一个单音节字声韵分开,声母与一个附加韵母结合,韵母与一个附加声母结合,形成一个双音节词。分音词虽在普通话中极为少见,但在各地方言中都有存在。分音词是上古语音的某些现象在方言里遗留的痕迹,可以印证古代汉语中的反切现象。

滑县话中的分音词举例如下。

   分音词      例句

拨/拨拉[pɤ la]    搁盘儿里嘞肉拨拉到碗里吧。

摆/拨来[pɤ lai ]    头发是湿嘞,白～呀,水溅嘞到处都是。

蓬/扑棱[pu ləŋ]    路边长 ᴅ一～花儿。

锢/箍碌[ku lu]    他是个小～匠,天天～锅。

翘/圪料[kɛ liau ]    木头受潮～啦。

滚/骨轮[ku lun]　　　琉璃蛋儿掉地上了，～了一地。
拱/骨涌[ku yuŋ]　　　小妞儿醒了，在床上一～一～。
孔/窟窿[kʰu luŋ]　　　烟头搁衣裳上烫ᴰ个～。
壳/坷篓[kʰɛ lou]　　　这兜儿里是空～儿，啥也没装。
惊/居龙[tɕy lyŋ]　　　他正睡觉嘞，俺一叫他，他一～可起来了。
卷/曲连[tɕʰy lyan]　　她嘞头发烫嘞一ᴴ～连一ᴴ～，可好看！
搅/圪（核）捞[xɛ lau]　树上嘞麻雀窝～下来。
浑/囫囵[xu lun]　　　小孩儿吃东西～嘞都咽了。

## 第二节　"圪"头词

"圪"头词，是指一类带"圪"的词语，因为在这些词语中"圪"一般在前面，所以称为"圪"头词。"圪"头词的分布很广，山西、陕西、内蒙古、河北、河南等省区都有。但是，从数量上看山西省的"圪"头词所占比例最高。据朱艳娥（2006）统计："以《汉语方言大词典》所收的1025个'圪'头词为准，晋语中'圪'头词占90%，中原官话占8%，其他官话中仅占2%。""圪"头词是晋语区的一个重要方言特征。根据朱艳娥的数字统计，除了晋语区，中原官话中"圪"头词所占的比例是最高的，换算一下，也就是说，《汉语方言大词典》中所收的中原官话区的"圪"头词有82个。

"圪"字可以跟一些语素构成名词、动词、形容词、量词、拟声词等。"圪"头词的构成方式主要有"圪A、圪AA、圪A圪B、圪A圪A"等。

### 一　"圪"头词的分布及语法功能

河南方言"圪"头词数量大体呈北多南少的趋势，越靠近晋语区"圪"头词数量越多。

河南方言晋语区"圪"头词数量相对较多，如获嘉、辉县（贺巍，1989）。

河南方言中原官话区"圪"头词数量比获嘉、辉县少，如洛阳（贺巍，1993）、滑县（胡伟，2016），而越远离晋语区，"圪"头词越少，中原官话信蚌片几乎没有"圪"头词，如罗山方言（王东，2010）。

假如以获嘉方言的"圪"头词数量为基准，以河南省中原官话的"圪"头词数量为分母，我们可以测量河南各地区中原官话与晋语的亲近度，这反映了方言的迁徙情况。可以得出洛阳方言比滑县方言更接近晋语的结论。

有些山西方言晋语区的"圪"头词，如"圪涌、圪节、（肉）圪墩、圪嘀"，在滑县话中发生了音变，变成了"骨"头词"骨涌、骨节、（肉）骨墩、骨嘀"。

王临惠（2001）认为：从语法功能上看，"圪"只是一个构成合成词的前缀，而且它只有附加性的词汇意义而没有语法意义，因为它既不能表示词性，也没有其他的语法功能。"圪"的附加意义概括一点说，就是"小"。

笔者认为，根据词性的不同，"圪"的附加意义也不同。

河南方言（如滑县）中，由"圪+单音节语素"构成的名词有三种情况：第一种是"圪"附加了"小"的意义。如"圪针"即细小的刺，一般特指枣树上的刺。第二种是"圪"附加了"圆形、凸起、硬块儿"的意思。如"圪堆儿"即物体堆成的圆形、凸起的形状，"圪痂儿"即伤口愈合后形成的硬块儿。第三种是"圪"毫无意义，只是起了补足音节的作用。如"圪杈儿"即树杈。

"圪"头动词通常表示动作行为的轻微、反复之意，这种意义是由"圪"的附加意义而引发的。如滑县话中"圪捞"指用棍子等来回地拨动、搅动，有动作反复和轻微之意。"圪蹬"指单脚反复跳。

加了前缀"圪"的形容词，表示性状程度的加强。"圪"头形容词在滑县方言中主要有两种附加意义：第一种是贬义，如"圪料"指物体歪斜、扭曲、变形，引申出脾气古怪、难以捉摸；在此基础上派生出一个"歪三圪料四"，表示扭曲的程度加深。第二种是表示程度加深，"圪圪瘩瘩"指表面凸凹不平，是在"圪瘩"的基础上派生出来的。

**二 结构类型**

1）圪 A 式

"圪"头词在河南方言中一般限于名词、动词、形容词、量词、拟声词五类，基本形式是圪 A 式，即由前缀"圪"和一个词根构成，词根以单音节为多。这类结构在河南方言"圪"头词分布区常见，且数量最多。

名词：圪瘩、锅圪台、锅圪廊、圪针、圪棒（非常细小的棍子）、圪蚤（指跳蚤）、圪渣（小碎粒儿或小碎块儿）、腿圪廊（大腿根）、圪老盖（膝盖）、圪老肢（腋窝）、圪喽（饱嗝儿）、圪鳞（田里的土埂）。

动词：圪捞、圪弄、圪蹬、圪挤（反复眨眼睛）、圪肢（挠痒）、圪将（虫慢慢咬植物的根部）。

形容词：圪蔫（枯萎）、圪赢（痒）、圪料（性格不好）。

量词：圪节、圪截、圪堆、圪兜。

拟声词：圪吱、圪嘣、圪哒（水开的响声）、圪啪（如炒豆子的响声）、圪打（如母鸡下蛋的叫声）。

2）圪 AA 式

在圪 A 式的基础上重叠词根就构成了圪 AA 式。这类结构在山西方言晋语区亦属常见，而且使用的频率很高，以名词（如圪蛋蛋、圪叉叉、圪尖尖、圪台台）、量词（如圪抓抓、圪丝丝、圪撮撮、圪节节）、拟声词为多（王临惠，2001）。

但在河南方言中，晋语区和中原官话区数量都极少，只有少量拟声词。如：圪吱吱（如开木门发出的声音）、圪噔噔（上台阶的声音）、圪啪啪（如锅里煮豆的声音）。

3）圪 A 儿/圪 A$^z$ 式

王临惠（2001）指出：在圪 A 式后面附加"儿/子"后缀构成圪 A 儿/圪 A 子式；这两种都是名词形式，在山西方言晋语区里较为常见，在山西方言中原官话区内的平阳片、绛州片里也有，解州片里仅有个别儿化词。

在河南方言中，圪 A 儿式常见，圪 A 子式不常见，因为滑县、获嘉等地方言都有子变韵，"子"尾被合音了，所以有圪 A$^z$ 式。虽然洛阳方言有"子"尾，但贺巍（1993）中没有圪 A 子式。

圪 A 儿式如：圪痂儿、圪堆儿、圪弯儿（弯曲的地方）、圪档儿（高粱的杆儿）、圪檩儿（条状的凸起）、圪角儿（角落）、圪岘儿（缝隙）、圪把儿（果类的把儿）、圪丁儿（丁儿或像丁儿一样的东西）、圪缨儿（萝卜等的叶子）。

圪 A$^z$ 式如：圪挡$^z$（冈子）、圪节$^z$（牲口吃剩下的草梗）、圪斗$^z$（蝌蚪或像蝌蚪状的东西）、圪巴$^z$（小硬块儿）。

这类结构里，"圪"有"小"的意思。"儿/A$^z$"也表示细小的附加意义，具有区别词性与词义的作用，如："圪搅"是动词，"圪搅$^z$"是名词。

这类词的前面可以加上一个名词性词根，构成一种 N 圪 A 儿结构，这类名词性词根用以限定该词的意义范围。如：树圪杈儿（树枝）、云圪（骨）朵儿、肉圪（骨）墩儿。

4）圪 A 圪 A 式

圪 A 式词重叠构成圪 A 圪 A 式。与圪 A 式、圪 AA 式不同，这类结构属于短语范畴，结构较为松散。这类结构通常强调动作行为小幅度的持续和反复。这类结构在河南方言"圪"头词区常见。如：圪挤圪挤、圪挠圪挠、圪燎圪燎、圪肢圪肢、圪扒圪扒、圪蹬圪蹬、圪捞圪捞（搅搅）。

此类重叠式在句子中可作谓语和状语。如：

（1）你再圪搅圪搅。（谓语）

（2）他好圪嘣圪嘣嘞吃东西。（状语）

晋语许多点在这类结构中间都可以嵌入助词"了"，如"圪搅了圪搅、圪坐了圪坐"等（王临惠，2001）。但滑县方言不能加助词"了"。

5）圪 AA 嘞式

在圪A式形容词的基础上重叠词根,再加上"嘞",构成圪AA嘞式形容词。这类结构多做谓语、补语或状语，数量不是很多。"圪"为"略微"的意思,"嘞"强调一种状态，意思相当于"……的样子"。例如：

圪哒哒嘞（形容水开的响声）、圪噔噔嘞（形容走的快）、圪铛铛嘞（形容声音脆响）。

6）圪圪 AA 式

圪 A 式重叠构成一种圪圪 AA 式。这是一种形容词的构成方式，各类词依此方式重叠构成形容词。例如：

圪圪鳞鳞、圪圪丝丝、圪圪洼洼、圪圪吵吵、圪圪蹬蹬、圪圪蔫蔫、圪圪节节。

"圪鳞"是名词，重叠以后用来形容土地高低不平，如"这路圪圪鳞鳞，不好走"。"圪吵"是动词，重叠后用来形容吵闹不休的状态，如"他俩天天圪圪吵吵，不安生"。"圪蔫"是形容词，重叠以后用来形容蔬菜瓜果不新鲜，如"他卖嘞黄瓜圪圪蔫蔫嘞"。"圪节"是量词，重叠后形容事物有凸起。如"圪圪节节嘞东西不好拿"。

7）四字构式

"圪"还可以构成许多结构独特的四字格成语。"圪"的意义一般表示一种情态，以贬义的为多。这些成语存在于河南方言晋语区内，滑县方言较为少见。例如：

圪 A 圪 B：圪摇圪摆。

圪里圪 A：圪里圪瘩。

圪 ABC：圪扎麻垮（乱七八糟）、圪溜拐弯（弯弯曲曲）。

AB 圪 C：窝叽圪囊。

"圪"头词在河南方言中分布范围、使用频率、结构类型诸方面都少于山西方言。而在河南方言内部，中原官话区普遍少于晋语区。

河南方言晋语区的"圪"头词内部的一致性较强，而中原官话区"圪"头词数量较少，且各点的"圪"字的读音都不尽相同，内部一致性根本无从谈起。

"圪"字的读音，依次为：

kəʔ$^{33}$（焦作）→kəʔ$^{33}$（获嘉）→kɛ$^{24}$（滑县）→kɯ$^{33}$（洛阳）→kɯ$^{33}$（郏县）→kʰɯ$^{33}$、kʰɯ$^{33}$、kʰɯ$^{55}$、xʰɯ$^{33}$（荥阳）→kɤ$^{33}$（南阳）

变化规律为：中心发散，先是入声尾、入声调的消失，依古今声调演变规律变读阳平，然后是声、韵、调不规则的变化。从整体上看，河南方言的"圪"头词的一致性从晋语区到中原官话区处于递减状态，而这种递减状态正好说明河南方言中原官话区里的"圪"头词当是晋语"圪"头词扩散的一种结果。

## 第三节 古语词

关于中原官话的古语词，陈晓强（2004），王冰（2011），李妍（2011），刘宏、赵祎缺（2012）等人分别做过考释。有的结果比较确切，有的存在疑问。笔者对前人的考释结果作了核对，对部分词语重新作了考证。笔者也参考了《汉语大词典》等书。

### 一 单音节古语词

【拌】[pan55]。①舍弃，丢弃。例如：破书拌喽它。

《方言》卷十："拌，弃也。楚凡挥弃物谓之拌。"《广雅·释诂一上》："拌，弃也。"六朝《全梁文》："乐周神毕，恩洽酒阑。灵谈抗袖，鬼笑投拌。推兹且引，於万斯欢。"

《汉语大词典》书证见下，过晚，宜补。宋代吴潜《满江红·怀李安》词："邂逅聊拌花底醉，迟留莫管城头角。"

此意义较古老，并且此词通行河南全境。此词还见于江淮官话、西南官话、吴语和闽语。李敬中（1987）认为方言中表"丢弃"义的"拌"源自于壮侗语族，不确。

有些方言资料写作"板"字，不确。

②[pan312]。搅和，调匀。例如：拌凉菜。

六朝贾思勰《齐民要术》："食瓜时，美者收取，即以细糠拌之。"

《汉语大词典》书证过晚，宜补。《马氏日抄·回回香料》："回回茶饭中自用西域香料，与中国不同。其拌俎醢用马思答吉，形类地樝，极香。"

《红楼梦》第四一回："拿香油一'收'，外加糟油一'拌'。"

【滗】[pi312]。《广韵》鄙密切，入声质韵帮母。挡住沉淀物把液体倒出来。例如：米里嘞水～出[H 出来]。

汉代服虔《通俗文》："去汁曰滗。" 《广雅·释诂二下》："滗，盝也。"明代郎瑛《七修类稿·天地二·杭井泉》："而他井之至深者,惟可滗取之,多味咸。"与滑县方言意义相同。

该词吴语、晋语、中原官话常用。

【缏】[pian⁵⁵]。卷起袖子或裤腿。例如:你缏住袄袖洗脸。

《集韵·铣韵》补典切:"缏,褰衣"。"褰"有"撩起"义。《诗·郑风·褰裳》:"子惠思我,褰裳涉溱。"晋葛洪《抱朴子·广譬》:"褰裳以越沧海,企伫而躍九玄。"

晋语也有此字。邢向东(2002)指出:"缏"在神木方言中意义为卷起(裤腿、袖子)。

《汉语大词典》未收上述义项,宜补。《汉语大词典》只有"用针缝"一个义项。《汉书·贾谊传》:"缏以偏诸。" 唐颜师古注:"谓以偏诸缏着之也。" 唐王建《宫词》之四七:"缏得红罗手帕子,中心细画一双蝉。"

清蒲松龄《聊斋俚曲集·富贵神仙》第二回:"张鸿渐见他说的有理,只有二两银子,扁在腰里,就与娘子作别,好叹人也!"又《聊斋俚曲集·翻魇殃》 第三回:"果然着他枭一石,他就枭三石,大腰贬着前去赌博。" 上文中的"扁、贬"其实应写作"缏"。

【箅ᶻ】[piau³¹²]。《广韵》博计切,去霁,帮。箅字的子变韵,一种有洞眼用以隔物的器具,如蒸锅中的竹屉等。例如:用～蒸馍。

《说文·竹部》必至切:"箅,蔽也,所以蔽甑底。"亦作"箄"。釜中的竹屉。北周庾信 《哀江南赋》:"敝箅不能救盐池之咸,阿胶不能止黄河之浊。"南朝宋刘义庆 《世说新语·夙惠》:"宾客诣陈太丘宿,太丘使元方、季方炊。客与太丘论议,二人进火,俱委而窃听。炊忘箸箅,饭落釜中。"

南宋佛语录《五灯会元》:"筯笼不乱挽匙,老鼠不咬甑箅。"

【篦ᶻ】[piau³¹²]。《广韵》边兮切,平齐,帮。篦的子变韵,一种比梳子密的梳头用具。例如:刮头～坏了。

唐李贺《秦宫》诗:"鸾篦夺得不还人,醉睡氍毹满堂月。"王琦汇解:"篦,所以去发垢,以竹为之。鸾篦,必鸾形象之也。"宋黄庭坚《次韵寄李六弟济南郡城桥亭之诗》:"客心如头垢,日欲撩千篦。"《红楼梦》第三十回:"我倒是舀一盆水来你洗洗脸,篦篦头。"

【扴】[pu³¹²]。双手合抱人或者物。例如:俺先扴小妮儿。

《说文》:"扴持也。从手,布声。"段注:"谓扴按而持之也。"《聊斋俚曲集·姑妇曲》:"不脱衣服,不脱衣服,白黑一个替身无。就是待溺泡尿,也叫他儿来扴。"

《汉语大词典》未收上述义项，宜补。

《汉语方言大词典》只记录了冀鲁官话、吴语有此词，宜补。

【醭】[pu⁵²]。《广韵》普木切，入屋，滂。白色的霉。例如：馍出～了。

北魏贾思勰《齐民要术·作酢法》："下酿……三日便发；发时数搅，不搅则生白醭。"宋梅尧臣《梅雨》诗："湿菌生枯篱，润气醭素裳。"

【迸】[pəŋ²⁴]。《广韵》北诤切，去诤，帮。裂开。例如：天冷，手迸了。

散裂；断裂。南朝宋刘义庆《世说新语·方正》："桓大司马诣刘尹，卧不起。桓弯弹弹刘枕，丸迸碎床褥间。"明徐弘祖《徐霞客游记·黔游日记一》："东望屏列之山，南迸成峡。"《儒林外史》第五一回："那扯绳的皂隶用力把绳一收，只听格喳的一声，那夹棍迸为六段。"

【谝】[pʰian⁵⁵]。夸耀、炫耀或夸口。例如：他好谝能。能家不谝，谝家不能。滑县俗语：吃了豆腐还谝渣（意思为喜欢过分炫耀）。

《说文·言部》："谝，便巧言也……《论语》曰'友谝佞'。"由花言巧语引申为夸耀。元关汉卿《陈母教子》第二折："我劝这世上人，休把这口讹谝过了。"清蒲松龄《聊斋俚曲集·增补幸云曲》第十六回："这奴才不弹琵琶，光谝他的汗巾子，望我夸他。"与滑县方言意义一致。

【潎】[pʰiɛ²⁴]。在液体表面舀。例如：你～走油。

《广雅·释诂一下》："潎，清也。"《广韵·薛韵》芳灭切："漂潎，又匹蔽切。"唐代文献作"撆"。贾岛《送僧归太白山》："夜禅临虎穴，寒漱撆龙泉。"

晋语也有此字。邢向东（2002）指出："潎"在神木方言中意义为在液体表面舀。

《汉语大词典》未收上述义项，宜补。

【喷】[pʰən²⁴]。胡扯，闲扯，说大话。例如：别信他嘞话，他好～。

王实甫《西厢记》："你道是官人只合做官人，信口喷，不本分。"

《汉语大词典》未收上述义项，宜补。

【馍】[mɤ⁵²]。馒头。滑县、郑州、南阳称"烙饼"为"烙馍"，郑州、南阳称"油条"为"油馍"，滑县称"油条"为"麻烫"。

《集韵》云："一作饝，又作馍。"《畿辅通志·方言》："近畿辅称馍馍，顺天称波波。"明《西游记》："哄我去买素面、烧饼、馍馍我吃，原来都是空头！"

《汉语大词典》书证如下，过晚，宜补。贺敬之《回延安》诗："米酒油馍木炭火，团团围定炕上坐。" 柯岩《奇异的书简·追赶太阳的人》："河南农村有个习惯,一到饭时就好拿着馍,端着'糊涂'到饭场圪蹴着。三个一群,两个一伙,连说话带喝汤。"

【嬎】[fan³¹²]。《广韵》芳万切,去愿,敷。指卵生动物产卵。滑县、郑州、南阳等地方言说鸡生蛋为"鸡嬎蛋"。

《说文·女部》:"嬎,生子齐均也。"段玉裁注:嬎,谓生子多而如一也。《广韵·愿韵》:"嬎,嬎息也。"唐玄应《一切经音义》卷九:"今中国谓蕃息为嬎息。《周成难字》曰:嬎,息也。"元曹明善《沉醉东风村居》:"嫩弹鸡。"清蒲松龄《蓬莱宴》:"燕子头上去嬎蛋。"

《汉语方言大词典》只记录了冀鲁官话有此词,宜补。

【妨】[faŋ²⁴]。河南方言指犯克(迷信说法)。例如:她给她男人～死了。

元关汉卿《诈妮子·调风月》第四折:"可使绝子嗣,妨公婆,克丈夫。"元马致远《荐福碑》楔子:"自从你昨日下了书呈,将俺员外急心疼一夜妨杀了。"《醒世姻缘传》第八回:"谁知自从海会到庵,妨害得大师傅起初是病,后来是死。"

【褡】[ta²⁴]。《广韵》都合切,入合,端。《广韵》都搕切,入盍,端。搭附或把衣服、被子等横挂起来晾晒。例如:～衣裳。

《儿女英雄传》第四回:"上头罩着件蓝布琵琶襟的单紧身儿,紧身儿外面系着条河南褡包。"

【牴(抵)】[ti⁵⁵]。《广韵》都礼切,上荠,端。牛、羊等用角顶或对撞。例如:他家嘞牲口好～人。

《说文·牛部》:"牴,触也。从牛氏声。"段玉裁注:"亦作抵、觝。"《法苑珠林》卷六六:"于道中见二特牛,方相抵触。"《醒世姻缘传》第七十九回:"因他一应庄农之事俱不肯做,又会牴人,作了六两八钱银子卖他到汤锅上去。"

【敦】[tun²⁴]。使劲地(把东西)放下,摔,顿。例如:给麦袋儿～～。现在多写为"撴"。

金董解元《西厢记诸宫调》卷四:"自埋怨,自失笑,自解叹,自敦搠。"元关汉卿《蝴蝶梦》第四折:"空教我哭啼啼自敦自摔,百般地唤不回来。"《醒世姻缘传》第七七回:"素姐为不叫他往皇姑寺去,从此敦葫芦挣焉构发作。"《聊斋俚曲集·慈悲曲》第三段:"吃毕了才把碗一敦。"

【挺】[tʰiŋ⁵⁵]。躺、睡。例如:你白～这儿睡。

元朱凯《昊天塔》第四折:"呀!打得他就地挺,谁着你恼了天丁?"《水浒传》第三回:"鲁达看时,只见郑屠挺在地上,口里只有出的气,没有入的气,动弹不得。"《儒林外史》第十一回:"吃罢,扒上床挺觉去了。"

这里的"挺"都是"躺、睡"的意思。

【溻】[tʰa²⁴]。《集韵》托盍切,入盍,透。汗湿透(衣裳、被褥等)。例如:天可热了,衣裳都～湿了。

前蜀贯休《读玄宗幸蜀记》诗:"泣溻乾坤色,飘零日月旗。"郭澄清《大刀记》第十五章:"看,你这衣裳全溻透了,还糊了这么些泥嘎巴。"

【烼】[tʰəŋ²⁴]。《集韵》他东切,平东,透。凉了的熟食再蒸或烤。例如:俺去～点儿馍。

【粜】[tʰiau³¹²]。《广韵》他吊切,去啸,透。卖粮食。例如:俺去～点儿麦。

卖出谷物。《管子·轻重丁》:"齐西水潦而民饥,齐东丰庸而粜贱。"《史记·货殖列传》:"夫粜,二十病农,九十病末。"唐聂夷中《咏田家》:"二月卖新丝,五月粜新谷。"

【衲】[na²⁴]。《广韵》奴答切,入合,泥。用线绳缝鞋底或用线缝鞋帮等。例如:～鞋底。

《广雅·释诂四》:"缮、致、衲……补也。"王念孙疏证:"衲者,《释言》云:'䘥,纳也。'纳与衲通,亦作内,今俗语犹谓破布相连处为衲头。"宋陆游《怀昔》诗:"朝冠挂了方无事,却爱山僧百衲衣。"

【揞】[nan⁵⁵]。《广韵》乌感切,上感,影。以手进食。例如:馍星儿～了吃ᴰ它。

《百喻经·揞米决口喻》:"昔有一人,至妇家舍,见其捣米,便往其所,偷米揞之。妇来见夫,欲共其语,满口中米,都不应和。"

【敹】[liau²⁴]。《广韵》落萧切,平萧,来。用针、粗线缝缀衣服。例如:～几针。

《尚书·费誓》:"善敹乃甲胄。"孔颖达疏:"郑云:'敹,谓穿彻之。'谓甲绳有断绝,当使敹理穿治之。"蔡沈集传:"敹,缝完也。"章炳麟《新方言·释器》:"凡非绽裂而粗率缝之亦曰敹。"

【馏】[liou³¹²]。《广韵》力救切,去宥,来。《广韵》力求切,平尤,来。把凉了的熟食品再蒸热。例如:把馍～一～再吃。在普通话中,通用"蒸",而在滑县话中,"蒸"与"馏"是不同的,"蒸"是把生食加热到熟。

《尔雅·释言》:"馏,稔也。"郝懿行义疏:"馏者,《说文》云:'饭气蒸也。'《诗》正义引作'饭气流也。'盖馏之为言流也。饭皆烝熟,则气欲流。"北魏贾思勰《齐民要术·造神曲并酒等》:"初下酿,用黍米四斗。再馏,弱炊,必令均熟,勿使坚刚生减也。"明徐光启《农政全书》卷四二:"稻米佳,无者早稻米亦得充事,再馏弱炊,摊令小冷。"

【捋】[ly²⁴]。《广韵》郎括切,入末,来。顺着枝条采树叶或花。例如:～榆钱。

《诗·周南·芣苢》:"采采芣苢,薄言捋之。"毛传:"捋,取也。"南朝宋鲍照《绍古辞》之七:"软兰叶可采,柔桑条易捋。"明宋应星《天工开物·皮油》:"其皮油造烛……插心于内,顷刻冻结,捋箍开筒而取之。"

【棱】[ləŋ²⁴]。《广韵》鲁登切,平登,来。以棍棒板子等用力打。例如:～他。

《聊斋俚曲集·磨难曲》:"我保他掫粮大板棱。"《醒世姻缘传》第九十六回:"昨日就叫他尽力棱了一顿。"

【跐】[tsʰɿ⁵⁵]。《广韵》雌氏切,上纸,清。《广韵》将此切,上纸,精。《广韵》侧氏切,上纸,章。用力来回踩。例如:用力～～。

《庄子·秋水》:"且彼方跐黄泉而登大皇。"陆德明释文引《广雅》:"跐,蹋也,蹈也,履也。"《三侠五义》第五一回:"〔张爷〕心内一慌,脚下一跐,也就溜下去了。"扬州评话《武松》第二回:"忽然火又朝起一烘,棺材盖子朝旁边一跐。"

【超】[tsʰau³¹²]。《广韵》敕宵切,平宵,彻。从某物体上方跨过。例如:你超过这个垄沟呗。

《说文解字·走部》:"超,跳也。"《释名》:"超,卓也,举脚有所卓越也。"《集韵·宵韵》:"超,轻走貌,越也。"《六书故》:"超,跳越高阻也。"

【撺】①[tsʰuan⁵²]。扔,抛掷。例如:搁那个棍～到那边儿。②[tsʰuan²⁴]。怂恿,教唆。例如:他好撺掇人惹事儿。

《集韵·桓韵》:"撺,掷也。七丸切。"《京本通俗小说·错斩崔宁》:"那人回嗔作喜,收拾了刀杖,将老王尸首撺入涧中。"《水浒全传》:"谁想托大,在船中睡着,被这两个贼男女缚了双手,撺下江去。"《三国演义》第四回:"儒大怒,双手扯住太后,直撺下楼。"《儿女英雄传》第十一回:"如今把井面石撬起来,把这些个无用的死和尚都撺下去。"《朱子语类》卷一二五:"子房为韩报秦,撺掇高祖入关。"元朝石德玉《秋胡戏妻》第三折:"他那里口口声声,撺掇先生,不如归去。"《西游记》第三十回:"他怪我撺掇师父念'紧箍儿咒'。"

【搓】[tsʰuo²⁴]。《广韵》仓括切,入末,清。用手来回揉。例如:～～落生皮儿。

上古汉语中有"撮"字,第一个意义为:用三指取物;抓取。例如,《庄子·秋水》:"鸱鸺夜撮蚤,察毫末。"第二个意义为:摘取;摄取。《史记·太史公自序》:"采儒、墨之善,撮名、法之要。"第三个意义为:聚,聚合。《孔子家语·始诛》:"(少正卯)其居处足以撮徒成党。"王肃注:"撮,聚。"

【楔】[sie²⁴]。《广韵》先结切,入屑,心。《广韵》古黠切,入黠,见。意义为把楔形物插入或捶打到物体里面。例如:～个钉。

楔子。一端平厚一端扁锐的竹木片,多用以插入榫缝或空隙中,起固定或堵塞作用。《淮南子·主术训》:"大者以为舟航柱梁,小者以为楫楔。"把楔形物插入或捶打到物体里面。吴运铎《把一切献给党·我们的平射炮》:"如果做一个橄榄形的钢柱,在钢柱圆周刻上凸凹斜线,把这钢柱硬楔入炮筒,也许就能挤出和钢柱上螺旋形一样的来复线。"

【寻】[sin⁵²]。《广韵》徐林切,平侵,邪。娶,找。例如:～个媳妇(娶了个媳妇)。

寻找;谋求。《墨子·修身》:"思利寻焉。"高亨《诸子新笺·墨子·修身》:"寻,求也。"晋陶潜《桃花源记》:"太守即遣人随其往,寻向所志,遂迷不复得路。"唐杜甫《蜀相》诗:"丞相祠堂何处寻?锦官城外柏森森。"《醒世恒言·三孝廉让产立高名》:"曹丕衔其旧恨,欲寻事故杀之。"

【嗍】[suo²⁴]。《集韵》色角切,入觉,生。用唇舌裹食,吮吸。例如:～冰糕。

吮吸。北魏杨衒之《洛阳伽蓝记·景宁寺》:"呷啜莼羹,唼嗍蟹黄。"唐张鷟《游仙窟》:"十娘忽见鸭头铛子,因咏曰:'嘴长非为嗍,项曲不由攀。'"清邵长蘅《重赋》诗:"刮膏嗍民髓,髓竭国亦僵。"

【整】[tʂən⁵⁵]。《广韵》之郢切,上静,章。搞、办、做。例如:他好整个事儿。

整理;整治。《诗·大雅·皇矣》:"王赫斯怒,爰整其旅。"《文选·张衡〈东京赋〉》:"乃整法服,正冕带。"薛综注:"整,理也。"南朝梁刘勰《文心雕龙·附会》:"整派者依源,理枝者循干。"《初刻拍案惊奇》卷四:"又叫整饭,意甚殷勤。"《红楼梦》第二回:"一面说话,一面让雨村席坐了,另整了酒肴来。"

【争】[tʂən²⁴]。相差、欠缺。例如:他还～俺十块钱嘞。

唐白居易《题峡中石上》诗:"诚知老去风情少,见此争无一句诗?"宋朝方岳《满庭芳》词:"笑鲈鱼虽好,风味争些。"元郑光祖《王粲登楼》第一折:"楚天阔,争如蜀道难?"《三国演义》第二十回:"操与天子并马而行,只争一马头。"《水浒传》第四十九回:"第二个好汉名唤邹润,是他侄儿，年纪与叔叔仿佛，二人争差不多。"这里的"争"都是"少、差、欠"的意思。

【中】[tṣuŋ²⁴]。行；成；好；可以。例如：你去～不～？再如：饭做～了，来吃吧。

《孟子·离娄下》："中也养不中，才也养不才，故人乐有贤父兄也。"《史记·陈丞相世家》："臣闻平居家中时，盗其嫂；事魏不容，亡归楚；归楚不中，又亡归汉。"《二刻拍案惊奇》卷二十："正要来与姐姐、姐夫商量了，往府里讨去，可是中么？"《醒世姻缘传》第四十回："做中了饭没做？中了，拿来吃。"滑县、新乡、周口、南阳、许昌、焦作、濮阳、洛阳用"中"，漯河说"老中"。驻马店用"中"和"沾"。商丘、信阳用"管"。开封"中、管"都有。

【搊】[tṣʰu²⁴]。绑系。例如：搊腰～好ᴰ。"皮带"被说成"搊腰带ᶻ"。《集韵·屋韵》："搊，牵制也。"意义为"系"。《汉书·贾谊传》："一二指搊，身虑亡聊。"颜师古注："搊，谓动而痛也。"

刘宏、赵祎缺（2002）认为是"束"的音变。

【梢】[ṣau²⁴]。《广韵》所交切，平肴，生。树木或其他植物的末端。例如：杨树～儿。

唐杜甫《严郑公宅同咏竹》："绿竹半含箨，新梢纔出墙。"杨朔《三千里江山》第二段："满地草都黄了，草梢上沾着层霜花，冬天来了。"

【潲】[ṣau³¹²]。《广韵》所教切，去效，生。洒水，例如：～点水。牲口往后挣挫，例如：驴往后潲。

雨斜打下来。《集韵·去效》："潲，水激也。" 理由《中年颂》："像长得高出丛林的一棵树，招致风来摇，雨来潲。"如：雨往屋里潲。

往后挣挫。魏巍《东方》第一部第十五章："没想到骡子搞生产太久了，一见炮就往后潲，怎么也套不上去。"

【识】[sɿ⁵⁵]。知道。例如：他不识好歹。

《说文·言部》："识，知也"。《诗经·大雅·瞻卬》："如贾三倍，君子是识。"郑玄笺曰："识，知也。"《老子·十五章》："古之善为士者，微妙玄通，深不可识。"《韩非子·难二》："昔者齐桓公九合诸侯，一匡天下。不识臣之力也？君之力也？"晋朝陶渊明《桃花源诗》："草荣识节和，木衰知风厉。"宋王安石《送吴显道》诗之二："欲往城南望城北，此心炯炯君应识。"明归有光《〈山斋先生文集〉序》："故上焉者能识性命之情，其次亦能达于治乱之迹。""识"均为"知道"之义。

【虫】[tṣʰuŋ⁵²]。身形细小的鸟兽等动物的统称。滑县、南阳、卫辉至今称蛇为"长虫",还称麻雀为"小虫儿"。

《说文》:"虫,一名蝮,博三寸,首大如擘指。像其卧形。物之微细,或行,或毛,或蠃,或介,或鳞,以虫为象。"段玉裁注:"虫篆象卧而曲尾形。"可见,"虫"之为"蛇"之义为其本意,其他身形细小的动物也统称为"虫"。《庄子·内篇·逍遥游》:"之二虫又何知?"《东京梦华录》:"珠珍雇婢妮买虫蚁六十八。"这里的"虫"或者"虫蚁"都是指的"飞禽"。金朝董解元《西厢记诸宫调》卷一:"虫蚁儿里多情的,莺儿第一。"凌景埏校注:"指小的鸟雀和虫。"《汉语方言大词典》未提到中原官话有此词,宜补。

【挱】[ʂuo²⁴]。插。例如:棍在那儿~嘞。

元关汉卿《鲁斋郎》第二折:"这厮强赖人钱财,莽夺人妻室,高筑座营和寨,斜挱面杏黄旗。"元佚名《争报恩》楔子:"忠义堂高挱杏黄旗一面。"《元典章·工部二·船只》:"凡给文引,挱立绥枪、旗号、锣鼓俱有定例。"《醒世恒言·卖油郎独占花魁》:"故此卧房里面,鸿儿的脚也不挱进去。"《三国演义》第五十一回:"只见女墙边虚挱族旗,无人守护。""挱"均为"竖立,插"之义。

【糁】[ʂən²⁴]。《广韵》桑感切,上感,心。玉米颗粒用于熬粥。例如:今儿个熬糁喝吧。

以米和羹。《礼记·内则》:"和糁不蓼。"陈澔集说:"宜以五味调和米屑为糁,不须加蓼,故云和糁不蓼也。"晋葛洪《抱朴子·名实》:"虽并日无藜藿之糁,不以易不义之太牢也。"

【擩】[zʯ⁵⁵]。《广韵》儒佳切,平脂,日。《广韵》而主切,上虞,日。伸入、塞进、伸出拳头打。例如:用棍儿擩到洞里。

抓取。《隋书·南蛮传·真腊》:"欲食之时,先取杂肉羹与饼相和,手擩而食。"《广韵·上虞》:"擩,取物也。"塞。郭澄清《大刀记》第十一章:"永生又擩给尤大哥几颗手榴弹。"

【解】[tɕiɛ⁵⁵]。《广韵》佳买切,上蟹,见。①把圆木锯成板材。例如:你去~木头吧。②把系着的东西打开。例如:~开那个袋儿。

剖开;锯开。北魏贾思勰《齐民要术·伐木》:"虽春夏不蠹,犹有剖析开解之害,又犯时令,非急无伐。"宋陶谷《清异录·木》:"同光中,秦陇野人得柏树,解截为版,成器物置密室中,时芬芳之气,稍类沉水。"

解开;脱下。《孟子·公孙丑上》:"当今之时,万乘之国行仁政,民之悦之,犹解倒悬也。"三国魏曹植《洛神赋》:"愿诚素之先达兮,解玉佩以要之。"《水浒传》第十五回:"两个来到泊岸边,枯桩上缆的小船解了一只，便扶着吴用下船去了。"

【搉】[tɕʰyo²⁴]。①敲击。例如：你去～点儿蒜。②欺骗。例如：你～谁啊？

《说文·手部》："搉，敲击也。"《广韵·觉部》："搉，击也。"《汉书·五行志中之上》："先是高后烤杀如意，支断其母戚夫人手足，搉其眼，以为人彘。"颜师古注："搉，谓敲击去其精也。"宋王安石《酬王詹叔奉使江东访茶法利害见寄》："岂尝搉其子，而为民父母。"

【挶】[tɕʰyɛ⁵⁵]。掰断。例如：棍儿～折它。

拗折；折断。宋尹焕《霓裳中序第一·茉莉咏》词："人何在，忆渠痴小，点点爱轻挶。"元高文秀《黑旋风》第二折："我把那厮脊梁骨各支支生挶做两三截。"《水浒传》第四回："抢入僧堂里，佛面前推翻供桌，挶两条桌脚，从堂里打将出来。"

【情】[tɕiŋ⁵²]。尽管，只管。例如：你～走了，冇事儿。南阳、卫辉、滑县有此词。

《西游记》第三十八回："那呆子是走路辛苦的人，丢倒头，只情打呼，那里叫得醒。"《金瓶梅》九九回："你母子放心，有我哩，不妨事，你母子只情住着，我家去自有处置。"清蒲松龄《增补幸云曲》第十六回："你只是情吃情穿，比当军受用的自然。"

【楦】[ɕyan²⁴]。指物体蓬松。例如：才晒好嘞棉花被可～嘅。

《新唐书·西域传上·泥婆罗》："俗剪发逮眉，穿耳，楦以筒若角，缓至肩者为娇好。"宋叶适《赠讷相》："君门九重远万里，求者争道分荣枯。一身暂寄百骸聚，楦彼朱紫谁头颅。"明郎瑛《七修续稿·奇虐类·尸行》："成祖时，都御史景清犯驾伏诛，以尸楦草，悬于长安门。""楦"皆为"用东西塞紧、填实物体的中空部分"之义。《汉语方言大词典》没有提到中原官话有此词，宜补。

【枵】[ɕiau²⁴]。质地稀疏而轻薄。滑县方言有"枵虚"的说法，例如：这个椅 ᶻ 可枵虚，不经坐。

《说文·木部》："枵，木根也。从木，号声。"《春秋传》曰："岁在玄枵。枵，虚也。"段玉裁注："木大儿……木大则多空穴。"《正字通·木部》："枵，凡物虚耗曰枵。"《尔雅·释天》："玄枵，虚也。"晋郭璞注："枵之言耗，耗亦虚意。"《新唐书·殷开山传》："公等勿与争，粮尽众枵，乃可图。"宋代吴子良《荆溪林下偶谈》卷三："意主于馅，辞主于夸，虎头鼠尾，外肥中枵，此词科习气也。""枵"皆为"空虚"之义。明代宋应星《天工开物·夏服》："又有蕉纱乃闽中取芭蕉皮析缉为之，轻细之甚,值贱而质㭒,不可为衣也。""㭒"为"丝缕纤维稀疏而轻薄"之义。从上可见,"㭒"字本义为"木大中空貌",后引申为抽象的"空虚",又由"空虚"义引申为物品"质地稀疏而轻薄"之义。

【艮】《广韵》古恨切,去恨,见。①[kən³¹²]。坚硬,不脆。例如:这红薯～嘞很。②[kən⁵⁵]。牙齿或身体其他部位被硬物硌痛。例如:俺叫小石头～一下ᶻ。

《方言》卷十二:"艮、碈,坚也。"《广雅·释诂一》:"艮,坚也。"元朝刘君锡《来生债》第一折:"中穿?中吃?阿哟!艮了牙也。"

【忽】[xu²⁴]。忘记;忽略。例如:俺～记拿书了。

《说文》:"忽,忘也。从心,勿声。"《尚书·周官》:"蓄疑败谋,怠忽荒政。"孔传:"怠惰忽略,必乱其政。"《韩非子·存韩》:"愿陛下幸察愚臣之计,无忽。"《史记·司马相如列传》:"祸固多藏于隐微而发于人之所忽者也。"唐陈子昂《谏用刑书》:"往者不可谏,来者犹可追,无以臣微而忽其奏。"清龚自珍《京师乐籍说》:"昔者唐、宋、明之既宅京也,于其京师及其通都大邑,必有乐籍,论世者多忽而不察。"皆为"忽略,忘记"义。

【猾】[xua⁵²]。《广韵》户八切,入黠,匣。狡猾。例如:他可～嘞。

狡黠,奸诈,亦指奸狡之人。《北史·酷吏传序》:"其禁奸除猾,殆与郅宁之伦异乎!"宋王谠《唐语林·政事上》:"坊市奸偷宿猾屏迹。"《明史·忠义传二·王鈇》:"滨海多大猾,匿亡命作奸。"

【荒】[xuaŋ²⁴]。《广韵》呼光切,平唐,晓。《广韵》呼浪切,去宕,晓。土地荒芜。例如:他家嘞地～了。

荒芜,田地未加整治。《周礼·夏官·大司马》:"野荒民散。"郑玄注:"荒,芜也。"《荀子·富国》:"故田野荒而仓廪实,百姓虚而府库满,夫是之谓国蹷。"晋陶潜《归去来兮辞》:"三径就荒,松菊犹存。"

【佮】[kɤ²⁴]。《广韵》古沓切,入合,见。《广韵》他合切,入合,透。《广韵》乌合切,入合,影。合得来。例如:他俩～合嘞可好。

聚合。《说文·人部》:"佮,合也。"《中国谚语资料·一般谚语》:"耐可佮天下,勿可佮厨下。"

【聒】[kuo²⁴]。《广韵》古活切,入末,见。声音吵闹震耳朵,指噪声太大使人厌烦。例如:恁俩声儿忒大,～嘞人睡不着。

频繁地称说。《庄子·天下》:"以此周行天下,上说下教,虽天下不取,强聒而不舍也。"《水浒传》第五八回:"众人说他的名字,聒得洒家耳朵也聋了,想必其人是个真男子,以致天下闻名。"喧闹,声音高响或嘈杂。汉王逸《九思·疾世》："鹎雀列兮哗讙，鹍鹒鸣兮聒余。"宋王安石《和惠思岁二日二绝》之一："为嫌归舍儿童聒，故就僧房借榻眠。"

【薅】[xau²⁴]。《广韵》呼毛切，平豪，晓。意义为拔。例如:薅草(拔草)，～头发。

除去杂草。《诗·周颂·良耜》："其镈斯赵，以薅荼蓼。"朱熹集传："薅，去也。"《国语·晋语五》："臼季使，舍于冀野，冀缺薅，其妻馌之。"韦昭注："薅，耘也。"北魏贾思勰《齐民要术·水稻》："稻苗渐长，复须薅；拔草曰薅。薅讫，决去水，曝根令坚。"

【笏】[xu²⁴]。《广韵》呼骨切，入没，晓。原意为用笏板扑击，今意为用手扇别人的脸。例如：～他嘞脸。

古代臣朝见君时所执的狭长板子，用玉、象牙、竹木制成，也叫手板，后世惟品官执之。《礼记·玉藻》："凡有指画于君前，用笏；造受命于君前，则书于笏。"唐韩愈《释言》："束带执笏立士大夫之行，不见斥以不肖，幸矣，其何敢敖于言乎？"明陆采《明珠记·抄没》："倘若用我时，学取段司农以笏击贼而死，断不从他。"

【屙】[ɤ²⁴]。《玉篇》乌何切。排泄大便。例如：小孩儿屙屎屙裤里了。

指从肛门里排泄。《玉篇·尸部》："屙，上厕也。"宋朝庄季裕《鸡肋编》卷上："饭迟屙屎疾，睡易著衣难。"普济《五灯会元·净居尼妙道禅师》："未屙己前，堕坑落尘。"《古尊宿语录·临济义玄》："佛法无用功处，只是平常无事，屙屎送尿，著衣吃饭，困来即卧。"《景德传灯录·大安禅师》："吃沩山饭，屙沩山屎，不学沩山禅。"清朝蒲松龄《日用俗字·身体篇》："止言屙尿不为村。"

【鏊】[au³¹²]。《广韵》五到切，去号，疑。烙饼的器具，用铁做成，平面圆形，中心稍凸。例如：你用～摊个煎饼。

一种平底锅。常用以烙饼。元耶律楚材《答倪公故人诗》："且趁万松炉鏊热，疾忙索取护身符。"清王士禛《池北偶谈·谈异四·鏊字擀字》："鏊，鱼到切。字书曰：饼鏊。今山东俚语尚然。富郑公言：太宗既下并州，欲乘胜收复蓟门，咨于众。参知政事赵昌言对曰：'自此取幽州，如热鏊翻饼耳。'殿前都指挥使呼延赞曰：'此鏊难翻。'"

笔者检索了北京大学古代汉语语料库（CCL）"鏊"的用例。唐代小说《野朝佥载》：目舍人杨伸嗣为"熟鏊上猢狲"。南宋佛语录《五灯会元》：热鏊上猢狲。明代小说《水浒全传》：徐宁妻子并两个丫环如热鏊子上蚂蚁，走投无路，不茶不饭，慌做一团。清代小说《文明小史》：黄世昌心里十分着急，如热锅上蚂蚁一般。清代小说《狄公案》：今夜这个月色正是明亮，怀义大约同热锅蚂蚁一般,在那里盼望呢。清代小说《红楼梦》两次出现了"热锅上的蚂蚁",例如:又等他祖父安歇了,方溜进荣府,直往那夹道中屋子里来等着,热锅上的蚂蚁一般,只是干转。

笔者认为,现代汉语"热锅上的蚂蚁"是由"熟鳌上猢狲"演化而来。

【繉】[in⁵⁵]。䌥,做棉衣、棉褥等,粗粗缝,使布和棉花连在一起。例如:～棉被。

《玉篇》:繉衣也。《广韵》:缝衣相着。

【哕】[yɛ⁵⁵]。《广韵》于月切,入月,影。《广韵》乙劣切,入薛,影。呕吐。例如:干～(要吐而吐不出东西来)。

呕吐,亦指呕吐物。《医宗金鉴·杂病心法要诀·呕吐哕总括》:"有物有声谓之呕,有物无声吐之征,无物有声哕干呕。"宋苏轼《艾子杂说·艾子好饮》:"一日大饮而哕。门人密抽彘肠致哕中。"《儒林外史》第六回:"严贡生坐在船上,忽然一时头晕上来,两眼昏花,口里作恶心,哕出许多清痰来。"吴承恩《西游记》:你们快去烧些盐白汤,等我灌下肚去,把他哕出来。

【娃】[ua⁵²]。《广韵》于佳切,平佳,影。指小孩儿,或用于乳名。例如:小～～儿。再如:他叫～牛。

小孩,儿童。元刘致《红绣鞋》曲题云:"北俗小儿不论男女皆以娃呼之。" 章炳麟《新方言·释言》:"今通谓小儿为小鼃子……俗或作娃。"

【挽】[uan²⁴]。《广韵》乌贯切,去换,影。用铲儿挖取。例如:～草。

取;挖取。元张国宾《薛仁贵》第四折:"执蘁挽菜,缝衣补衲,多亏你这柳氏浑家。"《二刻拍案惊奇》卷二一:"做工的回嗔作喜道:'店家娘子,不必发怒;灶砧小事,我收拾好还你。'便把手去挽那碎处。"

【㧊】[uəŋ²⁴]。《广韵》乌孔切,上董,影。用力推。例如:他～俺一下ᶻ。

《集韵》邬项切,上讲,影。《集韵·讲韵》中的意思为"多力"。

【瓮】[uəŋ³¹²]。《广韵》乌贡切,去送,影。缸。例如:水～;米～。

大水缸。晋葛洪《抱朴子·喻蔽》:"四渎之浊,不方瓮水之清。"宋陆游《瓮池》诗:"埋瓮东阶下,滟滟一石水。"《宋史·司马光传》:"群儿戏于庭,一儿登瓮,足跌没水中。"

## 二 双音节古语词

【面馞】[mian³¹² pu⁵²]。擀面时撒的干面粉。例如:面馞有了。

《玉篇·食部》:"馞,面馞。"

第四章　滑县方言词汇　　227

【妈妈】[ma$^{24}$ ma$^{24}$]。乳房。例如：小孩儿该吃妈妈了。

《聊斋俚曲集·俊夜叉》："俩妈妈出来见人。"《聊斋俚曲集·禳妒咒》："把他那妈妈头子铰掉一个。"

【马驹】[ma$^{55}$ tɕy$^{24}$]。小马儿。例如：马驹生了。

《齐民要术》："凡驴、马驹初生，忌灰气；遇新出炉者，辄死。"

【到了】[tau$^{312}$ liau$^{55}$]到底；究竟。例如：到了他还是走了。

唐吴融《武关》诗："贪生莫作千年计，到了都成一梦间。"宋袁去华《念奴娇》词："身外纷纷，傥来适去，到了成何事。"元关汉卿《单刀会》第一折："你这三条计，比当日曹公在灞陵桥上三条计如何？到了出不的关云长之手。"

【滴溜】[ti$^{24}$·liu]。提、提起。例如：他滴溜着书走了。

元郑廷玉《后庭花》第一折："滴溜着脚踢拳墩，哎，你个身着紫衣堂候官，欺负俺这面雕金印射粮军。"明沈榜《宛署杂记·民风二》："提曰滴溜着。"《醒世姻缘传》第十回："（高氏）一边说着，一边滴溜着裙子，穿着往外走。"蒲松龄《富贵神仙》第六回："伸过来一只妙手儿把官人抱就像是那二三岁的孩子，轻轻的一把儿抵溜。"《儿女英雄传》第三一回："讲力量，考武举的头号石头不够他一滴溜的。"

《汉语方言大词典》未记录中原官话有此词，宜补。

【年下（歇）】[nian$^{52}$·ɕiɛ]。农历年底，春节前后的几天。例如：年下了，该放假了。

将过旧历新年的时候。《醒世姻缘传》第三三回："这一年十二月十五，早早的放了年下的学，回到家中。"《红楼梦》第五三回："他们那（哪）里是想我？这又到年下了，不是想我的东西，就是想我的戏酒了。"老舍《骆驼祥子》八："街上慢慢有些年下的气象了。"

今滑县有人写作"年歇"，其实是"年下"的音变。

【拉巴】[la$^{24}$·pa]。拉、拖；辛勤抚养。例如：拉巴仨小孩，不容易啊。

拉；拖。《醒世姻缘传》第七九回："再三拉巴着，寄姐才放了手没打。"《醒世姻缘传》第八十回："这吊杀丫头，也是人间常事，唬答得这们等的！拿领席来卷上，铺里叫两个花子来拉巴出去就是了，不消摇旗打鼓的。"

辛勤抚养。李准《李双双小传》一："她年纪轻轻的就拉巴了两三个孩子。" 王安友《李二嫂改嫁》："我自她三岁她爹走了，可怜撇下我这个女人，又得家里，又得外头，把她拉巴大了。"

【利亮】[li$^{312}$·liaŋ]。利索。例如：他办事可利亮。

《聊斋俚曲集·磨难曲》："我是个真呆瓜，年纪小知甚么？说不出句利亮话。"《醒世姻缘传》第七十四回:"家去罢呀怎么!俺弟兄们且利亮利亮。" 《醒世姻缘传》第七回写成了"俐亮":"话也说不俐亮。"

【猜枚】[tsʰai²⁴ mei⁵²]。行酒令,划拳。例如:咱俩猜枚吧。

一种游戏,多用为酒令。元无名氏《醉写赤壁赋》楔子:"今无甚事,且回后堂中和夫人猜枚吃酒去也。"《西游记》:"此是上邦稀奇之物,必须待天阴闲暇之时,拿他出来,整制精洁,猜枚行令,细吹细打的吃方可。"《红楼梦》第二三回:"低吟悄唱,拆字猜枚,无所不至,倒也十分快意。"

《汉语方言大词典》未提中原官话有此词,宜补。

【踅磨】[syɛ⁵²]。转圈儿;找东西。例如:你踅磨啥哪?

《全元曲·杂剧》:"赶着我后巷前街打踅磨,我也不是善婆婆。"元无名氏《赚蒯通》第三折:"你这些小儿每街上闹镬铎,则愿的碾得娘没一个,赶着我后巷前街打踅磨。"

【展应】[tʂan⁵⁵ iŋ³¹²]。①舒展。例如:他脸上可展应,不枯憔。②舒服。例如:老两口在孩儿家比在女婿家住嘞展应。

《红楼梦》第六十七回:"真是大户人家的姑娘,又展样,又大方。"陈晓强(2004)指出:甘肃陇西方言(中原官话)的"展样"意义为"身体、相貌、气质很好;大方、大气,有气派"。可能与滑县方言的"展应"有一定联系。待进一步考察。

【出门】[tʂʰu²⁴ mən⁵²]。出嫁。例如:俺姐姐今儿个出门。

唐无名氏《玉泉子》:"吾有女弟未出门,子能婚乎?"《红楼梦》第九十回:"人家的女孩儿出门子不是容易,再没别的想头,只盼着女婿能干,他就有日子过了。"上面两例"出门"皆为"出嫁"之义。

【晌午】[ʂaŋ⁵² u⁵⁵]。正午,中午。例如:恁家晌午吃啥啊?

元无名氏《争报恩》第一折:"你晌午后先吃了人一顿拷,怎又将他来扯拽着。"《元曲选·桃花女·楔子》:"到今蚤日将晌午。方才着我开铺面。挂起那大言牌。"《二刻拍案惊奇》:"只因辛苦了大半夜,这一睡直睡到第二日晌午方才一醒来。"《红楼梦》第八回:"至晌午,贾母便回来歇息。"

《汉语方言大词典》未记录中原官话有此词,宜补。

【跍蹲】[ku²⁴ tuei²⁴]。蹲。例如:你跍蹲那儿吃饭吧。

《广韵》:"跍,蹲坐貌;苦胡切。"黄侃《蕲春语》:"今吾乡谓蹲曰跍,亦曰蹲。"川剧《五台会兄》:"远望桥头高垒垒,涧下溪水吼如雷。手扒栏杆过桥嘴,但见乌鸦跍几堆。""跍、蹲"都是蹲坐的意思,这是同义复合造词。蹲本来读[tun²⁴],前鼻音尾丢失-n 后就成了[tui²⁴]。

《聊斋俚曲集》却写成了"孤堆、估堆、孤对"。《聊斋俚曲集·禳妒咒》:"你就在这门外孤堆着,好思想你那美人。"《聊斋俚曲集·寒森曲》:"大相公没奈何,常在旁估堆着,夜儿也在旁里卧。"《聊斋俚曲集·翻魇殃》:"自从烧了屋子顶,娘们里头孤对着,怎么能买起楼宅一大座?"

今有人写作"骨堆、骨蹲、踞蹲"等。滑县"土骨堆"是一堆土的意思,其实是"土跍蹲"的演变,土堆像人蹲下形成的样子。

《方言大词典》没有收录此词,宜补。

【腌臜】[a²⁴·tsa]。意义为污秽、不洁净。例如:他家可腌臜喈。

宋赵叔向《肯綮录·理俗字义》:"不洁曰腌臜。"元王实甫《西厢记》第二本第二折:"腔子里热血权消渴,肺腑内生心且解馋,有甚腌臜?"元李寿卿《度柳翠》楔子:"香积厨下烧火的那个腌臜和尚,也当一个。"明冯惟敏《僧尼共犯》第一折:"按不住龌龊心,听不上腌臜话。谁道俺头陀每不光滑。"《红楼梦》:"这水实在腌臜,怎么喝的下去!"

## 第四节  成语、惯用语、谚语与歇后语

### 一  成语与四字习语

滑县方言成语和四字习语较多,举例如下:一来二去、一清二白、一清二楚、一干二净、一刀两断、一举两得、三番五次、三番两次、三天两头、三长两短、三言两语、三心二意、没日没夜、黑天白夜、五花八门、人五人六(形容人神气十足的样子)、隔三卯四、隔三差五、颠三倒四、颠七倒八、乱七八糟、乌七八糟、乌七马黑(很黑)、鸡缭爬叉(形容字体很差)、东拼西凑、七嘴八舌、七老八十、胡言乱语、囫囵马月、稀里糊涂、胡搅蛮缠、东拉西扯、挤眉弄眼(眨眼睛示意对方)、胡连八扯(胡说八道)、眼尖手快、嘴噘脸吊、说东道西、指鸡骂狗、贼眉鼠眼、心无二用、立眉瞪眼、喜眉笑眼、装聋卖哑。失急慌忙(事急慌忙):慌里慌张。1963年拍的电影《朝阳沟》中银环妈(唱):出门没有带被子,失急慌忙她离开家。

### 二  惯用语

滑县方言的惯用语举例如下:起五更打黄昏(起早贪黑);蹬鼻子上脸(一方给对方面子,对对方有些出格的行为不计较,但对方非但不领情,还更加变本加厉);歪三圪料四(形容人长得难看或物品摆放不整齐);仁核

桃俩枣（形容钱或者东西数量少）；快刀斩乱麻；穷生虱富生疥；三个女嘞一台戏；九牛二虎之力；驴唇不对马嘴；前怕狼，后怕虎；侄儿似叔，外甥似舅。尿泡尿给你照照；吹牛不打草稿；金窝银窝不如穷窝；好狗不挡路，挡路是个兔；撞死南墙不回头；当面锣，对面鼓；求爷爷，告奶奶；煽阴风，点鬼火；一瓶不响，半瓶晃荡；拆了东墙补西墙；跑了龙王跑不了庙；烂泥巴扶不上墙；隔着棉袄挠痒痒；勒住裤带过日子；一分钱掰成两半花；贪多嚼不烂；饿嘞前胸贴后背；记性不大，忘性倒是不小；认人不认理；种瓜得瓜，种豆得豆；一个老鼠屎捩嘞满锅腥；锯响斗（就）有沫；吃不了兜着走。

### 三 谚语

谚语是人民群众的口头创作，它以简短的语言形式凝结着广大劳动人民丰富的智慧，反映了自然和社会现象种种规律以及人民群众的生活经验与思想感情，口语性强，哲理性强。

#### 3.1 气象谚语

（1）三月怕三七，四月怕初一，三七初一都不怕，就怕四月十二下，四月十二湿了老鸹毛，麦下水里捞。

（2）一九二九不出手，三九四九凌上走，五九六九凌开散，七九八九抬头看柳，九九杨落絮，十九杏花开。

（3）五月冷，五月冷，一棵豆子打一捧，掏钱难买五月旱，六月连阴吃饱饭。（五月要收麦，不希望下雨。）

（4）夜夜刮大风，风雪不相逢。

（5）长虫过路青蛙叫，燕子低飞盐罐潮；蚂蚁搬家山戴帽，鸡子晚宿蒙虫闹。（下雨征兆。）

（6）八月十五云遮月，正月十五雪打灯，沥沥啦啦到清明，一年有个好收成。

（7）下雪不冷化雪冷。

（8）风是雨嘞头，屁是屎嘞头。（夏天大雨倾盆之前，往往有一阵大风。）

#### 3.2 农业谚语

（1）桃三杏四梨五年，枣树栽那儿就变钱，要吃核桃等十年。

（2）桃饱杏伤人，李子树下埋死人。

（3）人勤地不懒。

（4）一亩地，三头牛，孩子老婆热炕头。

（5）庄稼一枝花，全靠粪当家。

（6）到了夏至节，锄头不能歇；人误地一晌，地误人一年。

（7）地里多上一层粪，家里多个粮食囤。

（8）种地不上粪，等于瞎胡混。

3.3 社会谚语

（1）好对好，赖对赖，弯刀对着瓢切菜。（比喻刚好搭配。）

（2）拿人家嘞手软，吃人家嘞嘴短。（收了人家的好处就不好意思不给人办事。）

（3）狗咬挎篮嘞，人攥有钱嘞。（趋炎附势的一种形象说法。）

（4）头生儿景，末生儿娇，没福吊子托生个半骨腰。（老大大家很喜欢，最小的孩子大家也喜欢，老二是没有福气的人，托生到中间。）

（5）一斗穷，二斗富，三斗四斗卖酒醋，五斗六斗卖豆腐，七斗八斗开当铺，九斗一簸箕，老了坐那儿吃。（是对手上的指纹"斗"的解说，指纹不是"斗"的叫"簸箕"。）

（6）千里去烧香，不胜在家敬爹娘；生前不把父母敬，死后何必哭魂灵，生时给母一块糖，强过死后献猪羊。（劝诫人要孝顺。）

（7）椿树王，椿树王，你发粗，我发长。（小孩子个子不长，农村人大年初一起床去拜年前，让小孩扶着椿树转一圈，并说这些话。寄托了美好祝愿。笔者小时候曾搂过椿树，一不小心，说错了话："椿树王，椿树王，你发长，我发粗。"家里人一直笑话我现在个子不太高是因为说反了。）

（8）身坐灶火手把勺，一品品嘞正掌柜。也可说成：脚蹬锅底手把勺，一品品嘞正掌柜。（女孩嫁给了没有婆母的家庭，往往要独自做饭。）

（9）麻尾鹊，尾巴长，娶了媳妇忘了娘。（形容子女不孝顺父母。）

麻尾鹊 $^z$[ma$^{52}$ i$^{24}$ tsʰia:u$^{312}$]即喜鹊。林州叫"麻尾巴鹊子"，也可以叫"麻尾鹊子"。商城和罗山叫"鸦鹊"，信阳叫"麻咋子"，喜鹊是乌鸦纲科的一种鸟类，它的体形似鸦，常被描述为"体形巨大的黑白两色长尾鸟类"。喜鹊又名鹊、客鹊、飞驳鸟、干鹊。在古代，鹊曾被称为"神女"，人们认为它具有感知预兆的神奇本领。古人亦有以乌鸦为报喜之说，如薛季宣《浪语集》卷一《信乌赋》称："南人喜鹊而恶乌，北人喜乌而恶鹊。"洪迈《容斋随笔》卷三说："北人以乌声为喜，鹊声为非，南人反是。"彭乘《墨客挥犀》卷二也说："北人喜鸦声而恶鹊声，南人喜鹊声而恶鸦声。鸦声吉凶不常，鹊声吉多而凶少。故俗呼喜鹊，古所谓乾鹊是也。"

四 歇后语

歇后语是人民在生活实践中创造的一种特殊语言形式。它一般由两个部分组成，前半截是形象的比喻，像谜面，后半截是解释、说明，像谜底，十分自然贴切。在一定的语言环境中，通常说出前半截，"歇"去后半截，就可以领会和猜想出它的本意，所以称它为歇后语。歇后语记录了人民的生活经验和思想感情，是对当地社会生活的真实反映。

爬窗台上吹喇叭——鸣（名）声在外；
扫帚骨朵戴帽子——充人样；
疤瘌脸照镜子——自找难看；
老母猪吃秋秋——顺杆爬；
红薯窖里放屁——瓮声瓮气；
西瓜皮掉油锅——又光又滑；
扫帚顶门——净是岔儿；
屎壳郎爬煤堆——显不起你那一蛋儿黑；
卖豆腐嘞搭戏台——生意不大架子不小；
小葱拌豆腐——清二白；
裁缝丢了剪刀——光剩尺（吃）了；
猪八戒照镜子——里外不是人；
聋$^z$嘞耳朵——摆设儿；
六个指头挠痒——多那一道儿；
外甥打灯笼——照舅（旧）；
小鸡儿卧门坎儿——里外叨食儿；
水牛掉井里——有力使不上；
井底嘞蛤蟆——冇见过天；
茅坑里的石头——臭硬臭硬；
做梦娶媳妇——想嘞美；
放了气嘞皮球——瘪啦；
霜打嘞茄$^z$——蔫啦；
等公鸡下蛋——冇指望；
狗咬刺猬——冇法下嘴；
瓜地挑瓜——越挑越花；
老太太吃柿$^z$——拣软嘞捏；
老鼠心——丢爪忘；
卖了老婆买合笼——不蒸馒头蒸（争）口气；
脱裤放屁——多那一事；
六个指头挠痒——多那一道儿；
心重嘞人个矮——坠嘞了；

黄鼠狼播（生）兔——一窝不递（敌）一窝。

## 第五节　滑县民俗及地域文化中的方言词

一般认为，滑县文化是中原文化的分支，具有极其鲜明的特色。以下从地名、建筑、地理气候、饮食习俗等方面简要探讨滑县方言的文化内涵。

### 一　地名

滑县地区的命名带有当地的特色，如使用常见的地名词"村、庄、营、店、屯、河、寨、姓氏"等。村是滑县方言的特征词，包括整个村庄的所有住户。以"村"命名的，如：车村、常村、邢村、龙村、沙河村。根据"庄"命名的，如：魏庄、孙庄、王庄、暴庄、高庄、常新庄。根据"营"命名的，如：前营、后营、齐营、赵营、伍官营。根据"店"命名的，如：半坡店、沙店、汪店、车店、东明店、西明店。根据"屯"命名的，如：牛屯、李屯、秦屯、段屯、闫河屯。根据"河"命名的，如：零河、闫河屯、河道村。根据"寨"命名的，如：申寨、齐寨、东孟虎寨、西孟虎寨、东老河寨、西老河寨。根据"姓氏"命名的，如：齐寨、魏园、缑庄、暴庄（清代廉吏暴式昭（字方子）故里）、王林村（整个村庄都姓王，村里村外有很多树林。可惜现在树林被砍掉了）。根据村的地形地势命名的，如：刘圪垱（圪垱是土丘）、马圪当（当是"挡"的讹变）村。以植物命名的，如"古柳树村、柳圈村"。有十八"郎柳"之称：冯郎柳、仝郎柳、郎柳集等。

黄塔村名字的来由是因为村里有个明代建筑皇姑寺塔，一开始叫"皇姑寺塔村"，后来缩写并且字形讹变，成了黄塔村，村西北柳青河旁有一座龙王庙，有古槐。据《滑县志》记载：皇姑寺塔，位于今滑县县城西南25公里处半坡店乡黄塔村东北侧。相传明朝英宗皇帝朱祁镇的妹妹——皇姑（另一传说是英宗的女儿），曾从这里路过并留宿，为当地老百姓办了不少好事，后突染重疾，不幸病故于此地。当地百姓感其恩德，为了纪念她，村民自愿捐资于明正统九年（1444）二月建一砖塔，取名"皇姑塔"。三月，又在此塔前建一寺院（中华人民共和国成立初期寺院改为学校），并塑有皇姑泥像，又更名"皇姑寺塔"。"皇"和"黄"谐音，后人逐渐传称皇姑寺塔所在的村子为"黄塔"，黄塔村之名即由此而来。据《滑县志》记载："皇姑寺塔位于滑县半坡店乡黄塔村。塔为宝瓶式七层六棱形砖塔，塔顶为一亚腰葫芦形铁刹。塔高11米，下有台阶，高2.62米，周长22.3米，台阶正南的垛长2.8米，宽2.25米。"每年四月初八是黄塔村古老庙会，具有地方特色的大戏连唱数日，会期黄塔寺院内热闹非凡。期间远近香客络绎不绝，香火的特殊香气与空灵的佛乐弥漫在皇姑庙上空，构成一道别样的人文风情。黄塔村的骨科医院和膏药远近闻名。

## 二 建筑名称

滑县各村各户的宅基地，当地称庄。从建村庄以来，一般用四合头院（四面房，四分至五分地，四面都有房子，中间是院子）、三面房（二分五至三分地，三面都有房子）、半个脸（有主房，左面或右面有房子）等。六十年代到七十年代，有经济能力的家庭盖的主房（正房）大部分是里生外熟，里面是土坯或者用土垛成。外面是砖。上面盖的是瓦屋帽儿，由上帽、大梁、二梁、檩条、椽、瓦片构成。配房是瓦房，或者是平顶房。有的是里生外熟，或是全部土垛墙。经济条件不好的家庭，主房、配房都是墙壁砖过门，硬梁柱。根脚用砖土垒成，砖过门指门两边用砖砌成。硬梁柱是梁以下用砖砌成，其他地方是土坯或土垛墙。有的是瓦屋帽，有的是平顶。瓦屋上盖是大梁、二梁、椽、扒。上面是扒，扒上面坐泥瓦。扒砖上用土铺好，再瓦上小瓦。平顶屋是梁、檩条、椽、瓦、扒。扒上面用白灰和煤渣和在一起，然后铺在屋顶上来捶。除去用砖垒成的部分，其他部分用土坯或土垛成。椽上面铺高粱杆，再上面是泥巴、瓦。窗户是木头做的。八九十年代后，改革开放，土地承包，年轻人出外打工，经济条件逐渐好转。大部分新建房不再用土垛墙和土坯，改成全部是砖（包括蓝砖和红机砖）。九十年代至今，又由平顶房、瓦房变成新楼房。现在盖楼房中间用预制板，楼顶是预制板（平顶楼）或瓦（瓦屋楼）。如果楼顶是预制板需要用石子、水泥锤顶。这些房子的名称是主房、配房、堂屋（北屋）、东屋、西屋、南屋、厨屋等。

## 三 地理气候用语

滑县属于暖温带，气候湿润，雨量较充沛，平均气温13.7度，平均降水量634.3毫米，日照2365.5小时，无霜期201天（滑县县志）。适宜小麦、玉米（玉蜀黍）、大豆（黄豆）、花生（落花生）、绿豆、谷子（谷）、芝麻、高粱、棉花、红薯等农作物生长。滑县人在长期的实践中，总结了丰富的农作经验，不少谚语都有所反映。如：春雨贵似油；种地不上粪，等于瞎胡混；杨叶呼啦啦，遍地都种瓜；清明埋老鸹（清明节时，麦子长高到可以埋住老鸹了）；蚕老一时，麦熟一晌；瑞雪照丰年。还有一些关于气象的谚语，如：清ᴴ烧后ᴴ浇[tsʰiə̃⁵² ʂau²⁴ xã³¹² tɕiau²⁴]（清早东方有火烧云，后晌（下午）可能会下雨）；八月十五云遮日，正月十六雪打灯（八月十五如果云彩遮住太阳了，阴历正月十六就会下雪）；云朝南，雨涟涟，云朝东，一场空；吃罢冬至饭，一天长一线。

### 四　饮食文化用语

滑县饮食讲求精细，种类多种多样。热、凉、酸、甜、苦、辣样样俱全。滑县俗语反映了饮食文化的精彩，例如：人是铁，饭是钢，一顿不吃饿嘞慌；紧七慢八（人一旦七天至八天不吃，就可能会去世）。

滑县有丰富多样的食品种类。饮食带有当地特色和个性。其中，面食多种多样，举不胜举。如：馒头、花卷、花糕、肉包、菜包、豆包、小笼包、玉米窝窝头、高粱窝窝头、饸饹（以前有，是红薯干面制成的，外地也有用面粉做的。饸饹，古称"河漏"）、炒面（有用红薯干面做的甜炒面）。白面还可以做成饺子、馄饨、烧饼、火烧、油饼、烙馍、烩饼、面托、煎饼、面条，面条还可以做成蒸面条、炒面条、捞面条、汤面条、挂面等。红薯芡可以做成凉粉、粉条、皮渣等，凉粉能煎、凉拌、炖菜吃。粉条用处更多，爊菜，做肉包、菜包，炸菜角，都离不开它。小麦、玉米、红薯是滑县饮食文化中不可缺少的部分。

滑县人可以根据不同种类的蔬菜做出色香味美的菜肴。一般用炒、炸、㴸水、凉拌等方法。例如菠菜，可以清炒，也可以先㴸水后凉拌，放上几片木耳、一点红萝卜丝，这样又好看又好吃，而且营养丰富。花生可以炸一盘，趁热放上盐或白糖，就成了咸花生或甜花生。还可以煮花生，煮熟后捞出水，放到器皿里，放上大茴香、花椒和盐，盖上盖儿，焖上十五分钟后，味道十分鲜美。猪肉合碗（扣碗）、小葱拌豆腐、生汆丸子、水上漂（白萝卜丝、面粉、十三香、葱姜等，和成的软面块，用筷子或手往沸水里拨，成丸子的形状）。都很好吃，真是举不胜举。

主食有馒头、面条、馄饨、饺子等。有的乡村有生孩子"吃喜面"的风俗，谁家生了孩子，无论是生男生女，都是要请客的，这其实是一种宣告。请客时，村里亲戚都要来庆贺，在酒宴上，最后上的是一碗"喜面"。因面条是长的，取长寿之意，俗称"长寿面"。滑县讲究在生日时中午吃寿面，如母亲几乎每年打电话来叮嘱，要我记住自己生日那天，早晨吃鸡蛋（最好请家里人也吃，叫"嚼灾"），中午吃面条，寓意是寿命会越来越长吧。祝寿的宴席上还不能少鸡、鱼、肉。鸡、鱼与"吉、余"谐音，肉与中原方言中表示动作迟缓、慢意义的"肉"谐音，在这里表示被祝寿的人拖延寿限，慢慢走向阴曹地府。寓意是吉庆有余、常住不走、长命百岁。过春节蒸馍、出油忌说"完",春节期间要蒸馍、出油(用油炸许多好吃的东西,俗称"出油"),蒸馍结束、东西炸好后,不能说"蒸完了、炸完了",完即意味着毕、终止、没有等意思。要说"满盆了",取"圆满"之意。蒸馍还忌说馍裂了,而要说"馍笑了",取"欢喜"之意。

  道口烧鸡创业于清顺治十八年(1661),至今已有三百多年的历史,原由道口镇"义兴张"世家烧鸡店所制,与北京烤鸭、金华火腿齐名。据《滑县志》记载,在开始的一百多年时间里,由于技术条件差,生意并不好。张炳在道口镇大集街开了个小烧鸡店,因制作不得法,生意萧条。乾隆五十二年(1787)的一天,一位曾在清宫御膳房当过御厨的老朋友来访,他身怀绝技。两人久别重逢,对饮畅谈。张炳向他求教,那朋友便告诉他一个秘方:"要想烧鸡香,八料加老汤。"八料就是陈皮、肉桂、豆蔻、良姜、丁香、砂仁、草果和白芷八种佐料;老汤就是煮鸡的陈汤。每煮一锅鸡,必须加上头锅的老汤,如此沿袭,越老越好。张炳如法炮制,做出的鸡果然香。张炳反复实践,在选鸡、宰杀、撑型、烹煮、用汤、火候等方面,摸索出一套经验。他选鸡严格,要选两年以内的嫩鸡,以保证鸡肉质量。挑来的鸡,要先留一段时间,让鸡消除紧张状态,恢复正常的生理机能,有利于杀鸡时充分放血,也不影响鸡的颜色。配料、烹煮是最关键的工序。将炸好的鸡放在锅里,兑上老汤,配好佐料,用武火煮沸,再用文火慢煮。烧鸡的造型更是独具匠心,鸡体开剖后,用一段高粱秆把鸡撑开,形成两头尖尖的半圆形,别致美观。"义兴张"开业已近三百年了,张炳的烧鸡技术历代相传,始终保持独特的风味,其色、香、味、烂被称为"四绝"。清嘉庆年间,一次嘉庆皇帝巡路过道口,忽闻奇香而振奋,问左右人道:"何物发出此香?"左右答道:"烧鸡"。随从将烧鸡献上,嘉庆尝后大喜说道:"色、香、味三绝"。从此以后,道口烧鸡成了清廷的贡品。张炳的世代子孙,继承和发展了祖先的精湛技艺,使"义兴张"烧鸡一直保持着他的独特风味。道口镇,素有"烧鸡之乡"的称号。现在品牌众多,有"张全有、画宝刚、薛王、齐君峰"等等。道口烧鸡用多种名贵中药,辅之陈年老汤,其成品烧鸡色泽鲜艳,形如元宝,口衔瑞蚨,极具食疗和保健功能。1981年被商业部评为全国名特优产品。

  老庙牛肉,滑县老爷庙乡特产,中国国家地理标志产品。属于国家级地方名馔,素有"豫北之花,中华一绝"之称。据说滑县老爷庙北小寨村张广美以屠宰为业,加工牛肉,至清朝中期,该村村民户户宰牛煮肉,煮烧技术不断改进。老庙牛肉用15种作料和陈年老汤,以木炭火煮制而成。具有配方考究、色鲜味美、营养丰富、风味独特等特点。

壮馍。白道口壮馍比八里营壮馍多了一层鸡蛋，二者都比较出名。壮馍用未发酵的面烙成，厚约1厘米，直径约30厘米。吃到口里，柔韧、筋软、有嚼头，既压饿，又有健齿作用。

牛屯火烧。牛屯火烧似烧饼而比烧饼大，像肉盒而比肉盒焦，浑圆如饼、色如紫铜、中间鼓凸、层次分明，个大肉多、外焦里嫩、香而不腻、食用方便。牛屯大火烧，已有300多年历史。"面团半斤重，旋圈十八层；内填猪油馅，外涂豆油烘；炉内翻八遍，两油相交融；黄焦且酥脆，佳味馈亲朋。"在滑县和长垣、封丘、延津县交界处的牛屯集（现在牛屯镇）一带，这首形容"牛屯大火烧"的小诗，多少年来常被说书的艺人当作"开场白"，借以招徕听众。相传在二百年前，因牛屯集是北京至开封的"官道"驿站，过往官员至此，必落轿下马，令店家赶制"牛屯大火烧"，自己一饱口福之后捎走许多，这也是牛屯集比较繁荣的原因之一。笔者多次前往牛屯买上十几个火烧带回家一饱口福。

爊馍。沙店和半坡店的爊馍都很有名。爊馍，以其味美实惠名扬滑州。爊馍分肉、素两种。素爊馍以优质小麦面粉烙饼为主食，配上多种菜肴、调料、大汤，再精工爊煮，有滋有味，很受大众喜爱。尤其是冬寒季节，坐上饭桌，端上一碗热气腾腾、香味扑鼻的爊馍，白的面饼，红的猪血切片，黄澄澄的大油脂渣，棱角方块的油炸豆腐，再加上一勺紫红的油炸辣椒，十分美味。别说亲口品尝，就单凭眼观鼻闻也让人陶醉入迷，一口下肚，二口猛来，不觉一碗饭尽，满头冒汗，驱寒充饥，回味悠长，脱口而出："得劲！"实属庄稼人的膳食美餐。难怪顺口溜道："前掂后挪，别耽误到沙店去吃爊馍。"（此段由沙浮沱小学李红现老师撰写，衷心感谢！）

见面语招呼语："吃了冇？"回答："吃罢了""冇嘞"。无论是早晨刚起床，还是中午两三点，或者傍晚上灯时，这句打招呼的语句都是合适的。

亲人相见或是朋友见面的时候说："到家喝口水吧。"或者说："来家坐会吧。"

**五 节日语言**

春节时（年歇）十分隆重。很早以前就留下了顺口溜：二十三老灶爷上天（把旧的图纸烧掉，换成新的老灶爷图纸），二十四扫房子，二十五磨豆腐，二十六蒸馒头，二十七杀公鸡，二十八贴嘎嘎（门对），二十九老爷老奶往家走（指的是去世的老人），三十儿赶年集儿，初一撅着屁股去作揖。

除夕为农历新春前夕,是一年的最后一天,被叫做大年三十,表示新春临近,除旧布新是滑县人的习惯做法。三十晌午(有的家庭是晚上)还会在主房当门桌上灶台旁,头门宅神台前,摆上花糕,点上香和蜡烛,供奉神仙和祖宗,一面供香一边愿意(祷告),求神仙和祖宗保佑全家平安、心想事成、万事如意。三十晚上长辈、爷爷、奶奶、爸爸、妈妈会给自己家孩子压岁钱。现在,老人们都不让磕头,会说一些客套话,如:又添一岁。

大年初一早上四点到五点,鞭炮四起,大家走街串巷,给长辈们拜年问好(20 世纪 90 年代以前都要磕头,现在不用磕头了)。长辈们会发核桃、糖等给小孩子。初一上午每家会做一顿丰盛的菜肴,一家人欢聚一堂。大年初二回娘家,夫妻二人带着孩子、礼物,给娘家父母以及长辈拜年。初三以后串老亲戚。

元宵节,滑县人称为过"十五、十六",虽然没有春节那么隆重,但算一年中第二个大节,跟过春节一样,十五晚饭和十六早饭都是吃饺子,十六中午做一桌鸡鸭鱼肉、扣碗等。十五也会上供。爱好文艺的村庄,都会拿出自己的绝活,如打腰鼓、扭秧歌、玩旱船、舞狮子、玩锤(打拳)。尤其道口镇、城关镇的文艺活动,多样而精彩。有背阁、抬阁、高跷、旱船、小竹马、舞狮子、挑花篮等。十五、十六晚上,灯火辉煌、锣鼓喧天。燃放的烟花炮竹五颜六色、万紫千红,染红了整个天空。人们欢声笑语,响彻云霄。

清明节,上坟烧纸祭奠,也就是添坟扫墓祭祀。带上草纸、火鞭(鞭炮)、点心、水果、鬼票等供品上坟头祭祀。人们觉得这样做才对得起自己的先人。

端午被滑县人叫做五月当五。没有重大活动,但在生活方面有改善,多以炸东西为主,有的家里炸油条,有的炸糖糕菜角,有的炸年糕。

中元节被叫做七月十五,男人一般买上草纸、火鞭等,到祖宗的坟前祭祀。结过婚的妇女,如果娘家父母去世了,也会买上供品、鞭炮、烧纸等到娘家父母坟头祭祀。

中秋节被叫做八月十五,各家都会买上点心、水果、牛奶等,结了婚的女人到娘家看望父母等长辈。晚上会拿出备好的月饼、毛豆(用于喂月宫里的小兔)、石榴及其他水果等祭祀月亮。还有八月十五杀鞑子的传说。

十月一日是鬼节气,一年包括有清明节、七月十五(中元节)和十月一日三个鬼节,都要去自己至亲的坟头上祭祀。

冬至,九九的开始,寒冷将至。过冬至一定要吃饺子,有"安耳朵"的说法(吃了饺子耳朵就不会冻掉了)。顺口溜:吃罢冬至饭,一天长一线。

方言是一种非物质文化遗产,承载着非常厚重的文化信息,我们认为,方言应该在社会生活中发挥更好的作用，更好的为中原地区不同人群间的交际服务。改善方言的生存环境，这样才能确保更多优秀的地方文化得以相传，我们提倡传承与发展中原文化与滑县文化。

### 六　婚俗语言

议婚。家长先托媒人，经媒人往来通话，过去会了解双方属相，按迷信说法是看双方属相的冲合。犯冲的属相有龙与虎（龙虎相斗）、龙与龙（一个床上不卧两条龙）、马与牛（白马犯青牛）、鸡与猴（鸡猴不到头）、鸡与狗（狗撵鸡）等。大相不合："自古白马犯青牛，羊鼠相见一旦休。蛇入虎口难逃命，金鸡见犬泪交流。龙逢兔儿腾空起，猪与猿猴不到头。"最合的属相为龙与兔，称之为"龙缠兔辈辈富"。女方年龄可大于男方二三岁，但不可大一岁，民间说法："妻大两，黄金长"；"妻大三，做高官"；"女大一，没饭吃。"但现在年轻人不太在意这些迷信看法。如果两人是自由恋爱，往往也会托一媒人去双方家里议婚。

相亲，也叫"小见面"。在相互探问对方家境后，进行相亲。双方约定相亲日期，女方由媒人引导，与陪相人一同前往，到男方家里或媒人指定的地点同男方见面，媒人当面介绍双方情况。男女单独说话，如双方均满意，男方给女方见面礼，初定婚约。二十世纪六七十年代，双方交换手帕即可。七八十年代，男方会给女方二十、五十或八十的见面礼。2000年左右，一般给1001元，为"千里挑一"，现在也有给10001元的，所谓"万里挑一""万里挑妻"。

大见面。小见面过一段时间后，由媒人跟男女双方"大见面"。男方备几桌酒菜到女方家里，叫上男女双方主要亲戚在一块喝酒，正式订婚。

定"好儿"。择吉日，男女双方父母商定结婚日期，并报知亲友。

套新。男女双方的新被褥须由子女双全和夫妇双全的妇女缝制。缝制前先由婆婆抓三把带籽棉花缝到被子四角。抓花生、红枣、核桃、两双筷子，装到枕头四角，意为"早生贵子"等。姑娘出嫁陪送的"被子"要七月做，以图"齐备"，或者十月做，以图"十全十美"。

压箱。女方在出嫁的前一天，由新娘的嫂子或者姐姐将新娘的嫁衣装进箱子后，在嫁衣上面放压箱钱。新娘到了婆家后，婆婆要在此箱内放钱，且多于压箱钱数。出嫁时，一般由女方兄弟拿着钥匙。向送嫁妆人索取开箱钥匙，并给持钥匙者封钱，对方满足后才将钥匙交出。

压床。过去娶亲的前一天，男方整置洞房，当晚由新郎的小弟压床，且允许在新床上撒尿。

抬花轿。"咕咚！咕咚！咕咚！三声炮，来到了婆婆家门首把轿落……"一曲悦耳甜美、脍炙人口的梆子腔，道出了滑县民间传统婚嫁习俗：抬花轿，娶媳妇。早在二十世纪五六十年代，盛行于民间，以男方为主迎亲，要赁花轿，贫者一顶，富户两顶或多顶。赁轿带轿夫，人数根据搬亲路途远近而定。前往迎亲时，行动较为随便，迎合音乐节奏大步流星，赶时而往。一旦新娘上轿，那就不同一般，别的礼节不论，就抬轿走路而言，可是花样繁多。花轿抬起到男家之前是不能落地的。如若轿夫途中小憩（或是换人，或是吸烟），则由前辕轿夫高喊："点住啦！"其他轿夫随即用点棍把轿杠撑起。事毕起动又由其人高喊："伙计们，拉点啦！"随即撤棍前行。游街行走，不同村外，前面旗、锣、伞、扇，鸣锣开道，跟着是唢呐响器，鼓腮高奏。四个轿夫要踏着音乐鼓点，步伐节奏不能乱。花轿随之起、伏、颠、荡，有节有序。偶遇交叉路口、坑塘丘崖、寺院廊舍，三眼枪巨响轰鸣，以示驱邪求安。响声震耳动魄，气势如皇上巡游。最有趣的要属绷轿啦。半途中轿夫兴致高昂，两顶花轿争先恐后，各不相让。轿夫们个个争强好胜，赛轿以决高低。竞轿以毕，则有意戏嬉新人，一声"绷轿啦"，轿夫们便一齐弓腰抖肩，轿杠软而弹跳，九纵九降、忽忽闪闪、颠荡簸摇，或上下，或左右，把新郎新娘晃得头晕眼花，叫苦不迭。扶轿杠的亲人（男女方各自的弟、侄）大声救援："哥们可以啦，俺姐头上碰出疙瘩啦！"大家一阵哄笑，一场乐呵。风和日丽时，娶亲往往一帆风顺。倘遇风雨寒雪，则行走不便，最怕的是顶风，则要由两人前面拉纤。

徒步软包，自行车队、气马车、拖拉机、汽车迎亲。滑县农村的民间婚嫁习俗，随着人们生活水平不断变换。徒步软包是在上世纪七十年代初期，当时正值三年自然灾害期间，人们生活水平处于低谷，婚姻习俗也相当简朴快捷。商定吉日后，新郎新娘两人徒步去公社民政所，办理结婚登记。领证后，到商店花上二三十元钱，买两双袜子，一条扎巾，一块香皂，撕个小花包袱一包。两人手拉手就到婆家开始新婚生活了。自行车队活跃在七十年代中叶，村民生活初离低谷，但仍不富余，温饱问题还未根本解决。村里刚刚有骑自行车（称呼为"洋车"）的，登门求借。借几辆自行车，带上几朵纸红花，迎亲男女，各骑车列队，新郎官骑着较新的自行车。新娘女方一班人也骑车。进男方村后，下车步行，观众喝彩，迎亲队伍招手回应。花红柳绿，也怪气派。扯一块喜布做背景，再贴上个大大的红喜字，这结婚的场地就布置好了，拜天地、拜父母，证婚人作见证。婚宴也开始有了，不过比较简单，每桌六个菜，一瓶酒，两盒金钟烟（每盒两毛钱），就把喜事给办了。气马车迎亲是在八十年代生产队期间。结婚证大部分是一张彩纸，手写新人姓名、年龄，八十年代后期就贴上了新人的照片儿。同样的还是手写信息。结婚要事先向生产队申请，由队长批准，给两辆气马车，配四名鞭把式，由生产队给他们记工分，算是出差办事。车上用芦苇席扎顶，前门两边各挂上红旗，牲口头上带上大红花，脖子上挂上铃铛，一般所用牲口，以骡马为主。若本生产队不具备条件，还要到外队求借。进女方村后，迎亲队伍要鸣放鞭炮。新娘上车后，盘腿坐稳，女送客也随之坐上同一车，新郎官则坐在另一辆车上。一路浩浩荡荡，悬铃铛铛，马蹄哒哒，喜气洋洋。九十年代初期，开拖拉机迎亲神气得很。结婚证，就成了一个小本本，封面贴上新人的照片，里面手写新人信息。拖拉机车头上一朵脸盆口大的大红花，两把铺着新被子的柳圈椅并放车头前排正中间，后排左右放两行斗椅或长凳。去时新郎官与男娶客坐在前面的柳圈椅上，其他人分坐两边斗椅或长凳上。车斗两边彩旗招展，进村后，鞭炮齐鸣，花样儿增加不少，放礼花、走红毯，气势非凡。新娘上车后，与西装革履的新郎并排按上下方位坐，新娘穿红彩衣戴头花，花枝招展。新郎官披红戴花，气质轩昂，双双展异彩给观众，喝彩不绝。那时节彩礼也上档次了，"三转一拧"指的是手表、自行车、缝纫机、收录机，一般都要有。婚宴也随之增新。街坊、亲朋，纷纷贺喜送礼，不过当时礼薄随俗，一条被面、一条线毯或一件衣料即可。改革开放给农村带来了巨大变化，农民生活解决了温饱问题，土地下放责任承包，改善了农民的生活条件，走出去务工创业增加了村民的经济收入，九十年代末期，新娘手捧鲜花，高头纱、洋卷发、新婚纱。如今，脱贫致富，真正到了楼上楼下电灯电话的阶段，地暖、浴霸、空调、小汽车几乎家家都有，农村婚姻习俗也随之进展，档次越来越高，几乎超越了老年人的想象。彩礼高昂，新媳妇娶回家少者十几万，多者几十万。婚礼大操大办，汽车迎亲气势恢宏，规模不小，张灯结彩、喜庆搭台、烟花爆竹。结婚证钢印盖章、机打信息，贴上最美证件照。有的人家娶亲，前后各一辆白色轿车，中间一溜儿黑色品牌轿车。美其名曰：白头到老。二三十辆摆满街道，礼炮车前后开道，录像拍摄不停，音响车一路高歌。婚庆前两天男方家里高音喇叭响彻全村，贺喜送礼的客人络绎不绝，酒席宴请丰盛非凡，以前喜宴是街坊邻居帮着张罗，现在会请专门接喜宴的团队来做饭，有的干脆就直接在饭店办了，凉菜热菜搭配着，甜点汤羹也不少。那气派劲，就像老农民所言，"连过去八顷地的大财主也比不上"。（上两段由沙浮沱小学李红现老师撰写，衷心感谢！）

　　下轿。新娘下轿前要梳头，边梳边说："一梳金，二梳银，三梳骡马跑成群。"夫家还须给新娘下轿礼，然后由扶客搀扶下轿。若遇瞎年（即年中无"立春"），新娘下轿时须手持照明物前行，以示瞎年照样生子女。新娘下轿后，脚不得落地，须用布自轿门铺至天地堂，新娘脚踩布，行至天地桌前，由男家向新娘身上撒草料。拜天地时供桌上的天地桌上放一只盛满粮食的斗，大斗用麸子和食盐填满，并燃上香、放上艾，取意"有福有缘""夫妻相爱"。用红纸封口，两边各放红蜡烛一只，斗前放几只果碟子，分别为"大枣、花生、桂圆、瓜子"，意为早生贵子。接着新郎、新娘立于天地桌前，面向天地神位，一拜天地，二拜父母，然后夫妻对拜。

入洞房。拜天地后，新娘入洞房，由小姑(婆家妹妹)端洗脸盆，水中放一个馍馍，一个硬币，新娘须将馍馍捞出扔至床下，再由小姑将水送走。然后，小姑把做熟的饺子送入洞房，让新娘子用筷子挤开给新郎吃。

宴席。男家设宴席款待客人。开宴时由男方陪客领路，陪新郎至女方男送客前看菜，男方陪客高喊："新郎看菜！"女方长辈回话："省事三揖。"然后引礼入陪，新郎作揖三个。待女方送客席毕，再由陪客领路，新郎长辈手托酒盘说："酒寒席清，请亲家多多担待。"对方回答："酒足饭饱，亲家办得蛮好。"

看新人。新娘的送客在席毕回程前，要去看新娘，以示安慰。

闹洞房。新郎的小字辈或同辈人进洞房嬉闹新人到深夜。

回门。迎娶第三日，新郎陪新娘回家，娘家以宴款待，当日返回，称之"回门"。迎娶第九天，由新娘的兄弟接新娘回家住几天，俗称"叫九"。

网上有人说：五十年代一张床，六十年代一包糖，七十年代红宝书，八十年代三转一响，九十年代星级宾馆讲排场，二十一世纪特色婚宴个性扬。

结婚实录（2018年）：

9点15分，娶亲车从东门缓缓出发，转了五六个村庄，进了村西门。娶车都是出东门进西门，一般不走回头路。鞭炮声响，车到了女方家。围观了许多男女老少。新郎和娶客从汽车上下来。新郎穿蓝西装、白衬衣，打红色领带，脚蹬黑皮鞋。一位看热闹的村民一边跟新郎打招呼，一边把鞋油、锅底灰往新郎和送客的脸上抹，大家一阵欢笑。娶客送客一般是一男一女或两男两女（双娶双送）。男送客把男娶客领到女方一个屋里，女送客把女娶客迎到另一个房间。女娶客说："让我给她拿脸盆洗脸上的黑鞋油。"她一面洗，后面看热闹的村民又开始抹起来，脸比刚才更花，围观的人一边拍照一边欢笑，欢笑声响成一片。大约热闹一刻钟，男娶客（男方大爷）问："准备好了吧？准备好了就上车。"

女送客说："我到新娘房间看一下。"新娘房间更热闹，整个房间大人小孩已经挤满。大家一边吃喜糖，一边说笑。新娘穿着粉红色婚纱，脚上穿一双红色高跟鞋，头上戴着花，脸蛋白里透红，端庄大方。这时，司仪把新娘父母叫到院子里，放上两把椅子，让他们二老坐下，新郎和新娘站到他们前面行改口礼。司仪说："先叫爸爸。"新郎说："爸爸。"司仪问父亲："叫得好不好？"父亲："好。"司仪："好，礼不能少。"父亲："准备了。"拿出一个红包给了新郎。新郎说："谢谢爸爸。"大家一阵欢笑。司仪："叫过了爸爸再叫妈。"新郎说："妈。""好，礼不能少。"司仪问母亲："叫得好听不好听？"母亲："好听。"司仪："好听，礼也不能少。"又是一阵欢笑。母亲也掏出了一个红包。礼毕后，司仪吩咐照全家福。接着娶客带着新郎新娘走在前面，围观的人簇拥着跟向前。新娘家的亲戚朋友都分别坐上了娶亲的小汽车。一会儿来到新郎家门口，看新娘的人很多，从头门口到院子里水泄不通，娶客让出一个通道，让新郎和新娘来到院子正中央，把送客让到客房。正房门前放了一张八仙桌，桌子中央还放了四个盘子，里面分别放了花生（谐音花着生，男孩女孩都有）、红枣（早生贵子）、瓜子和糖果。桌上后面放了一个斗，斗里放了一个杼（织布机上的器具）和一杆秤。司仪把新郎父母叫到八仙桌前面，进行典礼仪式。司仪喊：一拜天地，二拜高堂，夫妻对拜。新郎新娘鞠躬行仪式。接着新娘行改口礼。新娘说："爸爸。"司仪："媳妇叫爸爸，叫得好听吗？"公公："好听。"司仪："好听，礼不能少。"公公一边笑，一边掏红包。司仪又让叫婆婆。新娘大声叫："妈。"司仪："媳妇这'妈'叫得怎么样？"婆婆："叫得好听。"司仪："好听，礼更不能少。"婆婆笑着掏出一个大红包。司仪喊："婚礼仪式完毕，步入洞房。"接着，司仪又大声喊："典礼仪式到此结束。请各位嘉宾到饭店入宴席款待。"到新房后，挽新媳妇的端来脸盆，让新娘洗脸。新媳妇把鞋里的九枚硬币撒在新房地上，围观的大人小孩乱抢，很热闹。挽新媳妇的端来两碗热气腾腾的喜饺子，让新郎和新娘吃。客人们来到饭店，八人一桌，四十张餐桌已经坐满。不一会儿桌上酒菜已上满，大家互相敬酒。陪客尽情让酒，大家一边吃着美味的饭菜，一边夸饭菜做的可口好吃。十二个菜（红烧鲤鱼、肘子、烧鸡、大虾、鱼香肉丝、凉拌牛肉等），四个扣碗（肉片、肉丸、豆腐、排骨），两个汤（一个咸汤、一个甜汤）。新媳妇和娶客、送客坐在官桌上。新郎与双方的舅舅以及陪客的人坐在另一张官桌上。大家吃着美味饭菜，喝着喜酒，很快乐。送客走的时候，送客对新娘说："别想家，三天回门，三天过的很快，就可以回家看你爸妈了。"新娘眼里含着泪花，表示对娘家的依恋。一个女主送客的会对公婆说话："闺女从小学读到大学毕业,家里地里的活儿不太会干,有时可能不懂事儿,希望二老多费心,重新培养吧。"婆婆说:"回去跟小孩儿爸爸妈妈说吧,让他们全家放心。我的一个闺女加媳妇全当两个闺女一样看待。我们两个还年轻,家里地里的活儿还不指望他们两个干。只要他们把自己照顾好,我们就放心了。"走出新房,客人们坐上了车,回家了。

## 七 殡葬习俗语言

滑县亡者断气叫咽气。家人将备好的寿衣给亡者穿上。换寿衣后,亡者面盖白布或白纸,脚系麻绳。然后在床前烧倒头纸,全家举哀,号啕大哭。邻人闻讯,都用灶灰围门,以防新魂入室。如果是青壮年暴死,家人则哀呼"××回家",称作"叫魂"。

报丧,即讣告。将亡者名字、年庚、身份、断气日期、下葬之日时通告亲友,以便前来吊唁者作好准备。报丧一般由死者亲属发出,现农村多以口述。

入殓。殁后先殓于床,后殓于"活"。"活"即棺材。提前备好的棺材叫"喜活"。入棺时,长子捧头,旁人一起抬,放入棺内,面向上,四肢顺直,称作"寿终正寝"。棺内备有黄土、纸卷、褥被等。入殓后盖棺留口,称作"小殓"。此后,寝门搭灵棚,楹上书挽联,檐挂白绣球,高悬"招魂幡"。摆供桌,设飨祭,竖灵牌。棺前放常明灯,男左女右,焚箔烧纸,陪灵恸哭。

糊纸货。纸货多寡,则视家庭经济条件,一般常糊花圈、棺罩、主楼、四面房、轿车、金童玉女、金山银山、摇钱树、聚宝盆等。女死增糊黄牛,可能是为了黄泉之中喝脏水。纸货罗列灵前。

送盘缠。迷信传说,人死不能立即到达阎王殿所,需暂住土地庙内,三日内方由土地伴魂起程。因路途遥远,故在亡后二三日夜晚,家人穿孝衣哭祭,焚烧纸货及金箔元宝。至亲为亡者祈求冥福,并贿嘱土地多加照应。

治丧,也叫"开吊""开追悼会"。宾至,哀乐起奏,拉火鞭(鞭炮),烧黄纸,孝子陪哭,奠毕,谢客。如至亲入室吊问,则涕泣以对。出嫁闺女来吊,未进村即闻哭声,称作"哭路"。至灵前恸哭,涕泪垂地。旧时治丧,亦有读祭文者,祭文古曰诔词,今曰悼词,是专用于哀悼祭奠亡灵的文体。其文叙其事,道其功,赞其德,有叙有论,词哀情切。

定口即盖棺定口,也称"大殓"。先由长媳或主丧人为亡者净面,亲属环棺尸一周与遗体告别,告别后方可定口。

出殡又叫"起殡""出门"。灵柩停放一般是三、五、七天。年轻人多放三天,老人多"排五"或"一七"。柩至街中,覆以棺罩,长子持瓦盆摔碎,名曰"摔老盆"。然后路祭,由亲友、村人行施。拜祭时,村民围观。鼓乐前导,鞭炮连鸣,灵架起行。大外甥穿孝服扛柳椽,二外甥穿孝服抱斗,沿途飞洒纸钱。孝子匍匐拄杖灵前,女眷捞灵于后,哀哀号号,徐徐向前。

下葬。如择新茔,则由风水仙占穴。墓穴呈西北、东南方向,头北脚南,棺放穴后,长媳抓土回家,寓意"抓财",司土者征得家人亲友许可,方可掩埋。坟高尺许,放鞭炮,烧纸货,哭祭叩拜事完。上坟祭奠,至百日孝满。

再后一周年、二周年、三周年。现今,一周年、二周年多不大办,三周年多要大操大办。

实录(2017年):

八十岁老人(男)去世,按风俗在家放了一周。出门的日子,亡者有两个儿子。宅基地是前后院,棺木放在大儿子的堂屋(主房)当门,在二儿子家盘火做饭,在离他们两家不远的空地上搭布棚待客。两个闺女糊了阴宅、金山、银山、摇钱树、麻将桌、四把椅子,还有一对金童玉女(金童叫"快来",玉女叫"灵巧")。吃过早饭,孝子们陆续来到主家披上孝衣,扎上孝帽。两个儿子跪在灵棚两侧的最前边,侄子、孙子挨着他们跪下。两个儿媳妇坐在棺木前面两边,其他侄媳妇、孙媳妇顺坐在棺木的后面,等待来祭奠的客人们。九点一刻,四个侄女婿开着车,分别拉着四个侄女哭着路,先后来到大儿子头门前,陪客喊道:"客到。"接纸的孙子扎跪接过火鞭和纸。院外的一桌响器奏乐,鞭炮噼里啪啦响一阵,侄媳妇到门后烧一张纸。四个侄女、女婿在灵棚前对着棺木跪拜,四个侄女哭着坐到棺木两边。其他来祭奠的亲戚也是这样的程序,真是不见棺材不掉泪,见到了棺材,亲戚朋友都悲痛的流着眼泪。到十一点时,所有的客人都到了。陪客大声喊:"准备钉口。"所有的客人围着棺木转了一圈。开始钉棺材口,斧头楔着棺材咚咚响,媳妇、姑娘哭喊着:"爹……躲扣……爹……躲扣……(喊'躲扣'是因为让亡者躲开棺材的扣)" 钉好口后,把烧纸、鞭炮兜好。开始起殡,杠头站在棺木前面,两手向后托起棺木,两边一边四个人用手抬起棺木。杠头喊:"起架!"两个儿子身穿孝衣,头扎孝帽,手拄哀杖,腰系麻批儿。(披麻戴孝,滑县与湖南省不同,湖南省衡阳市没有哀杖,用一圈麻绳绑了白布在头上,白布飘到脚跟。)弯着腰, 哭喊着:"爹……

爹……再见不着俺爹了……"侄子、孙子们也身穿孝衣,头扎孝帽,手拄哀杖,哭喊着:大爷(叔叔、爷爷等)……。大外甥身披孝衣,孝帽在脖子两边耷拉着,扛着柳椽。二外甥左手端了一个斗走在前面。两个儿媳、闺女、其他的女客紧跟在棺木的后面。棺木缓缓地行进,不一会儿来到仪杠跟前。杠头喊着号令,棺木稳稳地放到仪杠上,接着用粗绳把棺材绑到仪杠上,用木杠抬住绳子,往村南面柏油马路方向行进。来到柏油马路,仪杠落定,进行路奠。只听喊丧的扯着嗓子喊:"西明店嘞客,路奠。"然后,妻子的娘家兄弟,侄子,孙子们都对着棺木四叩首二作揖(滑县讲究神三鬼四,跪拜神灵是叩三个头,去世的人是四叩首。叩首前先拱手作揖,叩首后起来再拱手作揖,作揖是一手握拳一手立掌放置一起,与江湖上拱手相似。湖南省衡阳市是三作揖三叩头。作揖是两手合十作揖,类似祷告作揖)。亲戚路奠后,家客、陪客也都路奠了。男孝子们一直趴在棺材前面的地上大哭。路奠结束后,陪客把大儿子拉起来,摔老盆瓦。陪客把所有的男孝子从地上拉劝起来,向墓地行走。大外甥扛着柳椽。二外甥左手端斗,一边走右手一边撒葫芦钱。其他的男客们带着孝也走在前面。棺木在中间。两个儿媳身穿孝衣,脚蹬白鞋,头扎孝帽,她们两个紧紧抓住仪杠尾部(俗语:手掉灵辈辈穷)。闺女、侄女、孙女以及所有的女孝子们也都身穿孝衣,头扎孝布,紧跟在仪杠后一边哭一边向前走。吹老响(乐器)的、陪客的、抬仪杠的、孝子们个个都大汗淋漓。尤其是抬仪杠的人的衣服像水洗了一样,贴在身上(现在不用抬仪杠,而是有专门的拉棺木汽车了)。半小时后来到墓坑前,杠头指挥着把仪杠带棺木放在墓坑跟前,然后把棺木移到墓穴里,砸掉棺材座,亡者脚头放上柳椽,内行人看了向。所有帮忙的人争先恐后往墓穴里填土。很快填平,又隆起了一个长方形的土堆,上边略小,下边略大,两人用铁锨把儿从下往上一拢。孝子们在旁边悲痛哭叫。两个女客把烧纸放到坟头前点着,又让大儿子把拉来的鞭炮一串串放完。陪客者又让家客在坟前叩首,作揖。女客把男女孝子们都劝起来,不再哭泣,大家脱掉孝衣。只有儿子、媳妇孝裤、孝鞋不能脱,要穿一周,一七那天到坟上烧纸后再脱下孝裤(湖南省衡阳市蒸湘区是出殡当天把麻绳扯下来烧掉,把白孝帽也烧掉)。大家回家坐席吃饭。来到棚下,各人找各人的位置,很快餐桌上放满了10盘菜,4个扣碗,两个汤。陪客者领着两个儿子,对着客人高喊:"孝子看菜。"两个儿子对着客人们磕了一个头。

河南省延津县著名作家刘震云在小说《故乡天下黄花》中写了与滑县类似的殡葬习俗：

儿子头上勒条白布，身上穿着孝衣，跪在棺材前，族内后辈分跪在棺材两边，开始接受人们的吊唁。副村长路黑小头上也拴条白布，站在门口喊丧。吊丧的人一来，路黑小就扯着嗓子喊：

"有客奠了！"

"奏乐！"

"烧张纸！"

"送孝布一块！"

路黑小一喊，院外一桌响器就奏乐，棺材两旁的后辈就伏下身子哭，吊丧的人开始在棺材前跪拜，村丁冯尾巴马上跑到棺材前烧张纸。吊丧完毕，孙村长八岁的儿子孙屎根爬起来，走到门口，双腿跪下，头上举一个托盘，向奠客送上一块孝布。

村长死了，村里人都来吊唁。纸不断地烧，院子里烟气滚滚，像着了大火。

老掌柜孙老元也来吊唁儿子。他顿着拐棍来到院子里说：

"先死为大，殿元，我也给你磕个头吧！"

说着，趴到地上磕了一个头。

路黑小见老掌柜磕头，也撅着屁股磕了一个头。

村中另一个大户李老喜也来吊唁。李老喜一来，村中其他来吊唁的闲杂人等、娘儿们小孩纷纷后撤。李老喜头戴瓜皮帽，身穿黑布马褂，手里攥着一条毛巾；他家伙计抬着一个黑食盒子。食盒子打开，里边是八个祭菜，一篮子蒸馍。食盒子孙家伙计接过，将菜和蒸馍摆在灵前，纸烧上，孝子伏下身哭，响器奏乐，李老喜开始对着棺材行礼。他先举冠，撇右腿，跪下，左腿再跪下，一起一伏，规规矩矩磕了四个头；站起来，用手巾擦眼睛。退出屋，接过孙屎根献上的一块宽面孝布，转过身，对孙老元拱拱手：

"老元，没想到侄子……事情过去以后，到我家里去散散心！"

孙老元拱拱手，说了一句"老喜……"便哽咽着说不出话来。孙老元今年五十五岁，李老喜大他两岁。两人拱过手，李老喜由孙老元的本家侄子孙毛旦送到门外，又拱了一回手，带着自家伙计，骑上驴走了。

## 八　游戏用语

小孩"中状元"的游戏：娃们脱下一只鞋，然后鞋尖对着鞋尖竖起来，垒一个小小的宝塔。于是，孩子们就排成队，手里提着另一只鞋去砸那"宝塔"，看谁砸得准。每砸倒一次，娃子们就喊："中了！中了！"接着重新再垒，垒了再砸。娃们齐声高喊："中，中，中状元，骑白马，戴金冠！"小时候笔者和小伙伴一起去地里割草，常玩这种游戏，多次赢取了一小捆草作为彩头。

格方。有的地方叫"扎方"。是河南省乡间的一种棋类游戏。过去，这种游戏一般是农人在田间地头上玩的。歇晌的时候，两个人随随便便的在地上划上一些歪歪斜斜的格子（一般是四方的，纵横各五条线），然后再找上一些小土蛋（称之为大炮）和树棍棍（假如一方用的是小土蛋，那另一方就是树棍），就那么往地头上一蹲，就开始对擂了。这个游戏玩起来特别上瘾。

还有滚核桃窑、捻子儿、推铁环儿、跳绳儿、踢毽儿、扔球儿等游戏。

## 九　草的用语

草的名字是专有名词，是农民对植物的独特称呼，具有文化价值，如：甜甜牙棵、野扁豆棵、猪耳朵棵、毛毛穗儿、水萝卜棵、驴尾巴蒿、乞乞牙、星星草、格巴皮、狗狗秧、败节草、小鸡鸡儿、猫猫眼、面条棵、灯笼棵、蜜蜜罐、灰灰菜、白蒿、毛妞菜、马苏菜、野蒺藜等。农民招待客人的最好的菜，也和野草有关，如凉拌灰灰菜、清蒸榆钱儿、蒜辣柳尖儿等。

李佩甫在《羊的门》中误把"白蒿"写成了"白号"。

拔草、割草、除草。用草喂猪羊、喂牲口，用草（如"面条棵"可以丢进锅里做菜）做饭菜。现在蒸菜（如蒸珺带菜、蒸槐花、蒸榆钱等）已在宾馆餐厅称霸。

## 十　袖里交易

袖里交易。农民在集市上交易时，为了保密，怕被别人听了去，于是两个人的手伸到其中一个人的袖里，他们的两只手在袖里藏着，你勾一下，我勾一下，你比一下，我再比一下，进行讨价还价（可能是挠六捏七抓八勾九吧）。笔者小时常见姥爷在集会上买卖牲口使用这种方法。集会上有专门买卖牲口的地方，但现在随着拖拉机、机动三轮车的普及，农村已很少听见马、骡、牛等牲口的叫声了。

## 第六节　滑县的亲属称谓

### 一　亲属称谓的分类

1.1　祖辈

滑县方言的曾祖父称谓用"老爷 [lau³¹² iɛ⁵²]",曾祖母用"老奶 [lau³¹² nai⁵⁵]","曾祖父（母）"之称谓，主要由表示辈分的"老"加上表示血缘的"爷"构成。此称谓中的"老"的发音不同于"老师、老爷爷"中的"老[lau⁵⁵]"。

祖父称谓用"爷爷"。祖母用"奶奶[nai⁵⁵ nai⁵⁵]"，也有人面称时变读为"奶奶[nɛ⁵⁵ nai⁵⁵]"。祖父如果排行老三，前面的两个哥哥用"大爷 [ta³¹² iɛ⁵²]"和"二爷 [ər³¹² iɛ⁵²]"。

外祖父称谓用"姥爷 [lau⁵⁵ iɛ⁵²]"。外祖母用"姥姥 [lau⁵⁵ lau⁵⁵]"。

父亲的姑母用"姑奶[ku²⁴ nai⁵⁵]"。父亲的姨母用"姨奶 [i⁵² nai⁵⁵]"。

父亲的舅舅、舅母用"舅爷[tɕiou³¹² iɛ⁵²]、舅奶[tɕiou³¹² nai⁵⁵]"。母亲的舅舅、舅母用"舅姥爷[tɕiou³¹² lau⁵⁵ iɛ⁵²]、舅姥姥[tɕiou³¹² lau⁵⁵ lau⁵⁵]"。

1.2　父辈

老一辈父亲的称谓是"爹 [tiɛ²⁴]"，年轻人一般用"爸爸 [pa³¹² pa³¹²]"，也有人面称时变读为"爸爸 [pa³¹² pai³¹²]"。也有用"叔"这个偏称的，主要受迷信心理的影响。

老一辈母亲的称谓是"娘 [niaŋ⁵²]"，年轻人一般用"妈 [ma²⁴]"，也有人面称时变读为"妈 [mai²⁴]"。应该是"妈哎"的合音。现在俗语中还保留了"娘"的说法，如"小孩有娘，说来话长"。

"后娘[xou³¹² niaŋ⁵²]、后爹[xou³¹² tiɛ²⁴]"一般用于背称。

岳父背称用"老丈人 [lau⁵⁵ tʂaŋ³¹²·zən]"，面称用"爸"。岳母用"丈母娘[tʂaŋ³¹² mu⁵⁵ niaŋ⁵²]"，面称用"妈"。俗话说："丈母娘看女婿，越看越满意。"

丈夫的父亲背称用"公公 [kuŋ²⁴·kuŋ]"，面称用"爸"。丈夫的母亲背称用"婆婆"，面称用"妈"。

认的母亲用"干娘[kan²⁴ niaŋ⁵²]、干妈[kan²⁴ ma²⁴]"的称呼。过去，迷信的农村人认为有了"干娘"，小孩儿能活的时间更长，很多人认干娘。

干娘的丈夫用"干爹[kan²⁴ tiɛ²⁴]"。

伯父用"大爷 [ta³¹² · iɛ]",与爷爷辈的"大爷 [iɛ⁵²]"发音不同,也有人面称时变读为"大爷 [ta³¹² · iai]"。伯母用"大大 [ta³¹² · ta]"。"伯父(母)"之称谓,由表示长幼的"大"加表示血缘的"爷、大"构成。

叔父一般用单音节词"叔 [ʂu⁵⁵]"。多用"乳名+叔"的方式称呼,如"伟叔、瑞军叔"。俗语:"有小叔小爷爷,冇小哥小大爷。"意思是"小叔、小爷爷"年龄可能比自己小,但"哥哥、大爷"肯定比自己年龄大。叔母用"婶 [ʂən⁵⁵]"。

舅父称谓用"舅 [tɕiou³¹²]"。舅母用"妗"[tɕin³¹²]。姑妈用"嬷[ma⁵⁵]"或"姑[ku⁵⁵]",一般多用"乳名+嬷"的方式,如"小霞嬷"。姑妈的丈夫用"姑夫[ku²⁴ · fu]"。

姨妈用"姨[i⁵²]",一般多用"乳名+姨"的方式,如"小芬姨"。姨妈的丈夫面称可用"姨夫[i⁵² · fu]",也可用"大爷、叔"。还可以用"姨的乳名+家[·tɕiɛ]",如"艳红姨家"。"小姨ʳ[iau⁵²]"指妻子的妹妹。

表叔和表舅多用于背称,面称直接用"叔、舅"。

### 1.3 平辈

夫妻可以称之为"两口儿[liaŋ⁵⁵ kʰor⁵⁵]"。年轻的夫妻称为"小两口儿[siau⁵⁵ liaŋ⁵⁵ kʰor⁵⁵]"。年老的夫妻称为"老两口儿[lau⁵⁵ liaŋ⁵⁵ kʰor⁵⁵]"。自称有时用"老夫老妻[lau⁵⁵ fu²⁴ lau⁵⁵ tsʰɿ²⁴]"。

男人称呼自己的女人面称多用俗称"媳妇儿[sɿ⁵² fuər⁵²]、老婆[lau²⁴ pʰuo⁵²]"。或用代称"孩儿他娘[xər⁵² tʰa⁵⁵ niaŋ⁵²]、孩子乳名+他娘"。

女人称呼自己的丈夫一般不用"老公",多用代称"孩儿他爹[xər⁵² tʰa⁵⁵ tiɛ²⁴]、孩子乳名+他爹"。或用俗称,如:"家里嘞[tɕia²⁴ li⁵⁵·lɛ]、掌柜嘞[tʂaŋ⁵⁵ kuei³¹²·lɛ]、家里人[tɕia²⁴ li⁵⁵ zən⁵²]"。背称一般多用"男人[nan⁵² · zən]"。

对男人的情人一般用"小老婆[siau⁵⁵ lau²⁴ pʰuo⁵²]、狐狸精[xu⁵⁵ li²⁴ tsiŋ²⁴]"。

对孩子的姑母多用代称"他姑、他嬷嬷"。丈夫的姐姐背称可用"大姑儿姐",丈夫的妹妹背称可用"小姑儿"。

妻子的兄弟面称同妻子一样称谓,背称用"大舅哥[ta³¹² tɕiou³¹² kɤ⁵⁵]、他大舅"。

同胞兄弟用"弟儿们[tiə̃r³¹²·mən]"。同胞姐妹用"姊妹[tsɿ⁵⁵ mei³¹²]"。

兄长称"哥[kɤ⁵⁵]",面称时有人变读为"哥[kai⁵⁵]"。兄长的妻子称"嫂ʳ[sa:u⁵⁵]"。"嫂ʳ"其实是"嫂子"的合音。

姐姐用"姐[tsiɛ⁵⁵]",面称时有人变读为"姐[tsiai⁵⁵]",应该是"姐哎"的合音。姐夫面称用"哥[kɤ⁵⁵]","姐夫[tsiɛ⁵⁵·fu]、姐家[tsiɛ⁵⁵·tɕiɛ]"是背称。妹妹背称"妹[mei³¹²]",面称直接称呼名字。

堂兄弟用"叔伯兄弟[ʂu⁵⁵ pɛ²⁴ ɕyŋ²⁴ ti³¹²]"。堂兄面称用"哥[kɤ⁵⁵]"。堂弟用"弟[ti³¹²]"。

堂姊妹也可以背称为"叔伯姊妹[ʂu⁵⁵ pɛ²⁴ tsʅ⁵⁵ mei³¹²]"。堂姐用"姐[tsiɛ⁵⁵]"。

表兄面称用"哥[kɤ⁵⁵]",背称用"表哥、表兄",俗语"表兄弟,狗臭屁"说明了表兄弟关系也会淡薄,有时会反目成仇。表兄的妻子背称用"表嫂[piau⁵⁵ sau⁵⁵]",面称用"嫂"。表弟背称用"表弟[piau⁵⁵ ti³¹²]",面称多直呼其名。

姑姑、姨、舅家的女孩和自己可以称为表姊妹[piau⁵⁵ tsʅ⁵⁵ mei³¹²]。"表姐[piau⁵⁵ tsiɛ⁵⁵]"是背称,面称直接用"姐"。表妹[piau⁵⁵ mei³¹²]"是背称,面称多直呼其名。

### 1.4 子辈

长辈对子辈的面称一般是直呼其名。

子辈的背称有"儿女[ər⁵² ny⁵⁵]、小孩儿[siau⁵⁵ xər⁵²]、孩儿 [xər⁵²]"等说法。"大孩儿 [ta³¹² xər⁵²]"一般指大儿子。小孩儿[siau⁵⁵ xər⁵²]一般指小儿子。朋友间有时戏称"大少、二少"。

儿媳妇一般背称"媳妇儿[sʅ⁵² fuər³¹²]",长辈为了体现对儿媳妇的尊重,有时不直接叫名字,而是称呼为"孙辈乳名+他娘"。

女儿一般背称为"闺女[kuei²⁴ ny⁵⁵]、妞[niu²⁴]"。对女孩有时也用俗称"客",因为女孩毕竟是要嫁出去的,来串亲戚就是"客人"了。女孩也被戏称为"麻烫篮ᶻ","麻烫"就是油条,过去女孩嫁人后到父母家做客,一般是带一篮子油条串亲戚。

女儿的丈夫背称为"女婿[ny⁵⁵·sy]、妞家[niu²⁴·tɕiɛ]"。大女婿、二女婿可以称为"大妞家、二妞家"。也可以背称女人的丈夫为"女婿"。

### 1.5 孙辈

长辈对孙辈的面称一般是直呼其名。

孙子背称用"孙儿[suər²⁴]"。孙子的妻子背称用"孙媳妇suan²⁴ sʅ⁵²·fu",面称除直呼其名外,也可以用"孙子的乳名+家[·tɕiɛ]"。

孙女儿的背称是"孙女[suan²⁴ ny⁵⁵]"。女儿之子叫"外孙儿[uai³¹² suər²⁴]"。女儿之女叫"外孙女儿[uai³¹² suan²⁴ nyər⁵⁵]"。

姐妹之子用"外甥儿[uai³¹² ʂə̃r²⁴]"。姐妹之女用"外甥女儿[uai³¹² ʂəŋ²⁴

nyər⁵⁵]"。

侄子用"侄儿[tʂʅ⁵²]"。侄女用"侄女儿[tʂʅ⁵² nyər⁵⁵]"。内侄用"娘家侄儿[niaŋ⁵² tɕiɛ²⁴ tʂʅər⁵²]"。内侄女用"娘家侄女儿[niaŋ⁵² tɕiɛ²⁴ tʂʅ⁵² nyər⁵⁵]"。

### 1.6 其他称谓

连襟用"一条橡儿"或"一根杠儿"。

儿女亲家可以不分男女通称"亲家"，也可以用"亲家母[tsʰin²⁴ tɕia²⁴ mu⁵⁵]、亲家公[tsʰin²⁴ tɕia²⁴ kuŋ²⁴]"。豫剧《朝阳沟》中的唱词："（栓妈）亲家母你坐下，咱们说说知心话。（环妈）亲家母咱都坐下呀，咱们随便拉一拉。"

"亲戚[tsʰin²⁴·tsʰʅ]"是指有亲缘关系的亲友。

"爷们[iɛ⁵²·mən]"是男子的通称。男子可以指"男嘞[nan⁵²·lɛ]"。"老少爷们[lau⁵⁵ ʂau³¹²iɛ⁵²·mən]"通常用于指多位男子。

女性可以背称之为"女嘞[ny⁵⁵·lɛ]"。女性已婚妇女可以背称为"妇女[fu²⁴ ny⁵⁵]、娘们[niaŋ⁵²·mən]"。"娘们"略有贬义。女性未婚妇女可以称为"小妮儿"。

女子出嫁后的丈夫家叫"婆家[pʰuo⁵²·tɕiɛ]"，自己原本的家叫"娘家[niaŋ⁵²·tɕiɛ]"。

从外人角度说，婚姻关系中的男方[nan⁵² faŋ²⁴]称之为"男嘞家[nan⁵²·lɛ·tɕiɛ]"。婚姻关系中的女方[ny⁵⁵ faŋ²⁴]称之为"女嘞家[ny⁵⁵·lɛ·tɕiɛ]"。

## 二 特点

滑县方言的亲属称谓带有鲜明的长幼尊卑观念，一个家族内，无论年龄大小，辈分决定尊卑，对辈分比自己大的要尊重，如果不尊重会被对方和旁人挑理。长辈对晚辈可以直呼其名。已婚女性多与自己丈夫的乳名相联系，如"小刚家"。

普遍使用单音节词。滑县方言中单音节亲属称谓使用频率很高，例如"爷、奶、爸、妈、叔、婶、舅、妗、姑、孋、姨、哥、姐"等常用称谓，中老年人普遍使用单音节形式。"爷、奶、爸、叔、婶、姑、姨、舅、哥、姐"等可以作为词根构成称谓词。

亲属称谓的泛化具有不平衡性。用亲属称谓称呼非亲属成员，称之为亲属称谓的泛化。如见面叫别人"叔、哥、老弟、姐"等。"爷、奶、大爷、叔、婶"的泛化极为常见。女性教师的子女喊母亲的同事为"姨"的也很常见，"姨"也泛化了。而"姥爷、姥姥、舅、姑父、姨父"等却没有泛化。

有偏称习俗。滑县方言中最常见的是子女对父亲的偏称，主要受迷信心理的影响，迷信的人认为：偏称可以避免子女夭折，避免晦气的传播。

"从他称呼"极为普遍。夫妻之间"从儿(孙)称呼"最为常见。许多夫妻以"他爸、妞他妈"等称谓称呼对方。从他称呼也用于非亲属关系之间，"他二叔、恁大大、恁哥、他姐"在中老年人口中使用频率很高。

有"同指异称"现象。"同指异称"指对同一亲属关系人所使用的称谓形式不同，如对父亲的称谓在滑县有"爸、爹、叔"等多种形式。

亲属称谓受到了网络语言、电视或粤语的影响，叫丈夫为"老公"的也大量存在。

## 第七节 滑县词汇分类表

**说明：**

1. 本表所收滑县方言词条按意义分为 29 类，以半坡店话为主。
2. 词条先列方言词，后标注国际音标。部分词条略加注释。
3. 词条中可有可无的字和音用圆括号表示。
4. 空围"□"表示有音无字，字形有待考证。
5. 词条除本文作者自己调查外，还参考了《方言调查词汇条目表》（原载《方言》2003 年第 1 期），贺巍（1993）《洛阳方言研究》，王东（2010）《河南罗山方言研究》，辛永芬（2006）《浚县方言语法研究》，禹剑（2007）《荥阳方言词汇研究》，高颖颖（2010）《临颍方言词汇研究》等。

## 壹 天文

（1）日、月、星

天爷儿 tʰian²⁴ iər⁵² 太阳

天爷儿地儿 tʰian²⁴ iər⁵² tiər³¹² 太阳照到的地方

天爷儿里 tʰian²⁴ iər⁵² •li 阳光里

朝（对）住天爷儿 tʂʰau⁵² tʂu⁵² tʰian²⁴ iər⁵² 向阳

背住天爷儿 pei³¹² tʂu³¹² tʰian²⁴ iər⁵² 背阴

凉凉儿 liaŋ⁵² liãr⁵² 太阳光照不到的地方

天爷儿蚀 tʰian²⁴ iər⁵² ʂʅ⁵² 日蚀，又叫日食

日晕 ʐʅ³¹² yn²⁴

光儿 kuãr²⁴ 阳光

天爷儿毒 tʰian²⁴ iər⁵² tu⁵² 骄阳似火

天爷儿落了 tʰian²⁴ iər⁵² luo²⁴ •lɤ 太阳下山

月明儿 yɛ²⁴ miə̃r⁵² 月亮

月明地儿 yɛ²⁴ miŋ⁵² tiər³¹² 月亮照到的地方

天狗吃月明儿 tʰian²⁴ kou⁵⁵ tʂʰʅ²⁴ yɛ²⁴ miə̃r⁵² 月蚀，又叫月食

风曲挛 fəŋ²⁴ tɕʰy²⁴ lyan⁵⁵ 月晕

满月 man⁵⁵ yɛ²⁴

月牙儿 yɛ²⁴ iɐr⁵² 镰刀样的月亮

星星 siŋ²⁴ siŋ²⁴

勺儿星 ʂuor⁵² siŋ²⁴ 北斗星

晨星 tʂʰən⁵² siŋ²⁴ 启明星

天河 tʰian²⁴ xɤ⁵² 银河

流星 liu⁵² siŋ²⁴

贼星 tsei⁵² siŋ²⁴

扫帚星 sau³¹² tʂʰu⁵⁵ siŋ²⁴ 彗星

（2）风、云、雷、雨

风 fəŋ²⁴

大风 ta³¹² fəŋ²⁴

狂风 kʰuaŋ⁵⁵ fəŋ²⁴

台风 tʰai⁵² fəŋ²⁴

小风儿 siau⁵⁵ fə̃r²⁴

旋风 syan³¹² fəŋ²⁴

顺风 ʂuan³¹² fəŋ²⁴

顶风 tiŋ⁵⁵ fəŋ²⁴ 逆风

顶头风 tiŋ⁵⁵ tʰou⁵² fəŋ²⁴

刮风 kua²⁴ fəŋ²⁴

起风 tɕʰi⁵⁵ fəŋ²⁴

风停住了 fəŋ²⁴ tʰiŋ⁵² tʂu³¹² •lɤ 风停了

背风 pei³¹² fəŋ²⁴

云彩 yən⁵² •tsʰai 云

火烧云 xuo⁵⁵ ʂau²⁴ yən⁵²

瓦儿云 uɐr⁵⁵ yən⁵² 瓦状云，俗云：瓦儿云晒死人

黑云彩 xɛ²⁴ yn⁵² •tsʰai

霞 ɕia⁵²

早霞 tsau⁵⁵ ɕia⁵²

晚霞 uan⁵⁵ ɕia⁵²

雷 luei⁵²

打雷 ta⁵⁵ luei⁵²

忽雷 xu²⁴ luei⁵² 像炸弹一样响的雷

响忽雷 ɕiaŋ⁵⁵ xu²⁴ luei⁵²

闷雷 mən³¹² luei⁵² 声音低沉的雷

霍 xuo²⁴ 闪电

打霍 ta⁵⁵ xuo²⁴ 闪电亮

雨 y⁵⁵

下雨 ɕia³¹² y⁵⁵

滴星儿 ti²⁴ siə̃r²⁴ 下很小的雨

小雨 siau⁵⁵ y⁵⁵

濛星雨 məŋ³¹² siŋ²⁴ y⁵⁵

毛毛雨 mau⁵² mau⁵² y⁵⁵

箩面雨 luo⁵² mian³¹² y⁵⁵

大雨 ta³¹² y⁵⁵

暴雨 pau³¹² y⁵⁵
大暴雨 ta³¹² pau³¹² y⁵⁵
淋雨 lyn⁵² y⁵⁵
连阴雨 lian⁵² in²⁴ y⁵⁵
阵雨 tʂən³¹² y⁵⁵
雷阵雨 luei⁵² tʂən³¹² y⁵⁵
雨停了 y⁵⁵ tʰiŋ⁵² ·lɤ
天爷儿雨 tʰian²⁴ iər⁵² ɕia³¹² y⁵⁵ 太阳雨
绛 tsiaŋ³¹² 虹
淋湿了 lyn⁵² ʂʅ²⁴ ·lɤ 淋雨
淋住了 lyn⁵² tʂʅ³¹² ·lɤ
避雨 pei³¹² y⁵⁵ 躲雨
潲 ʂau³¹² 雨斜着落下来

（3）冰、雪、霜、露

冰凌 piəŋ²⁴ ·liŋ 冰
琉璃喇叭 liou⁵² ·li la⁵⁵ ·pa 挂在屋檐下的冰锥
上冻 ʂaŋ³¹² tuŋ³¹² 结冰
冰雹 piŋ²⁴ pau²⁴
冷蛋儿 ləŋ⁵⁵ tər³¹²
雪 syɛ²⁴
下雪 ɕia³¹² syɛ²⁴
飘雪花儿 pʰiau²⁴ syɛ²⁴ xuɐr²⁴
鹅毛雪 ɣ⁵² mau⁵² syɛ²⁴
雨夹雪 y⁵⁵ tɕia²⁴ syɛ²⁴
化雪 xua³¹² syɛ²⁴
大雪 ta³¹² syɛ²⁴
中雪 tʂuŋ²⁴ syɛ²⁴
小雪 siau⁵⁵ syɛ²⁴
扫雪 sau⁵⁵ syɛ²⁴
挛雪 lyan⁵⁵ syɛ²⁴ 铲雪
堆雪人 tuei²⁴ syɛ²⁴ ʐən⁵²
露水 lu³¹² ʂuei⁵⁵ 露
露水珠儿 lu³¹² ʂuei⁵⁵ tʂuər²⁴
下露水 ɕia³¹² lu³¹² ʂuei⁵⁵
露水大 lu³¹² ʂuei⁵⁵ ta³¹²
霜 ʂuaŋ²⁴
下霜 ɕia³¹² ʂuaŋ²⁴
下苦霜 ɕia³¹² kʰu⁵⁵ ʂuaŋ²⁴ 叶子全变黑或干
霜打 ʂuaŋ²⁴ ta⁵⁵ 霜下到叶子等上面
雾 u³¹²
起雾 tɕi⁵⁵ u³¹² 下雾
雾气大 u³¹² tɕi³¹² ta³¹²

（4）气候

天气 tʰiæn²⁴ ·tɕʰi
天儿 tʰiər²⁴
晴天 tsʰiŋ⁵² tʰian²⁴
好天 xau⁵⁵ tʰian²⁴
阴天 in²⁴ tʰian²⁴
热 ʐɚ²⁴ 天气热
燥热 tsau³¹² ʐɚ²⁴
冷 ləŋ⁵⁵ 天气冷
受潮 ʂou³¹² tʂʰau⁵²
变天 pian³¹² tʰian²⁴
伏历天 fu⁵² li³¹² tʰian²⁴ 伏天
舒伏 ʂʅ²⁴ fu⁵² 入伏
头伏 tʰou⁵² fu⁵²
二伏 ər³¹² fu⁵²
三伏 san²⁴ fu⁵²
出伏 tʂʰʅ²⁴ fu⁵²
天旱 tʰian²⁴ xan³¹²
涝 lau³¹²
旱灾 xan³¹² tsai²⁴
水灾 ʂuei⁵⁵ tsai²⁴
虫灾 tʂʰuŋ⁵² tsai²⁴
水淹了 ʂuei⁵⁵ ian²⁴ ·lɤ
地动 ti³¹² tuŋ³¹² 老派对地震的叫法
地震 ti³¹² tʂən³¹² 新派的叫法

## 贰 地理

(1) 地

平原 pʰiŋ⁵² yan⁵²
平地 pʰiŋ⁵² ti³¹²
旱地 xan³¹² ti³¹²
水田 ṣuei⁵⁵ tʰian⁵²
菜地 tsʰai³¹² ti³¹²
荒地 xuaŋ²⁴ ti³¹²
沙地 ṣa²⁴ ti³¹² 沙土地
坡地 pʰɤ²⁴ ti³¹²
碱地 tɕian⁵⁵ ti³¹² 盐碱地
山地 ṣan²⁴ ti³¹²
田埂 tʰian⁵² kəŋ⁵⁵
菜园儿 tsʰai³¹² yər⁵²
空地 kʰuŋ³¹² ti³¹²
闲地 ɕian⁵² ti³¹²
洼地 ua³¹² ti³¹²
耷拉头地 ta⁵⁵·la tʰou⁵² ti³¹² 下坡儿地
连环土地 lian⁵² xuan⁵² tʰu⁵⁵ ti³¹² 沙土
　　　与好地质土掺杂在一起的地
坡儿 pʰɤr²⁴
埂儿 kə̃r⁵⁵
洼儿 uɐr³¹²
坑儿 kʰə̃r²⁴
地头儿 ti³¹² tʰor⁵²
地边儿 ti³¹² piər²⁴
地边 ᶻti³¹² piæ²⁴

(2) 山

山 ṣan²⁴
半山坡儿 pan³¹² ṣan²⁴ pʰɤr²⁴ 山腰
山根儿 ṣan²⁴ kər⁵⁵ 山脚
山谷 ṣan²⁴ ku²⁴

山涧 ṣan²⁴ tɕian³¹²
山坡儿 ṣan²⁴ pʰɤr²⁴
山顶儿 ṣan²⁴ tiə̃r⁵⁵
山尖儿 ṣan²⁴ tsiər²⁴
山崖 ṣan²⁴ ia⁵²
上山 ṣaŋ³¹² ṣan²⁴

(3) 江、河、湖、海、水

河 xɤ⁵²
河里 xɤ⁵² li⁵⁵
水渠 ṣuei⁵⁵ tɕʰy⁵²
河沟 xɤ⁵² kou²⁴
小水沟 siau⁵⁵ ṣuei⁵⁵ kou²⁴
垄沟 loŋ⁵² kou²⁴ 细长的水沟
湖 xu⁵²
潭 tʰan⁵²
水塘 ṣuei⁵⁵ tʰaŋ⁵²
水坑 ṣuei⁵⁵ kʰəŋ²⁴
水坑儿 ṣuei⁵⁵ kʰə̃r²⁴ 小水坑
臭水沟 tʂʰou³¹² ṣuei⁵⁵ kou²⁴
水闸 ṣuei⁵⁵ tṣa⁵⁵
海 xai⁵⁵
河边 ᶻxɤ⁵² piæ²⁴ 河岸
河滩 xɤ⁵² tʰan²⁴
坝 pa³¹²
岛 tau⁵⁵
水 ṣuei⁵⁵
清水 tsʰiŋ²⁴ ṣuei⁵⁵
浑水 xuən⁵² ṣuei⁵⁵
雨水 y⁵⁵ ṣuei⁵⁵
洪水 xuŋ⁵² ṣuei⁵⁵
发大水 fa²⁴ ta³¹² ṣuei⁵⁵
凉水 lian⁵² ṣuei⁵⁵
冷水 ləŋ⁵⁵ ṣuei⁵⁵

泉水 tɕʰyan⁵² ʂuei⁵⁵
热水 zʅ²⁴ ʂuei⁵⁵
温水 uən²⁴ ʂuei⁵⁵
开水 kʰai²⁴ ʂuei⁵⁵ 煮沸的水
滚水 kuən⁵⁵ ʂuei⁵⁵
乌堵水 u²⁴ tu⁵⁵ ʂuei⁵⁵ 没烧开的水

（4）石沙、土块、矿物

石头 ʂʅ⁵² · tʰou
石头蛋儿 ʂʅ⁵² · tʰou tər³¹² 小石块
石板 ᶻʂʅ⁵² pæ⁵⁵
石子儿 ʂʅ⁵² tsʅər⁵⁵
鹅卵石 ɤ⁵² lyan⁵⁵ ʂʅ⁵²
沙子 ʂa²⁴ · tsʅ
沙土 ʂa²⁴ · tʰu
大沙 ta³¹² ʂa²⁴
细沙 sʅ³¹² ʂa²⁴
土坯 tʰu⁵⁵ pʰei²⁴
砖坯 ᶻ tʂuan²⁴ pia:u²⁴
砖 tʂuan²⁴
砖头蛋儿 tʂuan²⁴ tʰou⁵² tər³¹² 砖头块儿
方砖 faŋ²⁴ tʂuan²⁴
八砖 pa²⁴ tʂuan²⁴ 扁形的砖
窟窿砖 kʰu²⁴ luŋ⁵² tʂuan²⁴
沙灰砖 ʂa²⁴ xuei²⁴ tʂuan²⁴
地板砖 ti³¹² pan⁵⁵ tʂuan²⁴
砖机 tʂuan²⁴ tɕi²⁴
铲车 tʂʰan⁵⁵ tʂʰɤ²⁴
瓦 ua⁵⁵
石棉瓦 ʂʅ⁵² mian⁵² ua⁵⁵
琉璃瓦 liu⁵² · li ua⁵⁵
瓦片 ᶻ ua⁵⁵ pʰiæ³¹²
瓦片儿 ua⁵⁵ pʰiər³¹²
碎瓦 sui³¹² ua⁵⁵

小瓦 siau⁵⁵ ua⁵⁵
大水泥瓦 ta³¹² ʂuei⁵⁵ ni⁵² ua⁵⁵
灰 xuei²⁴ 灰尘
土 tʰu⁵⁵
土坷垃 tʰu⁵⁵ kʰɛ⁵⁵ · la 土块儿
土堆 tʰu⁵⁵ tsuei²⁴
稀泥 ɕi²⁴ ni⁵²
泥 ni⁵²
金 tɕin²⁴
银 in⁵²
铜 tʰuŋ⁵²
铁 tʰiɛ²⁴
锡 sʅ²⁴
煤 mei⁵²
煤油 mei⁵² iou⁵²
汽油 tɕi³¹² iou⁵²
石灰 ʂʅ⁵² xuei²⁴
白灰 pɛ⁵² xuei²⁴
水泥 ʂuei⁵⁵ ni⁵²
洋灰 iaŋ⁵² xuei²⁴
吸铁石 ɕi²⁴ tʰiɛ²⁴ ʂʅ⁵² 磁石
玉 y³¹²
木炭 mu⁵² tʰan³¹²
臭蛋儿 tʂʰou³¹² tər³¹² 樟脑丸

（5）城乡处所

地场儿 ti³¹² tʂʰãr³¹² 地方
市里 ʂʅ³¹² li⁵⁵
县城 ɕian³¹² tʂʰəŋ⁵²
乡里 ɕiaŋ²⁴ li⁵⁵
城墙 tʂʰəŋ⁵² tsʰiaŋ⁵²
城里 tʂʰəŋ⁵² li⁵⁵ 城市；城里头
城外先 tʂʰəŋ⁵² uai³¹² · sian 城外
城门 tʂʰəŋ⁵² mən⁵²

城楼 tʂhəŋ⁵² lou⁵²
鼓楼 ku⁵⁵ lou⁵²
进城 tsin³¹² tʂhəŋ⁵²
胡同 xu⁵² ·thuŋ
过道儿 kuo³¹² tor³¹²
村儿里 tshuər²⁴ li⁵⁵
村儿 tshuər²⁴
大队 ta³¹² tuei³¹²
山沟儿 ʂan²⁴ kor²⁴
老家 lau⁵⁵ tɕia²⁴
集 tsʅ⁵² 集市
街里 tɕiɛ²⁴ li⁵⁵
庄儿上 tʂuãr²⁴ ʂaŋ³¹² 村上
庄儿 tʂuãr²⁴
路 lu³¹²
大路 ta³¹² lu³¹²
小路 siau⁵⁵ lu³¹²
省道 ʂəŋ⁵⁵ tau³¹²
好路 xau⁵⁵ lu³¹²
赖路 lai³¹² lu³¹²
油路 iou⁵² lu³¹²
水泥路 ʂuei⁵⁵ ni⁵² lu³¹²
煤渣儿路 mei⁵² tʂɐr⁵² lu³¹²
石子儿路 ʂʅ⁵² tsʅər⁵⁵ lu³¹²
泥路 ni⁵² lu³¹²
土路 thu⁵⁵ lu³¹²
高速公路 kau²⁴ su²⁴ kuŋ²⁴ lu³¹²

## 叁 时令 时间

（1）季节
春天 tʂhuən²⁴ thian²⁴
夏天 ɕia³¹² thian²⁴
秋天 tshiou²⁴ thian²⁴
冬天 tuŋ²⁴ thian²⁴
一春 i²⁴ tʂhuən²⁴
一夏 i⁵² ɕia³¹²
一秋 i²⁴ tshiou²⁴
一冬 i²⁴ tuŋ²⁴
打春 ta⁵⁵ tʂhuən²⁴ 立春
雨水 y⁵⁵ ʂuei⁵⁵
惊蛰 tɕiŋ²⁴ tʂʅ⁵²
春分 tʂhuən²⁴ fən⁵²
清明 tshiŋ²⁴ miŋ⁵²
谷雨 ku²⁴ y⁵⁵
立夏 li²⁴ ɕia³¹²
小满 siau⁵⁵ ·man
芒种 maŋ⁵² tʂuŋ³¹²
夏至 ɕia³¹² tʂʅ³¹²
小暑 siau⁵⁵ ʂu⁵⁵
大暑 ta³¹² ʂu⁵⁵
立秋 li²⁴ tshiou²⁴
处暑 tʂhu³¹² ʂu⁵⁵
白露 pɛ⁵² lu³¹²
秋分 tshiou²⁴ ·fən
寒露 xan⁵² lu³¹²
霜降 ʂuaŋ²⁴ tɕiaŋ³¹²
立冬 li²⁴ tuŋ²⁴
小雪 siau⁵⁵ syɛ²⁴
大雪 ta³¹² syɛ²⁴
冬至 tuŋ²⁴ tʂʅ⁵²
小寒 siau⁵⁵ xan⁵²
大寒 ta³¹² xan⁵²
历书 li³¹² ʂu²⁴
农历 nuŋ⁵² li³¹²
阳历 iaŋ⁵² li³¹² 公历

（2）节日
年三十儿 nian⁵² san²⁴ ʂʅər⁵² 除夕

守夜 ʂou⁵⁵ iɛ³¹²
大年初一 ta³¹² nian⁵² tʂhu²⁴ i²⁴
破五儿 phɤ³¹² • uər⁵⁵
年下（歇） nian⁵² • ɕiɛ 春节时候
拜年 pai³¹² nian⁵²
磕头 khɤ²⁴ thou⁵² 拜年的礼节
发压岁钱 fa²⁴ ia²⁴ suei³¹² tshian⁵²
正月十五 tʂəŋ²⁴ yɛ²⁴ ʂʅ⁵² u⁵⁵ 元宵节
点灯儿 tian⁵⁵ tə̃r²⁴ 点蜡烛
看灯儿 khan³¹² tə̃r²⁴ 看彩灯
秋（清）明儿 tshiou²⁴ miə̃r⁵² 清明节
五月当五 u⁵⁵ yɛ²⁴ taŋ²⁴ u⁵⁵ 端午节
八月十五 pa²⁴ yɛ²⁴ ʂʅ⁵² u⁵⁵ 中秋节
七月七 tshʅ²⁴ yɛ²⁴ tshʅ²⁴ 七夕
九月九 tɕiou⁵⁵ yɛ²⁴ tɕiou⁵⁵ 重阳节
腊八儿 la²⁴ per²⁴
小年 siau⁵⁵ nian⁵² 农历腊月二十三
三八妇女节 san²⁴ pa²⁴ fu⁵⁵ ny⁵⁵ tsiɛ²⁴
五一劳动节 u⁵⁵ i²⁴ lau⁵² tuŋ³¹² tsiɛ²⁴
五四青年节 u⁵⁵ sʅ³¹² tshiŋ²⁴ nian⁵² tsiɛ²⁴
儿童节 ər⁵² thuŋ⁵² tsiɛ²⁴
建党节 tɕian³¹² taŋ⁵⁵ tsiɛ²⁴
建军节 tɕian³¹² tɕyn²⁴ tsiɛ²⁴

（3）年
今年 tɕin²⁴ nian⁵²
年时年 nian⁵² ʂʅ⁵² nian⁵² 去年
过年儿 kuo³¹² niər⁵² 明年
前年个 tshian⁵² nian⁵² • kɤ 前年
大前年 ta³¹² tɕhian⁵² nian⁵²
往年 uaŋ⁵⁵ nian⁵² 以往的年头
后年 xou³¹² nian⁵²
大后年 ta³¹² xou³¹² nian⁵²
年年 nian⁵² nian⁵² 每年

年头里 nian⁵² thou⁵² • li 年前
才过年 tshai⁵² kuo³¹² nian⁵² 年初
年根儿赶 nian⁵² kər²⁴ kan⁵² 年底
上半年 ʂaŋ³¹² pan³¹² nian⁵²
下半年 ɕia³¹² pan³¹² nian⁵²
一年到头 i²⁴ nian⁵² tau³¹² thou⁵² 一整年
头几年 thou⁵² tɕi⁵⁵ nian⁵² 前几年
头两年 thou⁵² liaŋ⁵⁵ nian⁵² 前两年

（4）月
正月 tʂəŋ²⁴ yɛ²⁴ 农历一月
元月 yan⁵² yɛ²⁴ 公历一月
五黄六月 u⁵⁵ xuaŋ⁵² liou³¹² yɛ²⁴
腊月 la²⁴ yɛ²⁴
实冻腊月 ʂʅ⁵² tuŋ³¹² la²⁴ yɛ²⁴
闰月 yn³¹² yɛ²⁴
初几 tʂhu²⁴ tɕi⁵⁵ 月初
月底 yɛ²⁴ ti⁵⁵
一ᴴ月 yo⁵² yɛ²⁴ 一个月
前一ᴴ月 tshian⁵² yo⁵² yɛ²⁴ 前一个月
上一ᴴ月 ʂaŋ³¹² yo⁵² yɛ²⁴ 上一个月
这月 tʂɤ³¹² yɛ²⁴ 这个月
下月 ɕia³¹² yɛ²⁴ 下个月
月月儿 yɛ²⁴ yər²⁴ 每月
上旬 ʂaŋ³¹² syn⁵²
中旬 tʂuŋ²⁴ syn⁵²
下旬 ɕia³¹² syn⁵²
大尽 ta³¹² tsin³¹² 大建（农历三十天的月份）
小尽 siau⁵⁵ tsin³¹² 小建（农历二十九天的月份）

（5）日、时
今儿 tɕiər²⁴
今儿个 tɕiər²⁴ kɤ³¹²
夜儿个 iər³¹² kɤ³¹² 昨天
明儿个 mi ə̃r⁵² kɤ³¹² 明天

后寅儿 xou³¹² iər⁵⁵ 后天
后儿个 xor³¹² kɤ³¹²
大后寅儿 ta³¹² xou³¹² iər⁵⁵ 大后天
大后儿个 ta³¹² xor³¹² kɤ³¹²
递寅儿 ti³¹² iər⁵⁵ 次日
前儿个 tsʰiər⁵² kɤ³¹² 前天
大前儿个 ta³¹² tsʰiər⁵² kɤ³¹² 大前天
前几天 tsʰian⁵² tɕi⁵⁵ tʰian²⁴
礼拜天 li⁵⁵ pai³¹² tʰian²⁴ 星期天
一星期 i²⁴ ɕiŋ⁵⁵ tɕʰi²⁴
一天 i²⁴ tʰian²⁴ 整天
见天 tɕian³¹² tʰian²⁴ 每天
天天儿 tʰian²⁴ tʰiər²⁴
十几天 ʂʅ⁵² tɕi⁵⁵ tʰian²⁴
晌午 ʂaŋ⁵² u⁵⁵ 上午
后ᴴ xã³¹² 下午
半天 pan³¹² tʰian²⁴
大半天 ta³¹² pan³¹² tʰian²⁴
好些天 xau⁵⁵ siɛ⁵⁵ tʰian²⁴ 许多天
改天 kai⁵⁵ tʰian²⁴
五更 u⁵⁵ kəŋ²⁴ 凌晨（天快亮的时候）
清ᴴ tsʰiə̃²⁴ 清晨
半晌儿 pan³¹² ʂãr⁵⁵ 半上午
大半晌儿 ta³¹² pan³¹² ʂãr⁵⁵ 大半上午
前半晌 tsʰian⁵² pan³¹² ʂaŋ⁵⁵ 前半上午
后半晌 xou³¹² pan³¹² ʂaŋ⁵⁵ 后半上午
晌午头 ʂaŋ⁵² u⁵⁵ tʰou⁵² 中午十二点左右
前半后ᴴ tsʰian⁵² pan³¹² xã³¹² 前半下午
后半后ᴴ xou³¹² pan³¹² xã³¹² 后半下午
白寅（日）儿 pɛ⁵² iər²⁴ 白天
黄昏 xuaŋ⁵² xuən²⁴
黑嗜 xɛ²⁴ • tɕiɛ 夜晚
人脚净 zən⁵² tɕyo²⁴ tsiŋ³¹² 晚上11点左右，人基本上都睡觉了

半夜 pan³¹² iɛ³¹²
前半夜 tsʰian⁵² pan³¹² iɛ³¹² 上半夜
后半夜 xou³¹² pan³¹² iɛ³¹² 下半夜
一黑嗜 i²⁴ xɛ²⁴ • tɕiɛ 整夜
天天黑嗜 tʰian²⁴ tʰian²⁴ xɛ²⁴ • tɕiɛ 每天晚上

（6）其他时间概念

年份 nian⁵² • fən
月份 yɛ²⁴ • fən
啥时候 ʂa⁵² ʂʅ⁵² xou³¹² 什么时候
多昝儿 tuo⁵⁵ tsər⁵²
恁长时候 nən³¹² tʂʰaŋ⁵² ʂʅ⁵² xou³¹²
早先 tsau⁵⁵ sian²⁴ 先前
后来 xou³¹² lai⁵²
往后 uaŋ⁵⁵ xou³¹² 从今以后
这会儿 tʂɤ³¹² xuər³¹² 现在
那会儿 na³¹² xuər³¹²
眼下 ian⁵⁵ ɕia²⁴ 目前
将 tɕiaŋ²⁴ 刚才
哪天 na⁵⁵ tʰian²⁴
早晚 tsau⁵⁵ uan⁵⁵
过一阵 kuo³¹² i⁵² tʂən³¹² 过一段时间
头一回 tʰou⁵² i²⁴ xuei⁵² 第一次

## 肆　农业

（1）农事

春耕 tʂʰuən²⁴ kəŋ²⁴
麦收 mɛ²⁴ sou²⁴ 夏收
收秋 ʂou²⁴ tsʰiou²⁴ 秋收
早秋 tsau⁵⁵ tsʰiou²⁴
晚秋 uan⁵⁵ tsʰiou²⁴
整地 tʂəŋ⁵⁵ ti³¹²
耩地 tɕiaŋ⁵⁵ ti³¹²

犁地 li⁵² ti³¹²
锄地 tʂʰu⁵² ti³¹²
种地 tʂuŋ³¹² ti³¹²
播种 pɤ²⁴ tsuŋ⁵⁵
麦种 mɛ²⁴ tsuŋ⁵⁵
耩麦 tɕiaŋ⁵⁵ mɛ²⁴ 种麦
收麦 ʂou²⁴ mɛ²⁴
磨面 mɤ³¹² mian³¹²
种豆 tʂuŋ³¹² tou³¹²
补豆苗 pu⁵⁵ tou³¹² miau⁵²
割豆 kɤ²⁴ tou³¹²
栽红薯秧 tsai²⁴ xuŋ⁵² ʂʅ⁵⁵ zaŋ²⁴
翻红薯秧 fan²⁴ xuŋ⁵² ʂʅ⁵⁵ zaŋ²⁴
出红薯 tʂʰʅ²⁴ xuŋ⁵² ʂʅ⁵⁵ 收红薯
出落生儿 tʂʰʅ²⁴ luo⁵² ʂər²⁴ 收花生
种花 tʂuŋ³¹² xua²⁴ 种棉花
摘花 tʂɛ²⁴ xua²⁴ 摘棉花
种烟叶 tʂuŋ³¹² ian²⁴ iɛ²⁴
种西瓜 tʂuŋ³¹² sʅ²⁴ kua²⁴
薅草 xau²⁴ tsʰau⁵⁵
割麦 kɤ²⁴ mɛ²⁴
麦个儿 mɛ²⁴ kɤr³¹² 捆成一捆儿的麦子
打麦机 ta⁵⁵ mɛ²⁴ tɕi²⁴
接麦 tsiɛ²⁴ mɛ²⁴
挑麦秸 tʰiau⁵⁵ mɛ²⁴ tɕiɛ⁵²
垛麦秸 tuo³¹² mɛ²⁴ tɕiɛ⁵²
打麦 ta⁵⁵ mɛ²⁴
晒麦 ʂai³¹² mɛ²⁴
收麦 ʂou²⁴ mɛ²⁴
麦罢 mɛ²⁴ pa³¹² 麦子收割入仓后
麦秸垛 mɛ²⁴ tɕiɛ⁵² tuo³¹² 麦秆堆积起来
打场 ta⁵⁵ tʂʰaŋ⁵²
扬场 iaŋ⁵² tʂʰaŋ⁵²

扬麦 iaŋ⁵² mɛ²⁴
锄地 tʂʰu⁵² ti³¹²
翻地 fan²⁴ ti³¹²
上肥料 ʂaŋ³¹² fei⁵² liau³¹² 施肥
上粪 ʂaŋ³¹² fən³¹²
积肥 tsʅ²⁴ fei⁵²
拾粪 ʂʅ⁵² fən³¹²
粪坑 fən³¹² kʰəŋ²⁴
出粪 tʂʰʅ²⁴ fən³¹² 把粪坑里的粪挖出来
粪 fən³¹² 粪肥
大粪 ta³¹² fən³¹² 人的粪便
鸡粪 tɕi²⁴ fən³¹²
猪粪 tʂu²⁴ fən³¹²
牛粪 ou⁵² fən³¹²
狗屎 kou⁵⁵ ʂʅ⁵⁵
化肥 xua³¹² fei⁵²
肥料 fei⁵² liau³¹²
尿素 niau³¹² su³¹²
碳铵 tʰan³¹² an²⁴
复合肥 fu⁵⁵ xɤ⁵² fei⁵²
磷肥 lin⁵² fei⁵²
撒肥料 sa⁵⁵ fei⁵² liau³¹²
浇地 tɕiau²⁴ ti³¹² 浇水
浇菜 tɕiau²⁴ tsʰai³¹²
管儿 kuər⁵⁵ 浇地用的水管
粗管儿 tsʰʅ²⁴ kuər⁵⁵
细管儿 sʅ³¹² kuər⁵⁵
潜水泵 tsʰian⁵⁵ ʂuei⁵⁵ paŋ³¹²
大电 ta³¹² tian³¹²
阀门 fa⁵² mən⁵²
拉水管儿 la²⁴ ʂuei⁵⁵ kuər⁵⁵
排水 pʰai⁵² ʂuei⁵⁵
压水 ia³¹² ʂuei⁵⁵

抽水 tʂʰou²⁴ ʂuei⁵⁵

拉水 la²⁴ ʂuei⁵⁵

引水 in⁵⁵ ʂuei⁵⁵ 往压水井里面倒一碗水，水才能被引上来

挑水 tʰiau²⁴ ʂuei⁵⁵

盛水 tʂʰəŋ⁵² ʂuei⁵⁵

舀水 iau⁵⁵ ʂuei⁵⁵

井 tsiŋ⁵⁵

机井 tɕi²⁴ tsiŋ⁵⁵ 用机器打的水井

（2）农具

桶 tʰuŋ⁵⁵ 水桶

井绳 tsiŋ⁵⁵ ʂəŋ⁵²

车 tʂʰɤ²⁴ 大车

小车儿 siau⁵⁵ tʂʰɤr²⁴ 独轮车

架子车 tɕia³¹² tsɿ⁵⁵ tʂʰɤ²⁴

车绳 tʂʰɤ²⁴ ʂəŋ⁵² 架子车上的绳

牲口车 ʂəŋ²⁴ kʰou⁵² tʂʰɤ²⁴ 牲口拉的车

马车 ma⁵⁵ tʂʰɤ²⁴ 马拉的车

鞭 pian²⁴ 赶牲口用的鞭

牛车 ou⁵² tʂʰɤ²⁴ 牛拉的车

摇把儿 iau⁵² pɚ³¹² 发动拖拉机的工具

拖斗 tʰuo⁵² tou⁵⁵ 拖拉机后面装东西的部分

牛梭 ᶻou⁵² suɔːu²⁴ 牛拉套放在脖子处的椭圆形木头

夹板 tɕia²⁴ pan⁵⁵ 马、驴、骡拉套时放在脖子处的木板

牛笼嘴 ou⁵² loŋ⁵² ·tsuei

牛鼻鼻 ou⁵² pi⁵² pi³² 牛鼻桊儿穿在牛鼻里的木棍儿或铁环

犁 li⁵²

犁身 li⁵² ʂən²⁴

犁钯 li⁵² pa³¹²

犁铧 li⁵² xua⁵²

铁犁 tʰiɛ²⁴ li⁵²

耙 pa³¹² 把土块弄碎的农具

勩耙 uŋ²⁴ pa³¹² 把东西往前推的农具

笆 ᶻpʰaːu⁵² 搂柴草的竹制器具

筵 ᶻsyɔːu⁵² 用高粱或芦苇篾片等制成的筵子

囤 tuan³¹²

铁杈 tʰiɛ²⁴ tʂʰa²⁴

木杈 mu²⁴ tʂʰa²⁴ 用木头做的杈子

扬杈 iaŋ⁵² tʂʰa²⁴ 扬场用的杈子，齿比较多，而且细密

抓钩 tʂua²⁴ ·kou

耧 lou⁵²

碓 tuan³¹²

石磙 ʂɿ⁵² kuan⁵⁵

蒜臼 suan³¹² tɕiou³¹² 捣蒜汁用的工具

磨 mɤ³¹² 石磨

磨盘 mɤ³¹² ·pʰan

磨杠 mɤ³¹² kaŋ³¹² 磨把儿

磨脐儿 mɤ³¹² tʂʰɚ⁵²

筛 ᶻʂau²⁴

罗 luo⁵²

镐 kau²⁴

锄 tʂʰu⁵²

铡刀 tʂa⁵² tau²⁴

镰 lian⁵²

砍刀 kʰan⁵⁵ tau²⁴

斧 fu⁵⁵

木锨 mu²⁴ ·ɕian 木头做的锨。

铁锨 tʰiɛ²⁴ ɕian²⁴

铲 ᶻtʂʰæ⁵⁵

簸箕 pɤ³¹² ·tɕʰi

小簸箕 siau⁵⁵ pɤ³¹² ·tɕʰi 撮垃圾用的器具

腌臜 a²⁴ ·tsa 指垃圾等物

筐儿 kʰuãr²⁴

箩 luo⁵²
粗箩 tsʰu²⁴ luo⁵²
细箩 sʅ³¹² luo⁵²
蚂蚁箩 ma⁵² ·i luo⁵²
扁担 pian⁵⁵ ·tan
挑挑儿 tʰiau²⁴ tior²⁴ 挑担子
扫帚 sau³¹² tsʰʅ²⁴
笤帚 tʰiau⁵² tsʰʅ²⁴
喷雾器 pʰən²⁴ u³¹² tɕʰi³¹² 打药用的工具

## 伍 植物

（1）农作物

庄稼 tʂuaŋ²⁴ ·tɕia
粮食 liaŋ⁵² ·ʂʅ
五谷 u⁵⁵ ku²⁴
麦 mɛ²⁴
麦苗儿 mɛ²⁴ mior⁵²
麦穗儿 mɛ²⁴ suər³¹²
麦籽 mɛ²⁴ tsʅ⁵⁵
麦仁儿 mɛ²⁴ zər⁵²
麦秸梃儿 mɛ²⁴ tɕiɛ⁵² tiə̃r⁵² 麦子的秆
麸 fu²⁴ 磨面时打出来的麦皮
陈麦 tʂʰən⁵² mɛ²⁴ 往年的麦子
大麦 ta³¹² mɛ²⁴
荞麦 tɕʰiau⁵² mɛ²⁴
麦茬儿 mɛ²⁴ tʂʰɐr⁵²
小米儿 siau⁵⁵ miər⁵⁵
谷 ku²⁴
玉黍黍 y²⁴ ʂч⁵² ·ʂч 玉米
秫秫 ʂч⁵² ·ʂч 高粱
糠 kʰaŋ²⁴
料 liau³¹² 把黄豆、玉米等磨成颗粒状，拌在一起喂牲口

米 mi⁵⁵
江米 tɕiaŋ²⁴ mi⁵⁵ 糯米
大米 ta³¹² mi⁵⁵
花 xua²⁴ 棉花
花桃儿 xua²⁴ tʰor⁵² 棉花桃儿
花杈儿 xua²⁴ tʂʰɐr⁵²
掰花杈儿 pɛ²⁴ xua²⁴ tʂʰɐr⁵²
打花顶儿 ta⁵⁵ xua²⁴ ti ə̃r⁵⁵
摘花 tsɛ²⁴ xua²⁴ 摘棉花
晒花 ʂai³¹² xua²⁴ 晒棉花
压棉籽 ia³¹² mian⁵² tsʅ⁵⁵
弹棉花 tʰan⁵² mian⁵² xua²⁴
打被套 ta⁵⁵ pei³¹² tʰau³¹²
麻秆儿 ma⁵² kər⁵⁵
芝麻 tʂʅ²⁴ ·ma
葵花 kʰuei⁵² ·xua 向日葵
瓜子儿 kua²⁴ tsʅər⁵⁵ 葵花子儿
红薯 xuŋ⁵² ʂч⁵⁵
红薯皮儿 xuŋ⁵² ʂч⁵⁵ piər⁵²
红薯苗儿 xuŋ⁵² ʂч⁵⁵ mior⁵²
红薯叶儿 xuŋ⁵² ʂч⁵⁵ iər²⁴
红薯秧儿 xuŋ⁵² ʂч⁵⁵ z̃ãr²⁴
红薯干儿 xuŋ⁵² ʂч⁵⁵ kər⁵⁵ 把红薯切成片，晒干
土豆 tʰu⁵⁵ tou³¹² 马铃薯
山药 ʂan²⁴ ·yo
山药蛋儿 ʂan²⁴ yo²⁴ tər³¹²
藕 ou⁵⁵
莲子 lian⁵² ·tsʅ

（2）豆类、菜蔬

豆 tou³¹²
黄豆 xuaŋ⁵² tou³¹²
豆杆儿 tou³¹² kər⁵⁵
毛豆角儿 mau⁵² tou³¹² tɕyər²⁴

绿豆 ly²⁴ tou³¹²
黑豆 xɛ²⁴ tou³¹²
豌豆 uan²⁴ tou³¹²
豇豆 tɕiaŋ²⁴ tou³¹²
眉豆 mei⁵² tou³¹² 扁豆
蚕豆 tsʰan⁵² tou³¹²
茄ᶻ tɕʰiau⁵²
黄瓜 xuaŋ⁵² · kua
菜瓜 tsʰai³¹² · kua
丝瓜 sɿ²⁴ · kua
丝瓜籽 sɿ²⁴ kua²⁴ tsɿ⁵⁵
苦瓜 kʰu⁵⁵ · kua
南瓜 nan⁵² · kua
冬瓜 tuŋ²⁴ · kua
葫芦 xu⁵² · lu
葱 tsʰuŋ²⁴
洋葱 iaŋ⁵² tsʰuŋ²⁴
葱叶儿 tsʰuŋ²⁴ iər²⁴
葱头儿 tsʰuŋ²⁴ tʰor⁵² 葱白
蒜 suan³¹²
蒜头 suan³¹² tʰou⁵²
蒜瓣儿 suan³¹² pər³¹²
蒜咕嘟 suan³¹² ku²⁴ · tu 蒜头
蒜苗儿 suan³¹² mior⁵²
蒜黄 suan³¹² xuaŋ⁵²
蒜苔儿 suan³¹² tʰər⁵²
蒜汁儿 suan³¹² tʂɿər²⁴
韭菜 tɕiou⁵⁵ · tsʰai
韭黄 tɕiou⁵⁵ xuaŋ⁵²
苋菜 ɕian³¹² tsʰai³¹²
西红柿 sɿ²⁴ xuŋ⁵² ʂʅ³¹²
辣椒 la²⁴ tɕiau²⁴
菜辣椒 tsʰai³¹² la²⁴ tɕiau²⁴

辣椒面儿 la²⁴ tɕiau²⁴ miər³¹²
姜 tɕiaŋ²⁴
芥菜 tɕiɛ³¹² · tsʰai
芥末 tɕiɛ³¹² · mɤ
胡椒 xu⁵² tɕiau²⁴
菠菜 pɤ²⁴ · tsʰai
白菜 pɛ⁵² · tsʰai
小白菜 siau⁵⁵ pɛ⁵² · tsʰai
包菜 pau²⁴ · tsʰai 洋白菜
莴笋 uo²⁴ sun⁵⁵
莴笋叶 uo²⁴ sun⁵⁵ iɛ²⁴
生菜 ʂəŋ²⁴ · tsʰai
莙荙菜 tɕyn²⁴ · ta tsʰai³¹²
芹菜 tɕʰin⁵² · tsʰai
芫荽 ian⁵² suei³¹²
茼蒿 tʰuŋ⁵² xau³¹²
萝卜 luo⁵² pu³¹²
萝卜缨 luo⁵² pu³¹² iŋ²⁴
萝卜干儿 luo⁵² pu³¹² kər²⁴
红萝卜 xuŋ⁵² luo⁵² pu³¹² 胡萝卜
苤蓝 pʰiɛ⁵⁵ lan⁵²
油菜 iou⁵² tsʰai³¹²
油菜籽 iou⁵² tsʰai³¹² tsɿ⁵⁵
油菜梗儿 iou⁵² tsʰai³¹² kə̃r⁵⁵
荠菜 tɕi³¹² tsʰai³¹²
荆芥 tɕiŋ²⁴ · tɕiɛ
豆角儿 tou³¹² tɕyər²⁴
空心菜 kʰuŋ²⁴ sin²⁴ tsʰai³¹² 蕹菜
木耳菜 mu²⁴ ər⁵⁵ tsʰai³¹²

（3）树木
树 ʂʯ³¹²
树林 ʂʯ³¹² lin⁵²
树苗儿 ʂʯ³¹² mior⁵²

树身 ʂʯ³¹² ʂən²⁴
树杈儿 ʂʯ³¹² tʂʰɐr³¹²
树梢儿 ʂʯ³¹² ʂor²⁴
树根儿 ʂʯ³¹² kər²⁴
树叶儿 ʂʯ³¹² iər²⁴
树枝儿 ʂʯ³¹² tʂʰɚr²⁴
种树 tʂuŋ³¹² ʂʯ³¹²
砍树 kʰan⁵⁵ ʂʯ³¹²
松树 suŋ²⁴ ʂʯ³¹²
松针 suŋ²⁴ tʂən²⁴
松球 suŋ²⁴ tɕʰiou⁵²
松香 suŋ²⁴ ɕiaŋ²⁴
杉树 ʂan²⁴ ʂʯ³¹²
桑树 saŋ²⁴ ʂʯ³¹²
桑葚 saŋ²⁴ ʂən³¹²
桑叶 saŋ²⁴ iɛ²⁴
杨树 iaŋ⁵² ʂʯ³¹²
柳树 liou⁵⁵ ʂʯ³¹²
荆条 tɕiŋ²⁴ tʰiau⁵²
梧桐树 u²⁴ tʰuŋ⁵² ʂʯ³¹²
桐子 tʰuŋ⁵² tsɿ⁵⁵
桐树 tʰuŋ⁵² ʂʯ³¹²
桐花 tʰuŋ⁵² xua²⁴
楝树 lian³¹² ʂʯ³¹²
本地槐 pən⁵⁵ ti³¹² xuai⁵²
槐花 xuai⁵² xua²⁴
洋槐树 iaŋ⁵² xuai⁵² ʂʯ³¹²
香椿树 ɕiaŋ²⁴ tʂʰuan²⁴ ʂʯ³¹²
香椿叶儿 ɕiaŋ²⁴ tʂʰuən²⁴ iər²⁴
榆树 y⁵² ʂʯ³¹²
榆钱儿 y⁵² tsʰiər⁵²
果树 kuo⁵⁵ ʂʯ³¹²
柿ᶻ树 ʂɿau³¹² ʂʯ³¹²

梨树 li⁵² ʂʯ³¹²
苹果树 pʰiŋ⁵² kuo⁵⁵ ʂʯ³¹²
石榴树 ʂɿ⁵² · liou ʂʯ³¹²
樱桃树 iŋ²⁴ tʰau⁵² ʂʯ³¹²
核桃树 xɛ⁵² tʰau⁵² ʂʯ³¹²
无花果树 u⁵² xua²⁴ kuo⁵⁵ ʂʯ³¹²
葡萄树 pʰu⁵² tʰau⁵² ʂʯ³¹²
枣树 tsau⁵⁵ ʂʯ³¹²
桃树 tʰau⁵² ʂʯ³¹²
竹子 tʂu²⁴ · tsɿ
竹笋 tʂu²⁴ sun⁵⁵
竹竿儿 tʂu²⁴ kər⁵⁵
竹叶儿 tʂu²⁴ iər²⁴
竹劈儿 tʂu²⁴ piər²⁴ 竹子劈成的薄片
育苗儿 y³¹² mior⁵²
移栽 i⁵² tsai²⁴
人工授粉 zən⁵² kuŋ²⁴ ʂou³¹² fən⁵⁵
（4）瓜果
水果儿 ʂuei⁵⁵ kuor⁵⁵
干果儿 kan²⁴ kuor⁵⁵
桃 tʰau⁵²
杏 ɕiŋ³¹²
李ᶻ liau⁵⁵ 李子
苹果 pʰiŋ⁵² kuo⁵⁵
花红 xua²⁴ xuŋ⁵² 沙果
枣 tsau⁵⁵
梨 li⁵²
柿ᶻ ʂɿau³¹²
烘柿ᶻ xuŋ²⁴ ʂɿau³¹²
柿饼 ʂɿ³¹² piŋ⁵⁵
橘子 tɕy²⁴ · tsɿ
蜜橘 mi²⁴ tɕy²⁴
龙眼儿 luŋ⁵² iər⁵⁵

荔枝 li³¹² tʂʅ²⁴
芒果儿 maŋ⁵² kuor⁵⁵
菠萝 pɤ²⁴ ·luo
银杏 in⁵² ɕiŋ³¹²
核桃 xɛ⁵² tʰau⁵²
樱桃 iŋ²⁴ tʰau⁵²
西瓜 sʅ²⁴ ·kua
黑皮西瓜 xɛ²⁴ pʰi⁵² sʅ²⁴ ·kua
花皮西瓜 xua²⁴ pʰi⁵² sʅ²⁴ ·kua
西瓜子儿 sʅ²⁴ kua²⁴ tsʅər⁵⁵
沙瓤儿 ʂa²⁴ zɐ̃r⁵² 西瓜瓤呈沙粒状
瓜子儿 kua²⁴ tsʅər⁵⁵
甜瓜 tʰian⁵² kua²⁴
小白瓜 siau⁵⁵ pɛ⁵² kua²⁴
面瓜 mian³¹² kua²⁴ 吃起来很软的瓜
酥瓜 su²⁴ kua²⁴
脆瓜 tsʰuei³¹² kua²⁴
哈密瓜 xa⁵⁵ mi²⁴ kua²⁴
葡萄 pʰu⁵² ·tʰau
葡萄干儿 pʰu⁵² tʰau⁵² kər²⁴
甜黍秆 tʰian⁵² ʂʅ⁵² kæ⁵⁵ 甘蔗
落生 luo⁵² ʂən²⁴ 花生
落生仁儿 luo⁵² ʂən²⁴ zər⁵² 花生米
落生皮儿 luo⁵² ʂən²⁴ pʰiər⁵²
无花果 u⁵² xua²⁴ kuo⁵⁵

(5) 花草、菌类

桂花儿 kuei³¹² xuɐr²⁴
菊花儿 tɕy²⁴ xuɐr²⁴
梅花儿 mei⁵² xuɐr²⁴
小桃儿红 siau⁵⁵ tʰor⁵² xuŋ⁵² 凤仙花
牡丹 mu⁵⁵ ·tan
莲花儿 lian⁵² xuɐr²⁴ 荷花
藕花儿 ou⁵⁵ xuɐr²⁴

莲叶儿 lian⁵² iər²⁴ 荷叶
藕叶儿 ou⁵⁵ iər²⁴
喇叭花儿 la⁵⁵ pa⁵⁵ xuɐr²⁴ 牵牛花
仙人掌 sian²⁴ zən⁵² tʂaŋ⁵⁵
桃花儿 tʰau⁵² xuɐr²⁴
梨花儿 li⁵² xuɐr²⁴
刺梅 tsʰʅ³¹² mei⁵²
月季 yɛ²⁴ tɕi³¹²
石榴花儿 ʂʅ⁵² liou⁵² xuɐr²⁴
美人蕉 mei⁵⁵ zən⁵² tɕiau²⁴
烧汤花儿 ʂau²⁴ tʰaŋ²⁴ xuɐr²⁴ 晚饭花
鸡冠花儿 tɕi²⁴ kuan²⁴ xuɐr²⁴
油菜花儿 iou⁵² tsʰai³¹² xuɐr²⁴
芍药 ʂuo⁵² yo²⁴
夹竹桃 tɕia²⁴ tʂu²⁴ tʰau⁵²
吊兰 tiau³¹² lan⁵²
害羞草 xai³¹² ɕiou²⁴ tsʰau⁵⁵
四季青 sʅ³¹² tɕi³¹² tsʰiŋ²⁴
花骨嘟 xua²⁴ ku²⁴ ·tu
花瓣儿 xua²⁴ pər³¹²
花心 xua²⁴ sin²⁴
芦苇 lu⁵⁵ uei⁵⁵
艾 ai³¹²
咪儿蒿 miər²⁴ xau²⁴
鸡蛋棵儿 tɕi²⁴ tan³¹² kʰuor²⁴
灰灰菜 xuei²⁴ xuei²⁴ tsʰai³¹²
野菊花 iɛ⁵⁵ tɕy²⁴ xua²⁴
姜姜牙 tsʰʅ²⁴ tsʰʅ²⁴ ia⁵²
圪针 kɛ²⁴ tʂən²⁴
香菇 ɕiaŋ²⁴ ku²⁴
蘑菇 mɤ⁵² ·ku
青醭 tsʰiŋ²⁴ pu⁵² 青苔
野谷苗 iɛ⁵⁵ ku²⁴ miau⁵² 狗尾巴草

## 陆　动物

（1）牲畜

牲口 ʂəŋ²⁴·kʰou

马 ma⁵⁵

儿马 ər⁵² ma⁵⁵ 公马

母马 mu⁵⁵ ma⁵⁵

马驹儿 ma⁵⁵ tɕyər²⁴ 小马

牤牛 maŋ²⁴ ou⁵² 公牛

石牛 ʂʅ⁵² ou⁵² 母牛

黄牛 xuaŋ⁵² ou⁵²

水牛 ʂuei⁵⁵ ou⁵²

牛犊 ou⁵² tu⁵²

驴 ly⁵²

叫驴 tɕiau³¹² ly⁵² 公驴

草驴 tsʰau⁵⁵ ly⁵² 母驴

骡ᶻ luɔ:u⁵²

驴骡ᶻ ly⁵² luɔ:u⁵² 驴父马母

马骡ᶻ ma⁵⁵ luɔ:u⁵² 马父驴母

骆驼 luo²⁴ tʰuo⁵²

绵羊 mian⁵² iaŋ⁵²

山羊 ʂan²⁴ iaŋ⁵²

羊羔儿 iaŋ⁵² kor²⁴

狗 kou⁵⁵

公狗 kuŋ²⁴ kou⁵⁵

母狗 mu⁵² kou⁵⁵

狗娃儿 kou⁵⁵ uer⁵²

哈巴狗 xa⁵⁵ pa⁵⁵ kou⁵⁵

猫 mau⁵²

公猫 kuŋ²⁴ mau⁵²

母猫 mu⁵⁵ mau⁵²

牙猪 ia⁵² tʂʅ²⁴ 公猪

老母猪 lau⁵⁵ mu⁵⁵ tʂʅ²⁴

猪娃儿 tʂʅ²⁴ uer⁵² 猪崽

择猪 tʂɛ⁵² tʂʅ²⁴ 阉猪

兔 tʰu³¹²

肉兔 zou³¹² tʰu³¹²

兔娃儿 tʰu³¹² uer⁵² 小兔子；骂人的话

兔毛 tʰu³¹² mau⁵²

野兔 iɛ⁵⁵ tʰu³¹²

将 tsiaŋ²⁴ 动物生崽

鸡ᶻ tɕiau²⁴

公鸡 kuŋ²⁴ tɕi²⁴

母鸡 mu⁵⁵ tɕi²⁴

肉鸡ᶻ zou³¹² tɕiau²⁴

小母鸡儿 siau⁵⁵ mu⁵⁵ tɕiər²⁴

鸡娃儿 tɕi²⁴ uer⁵² 小鸡儿

鸡蛋 tɕi²⁴·tan

媻蛋 fan³¹² tan³¹² 下蛋

暖小鸡儿 nuan⁵⁵ siau⁵⁵ tɕiər²⁴ 孵小鸡儿

叨 tau²⁴ 鸡吃食的动作

鸡冠 tɕi²⁴ kuan²⁴

鸡爪ᶻ tɕi²⁴ tʂuɔ:u⁵⁵

扁嘴儿 pian⁵⁵ tsuər⁵⁵ 鸭子

公鸭 kuŋ²⁴ ia²⁴

母鸭 mu⁵⁵ ia²⁴

小鸭儿 siau⁵⁵ iər²⁴

鸭蛋 ia²⁴·tan

鹅 ɤ⁵²

鹅蛋 ɤ⁵²·tan

（2）鸟、兽

野兽 iɛ⁵⁵ ʂou³¹²

狮ᶻ ʂʅau²⁴

老虎 lau⁵⁵·xu

母老虎 mu⁵⁵ lau⁵⁵·xu

猴儿 xor⁵²

熊 ɕyəŋ⁵²

豹 pau³¹²

狐狸 xu⁵² ·li

黄鼠狼 xuaŋ⁵² ʂɿ⁵⁵ laŋ⁵²

老鼠 lau⁵⁵ ·ʂɿ

长虫 tʂʰaŋ⁵² ·tʂʰuŋ 蛇

鸟儿 nior⁵⁵

老鸹 lau⁵² ·kuo 乌鸦

喜鹊儿 ɕi⁵⁵ tɕʰyər³¹²

麻尾鹊 ᶻma⁵² i²⁴ tsʰia:u³¹² 喜鹊

小虫儿 siau⁵⁵ tʂʰuɚ⁵² 麻雀

小燕儿 siau⁵⁵ iər³¹² 燕子

大雁 ta³¹² ian³¹²

斑鸠 pan²⁴ ·tɕiou

鸽 ᶻkɤ:u²⁴

鹌鹑 an²⁴ tʂʰuən⁵²

咕咕 ku²⁴ ku²⁴ 布谷鸟

猫头鹰 mau⁵² tʰou⁵² iŋ²⁴

八哥儿 pa²⁴ kɤr⁵⁵

恶老雕 ɤ³¹² lau⁵⁵ tiau²⁴ 老鹰

嘴 tsuei⁵⁵

鸟窝 niau⁵⁵ uo²⁴

（3）虫类

蚕 tsʰan⁵²

蛹 yŋ⁵⁵ 蚕蛹

蚕沙 tsʰan⁵ ²ʂa²⁴ 家蚕的屎

吐丝 tʰu⁵⁵ sɿ²⁴

结茧 tɕiɛ²⁴ tɕian⁵⁵

蚂蚁 ma⁵² ·i

蝼蛄 lɛ²⁴ ku⁵²

土鳖 tʰu⁵⁵ piɛ²⁴

除串 tʂʰʅ⁵² tʂʰuan³¹² 蚯蚓

蜗牛 uo²⁴ niou⁵²

屎壳郎 ʂʅ⁵⁵ kɛ²⁴ laŋ²⁴ 蜣螂

蚰蜒 iou⁵² ian³¹²

蝎虎 ɕiɛ²⁴ ·xu 壁虎

毛毛虫 mau⁵² mau⁵² tʂʰuŋ⁵²

虫 tʂʰuŋ⁵²

蚜虫 ia⁵² tʂʰuŋ⁵²

蝇 iŋ⁵² 苍蝇

蚊 uən⁵² 蚊子

大花蚊 ta³¹² xua²⁴ uən⁵²

咬 iau⁵⁵ 蚊子叮人

虱 ᶻʂau²⁴

臭虫 tʂʰou³¹² tʂʰuŋ⁵²

圪蚤 kɛ²⁴ ·tsau 跳蚤

牛虻 ou⁵² məŋ²⁴

出出 tʂʰʅ²⁴ tʂʰʅ²⁴ 蟋蟀

蟑螂 tʂaŋ²⁴ laŋ⁵²

蚂蚱 ma²⁴ tʂa⁵⁵ 蝗虫

螳螂 tʰaŋ²⁴ laŋ⁵²

砍刀 kʰan⁵⁵ ·tau

蜜蜂 mi²⁴ fəŋ⁵²

马蜂 ma⁵⁵ fəŋ⁵²

蛰人 tʂʅə²⁴ zən⁵²

马蜂窝 ma⁵⁵ fəŋ⁵² uo²⁴

蜂蜜 fəŋ⁵² mi²⁴

放屁虫 faŋ³¹² pʰi³¹² tʂʰuŋ⁵²

扑灯蛾 pʰu²⁴ təŋ²⁴ ɤ⁵²

扑螂蛾 pʰu²⁴ laŋ²⁴ ɤ⁵²

蜓蜓 tiŋ²⁴ tiŋ²⁴ 蜻蜓

花大姐 xua²⁴ ta³¹² tsiɛ⁵⁵

磕头虫 kʰɤ²⁴ tʰou⁵² tʂʰuŋ⁵²

麦牛 mɛ²⁴ ou⁵² 麦子或面粉里的一种虫子，夏天特别多

（4）鱼虾类

鱼 y⁵²

鲤鱼 li⁵⁵ y⁵²
鲫鱼 tɕi²⁴ y⁵²
红鱼 xuŋ⁵² y⁵²
鲶鱼 nian⁵² y⁵²
草鱼 tsʰau⁵⁵ y⁵²
金鱼 tɕin²⁴ y⁵²
鱼鳞 y⁵² lin⁵²
鱼刺 y⁵² tsʰɿ³¹²
鱼子 y⁵² tsɿ⁵⁵
钓鱼 tiau³¹² y⁵²
鱼钩儿 y⁵² kor²⁴
鱼网 y⁵² uaŋ⁵⁵
虾 ɕia²⁴
虾米 ɕia²⁴·mi
老鳖 lau⁵⁵ piɛ²⁴ 龟
癞蛤蟆 lai³¹² xɛ⁵² mɤ⁵⁵

## 柒　房　舍

（1）房子
盖 kai³¹² 造（房子）
扒（房子） pa²⁴
房 faŋ⁵² 房子
院儿 yər³¹² 院子
院墙 yan³¹² tsʰiaŋ⁵²
垒院墙 luei⁵⁵ yan³¹² tsʰiaŋ⁵²
水泥地 ʂuei⁵⁵ ni⁵² ti³¹²
影壁墙 iŋ⁵⁵ pi³¹² tsʰiaŋ⁵²
屏风 pʰiŋ⁵² fəŋ²⁴
屋 u²⁴
里边儿 li⁵⁵ piər²⁴ 里间
东屋 tuŋ²⁴ u²⁴
西屋 sɿ²⁴ u²⁴
堂屋 tʰaŋ⁵² u²⁴

当门儿 taŋ²⁴ mər⁵²
平房 pʰiŋ⁵² faŋ⁵²
楼 lou⁵²
楼上 lou⁵² ʂaŋ³¹²
楼底ᴴ lou⁵² tia⁵⁵ 楼底下
楼梯 lou⁵² tʰi²⁴
阳台 iaŋ⁵² tʰai⁵²
草房 tsʰau⁵⁵ faŋ⁵²
草庵ᶻ tsʰau⁵⁵ æ²⁴ 地里搭的遮太阳避雨的小草屋
瓦房 ua⁵⁵ faŋ⁵²
瓜庵ᶻ kua²⁴ æ²⁴ 在瓜地里盖的小房子

（2）房屋结构
垒根脚 luei⁵⁵ kən²⁴ tɕyo²⁴ 扎地基
山墙 ʂan²⁴ tsʰiaŋ⁵² 瓦房的侧面
梁 liaŋ⁵²
檩条 lin⁵⁵ tʰiau⁵²
泥墙 ni⁵² tsʰiaŋ⁵²
砖墙 tʂuan²⁴ tsʰiaŋ⁵²
木什 mu²⁴ ʂɿ⁵²
粉刷 fən⁵⁵ sua²⁴ 刷墙
搅泥 tɕiau⁵⁵ ni⁵² 把白灰等和在一起抹在墙上
屋脊 u²⁴ tsɿ²⁴ 房脊
屋顶 u²⁴ tiŋ⁵⁵
石墩 ʂɿ⁵² tuan²⁴ 柱下石
台阶儿 tʰai⁵² tɕiər²⁴
棚 pʰəŋ⁵²
正门 tʂəŋ³¹² mən⁵²
大门 ta³¹² mən⁵²
铁门 tʰiɛ²⁴ mən⁵²
防盗门 faŋ⁵² tau³¹² mən⁵²
小门 siau⁵⁵ mən⁵² 后门
门后儿 mən⁵² xor³¹²
单扇 tan²⁴ ʂan³¹²

双扇 ʂuaŋ²⁴ ʂan³¹²
门框 mən⁵² kʰuaŋ³¹²
门鼻儿 mən⁵² piər⁵²
门帘儿 mən⁵² liər⁵²
风门 fəŋ²⁴ mən⁵²
锁 suo⁵⁵
钥匙 yo²⁴·ʂʅ
纱窗 ʂa²⁴ tsʰuaŋ²⁴
窗帘儿 tʂʰuaŋ²⁴ liər⁵²
走廊 tʂou⁵⁵ laŋ⁵²
过道儿 kuo³¹² tor³¹²
楼道 lou⁵² tau³¹²
楼板 lou⁵² pan⁵⁵
墙角 tsʰiaŋ⁵² tɕyo²⁴

（3）其他设施
灶火 tsau³¹²·xuo 锅台烧火做饭的地方
锅台 kuo²⁴ tʰai⁵² 灶
垒锅台 luei⁵⁵ kuo²⁴ tʰai⁵²
锅底门 kuo²⁴ ti⁵⁵ mən⁵² 锅台的洞口
烟筒 ian²⁴ tʰuŋ⁵⁵
洗澡间 sʅ⁵⁵ tsau⁵⁵ tɕian²⁴
磨房 mɤ³¹² faŋ⁵²
猪圈 tʂʅ²⁴ tɕyan³¹²
猪食槽 tʂʅ²⁴ ʂʅ⁵² tsʰau⁵²
羊圈 iaŋ⁵² tɕyan³¹²
狗窝 kou⁵⁵ uo²⁴
鸡窝 tɕi²⁴ uo²⁴
鸡笼 tɕi²⁴ luŋ⁵²
柴火垛 tsʰai⁵² xuo⁵⁵ tuo³¹² 柴草垛

**捌　器具、用品**

（1）一般家具
家具 tɕia²⁴ tɕy³¹²

柜 kuei³¹²
立柜 li²⁴ kuei³¹²
组合柜 tsu⁵⁵ xɤ⁵² kuei³¹²
橱柜 tʂʰʅ⁵² kuei³¹²
衣柜 i²⁴ kuei³¹²
碗柜 uan⁵⁵ kuei³¹²
穿衣镜 tsʰuan²⁴ i²⁴ tɕiŋ³¹²
桌 tʂuɔ:u²⁴
圆桌ʳ yan⁵² tʂuɔ:u²⁴
方桌ʳ faŋ²⁴ tʂuɔ:u²⁴
茶几 tʂʰa⁵² tɕi²⁴ 条案
条几 tʰiau⁵² tɕi²⁴
写字台 siɛ⁵⁵ tsʅ³¹² tʰai⁵² 书桌
办公桌ʳ pan³¹² kuŋ²⁴ tʂuɔ:u²⁴
饭桌ʳ fan³¹² tʂuɔ:u²⁴
桌布 tʂuo²⁴ pu³¹²
抽斗 tʂʰou²⁴ tou⁵⁵ 抽屉
沙发 ʂa²⁴ fa²⁴
椅ʳ iau⁵⁵ 椅子
躺椅 tʰaŋ⁵⁵ i⁵⁵
墩儿 tuər²⁴ 凳子
板凳 pan⁵⁵·təŋ
方墩儿 faŋ²⁴ tuər²⁴ 方凳
小墩儿 siau⁵⁵ tuər²⁴ 小板凳儿
圆墩儿 yan⁵² tuər²⁴ 圆凳
高墩儿 kau²⁴ tuər²⁴ 高凳子
马扎儿 ma⁵⁵ tsɐr²⁴
草苫ʳ tsʰau⁵⁵ ʂæ⁵²
小推车ʳ siau⁵⁵ tʰuei²⁴ tsʰʅau²⁴

（2）卧室用具
床 tʂʰuaŋ⁵²
床板 tʂʰuaŋ⁵² pan⁵⁵ 铺板
床头 tʂʰuaŋ⁵² tʰou⁵²

床头柜 tʂʰuaŋ⁵² tʰou⁵² kuei³¹²
床帮 tʂʰuaŋ⁵² paŋ²⁴
床腿 tʂʰuaŋ⁵² tʰuei⁵⁵
竹床儿 tʂu²⁴ tʂʰuɐr⁵²
蚊帐 uən⁵² tʂaŋ³¹²
帐钩儿 tʂaŋ³¹² kor²⁴
帐檐儿 tʂaŋ³¹² iər⁵²
毯˙ tʰæ⁵⁵
毛巾被 mau⁵² tɕin²⁴ pei³¹²
压风被 ia²⁴ fəŋ²⁴ pei³¹² 冬天盖在上面的被子
新花儿被 sin²⁴ xuɐr²⁴ pei³¹² 用新棉花做成的被子
金丝绒被 tɕin²⁴ sʅ²⁴ yəŋ⁵² pei³¹²
被窝儿 pei³¹² uor²⁴
被里儿 pei³¹² liər⁵⁵
表儿 pior⁵⁵ 被面
单˙ tæ²⁴ 床单
床单˙ tʂuaŋ⁵² tæ²⁴
铺衬˙ pʰu²⁴ tʂʰən³¹² 破旧的布头
草席 tsʰau⁵⁵ sʅ⁵²
竹席 tʂu²⁴ sʅ⁵²
凉席 liaŋ⁵² sʅ⁵²
枕头 tʂən³¹² tʰou⁵²
枕套儿 tʂən³¹² tʰor³¹²
枕巾 tʂən³¹² tɕin²⁴
枕芯儿 tʂən³¹² siər²⁴
梳妆台 ʂu²⁴ tʂuaŋ²⁴ tʰai⁵²
穿衣镜 tʂʰuan²⁴ i²⁴ tɕiŋ³¹²
盆架儿 pʰən⁵² tɕiər³¹² 洗脸架
箱˙ siã:²⁴
提箱 tʰi⁵² siaŋ²⁴ 手提箱
衣架儿 i²⁴ tɕiər³¹² 晾衣架
衣裳架儿 i²⁴ ʂaŋ³¹² tɕiər³¹²

马桶 ma⁵⁵ tuŋ⁵⁵
尿罐儿 niau³¹² kuər³¹² 夜壶
火盆 xuo⁵⁵ pʰən⁵²
热水瓶儿 zʅə²⁴ ʂuei⁵⁵ pʰiə̃r⁵²
热水袋 zʅə²⁴ ʂuei⁵⁵ tai³¹²
茶瓶 tʂʰa⁵² pʰiŋ⁵² 暖水瓶
茶壶 tʂʰa⁵² xu⁵² 盛热水的壶

（3）炊事用具

食堂 ʂʅ⁵² tʰaŋ⁵²
伙上 xuo⁵⁵ ʂaŋ³¹² 单位伙房或红白喜事做饭的地方
餐厅 tsʰan²⁴ tʰiŋ²⁴
饭票 fan³¹² pʰiau³¹²
饭卡 fan³¹² kʰa⁵⁵
粮票 liaŋ⁵² pʰiau³¹²
伙房 xuo⁵⁵ faŋ⁵²
风箱 fəŋ²⁴ siaŋ²⁴
煤火 mei⁵² xuo⁵⁵ 煤炉
引煤火 in⁵⁵ mei⁵² xuo⁵⁵ 把煤点着
火钳˙ xuo⁵⁵ tɕʰiæ⁵² 夹煤的工具
烧火棍儿 ʂau²⁴ xuo⁵⁵ kuər³¹² 烧柴时挑柴火的工具
扒灰 pa²⁴ xuei²⁴
柴火 tʂʰai⁵² xuo⁵⁵ 柴草
穰柴火 zaŋ⁵² tʂʰai⁵² xuo⁵⁵
劈柴 pʰi²⁴ tʂʰai⁵²
干柴 kan²⁴ tʂʰai⁵²
柴火棍 tʂʰai⁵² xuo⁵⁵ kuən³¹²
稻秆˙ tau³¹² kæ⁵⁵
麦秸 mɛ²⁴ · tɕiɛ
秋秋秆˙ ʂu⁵² ʂu⁵² kæ⁵⁵
花柴 xua²⁴ tʂʰai⁵²
豆秆˙ tou³¹² kæ⁵⁵
锯末儿 tɕy³¹² mɤr²⁴

刨花儿 pau³¹² xuɐr²⁴
洋火 iaŋ⁵² xuo⁵⁵ 火柴
打火机 ta⁵⁵ xuo⁵⁵ tɕi²⁴
烟袋锅 ian²⁴ tai³¹² kuo²⁴
烟囱 ian²⁴ tsʰuŋ²⁴
锅 kuo²⁴
烧汤锅 ʂau²⁴ tʰaŋ²⁴ kuo²⁴
炒菜锅 tʂʰau⁵⁵ tsʰai³¹² kuo²⁴
蒸馍锅 tʂəŋ²⁴ mɤ⁵² kuo²⁴
鏊 au³¹² 中间凸、周围低做烙馍用的圆形器具
电饭锅 tian³¹² fan³¹² kuo²⁴
铝锅 ly⁵⁵ kuo²⁴
铁锅 tʰiɛ²⁴ kuo²⁴
沙锅 ʂa²⁴ kuo²⁴
大锅 ta³¹² kuo²⁴
大铝锅 ta³¹² ly⁵⁵ kuo²⁴
大铁锅 ta³¹² tʰiɛ²⁴ kuo²⁴
小锅 siau⁵⁵ kuo²⁴
小铝锅 siau⁵⁵ ly⁵⁵ kuo²⁴
电磁炉 tian³¹² tsʰɿ⁵² lu⁵²
豆浆机 tou³¹² tsiaŋ²⁴ tɕi²⁴
煤气罐儿 mei⁵² tɕʰi³¹² kuər³¹²
油烟机 iou⁵² ian²⁴ tɕi²⁴
锅盖儿 kuo²⁴ kər³¹²
锅排 kuo²⁴ pʰai⁵² 用高粱秆上面一节编成的圆形用具，可放饺子、面条等
衲锅排 na²⁴ kuo²⁴ pʰai⁵² 做锅排
水壶 ʂuei⁵⁵ xu⁵²
碗 uan⁵⁵
胶碗 tɕiau²⁴ uan⁵⁵
铁碗 tʰiɛ²⁴ uan⁵⁵
瓷碗 tsʰɿ⁵² uan⁵⁵
钢碗 kaŋ²⁴ uan⁵⁵

木碗 mu²⁴ uan⁵⁵
盘ᶻ pʰæ⁵²
勺 ʂɔːu⁵² 盛饭用的饭勺
勺儿 ʂuor⁵² 小的羹匙
调羹 tʰiau⁵² kəŋ²⁴ 小勺子
长把儿勺 tʂʰaŋ⁵² pɐr³¹² ʂuo⁵²
筷儿 kʰuər³¹² 筷子
酒瓶儿 tsiou⁵⁵ pʰiə̃r⁵²
啤酒瓶儿 pʰi⁵² tsiou⁵⁵ pʰiə̃r⁵²
酒杯 tsiou⁵⁵ pei²⁴
酒盅儿 tsiou⁵⁵ tʂuə̃r²⁴
酒壶儿 tsiou⁵⁵ xuər⁵²
罐儿 kuər³¹²
瓢 pʰiau⁵²
笊篱 tʂau³¹² · li
漏勺 lou³¹² ʂuo⁵² 中间有很多小孔用来捞东西的勺子
瓶儿 pʰiə̃r⁵²
瓶盖儿 pʰiŋ⁵² kər³¹²
切菜刀 tsʰiɛ²⁴ tsʰai³¹² tau²⁴
剁肉刀 tuo³¹² ʐou³¹² tau²⁴
削皮刀 siau²⁴ pʰi⁵² tau²⁴
水果刀 ʂuei⁵⁵ kuo⁵⁵ tau²⁴
案板 an³¹² pan⁵⁵ 做面食用的面板
面缸 mian³¹² kaŋ²⁴
面盆儿 mian³¹² pʰər⁵²
和面盆儿 xuo⁵² mian³¹² pʰər⁵²
淘菜盆儿 tʰau⁵² tsʰai³¹² pʰər⁵²
瓦盆 ua⁵⁵ pʰən⁵²
铝盆 ly⁵⁵ pʰən⁵²
铜盆 tʰuŋ⁵² pʰən⁵²
水桶 ʂuei⁵⁵ tʰuŋ⁵⁵
扁担 pian⁵⁵ · tan

第四章 滑县方言词汇 273

饭桶 fan³¹² tʰuŋ⁵⁵
笼 luŋ⁵² 蒸笼
笼布 luŋ⁵² pu³¹² 蒸馒头时垫在馒头下的布
箅ᶻ piau³¹²
水缸 ʂuei⁵⁵ kaŋ²⁴
抹布 ma²⁴·pu 擦桌子的布
拖把 tʰuo²⁴·pa
炊帚 tʂʰuei²⁴·tʂʰʅ 刷锅或扫案板用的工具
蒜臼 suan³¹² tɕiou³¹²
捣蒜 tɕʰyo²⁴ suan³¹² 捣蒜
水瓶儿 ʂuei⁵⁵ pʰiə̃r⁵²
筐儿 kʰuãr²⁴
馍筐ᶻ mɤ⁵² kʰuã²⁴
竹筐ᶻ tʂu²⁴ kʰuã²⁴
胶筐ᶻ tɕiau²⁴ kʰuã²⁴
活筐ᶻ xuo⁵² kʰuã²⁴ 放针线的筐
八角筐ᶻ pa²⁴ tɕyo²⁴ kʰuã²⁴
荆篓ᶻ tɕiŋ²⁴ læ⁵² 用荆条编的篓子
竹篓ᶻ tʂu²⁴ læ⁵² 用竹篾编的篓子
提篓 tʰi⁵² læ⁵² 可手提的篓子

（4）工匠用具

刨ᶻ pa:u³¹²
刨床 pau³¹² tʂuaŋ⁵²
刨刃儿 pau³¹² ʐər³¹²
斧 fu⁵⁵
锛 pən²⁴
锯 tɕy³¹²
凿ᶻ tsua:u⁵⁵
尺 tʂʰʅ²⁴
摺尺 tʂɤ²⁴ tʂʰʅ²⁴
卷尺 tɕyan⁵⁵ tʂʰʅ²⁴
三角尺 san²⁴ tɕyo²⁴ tʂʰʅ²⁴
墨斗 mei²⁴ tou⁵⁵

墨斗线 mei²⁴ tou⁵⁵ sian³¹²
钉 tiŋ²⁴
圆钉 yan⁵² tiŋ²⁴
鞋钉 ɕiɛ⁵² tiŋ²⁴
枣核钉 tsau⁵⁵ xu⁵² tiŋ²⁴
图钉 tʰu⁵² tiŋ²⁴
直钉 tʂʅ⁵² tiŋ²⁴
水泥钉 ʂuei⁵⁵ ni⁵² tiŋ²⁴
钳ᶻ tɕʰiæ⁵²
老虎钳ᶻ lau⁵²·xu tɕʰiæ⁵²
翘锤 tɕʰiau³¹² tʂʰuei⁵² 钉锤
镊ᶻ niau²⁴
绳 ʂəŋ⁵²
合叶儿 xɤ⁵² iər²⁴
瓦刀 ua³¹²·tau
楼板 lou⁵² pan⁵⁵
架ᶻ tɕia:u³¹²
泥抹 ni⁵² mɤ⁵⁵ 瓦工用来盛抹墙物的木板或铁板
灰兜儿 xuei²⁴ tor²⁴
剃头刀 tʰi³¹² tʰou⁵² tau²⁴
推刀 tʰuei²⁴·tau
木梳 mu²⁴·ʂu
缝纫机 fəŋ⁵² zən³¹² tɕi²⁴
锁边儿机 suo⁵⁵ piər²⁴ tɕi²⁴
砸衣裳 tsa⁵² i²⁴·ʂaŋ 给衣服上线或锁边
底线 ti⁵⁵ sian³¹²
脚踏板 tɕyo²⁴ tʰa²⁴ pan⁵⁵
剪ᶻ tsiæ⁵⁵
烙铁 luo²⁴·tʰiɛ
铁烙铁 tʰiɛ²⁴ luo²⁴·tʰiɛ
电烙铁 tian³¹² luo²⁴ tʰiɛ
弓 kuŋ²⁴ 弹棉花的工具
纺车ᶻ faŋ⁵⁵ tʂʰau²⁴

织布机 tʂʅ²⁴ pu³¹² tɕi²⁴
梭 ᶻ suɔːu²⁴

（5）其他生活用品

东西 tuŋ²⁴ • sʅ
洗脸水 sʅ⁵⁵ lian⁵⁵ ʂuei⁵⁵
洗脸盆 sʅ⁵⁵ lian⁵⁵ pʰən⁵²
盆架儿 pʰən⁵² tɕiɚ³¹²
洗澡盆 sʅ⁵⁵ tsau⁵⁵ pʰən⁵²
香皂 ɕiaŋ²⁴ tsau³¹²
洋碱 iaŋ⁵² tɕian⁵⁵ 肥皂
洗衣粉 si⁵⁵ i²⁴ fən⁵⁵
手巾 ʂou⁵⁵ • tɕin 毛巾
洗脚盆 si⁵⁵ tɕyo²⁴ pʰən⁵²
抹脚布 ma²⁴ tɕyo²⁴ pu³¹² 擦脚布
气灯 tɕʰi³¹² təŋ²⁴
蜡 la²⁴ 蜡烛
煤油灯 mei⁵² iou⁵² təŋ²⁴
灯盏 təŋ²⁴ tʂan⁵⁵
灯油 təŋ²⁴ iou⁵²
灯笼 təŋ²⁴ • luŋ
灯泡儿 təŋ²⁴ pʰɚ²⁴
电棒 tian³¹² paŋ³¹²
台灯 tʰai⁵² təŋ²⁴
电灯 tian³¹² təŋ²⁴
提包 tʰi⁵² pau²⁴
钱包 tsʰian⁵² pau²⁴
章 tʂaŋ²⁴ 印章
糨糊 tɕiaŋ³¹² xu²⁴
顶针儿 tiŋ⁵⁵ tʂɚ²⁴
线轱辘 sian³¹² ku²⁴ • lu
针眼儿 tʂən²⁴ iɚ⁵⁵ 针上引线的孔
针尖儿 tʂən²⁴ tsiɚ²⁴
缝衣针 fəŋ⁵² i²⁴ tʂən²⁴

大针 ta³¹² tʂən²⁴
绣花针 siou³¹² xua²⁴ tʂən²⁴
钩针 kou²⁴ tʂən²⁴ 一头带有小钩的粗针
打毛衣针 ta⁵⁵ mau⁵² i²⁴ tʂən²⁴
敹 liau²⁴ 粗略地缝
缭 lian²⁴
拆 tʂʰɛ²⁴
大头针 ta³¹² tʰou⁵² tʂən²⁴
缀扣 tʂuei³¹² kʰou³¹²
挖扣眼儿 ua²⁴ kʰou³¹² iɚ⁵⁵
针锥 tʂən²⁴ tʂuei²⁴
针脚 tʂən²⁴ • tɕyo 缝衣服针线的细密程度
纫针 zən³¹² tʂən²⁴ 穿针
打毛衣 ta⁵⁵ mau⁵² i²⁴ 织毛衣
鞋面 ᶻ ɕiɛ⁵² miæ³¹²
延鞋口 ian⁵² ɕiɛ⁵² kʰou⁵⁵ 把鞋口用窄条的布包
　　　起来缝好
鞋里儿 ɕiɛ⁵² liɚ⁵⁵
上鞋 ʂaŋ³¹² ɕiɛ⁵² 把鞋面和鞋底用麻线缝在一起
麻绳 ma⁵² ʂəŋ⁵²
尼龙绳 ni⁵² yəŋ⁵² ʂəŋ⁵²
塑料绳 su³¹² liau³¹² ʂəŋ⁵²
毛线绳儿 mau⁵² sian³¹² ʂə̃r⁵²
死捆儿 sʅ⁵⁵ kʰuɚ⁵⁵ 死结
疙瘩 kɛ²⁴ • ta
活捆儿 xuo⁵² kʰuɚ⁵⁵ 活结
锥 ᶻ tʂuau²⁴ 锥子
补 pu⁵⁵
挖耳勺儿 ua²⁴ ɚ⁵⁵ ʂuor⁵²
指甲剪儿 tʂʅ²⁴ tɕiɛ⁵² tsiɚ⁵⁵
搓板儿 tsʰuo²⁴ pɚ⁵⁵ 洗衣板儿
鸡毛掸 ᶻ tɕi²⁴ mau⁵² tʰæ⁵⁵
扇 ᶻ ʂæ³¹² 扇子

蒲扇 ᶻpʰu⁵⁵ ʂæ³¹²
芭蕉叶扇 ᶻpa²⁴ tsiau²⁴ iɛ²⁴ ʂæ³¹²
蝇拍儿 iŋ⁵² pʰər²⁴
拐棍 kuai⁵⁵ ·kuən

## 玖 称谓

（1）一般称谓
男嘞 nan⁵² ·lɛ 男人
孩儿家 xər⁵² tɕiɛ⁵²
女嘞 ny⁵⁵ ·lɛ 女人
闺女家 kuei²⁴ ny⁵⁵ tɕiɛ⁵²
小孩儿 siau⁵⁵ xər⁵²
小 ᶻsia:u⁵⁵ 男孩
闺女 kuei²⁴ ·ny
妮儿 niər²⁴
老头儿 lau²⁴ tʰor⁵²
老大爷 lau⁵⁵ ta³¹² ·iɛ
老婆儿 lau²⁴ pʰɤr⁵² 老太婆
半大孩儿 pan³¹² ta³¹² xər⁵²
年轻孩儿 nian⁵² tɕʰiŋ²⁴ xər⁵²
城里人 tʂʰəŋ⁵² li⁵⁵ zən⁵²
农村嘞 nuŋ⁵² tsʰuən⁵² ·lɛ 乡下人
大老粗儿 ta³¹² lau⁵⁵ tsʰuər²⁴
本家 pən⁵⁵ tɕia²⁴ 同宗同姓的一家子
外地人 uai³¹² ti³¹² zən⁵²
本地人 pən⁵⁵ ti³¹² zən⁵²
外国人 uai³¹² kuɛ²⁴ zən⁵²
自己人 tsɿ³¹² tɕi⁵⁵ zən⁵²
外人 uai³¹² zən⁵²
客 kʰɛ²⁴ 客人
同岁 tʰuŋ⁵² suei³¹²
内行 nei³¹² xaŋ⁵²
外行 uai³¹² xaŋ⁵²

中间人 tʂuŋ²⁴ tɕian²⁴ zən⁵²
介绍人 tɕiɛ³¹² ʂau⁵² zən⁵²
光棍儿 kuaŋ²⁴ kuər³¹² 单身汉
老闺女 lau⁵⁵ kuei²⁴ ·ny 老姑娘
二婚头 ər³¹² xuən²⁴ tʰou⁵²
离婚茬儿 li³¹² xuən²⁴ tʂʰɛr⁵² 离过婚的人
寡妇 kua⁵⁵ ·fu
破鞋 pʰɤ³¹² ɕiɛ⁵² 婊子
相好儿 siaŋ²⁴ xor⁵⁵ 情人
野小孩儿 iɛ⁵⁵ siau⁵⁵ xər⁵² 私生子
犯人 fan³¹² zən⁵² 囚犯
老鳖一 lau⁵⁵ piɛ²⁴ i²⁴
不成器 pu²⁴ tʂʰəŋ⁵² tɕi³¹² 败家子
要饭嘞 iau³¹² fan³¹² ·lɛ 乞丐
游乡嘞 iou²⁴ ɕiaŋ²⁴ ·lɛ 走江湖的人
骗子 pʰian³¹² ·tsɿ
二流子 ər³¹² liou⁵² ·tsɿ 游手好闲的人
土匪 tʰu⁵⁵ fei⁵⁵
强盗 tɕʰiaŋ⁵⁵ tau³¹²
小偷 siau⁵⁵ tʰou²⁴
能豆 nəŋ⁵² tou⁵² 很聪明的人
白眼儿狼 pɛ⁵² iər⁵⁵ laŋ⁵² 忘恩负义的人
绝户头 tɕyɛ⁵² xu³¹² tʰou⁵² 没有儿子的人
五保户 u⁵⁵ pau⁵⁵ xu³¹²
瞎话篓 ɕia²⁴ xua³¹² lou⁵⁵ 爱说谎的人
懒虫 lan⁵⁵ tʂʰuŋ⁵² 懒人

（2）职业称谓
上班儿 ʂaŋ³¹² pər²⁴
干活儿 kan³¹² xuor²⁴
工人 kuŋ²⁴ zən⁵²
上班儿嘞 ʂaŋ³¹² pər²⁴ ·lɛ
临时工 lin⁵² ʂɿ⁵² kuŋ²⁴ 短工
零工 liŋ⁵² kuŋ²⁴

杂工 tsa⁵² kuŋ²⁴
打工 ta⁵⁵ kuŋ²⁴
分配 fən²⁴ pei³¹²
庄稼人 tʂuan²⁴ tɕia⁵⁵ zən⁵² 农民
农民 nuŋ⁵² min⁵²
修地球嘞 siou²⁴ ti³¹² tɕʰiou⁵² •lɛ
卖东西嘞 mai³¹² tuŋ²⁴ si⁵² •lɛ 做买卖的
老板 lau⁵⁵ pan⁵⁵
老板娘 lau⁵⁵ pan⁵⁵ niaŋ⁵²
伙计 xuo⁵⁵ • tɕi 店员
服务员 fu²⁴ u³¹² yan⁵²
小徒弟 siau⁵⁵ tʰu⁵² ti³¹²
学徒 ɕyo⁵² tʰu⁵²
买东西嘞 mai⁵⁵ tuŋ²⁴ sʅ⁵² •lɛ 顾客
做小买卖嘞 tsuo³¹² siau⁵⁵ mai⁵⁵ mai³¹² •lɛ 小贩
教书先儿 tɕiau²⁴ ʂʅ²⁴ siər²⁴ 教书先生
老师 lau⁵⁵ sʅ²⁴
学生 ɕyo⁵² • ʂəŋ
同学 tʰuŋ⁵² ɕyo⁵²
朋友 pʰəŋ⁵² iou³¹²
兵 piŋ²⁴
公安 kuŋ²⁴ an²⁴
先生 sian²⁴ • ʂəŋ 医生
看病嘞 kʰan³¹² piŋ³¹² •lɛ
开车嘞 kʰai²⁴ tʂʰə²⁴ •lɛ 司机
有手艺嘞 iou⁵⁵ ʂou⁵⁵ i³¹² •lɛ 手艺人
木匠 mu²⁴ tsiaŋ³¹²
木工 mu²⁴ kuŋ²⁴
瓦匠 ua⁵⁵ tsiaŋ³¹²
泥水匠 ni⁵² ʂuei⁵⁵ tsiaŋ³¹²
和灰嘞 xuo⁵² xuei²⁴ •lɛ
粉墙嘞 fən⁵⁵ tsʰiaŋ⁵² •lɛ

打铁嘞 ta⁵⁵ tʰiɛ²⁴ •lɛ 铁匠
补锅嘞 pu⁵⁵ kuo²⁴ •lɛ 补锅的手艺人
倒锅嘞 tau³¹² kuo²⁴ •lɛ
绞衣裳嘞 tɕiau⁵⁵ i²⁴ ʂaŋ⁵² •lɛ 裁缝
做衣裳嘞 tsu³¹² i²⁴ ʂaŋ⁵² •lɛ
卖衣裳嘞 mai³¹² i²⁴ ʂaŋ⁵² •lɛ
卖鞋嘞 mai³¹² ɕiɛ⁵² •lɛ
卖瓜嘞 mai³¹² kua²⁴ •lɛ
换瓜 xuan³¹² kua²⁴
卖豆腐脑嘞 mai³¹² tou³¹² •fu nau⁵⁵ •lɛ
卖豆腐嘞 mai³¹² tou³¹² •fu •lɛ
换豆腐 xuan³¹² tou³¹² •fu
炒凉粉嘞 tʂʰau⁵⁵ liaŋ⁵² fən⁵² •lɛ
行户 xaŋ⁵² xu³¹² 经纪人
绞头发嘞 tɕiau⁵⁵ tʰou⁵² fa²⁴ •lɛ 理发匠
剃头匠 tʰi³¹² tʰou⁵² tsiaŋ³¹²
杀猪嘞 ʂa²⁴ tʂu²⁴ •lɛ 屠户
抬轿嘞 tʰai⁵² tɕiau³¹² •lɛ 轿夫
伙计 xuo⁵⁵ tɕi³¹² 合作的人
老师儿 lau⁵⁵ ʂʅər²⁴ 老师傅
喂牲口嘞 uei³¹² ʂəŋ²⁴ kʰou⁵⁵ •lɛ 饲养员
收破烂儿嘞 ʂou⁵⁵ pʰɤ³¹² lər⁵⁵ •lɛ
奶娘 nai⁵⁵ niaŋ⁵² 奶妈
保姆 pau⁵⁵ mu⁵⁵
丫环 ia²⁴ •xuan
和尚 xuo⁵² ʂaŋ³¹²
光葫芦头 kuaŋ²⁴ xu⁵⁵ •lu tʰou⁵²
尼姑 ni⁵² • ku

## 拾 亲属

（1）长辈

上辈 ʂaŋ³¹² pei³¹² 长辈
老爷 lau³¹² iɛ⁵² 曾祖父

老奶 lau³¹² nai⁵⁵ 曾祖母
爷爷 iɛ⁵² ·iɛ 祖父
奶奶 nai⁵⁵ ·nai 祖母
姥爷 lau⁵⁵ ·iɛ 外祖父
姥姥 lau⁵⁵ ·lau 外祖母
爹 tiɛ²⁴
爸 pa³¹²
大爷 ta³¹² ·iɛ 伯父
大大 ta³¹² ·ta 伯母
妈 ma²⁴
娘 niaŋ⁵²
老丈人 lau⁵⁵ tʂaŋ³¹² zən⁵² 岳父
丈母娘 tʂaŋ³¹² mu⁵⁵ niaŋ⁵² 岳母
公公 kuŋ²⁴ ·kuŋ 丈夫的父亲
后爹 xou³¹² tiɛ²⁴
后娘 xou³¹² niaŋ⁵²
干爹 kan²⁴ tiɛ²⁴
干娘 kan²⁴ niaŋ⁵²
干妈 kan²⁴ ma²⁴
叔 ʂu⁵⁵
婶 ʂən⁵⁵ 叔母
舅 tɕiou³¹² 舅父
妗 tɕin³¹² 舅母
姑 ku⁵⁵ 姑妈
姨 i⁵² 姨妈
姑夫 ku²⁴ ·fu
姨夫 i⁵² ·fu
表叔 piau⁵⁵ ʂu⁵⁵
姑奶 ku²⁴ nai⁵⁵ 父亲的姑母
姨奶 i⁵² nai⁵⁵ 父亲的姨母
舅姥爷 tɕiou³¹² lau⁵⁵ iɛ⁵²
舅姥娘 tɕiou³¹² lau⁵⁵ niaŋ⁵²

（2）平辈
平辈 pʰiŋ⁵² pei³¹²
两口儿 liaŋ⁵⁵ kʰor⁵⁵ 夫妻
小两口儿 siau⁵⁵ liaŋ⁵⁵ kʰor⁵⁵
老两口儿 lau⁵⁵ liaŋ⁵⁵ kʰor⁵⁵
家里嘞 tɕia²⁴ li⁵⁵ ·lɛ
掌柜嘞 tʂaŋ⁵⁵ kuei³¹² ·lɛ
孩儿他爹 xər⁵² tʰa⁵⁵ tiɛ²⁴
老婆 lau²⁴ pʰuo⁵² 妻子
家里人 tɕia²⁴ li⁵⁵ zən⁵²
孩儿他娘 xər⁵² tʰa⁵⁵ niaŋ⁵²
小老婆 siau⁵⁵ lau²⁴ pʰuo⁵²
狐狸精 xu⁵² li²⁴ tsiŋ²⁴
他姑 tʰa⁵⁵ ku⁵⁵ 孩子的姑姑
大舅哥 ta³¹² tɕiou³¹² kɤ⁵⁵ 妻兄
小舅哥 siau⁵⁵ tɕiou³¹² kɤ⁵⁵
姊妹 tsʅ⁵⁵ mei³¹²
哥 kɤ⁵⁵
嫂 ᶻsa:u⁵⁵ 嫂子
姐 tɕiɛ⁵⁵
姐夫 tɕiɛ⁵⁵ ·fu 背称
姐家 tɕiɛ⁵⁵tɕiɛ⁵² 姐夫（背称）
哥 kɤ⁵⁵ 姐夫（面称）
妹 mei³¹²
叔伯兄弟 ʂu⁵⁵ pɛ²⁴ ɕyŋ²⁴ ti³¹² 堂兄弟
哥 kɤ⁵⁵ 堂兄
弟 ti³¹² 堂弟
叔伯姊妹 ʂu⁵⁵ pɛ²⁴ tsʅ⁵⁵ mei³¹² 堂姊妹
姐 tɕiɛ⁵⁵ 堂姐（面称）
表兄 piau⁵⁵ ɕyŋ²⁴
表嫂 piau⁵⁵ sau⁵⁵
表弟 piau⁵⁵ ti³¹²

表姊妹 piau⁵⁵ tsʅ⁵⁵ mei³¹²
表姐 piau⁵⁵ tsiɛ⁵⁵
表妹 piau⁵⁵ mei³¹²

（3）晚辈
小辈 siau⁵⁵ pei³¹²
儿女 ər⁵² ny⁵⁵
小孩儿 siau⁵⁵ xər⁵²
孩儿 xər⁵²
大孩儿 ta³¹² xər⁵² 大儿子
小孩儿 siau⁵⁵ xər⁵² 小儿子
媳妇儿 sʅ⁵² fuər³¹² 儿媳妇
闺女 kuei²⁴ ny⁵⁵
妞 niou²⁴
女婿 ny⁵⁵ • sy
孙儿 suər²⁴ 孙子
孙媳妇 suən²⁴ sʅ⁵² • fu
孙女 suən²⁴ ny⁵⁵
外孙儿 uai³¹² suər²⁴ 女儿之子
外孙女儿 uai³¹² suən²⁴ nyər⁵⁵
外甥儿 uai³¹² ʂər²⁴ 姐妹之子
外甥女儿 uai³¹² ʂəŋ²⁴ nyər⁵⁵
侄儿 tʂʅər⁵² 侄子
侄女儿 tʂʅ⁵² nyər⁵⁵
娘家侄儿 niaŋ⁵² tɕiɛ²⁴ tʂʅər⁵² 内侄
娘家侄女儿 niaŋ⁵² tɕiɛ²⁴ tʂʅ⁵² nyər⁵⁵ 内侄女

（4）其他称谓
条橼儿 tʰiau⁵² tʂʰuər⁵² 连襟
亲家母 tɕʰin²⁴ tɕia²⁴ mu⁵⁵
亲家公 tɕʰin²⁴ tɕia²⁴ kuŋ²⁴
亲戚 tsʰin²⁴ • tsʰʅ
爷们 iɛ⁵² • mən 男子通称
男嘞 nan⁵² • lɛ
老少爷们 lau⁵⁵ ʂau³¹² iɛ⁵² • mən

妇女 fu²⁴ ny⁵⁵
女嘞 ny⁵⁵ • lɛ
娘们 niaŋ⁵² • mən
娘家 niaŋ⁵² • tɕiɛ
婆家 pʰuo⁵² • tɕiɛ
男嘞家 nan⁵² • lɛ • tɕiɛ 男家（婚姻关系中的男方）
男方 nan⁵² faŋ²⁴
女嘞家 ny⁵⁵ • lɛ • tɕiɛ 女家（婚姻关系中的女方）
女方 ny⁵⁵ faŋ²⁴

## 拾壹 身体

（1）五官
条杆 tʰiau⁵² • kan 身材苗条
骨头架 ku²⁴ tʰou⁵² tɕia³¹²
个儿 kɤr³¹² 身高
头 tʰou⁵²
秃 tʰu²⁴
秃顶 tʰu²⁴ tiŋ⁵⁵
后脑勺儿 xou³¹² nau⁵⁵ ʂuor⁵²
脖儿 pɤr⁵²
脑油 nau⁵⁵ iou⁵² 头上的油
头发 tʰou⁵² • fa
少白头 ʂau³¹² pɛ⁵² tʰou⁵²
掉头发 tiau³¹² tʰou⁵² • fa
心门儿 sin²⁴ mər⁵² 额头
呼吸顶儿 xu²⁴ ɕi²⁴ tiər⁵⁵ 囟门
鬓角儿 pin³¹² tɕyər²⁴
辫儿 piər³¹² 辫子
汗淋儿 xan³¹² liər⁵² 刘海儿
脸 lian⁵⁵
脸盘儿 lian⁵⁵ pʰər⁵² 脸蛋儿
颧骨 tɕʰyan⁵² ku²⁴
酒窝儿 tsiou⁵⁵ uor²⁴

泪窝儿 luei³¹² uor²⁴
人中 zən⁵² tʂuŋ²⁴
腮帮 sai²⁴ paŋ²⁴
眼 ian⁵⁵
眼珠儿 ian⁵⁵ tʂuər²⁴
白眼球 pɛ⁵² ian⁵⁵ tɕʰiou⁵²
黑眼球 xɛ²⁴ ian⁵⁵ tɕʰiou⁵²
眼角儿 ian⁵⁵ tɕyər²⁴
眼圈儿 ian⁵⁵ tɕʰyər²⁴
眵目糊 tʂʰʅ²⁴ mu³¹² xu²⁴ 眼屎
眼皮儿 ian⁵⁵ pʰiər⁵²
单眼皮儿 tan²⁴ ian⁵⁵ pʰiər⁵²
双眼皮儿 ʂuaŋ²⁴ ian⁵⁵ pʰiər⁵²
肉眼泡儿 ʐou³¹² ian⁵⁵ pʰor²⁴
眼毡毛 ian⁵⁵ tʂan²⁴ mau⁵² 眼睫毛
眉毛 mei⁵² • mau
鼻ᶻ piau⁵² 鼻子
鼻窟窿 pi⁵² kʰu²⁴ luŋ⁵² 鼻孔
鼻毛 pi⁵² mau⁵²
鼻尖儿 pi⁵² tsiər²⁴
鼻ᶻ尖 piau⁵² tsian²⁴ 嗅觉灵敏
鼻梁儿 pi⁵² liãr⁵²
嘴 tsuei⁵⁵
老婆嘴 lau²⁴ pʰɤ⁵² tsuei⁵⁵ 嘴巴像老太婆的嘴
嘴唇儿 tsuei⁵⁵ tʂʰuər⁵²
唾沫 tʰu³¹² • mɤ
唾沫星儿 tʰu³¹² mɤ³¹² siə̃r²⁴
嘴水 tsuei⁵⁵ • ʂuei
口水 kʰou⁵⁵ • ʂuei
舌头 ʂʅ⁵² • tʰou
舌苔 ʂʅ⁵² tʰai²⁴
牙 ia⁵²
门牙 mən⁵² ia⁵²

大牙 ta³¹² ia⁵²
虎牙 xu⁵⁵ ia⁵²
豁牙 xuo²⁴ ia⁵²
牙花儿 ia⁵² xuɐr²⁴ 牙垢
坏牙 xuai³¹² ia⁵² 虫牙
耳朵 ər²⁴ • tuo
耳背 ər⁵⁵ pei³¹²
胡咙 xu⁵² • luŋ 喉咙
喉结 xou⁵² tɕiɛ²⁴
胡 xu⁵²
脸面胡 lian⁵⁵ mian³¹² xu⁵²
八字胡 pa²⁴ tsʅ³¹² xu⁵²

（2）手、脚、胸、背
胳膊 kɛ²⁴ • pɤ
胳膊肘儿 kɛ²⁴ • pɤ tʂor⁵⁵
胳老窝 kɛ²⁴ lau⁵⁵ uo²⁴ 腋肢窝
手腕儿 ʂou⁵⁵ uər⁵⁵
左手 tsuo⁵⁵ ʂou⁵⁵
右手 iou³¹² ʂou⁵⁵
指头 tʂʅ²⁴ • tʰou
关节 kuan²⁴ • tsiɛ
大拇指头 ta³¹² mu⁵⁵ tʂʅ²⁴ tʰou⁵²
食指 ʂʅ⁵² tʂʅ²⁴
中指 tʂuŋ²⁴ tʂʅ²⁴
无名指 u⁵² miŋ⁵² tʂʅ²⁴
小拇指头 siau⁵⁵ mu⁵⁵ tʂʅ²⁴ tʰou⁵²
指甲 tʂʅ²⁴ tɕiɛ⁵²
指头肚儿 tʂʅ²⁴ tʰou⁵² tuər³¹² 手指末端有指纹
　的略微隆起的部分
锤 tsʰuei⁵² 拳头
手 ʂou⁵⁵
巴掌 pa²⁴ • tʂaŋ
手心 ʂou⁵⁵ sin²⁴

手面 ʂou⁵⁵ mian³¹² 手背
腿 tʰuei⁵⁵
大腿 ta³¹² tʰuei⁵⁵
小腿 siau⁵⁵ tʰuei⁵⁵
腿肚儿 tʰuei⁵⁵ tuər³¹²
不老盖儿 pu²⁴ lau⁵⁵ kər³¹² 膝盖
胯骨 kua⁵⁵ ku²⁴
裆 taŋ²⁴
屁股 pʰi³¹² · ku
肛门 kaŋ²⁴ mən⁵²
屁股蛋儿 pʰi³¹² ku⁵⁵ tər³¹²
屁股沟儿 pʰi³¹² ku⁵⁵ kor²⁴
小鸡儿 siau⁵⁵ tɕiər²⁴ 鸡鸡（赤子阴）
丸儿 uər⁵²
屄 pi²⁴ 女阴
尻屄 kʰau²⁴ pi²⁴ 交合（一般骂人时说）
脚踝骨 tɕyo²⁴ xuai⁵² ku²⁴
脚 tɕyo²⁴
光脚 kuaŋ²⁴ tɕyo²⁴ 赤脚
脚面 ᶻtɕyo²⁴ miæ³¹² 脚背
脚底板儿 tɕyo²⁴ ti⁵⁵ pər⁵⁵ 脚掌
脚心 tɕyo²⁴ sin²⁴
脚尖儿 tɕyo²⁴ tsiər²⁴
脚趾头 tɕyo²⁴ tʂʅ²⁴ tʰou⁵²
脚趾甲 tɕyo²⁴ tʂʅ²⁴ tɕiɛ⁵²
脚跟 tɕyo²⁴ kən²⁴
脚印儿 tɕyo²⁴ iər³¹²
鸡眼 tɕi²⁴ian⁵⁵ 一种脚病
心口儿 sin²⁴ kʰor⁵⁵
胸 ɕyŋ²⁴ 胸脯
鸡胸 tɕi²⁴ ɕyŋ²⁴
肋巴骨 lɛ²⁴ pa⁵⁵ ku²⁴ 肋骨
奶 nai⁵⁵

奶水 nai⁵⁵ ʂuei⁵⁵ 奶汁
咪咪 mɛ²⁴ · mɛ 乳房
肚 tu³¹²
小肚 siau⁵⁵ tu³¹²
肚门脐儿 tu³¹² mən⁵² tsʰʅ⁵² 肚脐眼
腰 iau²⁴
脊娘 tɕi²⁴ niaŋ⁵² 脊背
脊娘骨 tɕi²⁴ niaŋ⁵² ku²⁴ 脊梁骨
（3）其他
旋儿 ɕyər⁵² 头发旋儿
俩旋儿 lia⁵⁵ ɕyər⁵² 双旋儿
手纹 ʂou⁵⁵ uən⁵² 指纹
斗 tou⁵⁵
簸箕 pɤ³¹² · tɕʰi 簸箕形的指纹
寒毛 xan⁵² mau⁵²
寒毛眼儿 xan⁵² mau⁵² iər⁵⁵
记 tɕi³¹² 痣
骨头 ku²⁴ tʰou⁵²
筋 tɕin²⁴
血 ɕiɛ²⁴
血管儿 ɕiɛ²⁴ kuər⁵⁵
脉 mɛ²⁴
五脏 u⁵⁵ tʂaŋ³¹²
心 sin²⁴
肝 kan²⁴
肺 fei³¹²
苦胆 kʰu⁵⁵ tan⁵⁵ 胆
脾 pʰi⁵²
胃 uei³¹²
肾 ʂən³¹²
肠 ᶻtʂʰã⁵²
大肠 ta³¹² tʂʰã⁵²
小肠 ᶻsiau⁵⁵ tʂʰã⁵²

盲肠 ᶻmaŋ⁵² tʂhã⁵²

### 拾贰 疾病、医疗

（1）一般用语
县医院 ɕian³¹² i²⁴ yan³¹²
保健站 pau⁵⁵ tɕian³¹² tʂan³¹²
防疫站 faŋ⁵² i⁵² tʂan³¹²
中医院 tʂuŋ²⁴ i²⁴ yan³¹²
乡医院 ɕiaŋ²⁴ i²⁴ yan³¹²
诊所儿 tʂən⁵⁵ suor⁵⁵
病房 piŋ³¹² faŋ⁵²
病号儿 piŋ³¹² xor³¹²
药箱 yo²⁴ siaŋ²⁴
药瓶儿 yo²⁴ pʰiə̃r⁵²
针管儿 tʂən²⁴ kuər⁵⁵
针头 tʂən²⁴ tʰou⁵²
不得劲 pu²⁴ tɛ⁵² tɕin²⁴ 病了
有病 iou⁵⁵ piŋ³¹²
小病 siau⁵⁵ piŋ³¹²
小毛病 siau⁵⁵ mau⁵² piŋ³¹²
大病 ta³¹² piŋ³¹² 重病
病嘞不轻 piŋ³¹² •lɛ pu²⁴ tɕʰiŋ²⁴
病轻了 piŋ³¹² tɕʰiŋ²⁴ lɤ⁵⁵
病好了 piŋ³¹² xau⁵⁵ lɤ⁵⁵
看病 kʰan³¹² piŋ³¹²
号脉 xau³¹² mɛ²⁴ 把脉
开药 kʰai²⁴ yo²⁴ 开药方子
偏方儿 pʰian²⁴ fãr²⁴
拿药 na⁵² yo²⁴
买药 mai⁵⁵ yo²⁴
药店 yo²⁴ tian³¹²
药引 yo²⁴ in⁵⁵

药罐儿 yo²⁴ kuər³¹²
熬药 au⁵² yo²⁴ 煎药
膏药 kau²⁴ •yo
贴膏药 tʰiɛ²⁴ kau²⁴ •yo
药面儿 yo²⁴ miər³¹² 药粉
抹药 mɤ⁵⁵ yo²⁴ 上药
发发汗 fa²⁴ fa²⁴ xan³¹²
去火 tɕʰy³¹² xuo⁵⁵
下火 ɕia³¹² xuo⁵⁵
排湿 pʰai⁵² ʂʅ²⁴ 去湿
排毒 pʰai⁵² tu⁵² 去毒
消食 siau²⁴ ʂʅ⁵²
打针 ta⁵⁵ tʂən²⁴
拔火罐儿 pa⁵² xuo⁵⁵ kuər³¹²

（2）内科
拉肚 la²⁴ tu³¹²
发烧 fa²⁴ ʂau²⁴
起鸡皮疙瘩 tɕʰi⁵⁵ tɕi²⁴ pʰi⁵² kɛ²⁴ •ta
破伤风 pʰɤ³¹² ʂaŋ²⁴ fəŋ²⁴
咳嗽 kʰɛ⁵² sou³¹²
哮喘 ɕiau³¹² tʂʰuan⁵⁵
气管炎 tɕʰi³¹² kuan⁵⁵ ian⁵²
中暑 tʂuŋ³¹² ʂʅ⁵⁵
上火 ʂaŋ³¹² xuo⁵⁵
食气 ʂʅ⁵² tɕʰi³¹² 消化不良
肚疼 tu³¹² tʰəŋ⁵²
心口疼 sin²⁴ kʰou⁵⁵ tʰəŋ⁵²
头晕 tʰou⁵² yən²⁴
晕车 yən²⁴ tʂʰɤ²⁴
晕船 yən²⁴ tʂʰuan⁵²
晕针 yən²⁴ tʂən²⁴

头疼 tʰou⁵² tʰəŋ⁵²
恶心 ɤ²⁴ sin²⁴
哕了 yɛ⁵⁵·lɤ 呕吐
麻疹 ma⁵² tʂən⁵⁵
水痘 ʂuei⁵⁵ tou³¹²
天花 tʰian²⁴ xua²⁴
肝炎 kan²⁴ ian⁵²
胃病 uei³¹² piŋ³¹²
肠炎 tʂʰaŋ⁵² ian⁵²
肺结核 fei³¹² tɕiɛ²⁴ xɤ⁵² 痨病
脑溢血 nau⁵⁵ i³¹² ɕiɛ²⁴
胆结石 tan⁵⁵ tɕiɛ²⁴ ʂʅ⁵²
脑膜炎 nau⁵⁵ mɤ⁵² ian⁵²
胸膜炎 ɕyŋ²⁴ mɤ⁵² ian⁵²
肠胃炎 tʂʰaŋ⁵² uei³¹² ian⁵²
阑尾炎 lan³¹² uei⁵⁵ ian⁵²
胃穿孔 uei³¹² tʂʰuan²⁴ kʰuŋ⁵⁵
食道癌 ʂʅ⁵² tau³¹² ai⁵²
化疗 xua³¹² liau⁵²
烤电 kʰau⁵⁵ tian³¹²

（3）外科
摔住了 ʂuai²⁴ tʂu³¹² lɤ⁵⁵ 跌伤
碰住了 pʰəŋ³¹² tʂu³¹² lɤ⁵⁵ 碰伤了
劙个口 liɛ⁵² kɤ³¹² kʰou⁵⁵
出血 tʂʰu²⁴ ɕiɛ²⁴
紫了 tsʅ⁵⁵ lɤ⁵⁵ 淤血
布鳞 pu²⁴ lin⁵² 伤疤
肿 tʂuŋ⁵⁵
出脓了 tʂʰu²⁴ nuŋ⁵² lɤ⁵⁵ 溃脓
痄腮 tʂa³¹² sɛ²⁴ 腮腺炎
长疮 tʂaŋ⁵⁵ tʂʰuaŋ²⁴
痔疮 tʂʅ³¹² tʂʰuaŋ²⁴
癣 ɕian⁵⁵

痱ᶻ fia:u³¹²
瘊儿 xor⁵² 瘊子
蝇屎 iŋ⁵² ʂʅ⁵⁵
粉刺 fən⁵⁵ tsʰʅ³¹²
痘 tou³¹²
糟疙瘩 tsau²⁴ kɛ²⁴·ta 比较严重的痘痘
狐臭 xu⁵² tʂʰou³¹²
口臭 kʰou⁵⁵ tʂʰou³¹²
齉鼻儿 naŋ²⁴ piər⁵²
独眼龙 tu⁵² ian⁵⁵ luaŋ⁵²
近视眼 tɕin³¹² ʂʅ⁵² ian⁵⁵
远视 yan⁵⁵ ʂʅ³¹²
老花眼 lau⁵⁵ xua²⁴ ian⁵⁵
肿眼泡儿 tʂuŋ⁵⁵ ian⁵⁵ pʰor²⁴
斗鸡眼儿 tou³¹² tɕi²⁴ iər⁵⁵
害眼 xai³¹² ian⁵⁵ 红眼
砂眼 ʂa²⁴ ian⁵⁵
白内障 pɛ⁵² nei³¹² tʂaŋ³¹²
耳背 ər⁵⁵ pei³¹²
耳聋 ər⁵⁵ luŋ⁵²
牙疼 ia⁵² tʰəŋ⁵²
坏牙 xuai³¹² ia⁵²
拔牙 pa⁵² ia⁵²
带牙箍 tai³¹² ia⁵² ku²⁴
带假牙 tai³¹² tɕia⁵⁵ ia⁵²
毒疙瘩 tu⁵² kɛ²⁴·ta
痒疙瘩 iaŋ⁵⁵ kɛ²⁴·ta
燎泡 liau⁵² pʰau³¹² 烫的水泡
开刀 kʰai²⁴ tau²⁴

（4）残疾等
材坏 tsʰai⁵² xuai³¹² 残疾
癫痫 tian²⁴ ɕian⁵²
羊羔疯 iaŋ⁵² kau²⁴ fəŋ²⁴

抽风 tʂhou24 fəŋ24
中风 tʂuŋ312 fəŋ24
瘫痪 than24 · xuan
瘸 ᶻ tɕhyɔːu52
罗锅儿 luo52 kuor24
摊肩 than24 tsian24 驼背
聋 luŋ52
哑巴 ia55 · pa
结巴舌 tɕiɛ24 · pa ʂʅ52
瞎 ᶻ ɕiaːu24
傻 ᶻ ʂaːu55 傻子
二百五 ər312 pɛ24 u55
憨 ᶻ xæ24
麻 ᶻ maːu52 脸上有麻子的人
豁嘴 xuo24 tsuei55
豁牙 xuo24 ia52
六指儿 liou312 tʂʅr55

### 拾叁 衣服、穿戴

（1）服装
打扮 ta55 pan312
衣裳 i24 · ʂaŋ
制服 tʂʅ312 fu24
中山装 tʂuŋ24 ʂan24 tʂuaŋ24
西装 sʅ24 tʂuaŋ24
套装 thau312 tʂuaŋ24
大衣 ta312 i24
袍 ᶻ phaːu52
棉袄 mian52 · au
对襟棉袄 tuei312 tɕin24 mian52 · au
便衣棉袄 pian312 i24 mian52 · au
皮衣 phi52 i24
大衣 ta312 i24

短大衣 tuan55 ta312 i24
衬衫 tʂhən312 ʂan24
布衫 pu312 · ʂan
外罩儿 uai312 tʂor312 外衣
内衣 nei312 i24
小布衫儿 siau55 pu312 ʂər24
胸罩儿 ɕyŋ24 tʂor312
圆领毛衣 yan52 liŋ55 mau52 i24
背心儿 pei312 siər24
衣襟儿 i24 tɕiər24
大襟 ta312 tɕin24
小襟 siau55 tɕin24
对门儿 tuei312 mər52 对襟儿
领 liŋ55 领子
领窝 liŋ55 uo24
袖 siou312
袖口儿 siou312 khor55
长袖儿 tʂhaŋ52 sior312
半截袖 pan312 tsiɛ52 siou312 短袖
裙 tɕhyn52
直筒裙 tʂʅ52 thuŋ55 tɕhyn52
喇叭裙 la55 pa55 tɕhyn52
百褶裙 pɛ24 tʂʅ24 tɕhyn52
步裙 pu312 tɕhyn52
里儿 liər55
裤 khu312
喇叭裤 la55 · pa khu312
脚蹬裤 tɕyo24 təŋ24 khu312
健美裤 tɕian312 mei55 khu312
袢带裤 phan312 · tai khu312 背带裤
单裤 tan24 khu312
棉裤 mian52 khu312
裤头儿 khu312 thor52

大裤头儿 ta³¹² kʰu³¹² tʰor⁵² 穿在外面的短裤
连脚裤 lian⁵² tɕyo²⁴ kʰu³¹²
开裆裤 kʰai²⁴ taŋ²⁴ kʰu³¹²
死裆裤 sʅ⁵⁵ taŋ²⁴ kʰu³¹²
裤裆 kʰu³¹² taŋ²⁴
裤腰 kʰu³¹² iau²⁴
搐（束）腰带 ᶻtʂʰu²⁴ iau²⁴ tiau³¹² 裤腰带
裤腿儿 kʰu³¹² tʰuər⁵⁵
兜儿 tor²⁴
布衫兜儿 pu³¹² ʂan²⁴ tor²⁴
屁股兜 pʰi³¹² ku⁵⁵ tou²⁴
裤兜儿 kʰu³¹² tor²⁴
里兜儿 li⁵⁵ tor²⁴
扣儿 kʰor³¹²
扣眼儿 kʰou³¹² iər⁵⁵
疙瘩扣 kɛ²⁴ ta⁵⁵ kʰou³¹²
按扣 an³¹² kʰou³¹²
拉锁儿 la²⁴ suor⁵⁵

（2）鞋帽
鞋 ɕiɛ⁵²
棉拖鞋 mian⁵² tʰuo²⁴ ɕiɛ⁵²
棉鞋 mian⁵² ɕiɛ⁵²
长腰靴 tʂʰaŋ⁵² iau²⁴ ɕyɛ²⁴ 长筒靴
皮鞋 pʰi⁵² ɕiɛ⁵²
革鞋 kɛ²⁴ ɕiɛ⁵² 用革制品做成的鞋
球鞋 tɕʰiou⁵² ɕiɛ⁵²
布鞋 pu³¹² ɕiɛ⁵²
方口鞋 faŋ²⁴ kʰou⁵⁵ ɕiɛ⁵²
气眼鞋 tɕʰi³¹² ian⁵⁵ ɕiɛ⁵² 有鞋带的鞋
草鞋 tsʰau⁵⁵ ɕiɛ⁵²
大头鞋 ta³¹² tʰou⁵² ɕiɛ⁵²
运动鞋 yn³¹² tuŋ³¹² ɕiɛ⁵²

高跟鞋 kau²⁴ kən²⁴ ɕiɛ⁵²
鞋底儿 ɕiɛ⁵² tiər⁵⁵
鞋帮儿 ɕiɛ⁵² pãr²⁴
胶鞋 tɕiau²⁴ ɕiɛ⁵² 橡胶做的雨鞋
鞋带儿 ɕiɛ⁵² tər³¹²
气眼儿 tɕʰi³¹² iər⁵⁵ 鞋上的穿鞋带的孔
袜 ᶻuɔ:u²⁴
线袜 ᶻsian³¹² uɔ:u²⁴
毛线袜 ᶻmau⁵² sian³¹² uɔ:u²⁴
裹脚 kuo⁵⁵ tɕyo²⁴
帽 ᶻma:u³¹²
皮帽 ᶻpʰi⁵² ma:u³¹²
鸭舌帽 ᶻia²⁴ ʂʅə⁵² ma:u³¹²
军帽 ᶻtɕyn²⁴ ma:u³¹²
棉帽 ᶻmian⁵² ma:u³¹²
草帽儿 tsʰau⁵⁵ mor³¹²
太阳帽儿 tʰai³¹² iaŋ⁵² mor³¹²

（3）装饰品
首饰 ʂou⁵⁵ sʅ³¹²
镯 ᶻtʂuɔ:u⁵²
戒指 tɕiɛ³¹²·tʂʅ
项链 ɕiaŋ³¹² lian³¹²
项圈 ɕiaŋ³¹² tɕʰyan²⁴
别针儿 piɛ⁵² tʂər²⁴
胸针儿 ɕyŋ²⁴ tʂər²⁴
耳坠儿 ər⁵⁵ tʂuər³¹² 耳环
胭脂儿 ian²⁴ tʂʅər⁵²
粉 fən⁵⁵
擦粉 tsʰa²⁴ fən⁵⁵
化妆 xua³¹² tʂuaŋ²⁴
雪花膏 syɛ²⁴ xua²⁴ kau²⁴
洗头膏 sʅ⁵⁵ tʰou⁵² kau²⁴
抹脸嘞 mɤ⁵⁵ lian⁵⁵·lɛ

抹手嘞 mɤ⁵⁵ ʂou⁵⁵ •lɛ
冻疮膏 tuŋ³¹² tʂʰuaŋ²⁴ kau²⁴
珠子 tʂu²⁴ •tsʅ

（4）其他穿戴用品

水裙 ʂuei⁵⁵ •tɕʰyn 围裙
围嘴儿 uei⁵² tsuər⁵⁵
围脖儿 uei⁵² pɤr⁵²
尿布 niau³¹² pu³¹²
屎布 ʂʅ⁵⁵ pu³¹²
袢带 pʰan³¹² tai³¹² 背带
裹肚儿 kuo⁵⁵ tuər³¹² 肚兜
手巾儿 ʂou⁵⁵ tɕiər²⁴ 手绢儿
长围巾 tʂʰaŋ⁵² uei⁵² tɕin²⁴
纱巾 ʂa²⁴ tɕin²⁴ 丝巾
手套 ʂou⁵⁵ tʰau³¹²
皮手套 pʰi⁵² ʂou⁵⁵ tʰau³¹²
毛线手套 mau⁵² sian²⁴ ʂou⁵⁵ tʰau³¹²
棉手套 mian⁵² ʂou⁵⁵ tʰau³¹²
眼镜 ian⁵⁵ •tɕiŋ
伞 san⁵⁵
太阳伞 tʰai³¹² •iaŋ san⁵⁵
折叠伞 tʂʅ²⁴ tiɛ⁵² san⁵⁵
雨衣 y⁵⁵ i²⁴
手表 ʂou⁵⁵ piau⁵⁵
表 piau⁵⁵
闹钟 nau³¹² tʂuŋ²⁴
挂钟 kua³¹² tʂuŋ²⁴
皮筋儿 pʰi⁵² tɕiər²⁴
发卡儿 fa²⁴ •tɕʰiɘr⁵⁵
头花儿 tʰou⁵² xuɐr²⁴
网兜 uaŋ⁵⁵ tou²⁴
布 pu³¹²
洋布 iaŋ⁵² pu³¹²

平布 pʰiŋ⁵² pu³¹² 用平纹织的布料
斜纹 siɛ⁵² uən⁵² 用斜纹织的布料
的良 ti⁵² liaŋ⁵²
涤纶 ti⁵² luən⁵²
呢子 ni⁵² •tsʅ

### 拾肆　饮食

（1）伙食

伙食 xuo⁵⁵ •ʂʅ
吃饭 tʂʰʅ²⁴ fan³¹²
喝汤 xɤ²⁴ tʰaŋ²⁴
晌午饭 ʂaŋ⁵² u⁵⁵ fan³¹²
米饭 mi⁵⁵ •fan
剩饭 ʂəŋ³¹² fan³¹²
剩汤 ʂəŋ³¹² tʰaŋ²⁴
糊锅了 xu⁵² kuo²⁴ lɤ⁵⁵ 饭糊了
澌气了 sʅ²⁴ tɕʰi³¹² lɤ⁵⁵ 饭馊了
圪巴 kɛ²⁴ •pa
汤 tʰaŋ²⁴
稀饭 ɕi²⁴ fan³¹²
小米汤 siau⁵⁵ mi⁵⁵ tʰaŋ²⁴
绿豆汤 ly²⁴ tou³¹² tʰaŋ²⁴
米汤 mi⁵⁵ tʰaŋ²⁴
八宝粥 pa²⁴ pau⁵⁵ tʂou²⁴
粽子 tsuŋ³¹² •tsʅ
炒米 tʂʰau⁵⁵ mi⁵⁵ 炒的米饭

（2）面食

面 mian³¹² 面粉
面条儿 mian³¹² tʰiɔr⁵²
挂面 kua³¹² mian³¹²
加工嘞面条 tɕia²⁴ kuŋ²⁴ •lɛ mian³¹² tiau⁵²
手擀面 ʂou⁵⁵ kan⁵⁵ mian³¹²

宽面条 kʰuan²⁴ mian³¹² tiau⁵²
细面条 sʅ³¹² mian³¹² tiau⁵²
龙须面 luŋ⁵² sy²⁴ mian³¹²
酸汤面叶儿 suan²⁴ tʰaŋ²⁴ mian³¹² iər²⁴
烩面 xuei³¹² mian³¹²
刀削面 tau²⁴ siau²⁴ mian³¹²
热干面 zʅə²⁴ kan²⁴ mian³¹²
拉面 la²⁴ mian³¹²
捞面条 lau⁵² mian³¹² tiau⁵²
肉丝面 ʐou³¹² sʅ²⁴ mian³¹²
方便面 faŋ²⁴ pian³¹² mian³¹²
汤面 tʰaŋ²⁴ mian³¹²
面片儿 mian³¹² pʰiər³¹²
面糊 mian³¹² xu²⁴
面疙瘩 mian³¹² kɛ²⁴ · ta
馍 mɤ⁵²
蒸馍 tʂəŋ²⁴ mɤ⁵²
发面馍 fa²⁴ mian³¹² mɤ⁵²
白面馍 pɛ⁵² mian³¹² mɤ⁵²
红薯面馍 xuŋ⁵² ʂʅ⁵⁵ mian³¹² mɤ⁵²
蒸 tʂəŋ²⁴
馏 liou³¹² 把熟的食物蒸热
热 zʅə²⁴ 弄热
包子 pau²⁴ · tsʅ
菜包儿 tsʰai³¹² por²⁴
肉包儿 ʐou³¹² por²⁴
蒸包儿 tʂəŋ²⁴ por²⁴
糖包儿 tʰaŋ⁵² por²⁴
红薯包儿 xuŋ⁵² ʂʅ⁵⁵ por²⁴
豆包儿 tou³¹² por²⁴ 用红豆包的包子
水煎包儿 ʂuei⁵⁵ tsian²⁴ por²⁴ 在平底锅里煎成的包子，外脆里软
油条 iou⁵² tʰiau⁵²

糖糕 tʰaŋ⁵² kau²⁴ 面里加糖油炸而成的糕点
油饼 iou⁵² piŋ⁵⁵ 油炸的圆形饼
菜角儿 tsʰai³¹² tɕyər²⁴
麻花儿 ma⁵² xuɐr²⁴
丸 ᶻuæ⁵² 油炸的圆形食物
肉盒 ᶻzou³¹² xɤ:u⁵²
馅儿饼 ɕiər³¹² piŋ⁵⁵
煎饼 tsian²⁴ piŋ⁵⁵
火烧儿 xuo⁵⁵ ʂor⁵²
锅盔 kuo²⁴ xuei²⁴
饼 piŋ⁵⁵
发面饼 fa²⁴ · mian piŋ⁵⁵
烙馍 luo²⁴ mɤ⁵²
烙烙馍 luo²⁴ luo²⁴ mɤ⁵² 做烙馍
焦馍 tsiau²⁴ mɤ⁵²
菜馍 tsʰai³¹² mɤ⁵²
挞菜饼 tʰa²⁴ tsʰai³¹² piŋ⁵⁵
花卷儿 xua²⁴ tɕyər⁵⁵
枣花儿 tsau⁵⁵ xuɐr²⁴
水饺儿 ʂuei⁵⁵ tɕior⁵⁵
肉馅儿 ʐou³¹² ɕiər³¹²
鸡蛋韭菜馅儿 tɕi²⁴ tan³¹² tɕiou⁵⁵ tsʰai³¹² ɕiər³¹²
馄饨 xuən⁵² tuən³¹²
鸡蛋糕 tɕi²⁴ tan³¹² kau²⁴
汤圆儿 tʰaŋ²⁴ yər⁵²
月饼 yɛ²⁴ piŋ⁵⁵
饼干儿 piŋ⁵⁵ kər²⁴
胡辣汤 xu⁵² la²⁴ tʰaŋ²⁴
下渣儿 xia³¹² tʂɐr²⁴ 人或动物吃剩下的东西
（3）肉、蛋
肉丁 ʐou³¹² tiŋ²⁴
肉片儿 ʐou³¹² pʰiər³¹²

肉丝 ʐou³¹² sɿ²⁴
肉末儿 ʐou³¹² mɤr²⁴
肉皮 ʐou³¹² pʰi⁵²
瘦肉 ʂou³¹² ʐou³¹²
肉块儿 ʐou³¹² kʰuər³¹²
肉蛋儿 ʐou³¹² tər³¹²
肘子 tʂou⁵⁵ ·tsɿ
猪蹄儿 tʂʅ²⁴ tʰiər⁵²
猪尾巴 tʂʅ²⁴ i⁵⁵ ·pa
里脊肉 li⁵⁵ tɕi²⁴ ʐou³¹²
牛蹄筋 ou⁵² tʰi⁵² tɕin²⁴
牛舌头 ou⁵² ʂʅə⁵² ·tʰou
猪舌头 tʂʅ²⁴ ʂʅə⁵² ·tʰou
牛肉 ou⁵² ʐou³¹²
羊肉 iaŋ⁵² ʐou³¹²
羊肉汤 iaŋ⁵² ʐou³¹² tʰaŋ²⁴
猪肺 tʂʅ²⁴ fei³¹²
猪肠 tʂʅ²⁴ tʂʰaŋ⁵²
排骨 pʰai⁵² ku²⁴
牛肚 ou⁵² tu⁵⁵
肝 kan²⁴
腰 ᶻia:u²⁴ 猪的腰子
鸡杂儿 tɕi²⁴ tsɚ⁵²
鸡肝儿 tɕi²⁴ kər²⁴
鸡心 tɕi²⁴ sin²⁴
猪血 tʂʅ²⁴ ɕiɛ²⁴
鸡血 tɕi²⁴ ɕiɛ²⁴
煎鸡蛋 tsian²⁴ tɕi²⁴ tan³¹²
荷包蛋 xɤ⁵² pau²⁴ tan³¹²
煮鸡蛋 tʂʅ⁵⁵ tɕi²⁴ tan³¹²
炖鸡蛋 tuən³¹² tɕi²⁴ tan³¹²
变蛋 pian³¹² tan³¹² 松花蛋
茶叶蛋 tsʰa⁵² iɛ²⁴ tan³¹²

咸鸭蛋 ɕian⁵² ia²⁴ tan³¹²
火腿肠 xuo⁵⁵ tʰuei⁵⁵ tʂʰaŋ⁵²
鸡蛋汤 tɕi²⁴ tan³¹² tʰaŋ²⁴
排骨汤 pʰai⁵² ku²⁴ tʰaŋ²⁴
鱼汤 y⁵² tʰaŋ²⁴
鸡汤 tɕi²⁴ tʰaŋ²⁴
酸汤 suan²⁴ tʰaŋ²⁴
羊肉汤 iaŋ⁵² ʐou³¹² tʰaŋ²⁴

（4）菜

菜 tsʰai³¹²
素菜 su³¹² tsʰai³¹²
肉菜 ʐou³¹² tsʰai³¹²
腌嘞菜 ian²⁴ ·lɛ tsʰai³¹² 咸菜
小菜儿 siau⁵⁵ tsʰər³¹²
豆腐 tou³¹² ·fu
豆腐片儿 tou³¹² ·fu pʰiər³¹²
豆腐皮儿 tou³¹² ·fu pʰiər⁵²
腐竹 fu⁵⁵ tʂu²⁴
豆腐干儿 tou³¹² ·fu kər²⁴
豆腐脑儿 tou³¹² ·fu nor⁵⁵
豆浆 tou³¹² tɕiaŋ²⁴
豆腐沫儿 tou³¹² ·fu mɤr²⁴
豆汁儿 tou³¹² tʂʅər²⁴
豆腐乳 tou³¹² ·fu ʐu⁵⁵
粉丝 fən⁵⁵ sɿ²⁴
粉条 fən⁵⁵ tʰiau⁵²
粉皮 fən⁵⁵ pʰi⁵²
面筋 mian³¹² tɕin²⁴
凉粉 liaŋ⁵² ·fən
炒凉粉 tʂʰau⁵⁵ liaŋ⁵² ·fən
凉皮 liaŋ⁵² pʰi⁵²
擀面皮 kan⁵⁵ mian³¹² pʰi⁵²

藕粉 ou⁵⁵ fən⁵⁵
木耳 mu²⁴ ər⁵⁵
银耳 in⁵² ər⁵⁵
海带 xai⁵⁵ ·tai
海蜇丝 xai⁵⁵ tʂʅə²⁴ sʅ²⁴
（5）油盐作料
味儿 uər³¹²
颜色 ian⁵² sɛ³¹²
猪油 tʂu²⁴ iou⁵²
植物油 tʂʅ⁵² u³¹² iou⁵²
花生油 xua²⁴ ʂəŋ²⁴ iou⁵²
菜子油 tsʰai³¹² tsʅ⁵⁵ iou⁵²
豆油 tou³¹² iou⁵²
香油 ɕiaŋ²⁴ iou⁵²
盐 ian⁵²
细盐 sʅ³¹² ian⁵² 精盐
酱油 tsiaŋ³¹² iou⁵²
芝麻酱 tʂʅ²⁴ ma⁵² tsiaŋ³¹²
豆瓣儿酱 tou³¹² pər³¹² tsiaŋ³¹²
芝麻盐 tʂʅ²⁴ ma⁵² ian⁵²
醋 tsʰu³¹²
白醋 pɛ⁵² tsʰu³¹²
黑糖 xɛ²⁴ tʰaŋ⁵² 红糖
白糖 pɛ⁵² tʰaŋ⁵²
冰糖 piŋ²⁴ tʰaŋ⁵²
糖块儿 tʰaŋ⁵² kʰuər³¹²
奶糖 nai⁵⁵ tʰaŋ⁵²
芝麻糖 tʂʅ²⁴ ma⁵² tʰaŋ⁵²
料儿 lior³¹² 作料
八角 pa²⁴ tɕyo²⁴
花椒 xua²⁴ tɕiau²⁴
胡椒面儿 xu⁵² tɕiau²⁴ miər³¹² 胡椒粉
小茴香 siau⁵⁵ xuei⁵² ɕiaŋ²⁴

味精 uei³¹² tsiŋ²⁴
鸡精 tɕi²⁴ tsiŋ²⁴
十三香 ʂʅ⁵² san²⁴ ɕiaŋ²⁴
麻辣料 ma⁵² la²⁴ liau³¹²
胡辣汤料 xu⁵² la²⁴ tʰaŋ²⁴ liau³¹²
酱 tsiaŋ³¹²
酱豆 tsiaŋ³¹² tou³¹²
晒酱豆 ʂai³¹² tsiaŋ³¹² tou³¹²
糖蒜瓣儿 tʰaŋ⁵² suan³¹² pər³¹²
腌蒜苔儿 ian²⁴ suan³¹² tʰər⁵²
芥丝儿 tɕiɛ³¹² sʅər⁵²
芥疙瘩 tɕiɛ³¹² kɛ²⁴ ·ta
（6）烟、茶、酒
烟 ian²⁴
烟叶儿 ian²⁴ iər²⁴
烟袋锅 ian²⁴ tai³¹² kuo²⁴
烟盒儿 ian²⁴ xɤr⁵²
烟油 ian²⁴ iou⁵²
烟灰 ian²⁴ xuei²⁴
烟灰缸 ian²⁴ xuei²⁴ kaŋ²⁴
茶 tsʰa⁵²
茶叶 tsʰa⁵² iɛ²⁴
泡茶 pʰau³¹² tsʰa⁵²
倒茶 tau³¹² tsʰa⁵²
茶根儿 tʂʰa⁵² kər²⁴ 茶喝完后剩下的底儿
酒 tsiou⁵⁵
药酒 yo²⁴ tsiou⁵⁵
米酒 mi⁵⁵ tsiou⁵⁵
啤酒 pʰi⁵² tsiou⁵⁵
汽水 tɕʰi³¹² ʂuei⁵⁵
雪糕 syɛ²⁴ kau²⁴
冰块儿 piŋ²⁴ kʰuər³¹²

冰淇淋 piŋ²⁴ tɕi²⁴ lin⁵²
饮料 in⁵⁵ liau³¹²
奶 nai⁵⁵
花生奶 xua²⁴ ʂəŋ²⁴ nai⁵⁵
豆奶 tou³¹² nai⁵⁵
豆浆 tou³¹² tsiaŋ²⁴
麦片儿 mɛ²⁴ pʰiər³¹²
矿泉水 kʰuaŋ³¹² tɕʰyan⁵² ʂuei⁵⁵
芝麻糊 tʂʅ²⁴·ma xu²⁴
罐头 kuan³¹²·tʰou

## 拾伍　红白大事

（1）婚姻、生育

婚事 xuən²⁴ ʂʅ³¹²
说媒 ʂuə²⁴ mei⁵²
提亲 tʰi⁵² tsʰin²⁴
媒婆 mei⁵² pʰɤ⁵²
介绍人 tɕiɛ³¹² ʂau⁵² zən⁵²
见面儿 tɕian³¹² miər³¹² 相亲
长相 tʂaŋ⁵⁵ siaŋ³¹² 相貌
样儿 iar³¹² 样子
年纪 nian⁵² tɕi³¹² 年龄
定婚 tiŋ³¹² xuən²⁴
换手巾 xuan³¹² ʂou⁵⁵ tɕin³¹²
见面礼 tɕian³¹² mian³¹² li⁵⁵ 定礼
彩礼 tsʰai⁵⁵ li⁵⁵
好儿 xor⁵⁵ 喜期
喜酒 ɕi⁵⁵ tsiou⁵⁵
嫁妆 tɕia³¹²·tʂuaŋ
娶媳妇 tsʰy⁵⁵ ʂʅ⁵² fu³¹²
出嫁 tʂʰu²⁴ tɕia³¹²
结婚 tɕiɛ²⁴ xuən²⁴
花轿 xua²⁴ tɕiau³¹²

花车 xua²⁴ tsʰə²⁴
婚车 xuən²⁴ tsʰə²⁴
食盒 ᶻʂʅ⁵² xɤːu⁵² 喜事或丧事装肉、菜等物品的器具
抬盒 ᶻtʰai⁵² xɤːu⁵² 喜事或丧事两人抬食盒
端洗脸盆 tuan²⁴ sʅ⁵⁵ lian⁵⁵ pən⁵²
拜天地 pai³¹² tʰian²⁴ ti³¹²
新郎官 sin²⁴ laŋ⁵² kuan²⁴
新女婿 sin²⁴ ny⁵⁵ sy³¹²
新媳妇 sin²⁴ sʅ⁵²·fu 新娘
磕头礼 kʰɤ²⁴ tʰou⁵² li⁵⁵ 男方的长辈给新娘的礼钱
敬酒 tɕiŋ³¹² tsiou⁵⁵
新房 sin²⁴ faŋ⁵²
交杯酒 tɕiau²⁴ pei²⁴ tsiou⁵⁵
回门儿 xuei⁵² mər⁵² 结婚三天后要回娘家
换亲 xuan³¹² tsʰin²⁴
回娘家 xuei⁵² niaŋ⁵²·tɕiɛ
结婚证 tɕiɛ²⁴ xuən²⁴ tʂəŋ³¹²
办户口 pan³¹² xu³¹² kʰou⁵⁵
户口本 xu³¹² kʰou⁵⁵ pən⁵⁵
退婚 tʰuei³¹² xuən²⁴
离婚 li³¹² xuən²⁴
离婚证 li³¹² xuən²⁴ tʂəŋ³¹²
有了 iou⁵⁵ lɤ⁵⁵ 怀孕了
怀上了 xuai⁵² ʂaŋ³¹² lɤ⁵⁵
怀孕了 xuai⁵² yn²⁴ lɤ⁵⁵
孕妇 yn³¹² fu²⁴
流产 liou⁵² tʂʰan⁵² 小产
流了 liou⁵² lɤ⁵⁵
堕胎 tuo³¹² tʰai²⁴ 打胎
生小孩儿 ʂəŋ²⁴ siau⁵⁵ xər⁵²
分娩 fən²⁴ mian⁵⁵
接生 tsiɛ²⁴ ʂəŋ²⁴
胎盘 tʰai²⁴ pʰan⁵²

坐月子 tsuo³¹² yɛ²⁴ •tsʅ
满月 man⁵⁵ yɛ²⁴
吃妈儿 tʂʰʅ²⁴ mer²⁴
吃奶 tʂʰʅ²⁴ nai⁵⁵
妈妈疙瘩儿 ma²⁴ ma²⁴ kɛ²⁴ ter⁵² 奶头
尿床 niau³¹² tʂʰuaŋ⁵²
带环儿 tai³¹² xuər⁵²
吃喜面条 tʂʰʅ²⁴ ɕi⁵⁵ mian³¹² tʰiau⁵²
送鸡蛋 suŋ³¹² tɕi²⁴ tan³¹²

（2）寿辰、丧葬
生儿 ʂə̃r²⁴ 生日
过生儿 kuo³¹² ʂə̃r²⁴ 做生日
过寿 kuo³¹² ʂou³¹² 祝寿
寿星 ʂou³¹² siŋ²⁴
奔丧 pən²⁴ saŋ²⁴
死了 sʅ⁵⁵ lɤ⁵⁵
断气了 tuan³¹² tɕʰi³¹² lɤ⁵⁵
活 xuo⁵² 棺材
入殓 zʅ²⁴ lian³¹²
灵棚 liŋ⁵² pʰəŋ⁵² 灵堂
守灵 ʂou⁵⁵ liŋ⁵²
守孝 ʂou⁵⁵ ɕiau³¹²
带孝 tai³¹² ɕiau³¹²
谢孝 siɛ³¹² ɕiau³¹²
孝子 ɕiau³¹² tsʅ⁵⁵
孝孙 ɕiau³¹² suən²⁴
出门 tʂʰʅ²⁴ mən⁵² 出殡
起殡 tɕʰi⁵⁵ pin³¹²
送殡 suŋ³¹² pin³¹² 送葬
烧纸 ʂau²⁴ tʂʅ⁵⁵ 纸钱
坟地 fən⁵² ti³¹²
坟 fən⁵²

坟路 fən⁵² lu³¹² 送葬时走的路
响器 ɕiaŋ⁵⁵ tɕʰi³¹² 指唢呐锣鼓等乐器
吹响器 tʂʰuei²⁴ ɕiaŋ⁵⁵ tɕʰi³¹²
搭灵棚 ta²⁴ liŋ⁵² pʰəŋ⁵²
白布 pɛ⁵² pu³¹²
碑 pei²⁴
土葬 tʰu⁵⁵ tsaŋ³¹²
火葬 xuo⁵⁵ tsaŋ³¹²
上坟 ʂaŋ³¹² fən⁵²
自尽 tsʅ³¹² tsin³¹² 自杀
跳河 tʰiau³¹² xɤ⁵² 投水自尽
上吊 ʂaŋ³¹² tiau⁵²
骨灰盒儿 ku²⁴ xuei²⁴ xɤr⁵²
周年 tʂou²⁴ nian⁵²
三周年 san²⁴ tʂou²⁴ nian⁵²

（3）迷信
老天爷 lau⁵⁵ tʰian²⁴ iɛ⁵²
老灶爷 lau⁵⁵ tsau³¹² iɛ⁵² 灶王爷
佛 fɤ⁵²
菩萨 pʰu⁵² •sa
观音菩萨 kuan²⁴ in²⁴ pʰu⁵² •sa
土地庙 tʰu⁵⁵ ti³¹² miau³¹²
阎王爷 ian⁵² uaŋ⁵² iɛ⁵²
红蜡 xuŋ⁵² la²⁴
香 ɕiaŋ²⁴
烧香 ʂau²⁴ ɕiaŋ²⁴
会 xuei³¹²
念经 nian³¹² tɕin²⁴
求雨 tɕʰiou⁵² y⁵⁵
看风水 kʰan³¹² fəŋ²⁴ ʂuei⁵⁵
算命 suan³¹² miŋ³¹²
算命嘞 suan³¹² miŋ³¹² •lɛ

看手相嘞 kʰan³¹² ʂou⁵⁵ siaŋ³¹² ·lɛ
许愿 ɕy⁵⁵ yan³¹²
还愿 xuan⁵² yan³¹²

### 拾陆　日常生活

（1）衣
穿衣裳 tʂʰuan²⁴ i²⁴ ʂaŋ⁵²
加衣裳 tɕia²⁴ i²⁴ ʂaŋ⁵²
脱衣裳 tʰuo²⁴ i²⁴ ʂaŋ⁵²
量衣裳 liaŋ⁵² i²⁴ ʂaŋ⁵²
做衣裳 tsu³¹² i²⁴ ʂaŋ⁵²
圆边儿 yan⁵² piər²⁴
缀扣儿 tʂuei³¹² kʰor³¹²
绣花儿 siou³¹² xuɐr²⁴
补补丁 pu⁵⁵ pu⁵⁵ ·tiŋ
套被子 tʰau³¹² pei³¹² ·tsɿ
洗衣裳 sɿ⁵⁵ i²⁴ ʂaŋ⁵²
洗一货 sɿ⁵⁵ i⁵⁵ xuo³¹² 洗一水
晒衣裳 ʂai³¹² i²⁴ ʂaŋ⁵²
晾衣裳 liaŋ³¹² i²⁴ ʂaŋ⁵²
染衣裳 ʐan⁵⁵ i²⁴ ʂaŋ⁵²
熨衣裳 yn³¹² i²⁴ ʂaŋ⁵²

（2）食
引火 in⁵⁵ xuo⁵⁵ 生火
烧锅 ʂau²⁴ kuo²⁴
做饭 tsu³¹² fan³¹²
淘米 tʰau⁵² mi⁵⁵
发面 fa²⁴ mian³¹²
和面 xuo⁵² mian³¹²
揉面 ʐou⁵² mian³¹²
擀面条 kan⁵⁵ mian³¹² tʰiau⁵²
压面条 ia³¹² mian³¹² tʰiau⁵²
加工面条 tɕia²⁴ kuŋ²⁴ mian³¹² tʰiau⁵²

蒸卤面 tʂəŋ²⁴ lu⁵⁵ mian³¹²
炒面 tʂʰau⁵⁵ mian³¹²
下面条 ɕia³¹² mian³¹² tʰiau⁵²
蒸馍 tʂəŋ²⁴ mɤ⁵²
择菜 tʂɛ⁵² tsʰai³¹²
炒菜 tʂʰau⁵⁵ tsʰai³¹²
烧汤 ʂau²⁴ tʰaŋ²⁴
熬汤 au⁵² tʰaŋ²⁴
饭中了 fan³¹² tsuŋ²⁴ lɤ⁵⁵
不熟 pu²⁴ ʂu⁵²
吃饭 tʂʰʅ²⁴ fan³¹²
盛饭 tʂʰəŋ⁵² fan³¹²
端饭 tuan²⁴ fan³¹²
盛汤 tʂʰəŋ⁵² tʰaŋ²⁴
吃晌午饭 tʂʰʅ²⁴ ʂaŋ⁵² u⁵⁵ fan³¹²
喝汤 xɤ²⁴ tʰaŋ²⁴
吃零嘴 tʂʰʅ²⁴ liŋ⁵² tsuei⁵⁵
使筷儿 sɿ⁵⁵ kʰuər³¹²
用筷儿 yŋ³¹² kʰuər³¹²
叨菜 tau²⁴ tsʰai³¹² 夹菜
做 tsu³¹²
蒸 tʂəŋ²⁴
烙 luo²⁴
焙 pei³¹²
炕 kʰaŋ³¹²
炸 tʂa³¹²
烫 tʰaŋ³¹²
煎 tsian²⁴
煮 tʂʅ⁵⁵
炖 tuən³¹² 长时间地煮
焖 mən²⁴
淘 tʰau⁵²
打饱嗝 ta⁵⁵ pau⁵⁵ kɤ²⁴

喝茶 xɣ²⁴ tʂha⁵²
喝酒 xɣ²⁴ tsiou⁵⁵
吸烟 ɕi²⁴ ian²⁴
（3）住
起ᴴ tɕhai⁵⁵ 起来
洗手 sʅ⁵⁵ ʂou⁵⁵
洗脸 sʅ⁵⁵ lian⁵⁵
漱嘴 su³¹² tsuei⁵⁵ 漱口
刷牙 ʂua²⁴ ia⁵²
梳头 ʂu²⁴ thou⁵²
梳头发辫儿 ʂu²⁴ thou⁵² fa²⁴ piər³¹²
扎头发 tsa²⁴ thou⁵²·fa
辫头发 pian³¹² thou⁵²·fa
挽头发 uan⁵⁵ thou⁵²·fa 梳髻
绞指甲 tɕiau⁵⁵ tʂʅ²⁴ tɕiɛ⁵² 剪指甲
洗澡 sʅ⁵⁵ tsau⁵⁵
搓澡 tshuo²⁴ tsau⁵⁵
解小手 tɕiɛ⁵⁵ siau⁵⁵ ʂou⁵⁵ 小便
尿尿 niau³¹² niau³¹²
尿泡尿 niau³¹² phau²⁴ niau³¹²
解大手 tɕiɛ⁵⁵ ta³¹² ʂou⁵⁵ 大便
屙屎 ɣ²⁴ sʅ⁵⁵
凉快 liaŋ⁵² khuai³¹² 乘凉
烤火 khau⁵⁵ xuo⁵⁵
点灯 tian⁵⁵ təŋ²⁴
吹灯 tʂhuei²⁴ təŋ²⁴
关灯 kuan²⁴ təŋ²⁴
歇会儿 ɕiɛ²⁴ xuər³¹²
栽嘴儿 tsai²⁴ tsuər⁵⁵ 打盹儿
瞌睡了 khɣ⁵² ʂuei³¹² lɣ⁵⁵ 困了
累了 luei³¹² lɣ⁵⁵
铺床 phu²⁴ tʂhuaŋ⁵²

睡觉 ʂuei³¹² tɕiau³¹²
睡 ʂuei³¹²
睡迷糊 ʂuei³¹² mi⁵²·xu
睡着了 ʂuei³¹² tʂuo⁵² lɣ⁵⁵
打呼噜 ta⁵⁵ xu²⁴·lu
没瞌睡 mu⁵² khɣ⁵² ʂuei³¹² 睡不着
歇晌儿 ɕiɛ²⁴ ʂãr⁵⁵ 睡午觉
侧楞膀儿 tsɛ⁵⁵ ləŋ³¹² pãr⁵⁵ 侧着睡
趴住睡 pha²⁴·tʂʅ ʂei³¹²
落枕 lau³¹² tʂən⁵⁵
抽筋 tʂhou²⁴ tɕin²⁴
做梦 tsu³¹² məŋ³¹²
发癔症 fa²⁴ i³¹² tʂəŋ³¹² 说梦话
熬夜 au⁵² iɛ³¹²
（4）行
走路 tsou⁵⁵ lu³¹²
下地 ɕia³¹² ti³¹²
上工 ʂaŋ³¹² kuŋ²⁴
赶集 kan⁵⁵ tsi⁵⁵
赶会 kan⁵⁵ xueʅ³¹²
走亲戚 tsou⁵⁵ tshin²⁴·tshʅ
逛逛 kuaŋ³¹²·kuaŋ 逛街
游游 iou²⁴·iou 散步

<br>**拾柒　讼事**

打官司 ta⁵⁵ kuan²⁴ sʅ²⁴
告状 kau³¹² tʂuaŋ³¹²
原告 yan⁵² kau³¹²
被告 pei³¹² kau³¹²
证人 tʂəŋ³¹² zən⁵²
家务事 tɕia²⁴ u³¹² sʅ³¹²
律师 ly²⁴ sʅ²⁴
服气 fu⁵² tɕhi³¹²

不服气 pu²⁴ fu⁵² tɕʰi³¹²
往上告 uaŋ⁵⁵ ʂaŋ³¹² kau³¹² 上诉
判 pʰan³¹²
招 tʂau²⁴ 招认
口供 kʰou⁵⁵ kuŋ³¹²
供 kuŋ³¹² 供出同谋
合伙 xɤ⁵² xuo⁵⁵ 同谋
犯法 fan³¹² fa²⁴
犯罪 fan³¹² tsuei³¹²
诬陷 u²⁴ ɕian³¹² 诬告
抓 tʂua²⁴ 逮捕
押 ia²⁴ 押解
贪官 tʰan²⁴ kuan²⁴
受贿 ʂou³¹² xuei³¹²
拿钱办事 na⁵² tsʰian⁵² pan³¹² ʂʅ³¹²
罚款 fa⁵² kʰuan⁵⁵
杀头 ʂa²⁴ tʰou⁵²
枪毙 tsʰiaŋ²⁴ pi³¹²
手扣 ʂou⁵⁵ kʰou³¹² 手铐
脚镣 tɕyo²⁴ liau³¹²
坐牢 tsuo³¹² lau⁵²
立字据 li²⁴ tsʅ³¹² tɕy³¹²
画押 xua³¹² ia²⁴
摁手印 ən³¹² ʂou⁵⁵ in³¹²
交税 tɕiau²⁴ ʂuei³¹²
执照 tʂʅ²⁴ tʂau³¹²
告示 kau³¹² ʂʅ³¹²
通知 tʰuŋ²⁴ tʂʅ²⁴
命令 miŋ³¹² liŋ³¹²
章 tʂaŋ²⁴
交代 tɕiau²⁴・tai

**拾捌　交际**

应酬 iŋ³¹² tʂʰou⁵⁵
来往 lai⁵² uaŋ⁵⁵
看人 kʰan³¹² zən⁵²
看看 kʰan³¹² kʰan³¹² 拜访
客 kʰɛ²⁴
亲戚 tsʰin²⁴ tsʰi⁵²
请客 tsʰiŋ⁵⁵ kʰɛ²⁴
招待 tʂau²⁴ tai³¹²
男客 nan⁵² kʰɛ²⁴
女客 ny⁵⁵ kʰɛ²⁴
送礼 suŋ³¹² li⁵⁵
回礼 xuei⁵² li⁵⁵
礼 li⁵⁵
东西 tuŋ²⁴・sʅ
人情 zən⁵² tsʰiŋ⁵²
走亲戚 tsou⁵⁵ tsʰin²⁴・tsʰi
待客 tai³¹² kʰɛ²⁴
陪客 pʰei⁵² kʰɛ²⁴
送客 suŋ³¹² kʰɛ²⁴
不送了 pu⁵² suŋ³¹² lɤ⁵⁵
慢走 man³¹² tsou⁵⁵
吃了了 tʂʰʅ²⁴ liau⁵⁵ lɤ⁵⁵
吃罢了 tʂʰʅ²⁴ pa³¹² lɤ⁵⁵
谢谢 siɛ³¹² siɛ³¹²
不做假儿 pu⁵² tsuo³¹² tɕiɚ⁵⁵ 不客气
摆酒摊儿 pai⁵⁵ tsiou⁵⁵ tʰɚ²⁴
请帖 tsʰiŋ⁵⁵ tʰiɛ²⁴
坐桌 tsuo³¹² tʂuo²⁴ 入席
上菜 ʂaŋ³¹² tsʰai³¹²
倒酒 tau³¹² tsiou⁵⁵ 斟酒
劝酒 tɕʰyan³¹² tsiou⁵⁵
碰杯 pʰəŋ³¹² pei²⁴
不说话 pu²⁴ ʂuo²⁴ xua³¹² 俩人不和
有仇 iou⁵⁵ tʂʰou⁵²

仇人 tʂʰou⁵² zən⁵²
对头 tuei³¹² tʰou⁵²
不平 pu²⁴ pʰiŋ⁵²
屈枉 tɕʰy²⁴ uaŋ⁵² 冤枉
插嘴 tʂʰa²⁴ tsuei⁵⁵
挑刺儿 tʰiau²⁴ tsʰɿər³¹² 吹毛求疵
拿架儿 na⁵² tɕiər³¹² 摆架子
装傻 tʂuaŋ²⁴ ʂa⁵⁵
丢人 tiou²⁴ zən⁵²
巴结 pa²⁴ • tɕiɛ
拍马屁 pʰɛ²⁴ ma⁵⁵ pʰi³¹²
串门 tʂʰuan³¹² mən⁵²
套近乎 tʰau³¹² tɕin³¹² • xu
拉关系 la²⁴ kuan²⁴ • ɕi
看不起 kʰan³¹² pu²⁴ tɕʰi⁵⁵
搁伙计 kɤ²⁴ xuo⁵⁵ tɕʰi³¹² 合伙儿
答应 ta⁵² iŋ³¹²
不答应 pu²⁴ ta⁵² iŋ³¹²
要面子 iau³¹² mian³¹² • tsɿ
装好人 tʂuaŋ²⁴ xau⁵⁵ zən⁵²

## 拾玖　商业、交通

（1）经商行业
招牌 tʂau²⁴ pʰai⁵²
广告 kuaŋ⁵⁵ kau³¹²
开店 kʰai²⁴ tian³¹²
门面 mən⁵² mian³¹² 铺面
摆摊儿 pʰai⁵⁵ tʰər²⁴
地摊儿 ti³¹² tʰər²⁴
做生意 tsu³¹² ʂəŋ²⁴ i³¹²
旅舍 ly⁵⁵ ʂʅ³¹² 旅店
饭店 fan³¹² tian³¹²

饭馆 fan³¹² kuan⁵⁵
下馆子 ɕia³¹² kuan⁵⁵ • tsɿ
服务员 fu²⁴ u³¹² yan⁵²
百货店 pɛ²⁴ xuo³¹² tian³¹²
杂货店 tsa⁵² xuo³¹² tian³¹²
代销点 tai³¹² siau²⁴ tian⁵⁵ 零售店
商店 ʂaŋ²⁴ tian³¹²
超市 tʂʰau²⁴ ʂʅ³¹²
理发店 li⁵⁵ fa²⁴ tian³¹²
剃头 tʰi³¹² tʰou⁵²
理发 li⁵⁵ fa²⁴
绞头 tɕiau⁵⁵ tʰou⁵²
剪头 tsian⁵⁵ tʰou⁵²
刮脸 kua⁵⁵ lian⁵⁵
理平头 li⁵⁵ pʰiŋ⁵² tʰou⁵²
中分 tʂuŋ²⁴ fən²⁴
偏分 pʰian²⁴ fən²⁴
烫头发 tʰaŋ³¹² tʰou⁵² • fa
刮胡 kua⁵⁵ xu⁵²
澡堂 tsau⁵⁵ tʰaŋ⁵²
浴池 y³¹² tʂʰʅ⁵²
淋浴 lin⁵² y³¹²
卖肉嘞 mai³¹² zou⁵² •lɛ
杀猪 ʂa²⁴ tʂu²⁴
卖油嘞 mai³¹² iou⁵² •lɛ
榨油嘞 tʂa³¹² iou⁵² •lɛ
赁房 lin³¹² faŋ⁵²
租房 tsu⁵⁵ faŋ⁵²
煤 mei⁵²
蜂窝煤 fəŋ⁵² uo²⁴ mei⁵²
水果摊儿 ʂuei⁵⁵ kuo⁵⁵ tʰər²⁴

药店 yo²⁴ tian³¹²
看病嘞 kʰan³¹² piŋ³¹² ·lɛ 医生
磨面嘞 mɤ³¹² mian³¹² ·lɛ
照相馆儿 tʂau³¹² siaŋ³¹² kuər⁵⁵
照相 tʂau³¹² siaŋ³¹²
摄影 ʂʅə³¹² iŋ⁵⁵
（2）经营、交易
开张 kʰai²⁴ tʂaŋ²⁴ 开业
开业 kʰai²⁴ iɛ²⁴
关门 kuan²⁴ mən⁵² 停业
盘货 pʰan⁵² xuo³¹² 盘点
柜台 kuei³¹² tʰai⁵²
要价 iau³¹² tɕia³¹² 开价
还价 xuan⁵² tɕia³¹²
便宜 pʰian⁵² i³¹²
贱 tsian³¹²
贵 kuei³¹²
生意好 ʂəŋ²⁴ i³¹² xau⁵⁵ 买卖好
生意赖 ʂəŋ²⁴ i³¹² lai²⁴ 买卖清淡
工钱 kuŋ²⁴ tsʰian⁵²
本钱 pən⁵⁵ tsʰian⁵²
扎本儿 tʂa²⁴ pər⁵⁵ 做生意投钱
保本儿 pau⁵⁵ pər⁵⁵
挣钱 tʂəŋ³¹² tsʰian⁵² 赚钱
亏本儿 kʰuei²⁴ pər⁵⁵
赔钱 pʰei⁵² tsʰian⁵²
赔本儿 pʰei⁵² pər⁵⁵
赊账 ʂʅə²⁴ tʂaŋ³¹²
路费 lu³¹² fei³¹²
盘缠 pʰan⁵² ·tʂʰan
利息 li³¹² ·sʅ
欠 tɕʰian³¹²

少 ʂau⁵⁵
押金 ia²⁴ tɕin²⁴
进货 tsin³¹² xuo³¹²
发货 fa²⁴ xuo³¹²
批发价 pʰi²⁴ fa²⁴ tɕia³¹²
落实价 luo²⁴ ʂʅ⁵² tɕia³¹² 成交的价钱
（3）帐目、度量衡
会计 kʰuai³¹² tɕi³¹²
花销 xua²⁴ siau²⁴
欠帐 tɕʰian³¹² tʂaŋ³¹²
要帐 iau³¹² tʂaŋ³¹²
死账 sʅ⁵⁵ tʂaŋ³¹² 烂帐
赖账 lai³¹² tʂaŋ³¹²
发票 fa²⁴ pʰiau³¹²
收据 ʂou²⁴ ·tɕy
存嘞钱 tsʰuən⁵² ·lɛ tsʰian⁵² 存款
闲钱 ɕian⁵² tsʰian⁵²
散钱 san⁵⁵ tsʰian⁵²
整钱 tʂəŋ⁵⁵ tsʰian⁵²
零钱 liŋ⁵² tsʰian⁵²
元宝 yan⁵² ·pau
一分钱 i²⁴ fən²⁴ tsʰian⁵²
一毛钱 i²⁴ mau⁵⁵ tsʰian⁵² 一角钱
一块钱 i⁵² kʰuai³¹² tsʰian⁵²
十块钱 ʂʅ⁵² kʰuai³¹² tsʰian⁵²
一百 i²⁴ pɛ²⁴
毛票儿 mau⁵⁵ pʰior³¹²
块票儿 kʰuai³¹² pʰior³¹²
字儿 tsʅər³¹² 硬币的正面
闷儿 mər³¹² 硬币的反面
算盘 suan³¹² ·pʰan
秤 tʂʰəŋ³¹²

弹簧秤 tʰan⁵² xuaŋ⁵² tʂʰəŋ³¹²
磅 paŋ³¹² 磅秤
大磅 ta³¹² paŋ³¹²
小磅 siau⁵⁵ paŋ³¹²
钩秤 kou²⁴ tʂʰəŋ³¹²
电子秤 tian³¹² tsʅ⁵⁵ tʂʰəŋ³¹²
盘儿秤 pʰər⁵² tʂʰəŋ³¹²
秤盘 tʂʰəŋ³¹² pʰan⁵²
秤星儿 tʂʰəŋ³¹² siə̃r²⁴
秤杆儿 tʂʰəŋ³¹² kər⁵⁵
秤钩 tʂʰəŋ³¹² kou²⁴
秤锤 tʂʰəŋ³¹² tʂʰuei⁵²
够秤 kou³¹² tʂʰəŋ³¹²
不够秤 pu⁵² kou³¹² tʂʰəŋ³¹²

（4）交通
铁路 tʰiɛ²⁴ lu³¹²
铁轨 tʰiɛ²⁴ kuei²⁴
火车 xuo⁵⁵ tʂʰɚ²⁴
火车站 xuo⁵⁵ tʂʰɚ²⁴ tʂan³¹²
公路 kuŋ²⁴ lu³¹²
汽车 tɕʰi³¹² tʂʰɚ²⁴
客车 kʰɛ²⁴ tʂʰɚ²⁴
货车 xuo³¹² tʂʰɚ²⁴
公共汽车 kuŋ²⁴ kuŋ³¹² tɕʰi³¹² tʂʰɚ²⁴
轿车 tɕiau³¹² tʂʰɚ²⁴
小车 siau⁵⁵ tʂʰɚ²⁴
摩托 mɤ⁵² · tʰuo
三轮儿 san²⁴ luər⁵²
机动三轮儿 tɕi²⁴ tuŋ³¹² san²⁴ luər⁵²
洋车 iaŋ⁵² tʂʰɚ²⁴
驴 ly⁵²
二八洋车 ər³¹² pa²⁴ iaŋ⁵² tʂʰɚ²⁴
没梁洋车 mu⁵² liaŋ⁵² iaŋ⁵² tʂʰɚ²⁴

小洋车 siau⁵⁵ iaŋ⁵² tʂʰɚ²⁴
电动车 tian³¹² tuŋ³¹² tʂʰɚ²⁴
面包车 mian³¹² pau²⁴ tʂʰɚ²⁴
脚蹬儿 tɕyo²⁴ tɤ̃r²⁴
马车 ma⁵⁵ tʂʰɚ²⁴
牛车 ou⁵² tʂʰɚ²⁴
驴车 ly⁵² tʂʰɚ²⁴
大撒把 ta³¹² sa²⁴ pa⁵⁵

（5）电信
电报 tian³¹² pau³¹²
拍电报 pʰɛ²⁴ tian³¹² pau³¹²
邮电局 iou⁵² tian³¹² tɕy⁵²
寄信 tɕi³¹² sin³¹²
邮递员 iou⁵² ti³¹² yan⁵²
送信嘞 suŋ³¹² sin³¹² ·lɛ
寄东西 tɕi³¹² tuŋ²⁴ ·sʅ
邮东西 iou⁵² tuŋ²⁴ ·sʅ
邮票 iou⁵² pʰiau³¹²
信封 sin³¹² fəŋ²⁴
快件 kʰuai³¹² tɕian³¹²
包裹 pau²⁴ kuo⁵⁵
电话 tian³¹² xua³¹²
安电话 an²⁴ tian³¹² xua³¹²
打电话 ta⁵⁵ tian³¹² xua³¹²
挂电话 kua³¹² tian³¹² xua³¹²
报纸 pau³¹² tʂʅ⁵⁵
广播 kuaŋ⁵⁵ pɤ²⁴
喇叭 la⁵⁵ · pa
收音机 ʂou²⁴ in²⁴ tɕi²⁴
录音机 lu²⁴ in²⁴ tɕi²⁴
复读机 fu³¹² tu⁵² tɕi²⁴
黑白电视 xɛ²⁴ pɛ⁵² tian³¹² ʂʅ³¹²
彩电 tsʰai⁵⁵ tian³¹²

玩电影 uan⁵² tian³¹² iŋ⁵⁵
演电影 ian⁵⁵ tian³¹² iŋ⁵⁵
傻瓜相机 ʂa⁵⁵ kua²⁴ siaŋ³¹² tɕi²⁴
数码相机 ʂu³¹² ma⁵⁵ siaŋ³¹² tɕi²⁴
信用社 sin³¹² yəŋ³¹² ʂʐ³¹²
银行 in⁵² xaŋ⁵²
存钱 tsʰuən⁵² tsʰian⁵²
取钱 tsʰy⁵⁵ tsʰian⁵²
信贷员 sin³¹² tai³¹² yan⁵²
大哥大 ta³¹² kɤ⁵⁵ ta³¹²
手机 ʂou⁵⁵ tɕi²⁴
耳机 ər⁵⁵ tɕi²⁴

## 贰拾　文化教育

（1）学校
学校 ɕyo⁵² ɕiau³¹²
上学 ʂaŋ³¹² ɕyo⁵²
放学 faŋ³¹² ɕyo⁵²
逃课 tʰau⁵² kʰɤ³¹²
幼儿园大班 iou³¹² ər⁵² yan⁵² ta³¹² pan²⁴
幼儿园小班 iou³¹² ər⁵² yan⁵² siau⁵⁵ pan²⁴
育红班 y³¹² xuŋ⁵² pan²⁴
学前班 ɕyo⁵² tsʰian⁵² pan²⁴
私塾 sʐ²⁴ ʂu⁵²
学费 ɕyo⁵² fei³¹²
书费 ʂʅ²⁴ fei³¹²
杂费 tsa⁵² fei³¹²
住宿费 tʂʅ³¹² sy²⁴ fei³¹²
借读费 tsiɛ³¹² tu⁵² fei³¹²
赞助费 tsan³¹² tʂu⁵² fei³¹²
补课费 pu⁵⁵ kʰɤ³¹² fei³¹²
放假 faŋ³¹² tɕia³¹²
暑假 ʂu⁵² tɕia³¹²

寒假 xan⁵² tɕia³¹²
请假 tsʰiŋ⁵⁵ tɕia³¹²
麦假 mɛ²⁴ tɕia³¹² 收麦时放的假
课间活动 kʰɤ³¹² tɕian²⁴ xuo⁵² tuŋ³¹²
广播操 kuaŋ⁵⁵ pɤ²⁴ tsʰau²⁴

（2）教室、文具
教室 tɕiau³¹² ʂʅ⁵²
电教室 tian³¹² tɕiau³¹² ʂʅ⁵²
上堂 ʂaŋ³¹² tʰaŋ⁵² 上课
下堂 ɕia³¹² tʰaŋ⁵² 下课
黑板 xɛ²⁴ pan⁵⁵
粉笔 fən⁵⁵ pei²⁴
彩粉笔 tsʰai⁵⁵ fən⁵⁵ pei²⁴
黑板擦儿 xɛ²⁴ pan⁵⁵ tsʰɐr⁵⁵
点名册儿 tian⁵⁵ miŋ⁵² tsʰər²⁴
笔记本儿 pei²⁴ tɕi³¹² pər⁵⁵
作业本儿 tsuo²⁴ iɛ²⁴ pər⁵⁵
演草本儿 ian⁵⁵ tsʰau⁵⁵ pər⁵⁵
作文本儿 tsuo²⁴ uən⁵² pər⁵⁵
大楷本儿 ta³¹² kʰai⁵⁵ pər⁵⁵
书 ʂʅ²⁴ 课本
铅笔 tɕʰian²⁴ pei²⁴
自动铅笔 tsʐ³¹² tuŋ³¹² tɕʰian²⁴ pei²⁴
橡皮 siaŋ³¹² pʰi⁵²
铅笔刀 tɕʰian²⁴ pei²⁴ tau²⁴
圆规 yan⁵² kuei²⁴
三角儿板 san²⁴ tɕyər²⁴ pan⁵⁵
钢笔 kaŋ²⁴ pei²⁴
毛笔 mau⁵² pei²⁴
自动笔 tsʐ³¹² tuŋ³¹² pei²⁴ 圆珠笔
笔芯儿 pei²⁴ siər²⁴
中性笔 tʂuŋ²⁴ siŋ³¹² pei²⁴
笔帽 pei²⁴ mau³¹²

笔筒 pei²⁴ tʰuŋ⁵⁵
文具盒儿 uən⁵² tɕy³¹² xɤr⁵²
笔袋儿 pei²⁴ tər³¹²
毛笔水 mau⁵² pei²⁴ ʂuei⁵⁵ 毛笔用的墨汁
钢笔水儿 kaŋ²⁴ pei²⁴ ʂuər⁵⁵ 钢笔用的墨水儿
吸水 ɕi²⁴ ʂuei⁵⁵
书包 ʂʅ²⁴ pau²⁴
（3）读书识字
大学生 ta³¹² ɕyo⁵² ʂəŋ²⁴
认嘞字 zən³¹² • lɛ tsʅ³¹²
文盲 uən⁵² maŋ⁵²
睁眼瞎 tsəŋ²⁴ ian⁵⁵ ɕia²⁴
不认嘞字 pu²⁴ zən³¹² • lɛ tsʅ³¹²
读书 tu⁵² ʂʅ²⁴
看书 kʰan³¹² ʂʅ²⁴
复习 fu²⁴ sʅ⁵²
背书 pei³¹² ʂʅ²⁴
报考 pau³¹² kʰau⁵⁵
考场 kʰau⁵⁵ tʂʰaŋ⁵⁵
进场 tsin³¹² tʂʰaŋ⁵⁵
考试 kʰau⁵⁵ sʅ³¹²
测试 tsʰɛ²⁴ sʅ³¹²
期中考 tɕʰi²⁴ tʂuŋ²⁴ kʰau⁵⁵
期末考 tɕʰi²⁴ mɤ²⁴ kʰau⁵⁵
摸底考试 mɤ²⁴ ti²⁴ kʰau⁵⁵ sʅ³¹²
模拟考试 mɤ⁵² ni³² kʰau⁵⁵ sʅ³¹²
月考儿 yɛ²⁴ kʰor⁵⁵
卷儿 tɕyər³¹² 考卷
一百分 i⁵⁵ pɛ²⁴ fən²⁴
零蛋 liŋ⁵² tan³¹² 零分
及格 tɕi²⁴ kɤ²⁴
不及格 pu²⁴ tɕi²⁴ kɤ²⁴
发通知书 fa²⁴ tʰuŋ²⁴ tsʅ²⁴ ʂʅ²⁴

光荣榜 kuaŋ²⁴ zuŋ⁵² paŋ⁵⁵
奖状 tsiaŋ⁵⁵ tʂuaŋ³¹²
镜框z tɕiŋ³¹² kʰuã³¹²
荣誉证书 zuŋ⁵² y³¹² tʂəŋ³¹² ʂʅ²⁴
带小抄 tai³¹² siau⁵⁵ tsʰau²⁴ 作弊
第一名 ti³¹² i²⁴ miŋ⁵²
倒数第一 tau³¹² ʂu³¹² ti³¹² i²⁴
老末 lau⁵⁵ mɤ²⁴
毕业 pi⁵⁵ iɛ²⁴
不上了 pu⁵² ʂaŋ³¹² lɤ⁵⁵
留级 liou⁵² tɕi²⁴
跳级 tʰiau³¹² tɕi²⁴
开除 kʰai²⁴ tʂʰʅ⁵²
应届生 iŋ³¹² tɕiɛ³¹² ʂəŋ²⁴
复习生 fu²⁴ sʅ⁵² ʂəŋ²⁴
往届生 uaŋ⁵⁵ tɕiɛ³¹² ʂəŋ²⁴
文凭 uən⁵² pʰiŋ⁵²
通知书 tʰuŋ²⁴ tsʅ²⁴ ʂʅ²⁴
（4）写字
大楷 ta³¹² kʰai⁵⁵
小楷 siau⁵⁵ kʰai⁵⁵
字帖 tsʅ³¹² tʰiɛ²⁴
描字帖 miau⁵² tsʅ³¹² tʰiɛ²⁴
练字 lian³¹² tsʅ³¹²
毛笔字 mau⁵² pei²⁴ tsʅ³¹²
抄写 tsʰau²⁴ siɛ⁵⁵
默写 mɛ²⁴ siɛ⁵⁵
草纸 tsʰau⁵⁵ tsʅ⁵⁵
打草稿 ta⁵⁵ tsʰau⁵⁵ kau⁵⁵
誊稿 tʰəŋ⁵² kau⁵⁵
一点 i²⁴ tian⁵⁵
一横 i⁵² xəŋ³¹²
一竖 i⁵² ʂu³¹²

第四章 滑县方言词汇 299

一撇 i²⁴ pʰiɛ²⁴
一捺 i²⁴ na²⁴
一勾 i²⁴ kou²⁴
一提 i²⁴ tʰi⁵²
一笔 i²⁴ pei²⁴
偏旁 pʰian²⁴ pʰaŋ⁵²
单人旁 tan²⁴ zən⁵² pʰaŋ⁵² 亻
双人旁 ʂuaŋ²⁴ zən⁵² pʰaŋ⁵² 彳
弓长张 kuŋ²⁴ tʂʰaŋ⁵² tʂaŋ²⁴
口字框 kʰou⁵⁵ tsʅ³¹² kʰuaŋ³¹²
宝盖头 pau⁵⁵ kai³¹² tʰou⁵² 宀
秃宝盖 tʰu²⁴ pau⁵⁵ kai³¹² 冖
竖心旁 ʂu³¹² sin²⁴ pʰaŋ⁵² 忄
犬又旁 tɕyan⁵⁵ iou³¹² pʰaŋ⁵² 犭
单耳旁 tan²⁴ ər⁵⁵ pʰaŋ⁵²
双耳旁 ʂuaŋ²⁴ ər⁵⁵ pʰaŋ⁵²
左耳旁 tsuo⁵⁵ ər⁵⁵ pʰaŋ⁵²
右耳旁 iou³¹² ər⁵⁵ pʰaŋ⁵²
反文旁 fan²⁴ uən⁵² pʰaŋ⁵² 攵
王字旁 uaŋ⁵² tsʅ³¹² pʰaŋ⁵²
提土旁 tʰi⁵² tʰu⁵⁵ pʰaŋ⁵²
竹字头 tʂu²⁴ tsʅ³¹² tʰou⁵²
火字旁 xuo⁵⁵ tsʅ³¹² pʰaŋ⁵²
四点水 sʅ³¹² tian⁵⁵ ʂuei⁵⁵ 灬
三点水儿 san²⁴ tian⁵⁵ ʂuər⁵⁵ 氵
两点水儿 liaŋ⁵⁵ tian⁵⁵ ʂuər⁵⁵ 冫
病字框 piŋ³¹² tsʅ³¹² kʰuaŋ³¹² 疒
走之底 tsou⁵⁵ tʂʅ²⁴ ti⁵⁵ 辶
绞丝旁 tɕiau⁵⁵ sʅ²⁴ pʰaŋ⁵² 纟
提手旁 tʰi⁵² ʂou⁵⁵ pʰaŋ⁵² 扌
草字头 tsʰau⁵⁵ tsʅ³¹² tʰou⁵² 艹
门字框 mən⁵² tsʅ³¹² kʰuaŋ³¹²

立刀旁 li²⁴ tau²⁴ pʰaŋ⁵² 刂
衣襟旁 i²⁴ tɕin²⁴ pʰaŋ⁵² 衤
示襟旁 ʂʅ⁵² tɕin²⁴ pʰaŋ⁵² 礻
禾木旁 xuo⁵² mu²⁴ pʰaŋ⁵² 禾

**贰拾壹　文体活动**

（1）游戏、玩具

撑交 tʂʰəŋ²⁴ tɕiau²⁴ 两人变花样轮换翻动手指头上的线或细绳
放风筝 faŋ³¹² fəŋ²⁴ · tʂəŋ
藏老冇 tsʰaŋ⁵² lau⁵⁵ mau²⁴ 捉迷藏
踢毽子 tʰi²⁴ tɕian³¹² tsʅ⁵⁵
弹子儿 tʰan⁵² tsʅr⁵⁵ 弹球儿
打水漂儿 ta²⁴ ʂuei⁵⁵ pʰior²⁴
破谜儿 pʰɤ³¹² miər³¹² 猜谜儿
不倒翁 pu²⁴ tau⁵⁵ uŋ²⁴
麻将 ma⁵² tɕiaŋ³¹²
放炮 faŋ³¹² pʰau³¹² 放鞭炮
烟火 ian²⁴ · xuo
放烟花儿 faŋ³¹² ian²⁴ xuər²⁴
旗火 tɕʰi⁵² · xuo
摔面包 ʂuai²⁴ mian³¹² pau²⁴ 摔用纸叠成的四方形薄片
过家家 kuo³¹² tɕia²⁴ tɕia²⁴
演节目 ian⁵⁵ tsiɛ²⁴ · mu
拉弹弓 la²⁴ tan³¹² kuŋ²⁴
扔沙包 zəŋ²⁴ ʂa²⁴ pau²⁴
捏人人儿 niɛ²⁴ zən⁵² zər⁵² 用泥巴捏成的小人
丢手巾儿 tiou²⁴ ʂou⁵⁵ tɕiər²⁴ 丢手绢
杀羊羔 ʂa²⁴ iaŋ⁵² kau²⁴ 老鹰捉小鸡
跳绳 tʰiau²⁴ ʂəŋ⁵²
圪蹬 kɛ⁵² təŋ³¹² 单脚蹦
跳皮筋儿 tʰiau³¹² pʰi⁵² tɕiər²⁴

拨浪鼓 pɤ²⁴ laŋ³¹² ku⁵⁵

五子棋 u⁵⁵ tsʅ⁵⁵ tɕʰi⁵²

打扑克 ta⁵⁵ pʰu⁵² kɤ³¹²

接竹竿 tsiɛ²⁴ tʂu²⁴ ·kan

斗地主 tou³¹² ti³¹² tʂʅ⁵⁵

升级 ʂən²⁴ tɕi²⁴

跑嘞快 pʰau⁵⁵ ·lɛ kʰuai³¹²

单儿 tər²⁴ 一张扑克

炸弹 tʂa³¹² tan³¹² 四张一样的扑克

大鬼 ta³¹² kuei⁵⁵

小鬼 siau⁵⁵ kuei⁵⁵

跳棋 tʰiau³¹² tɕʰi⁵²

（2）体育

象棋 siaŋ³¹² tɕʰi⁵²

下棋 ɕia³¹² tɕʰi⁵²

将 tsiaŋ³¹²

帅 ʂuai³¹²

士 ʂʅ³¹²

象 siaŋ³¹²

相 siaŋ³¹²

车 tɕy²⁴

马 ma⁵⁵

炮 pʰau³¹²

兵 piŋ²⁴

卒 tsu⁵²

拔河 pa⁵² xɤ⁵²

游泳 iou⁵² yən⁵⁵

打球 ta⁵⁵ tɕʰiou⁵²

乒乓球 pʰiŋ²⁴ pʰaŋ²⁴ tɕʰiou⁵²

篮球 lan⁵² tɕʰiou⁵²

排球 pʰai⁵² tɕʰiou⁵²

足球 tsu²⁴ tɕʰiou⁵²

羽毛球 y⁵⁵ mau⁵² tɕʰiou⁵²

三级跳 san²⁴ tɕi²⁴ tʰiau³¹²

跳高 tʰiau³¹² kau²⁴

投铅球 tʰou⁵² tɕʰian²⁴ tɕʰiou⁵²

引体向上 in⁵⁵ tʰi⁵⁵ ɕiaŋ³¹² ʂaŋ³¹²

跑步 pʰau⁵⁵ pu³¹²

长跑 tʂʰaŋ⁵² pʰau⁵⁵

短跑 tuan⁵⁵ pʰau⁵⁵

接力赛 tsiɛ²⁴ li²⁴ sai³¹²

仰卧起坐 iaŋ⁵⁵ uo³¹² tɕʰi⁵⁵ tsuo³¹²

立定跳 li²⁴ tiŋ⁵⁵ tʰiau³¹²

铁饼 tʰiɛ²⁴ piŋ⁵⁵

标枪 piau²⁴ tsʰiaŋ²⁴

（3）武术、舞蹈

翻跟头 fan²⁴ kən²⁴ tʰou⁵²

翻车轱轮 fan²⁴ tʂʰə²⁴ ku²⁴ luən⁵² 连续翻好几个跟头

贴墙 tʰiɛ²⁴ tsʰiaŋ⁵² 倒立

踩高跷 tsʰai⁵⁵ kau²⁴ tɕʰiau²⁴

扭秧歌 niou⁵⁵ iaŋ²⁴ ·kɤ

打锣 ta⁵⁵ luo⁵²

跳舞 tʰiau³¹² u⁵⁵

杂技 tsa⁵² tɕi³¹²

把戏 pa⁵⁵ ɕi³¹²

歌舞 kɤ²⁴ u⁵⁵

（4）戏剧

会 xuei³¹² 农村的大集市，一般每个村一年一次会

正会 tʂəŋ³¹² xuei³¹²

看戏 kʰan³¹² ɕi³¹²

唱戏 tʂʰaŋ³¹² ɕi³¹²

戏台 ɕi³¹² tʰai⁵²

开戏 kʰai²⁴ ɕi³¹²

煞戏 ʂa³¹² ɕi³¹² 戏结束了

戏子 ɕi³¹² tsʅ⁵⁵

变魔术 pian³¹² mɤ⁵² ʂʅ⁵²

说书 ʂuə²⁴ ʂʅ²⁴

## 贰拾贰　动作

（1）一般动作

站 tʂan³¹²

立棱 li²⁴·ləŋ

跍蹲 ku²⁴ tuei²⁴ 蹲

绊倒 pan³¹² tau⁵⁵ 跌倒

使跟头 ʂɿə²⁴ kən²⁴ tʰou⁵² 翻跟头

摔跟头 ʂuai²⁴ kən²⁴ tʰou⁵²

抬头 tʰai⁵² tʰou⁵²

摇头 iau⁵² tʰou⁵²

点头 tian⁵⁵ tʰou⁵²

勾头 kou²⁴ tʰou⁵²

低头 ti²⁴ tʰou⁵²

扭头 niou⁵⁵ tʰou⁵² 回头

扭过去脸 niou⁵⁵ kuo³¹² tɕʰy³¹² lian⁵⁵ 脸转过去

谮脸 tsən⁵⁵ lian⁵⁵ 因不高兴而绷着脸

耷拉着脸 ta²⁴ la²⁴ tʂuo⁵⁵ lian⁵⁵

睁眼 tʂəŋ²⁴ ian⁵⁵

白瞪眼 pɛ⁵² təŋ³¹² ian⁵⁵

翻白眼 fan²⁴ pɛ⁵² ian⁵⁵

挤眼 tsɿ⁵⁵ ian⁵⁵

挤眉弄眼 tsɿ⁵⁵ mei⁵² nuŋ³¹² ian⁵⁵

塌蒙 tʰa²⁴ məŋ⁵² 眯缝眼

碍眼 ai³¹² ian⁵⁵ 碍事

迷瞪 mi⁵² təŋ³¹²

使眼色儿 ʂɿ⁵⁵ ian⁵⁵ ʂər²⁴ 递眼色

碰见 pʰəŋ³¹² tɕian²⁴ 遇见

瞅 tʂʰou⁵⁵ 看

掉泪 tiau³¹² luei³¹²

张开嘴 tʂaŋ²⁴ kʰai²⁴ tsuei⁵⁵

绷住嘴 pəŋ⁵⁵ tʂʅ³¹² tsuei⁵⁵ 闭嘴

撇嘴 pʰiɛ⁵⁵ tsuei⁵⁵

噘嘴 tɕyɛ²⁴ tsuei⁵⁵

抿嘴 min⁵⁵ tsuei⁵⁵

嗍 suo²⁴ 吮吸

呲牙 tsʰʅ²⁴ ia⁵²

举手 tɕy⁵⁵ ʂou⁵⁵

握手 uo²⁴ ʂou⁵⁵

松手 suŋ²⁴ ʂou⁵⁵

动手 tuŋ³¹² ʂou⁵⁵

拍巴掌 pɛ²⁴ pa²⁴·tʂaŋ

冻手 tuŋ³¹² ʂou⁵⁵

丢手 tiou²⁴ ʂou⁵⁵

掰哧 pɛ²⁴ tʂʰʅ⁵² 双手不停地做小动作

抠哧 kʰou²⁴ tʂʰʅ⁵²

捂住 u⁵⁵ tʂʅ³¹²

揪 tsiou²⁴

噔倒 təŋ²⁴·tau 用两个容器来回倒而使液体迅速冷却

把尿 pa⁵⁵ niau³¹²

扶住 fu⁵² tʂʅ³¹² 扶着

弹指头 tʰan⁵² tsɿ²⁴ tʰou⁵²

搦住手 nuo²⁴ tʂʅ³¹² ʂou⁵⁵ 攥起拳头

捋 ly²⁴ 用手捋取

够 kou³¹² 用手或其他工具取高处的东西

捆 təŋ³¹² 拉紧

跺脚 tuo³¹² tɕyo²⁴

翘起ᴴ脚 tɕiau³¹² tɕʰiai⁵⁵ tɕyo²⁴ 跷脚

崴脚 uai⁵⁵ tɕyo²⁴ 扭伤脚

仰八叉 iaŋ⁵²·pa tʂʰa²⁴ 四脚朝天

翘腿 tɕiau³¹² tʰuei⁵⁵ 跷二郎腿

晃腿 xuaŋ³¹² tʰuei⁵⁵ 抖腿

踢腿 $t^hi^{24}$ $t^huei^{55}$
弯腰 $uan^{24}$ $iau^{24}$
伸腰 $tʂ^hən^{24}$ $iau^{24}$
卡腰 $tɕ^hia^{312}$ $iau^{24}$
撅屁股 $tɕyɛ^{24}$ $p^hi^{312}$ $ku^{55}$
挠痒 $nau^{52}$ $iaŋ^{55}$
捶背 $tʂ^huei^{52}$ $pei^{312}$
擤 $siŋ^{55}$
打嚏吩 $ta^{55}$ $t^hi^{312}$ •$fən$ 打喷嚏
蛤撒 $xɛ^{52}$ •$sa$ 因冷而发抖
闻 $uən^{52}$
哭 $k^hu^{24}$
说 $ʂuo^{24}$
窜 $ts^huan^{24}$ 跑
跑 $p^hau^{55}$
撵 $nian^{55}$ 追赶
秃噜 $t^hu^{24}$ •$lu$ 滑下去
骨涌 $ku^{24}$ $yəŋ^{52}$ 蠕动
撵上 $nian^{55}$ $ʂaŋ^{312}$ 追上
搭住 $k^hɛ^{52}$ $tʂʅ^{312}$ 抓住
走 $tsou^{55}$
隔山蹦 $^D kɛ^{24}$ $ʂan^{24}$ $pə̃^{312}$ 跳
搁 $kɤ^{24}$ 放
扳 $pan^{24}$
兑 $tuei^{312}$
收拾 $ʂou^{24}$ •$ʂʅ$
拾掇 $ʂʅ^{52}$ $tau^{312}$
挑 $t^hiau^{24}$
拣 $tɕian^{55}$
掂 $tian^{24}$
丢 $tiou^{24}$
找着 $tʂau^{55}$ $tʂuo^{52}$ 找到
勩 $uəŋ^{24}$ 推

剩 $ʂəŋ^{312}$
呲 $ts^hʅ^{24}$ 喷水
翻个卜愣 $fan^{24}$ $kə^{312}$ $pu^{24}$ •$ləŋ$ 翻身
（2）心理活动
知 $^H tʂo^{24}$ 知道
会 $xuei^{312}$
认嘞 $zən^{312}$ •$lɛ$ 认得
不认嘞 $pu^{52}$ $zən^{312}$ •$lɛ$ 不认得
不认识 $pu^{52}$ $zən^{312}$ •$ʂʅ$
想想 $siaŋ^{55}$ •$siaŋ$
想通了 $siaŋ^{55}$ $t^huŋ^{24}$ $lɤ^{55}$
想不通 $siaŋ^{55}$ $pu^{24}$ $t^huŋ^{24}$
估摸 $ku^{55}$ $mɤ^{24}$ 估量
约摸 $yo^{24}$ $mɤ^{24}$
出点儿 $tʂʅ^{24}$ $tiər^{55}$
想办法 $siaŋ^{55}$ $pan^{312}$ $fa^{24}$
想法儿 $siaŋ^{55}$ $fɚ^{24}$
动脑子 $tuŋ^{312}$ $nau^{55}$ •$tsʅ$
合计 $xɤ^{52}$ $tɕi^{312}$ 算计
猜着 $ts^hai^{24}$ $tʂuo^{52}$
觉嘞 $tɕyo^{24}$ •$lɛ$
信 $sin^{312}$
想着 $siaŋ^{55}$ $tʂuo^{52}$
八成 $pa^{24}$ $tʂ^hən^{52}$
大约摸 $ta^{312}$ $yo^{24}$ $mɤ^{24}$
拿不定主意 $na^{52}$ $pu^{52}$ $tiŋ^{312}$ $tʂu^{55}$ $i^{312}$
小心 $siau^{55}$ $sin^{24}$
怕 $p^ha^{312}$
害怕 $xai^{312}$ $p^ha^{312}$
吓嘞慌 $ɕia^{312}$ •$lɛ$ $xuaŋ^{24}$
发毛 $fa^{24}$ $mau^{52}$
吓掉魂 $ɕia^{312}$ $tiau^{312}$ $xuən^{52}$
吓一跳 $ɕia^{312}$ $i^{55}$ $t^hiau^{312}$

使急 ʂʅə²⁴ tɕi⁵² 着急
急嘞慌 tɕi⁵² · lɛ xuaŋ²⁴
白使急 pɛ⁵² ʂʅə²⁴ tɕi⁵² 别着急
想嘞慌 siaŋ⁵⁵ · lɛ xuaŋ²⁴ 挂念
放心 faŋ³¹² sin²⁴
操心 tsʰau²⁴ sin²⁴
指望 tʂʅ⁵⁵ uaŋ³¹² 依靠
记好 tɕi³¹² xau⁵⁵
记住 tɕi³¹² tʂʅ³¹²
忘了 uaŋ³¹² lɤ⁵⁵
想起ᴴ了 siaŋ⁵⁵ tɕʰiai⁵² lɤ⁵⁵
稀罕 ɕi²⁴ · xan
图 tʰu⁵² 贪图
眼气 ian⁵⁵ tɕʰi³¹² 羡慕
烦人 fan⁵² ʐən⁵²
恼嘞慌 nau⁵⁵ · lɛ xuaŋ²⁴
恼死了 nau⁵⁵ sʅ⁵⁵ lɤ⁵⁵
偏心眼 pʰian²⁴ sin²⁴ ian⁵⁵
怄气 ou³¹² tɕʰi³¹²
论堆儿 luan³¹² tuər²⁴
埋怨 man⁵² yan³¹² 抱怨
不吭气 pu²⁴ kʰəŋ²⁴ tɕʰi³¹² 不说话
憋气不吭 piɛ²⁴ tɕʰi³¹² pu²⁴ kʰəŋ²⁴
气 tɕʰi³¹²
搁气 kɤ²⁴ tɕʰi³¹² 小孩之间吵架或打架
发脾气 fa²⁴ pʰi⁵² tɕʰi³¹²
可惜 kʰɤ²⁴ siɛ⁵⁵
待见 tai³¹² · tɕian 喜欢
可烦 kʰɤ²⁴ fan⁵²
惯 kuan³¹² 娇惯
让 ʐaŋ³¹²
憋住 piɛ²⁴ tʂʅ³¹² 忍住

入喁 ʐu²⁴ tsuo⁵² 如愿
顺心 ʂuən³¹² sin²⁴
不高兴 pu²⁴ kau²⁴ ɕiŋ³¹²

（3）语言动作

说话 ʂuo²⁴ xua³¹²
拉家常 la²⁴ tɕia²⁴ tʂaŋ⁵² 聊天
喷空儿 pʰən²⁴ kʰuər²⁴
喷 pʰən²⁴ 说大话
瞎喷 ɕia²⁴ pʰən²⁴ 瞎吹
搭腔儿 ta²⁴ tɕʰiãr²⁴
搭理 ta²⁴ · li
不吭气儿 pu²⁴ kʰəŋ²⁴ tɕʰiər²⁴
诓 kʰuaŋ²⁴
哄 xuŋ⁵⁵
说一声 ʂuo²⁴ i⁵⁵ ʂəŋ²⁴
抬杠 tʰai⁵² kaŋ³¹²
顶嘴 tiŋ⁵⁵ tsuei⁵⁵
犟嘴 tɕiaŋ³¹² tsuei⁵⁵
撇嘴 pʰiɛ⁵⁵ tsuei⁵⁵
翻嘴 fan²⁴ tsuei⁵⁵
学学 ɕyo⁵² ɕyo⁵²
插话 tʂʰa²⁴ xua³¹²
吵架 tʂʰau⁵⁵ tɕia³¹²
磨嘴 mɤ⁵² tsuei⁵⁵ 争辩
磨牙 mɤ⁵² ia⁵²
打架 ta⁵⁵ tɕia³¹²
骂街 ma³¹² tɕiɛ²⁴
带把儿 tai³¹² pər³¹² 说脏话
吵 tsʰau⁵⁵ 责备
笑话 siau³¹² · xua 讥笑
挨吵 ai⁵² tsʰau⁵⁵ 挨批评
数落 ʂu⁵⁵ luo³¹²

嘟噜 tu²⁴·lu 唠叨
叫 tɕiau³¹²
咋呼 tʂa²⁴·xu
搭腔 ta²⁴ tɕʰian²⁴ 搭话
嘟嚷 tu²⁴·naŋ
叫魂儿 tɕiau³¹² xuər⁵²
胡连 xu⁵² lian²⁴ 胡扯
挨打 ai⁵² ta⁵⁵
吱声 tʂʅ²⁴ ʂəŋ²⁴ 说话

（4）其他动作

兴 ɕiŋ²⁴ 流行
鼓捣 ku⁵⁵·tau
上脸 ʂaŋ³¹² lian⁵⁵
摆治 pai⁵⁵ tʂʅ³¹² 修理
睖中 ləŋ²⁴ tʂuŋ²⁴ 看上
妆光 tʂuaŋ⁵⁵ kuaŋ²⁴
妆脸 tʂuaŋ⁵⁵ lian⁵⁵
济事 tsʅ³¹² ʂʅ³¹² 顶事
踢拉 tʰɛ²⁴·la 走路时鞋子在地上拖着走
拖拉 tʰuo²⁴·la
扑闪 pʰu²⁴ ʂan⁵² 忽闪
骨轮 ku²⁴ luən⁵² 滚动
挛 lyan⁵⁵ 铲
搕 kʰɛ⁵² 捉
保准 pau⁵⁵ tʂuan⁵⁵ 担保
查 tʂʰa⁵² 数
甭 piŋ⁵² 不用
不胜 pu⁵² ʂəŋ³¹² 不如
依 i²⁴ 顺从
不依 pu²⁴ i²⁴ 不顺从
吃劲 tʂʰʅ²⁴ tɕin³¹²

打别 ta⁵⁵ piɛ³¹² 闹别扭
打滑 ta⁵⁵ xua⁵² 因路面滑而易摔倒
屙 ə²⁴
擦包 tsʰa²⁴ pau²⁴ 擦屁股
㩲 xuo²⁴ 泼洒
捞 lau²⁴ 拉
争竞 tʂəŋ²⁴ tɕiŋ⁵⁵ 计较
吃没趣 tʂʰʅ²⁴ mu⁵² tʂʰy³¹² 受到批评或冷遇
招没趣 tʂau²⁴ mu⁵² tʂʰy³¹² 自找没趣
㮦 tʂʰu²⁴ 缩小
当家儿 taŋ²⁴ tɕier²⁴
不当家儿 pu²⁴ taŋ²⁴ tɕier²⁴
烧燥 ʂau²⁴·tsau
谝 pʰian⁵⁵ 夸耀
撂 liau³¹²
去 tɕʰy³¹²
摧 tɕʰyo²⁴ 捣；上当受骗
揳 siɛ²⁴ 把楔子、钉子等锤打到物体里面
作践 tsuo²⁴ tsian³¹² 糟蹋自己

## 贰拾叁 位置

上面 ʂaŋ³¹²·mian
下面 ɕia³¹²·mian
地下 ti³¹²·ɕiɛ
地上 ti³¹² ʂaŋ³¹²
天上 tʰian²⁴ ʂaŋ³¹²
山上 ʂan²⁴ ʂaŋ³¹²
路上 lu³¹² ʂaŋ³¹²
墙上 tsʰiaŋ⁵² ʂaŋ³¹²
门上 mən⁵² ʂaŋ³¹²
桌ᶻ上 tʂuːou²⁴ ʂaŋ³¹²
椅儿上 iər⁵⁵ ʂaŋ³¹² 椅子上

蹾儿上 tuər²⁴ ʂaŋ³¹²

顶儿 tiə̃r⁵⁵

里头 li⁵⁵·tʰou

里面儿 li⁵⁵ miər²⁴

外面儿 uai³¹² miər²⁴

手里头 ʂou⁵⁵ li⁵⁵·tʰou

心里头 sin²⁴ li⁵⁵·tʰou

地里头 ti³¹² li⁵⁵·tʰou

车里头 tʂʰə²⁴ li⁵⁵·tʰou

车前面儿 tʂʰə²⁴ tsʰian⁵² miər²⁴

车后面儿 tʂʰə²⁴ xou³¹² miər²⁴

前面儿 tsʰian⁵² miər²⁴

后面儿 xou³¹² miər²⁴

房后面儿 faŋ⁵² xou³¹² miər²⁴

背后儿 pei³¹² xor³¹²

东 tuŋ²⁴

西 sɿ²⁴

南 nan⁵²

北 pei²⁴

东南 tuŋ²⁴ nan⁵²

东北 tuŋ²⁴ pei²⁴

西南 sɿ²⁴ nan⁵²

西北 sɿ²⁴ pei²⁴

路边儿 lu³¹² piər²⁴

当间儿 taŋ²⁴ tɕiər⁵²

床底下 tʂʰuaŋ⁵² ti⁵⁵ ɕiɛ³¹²

楼底下 lou⁵² ti⁵⁵ ɕiɛ³¹²

脚底下 tɕyo²⁴ ti⁵⁵ ɕiɛ³¹²

碗底儿 uan⁵⁵ tiər⁵⁵

锅底儿 kuo²⁴ tiər⁵⁵

缸底儿 kaŋ²⁴ tiər⁵⁵

一边儿 i²⁴ piər²⁴ 旁边

边儿上 piər²⁴·ʂaŋ 附近

跟赶 kən²⁴·kan 跟前儿

左面儿 tsuo⁵⁵ miər²⁴ 左边

右面儿 iou³¹² miər²⁴ 右边

朝里走 tʂhau⁵² li⁵⁵ tsou⁵⁵

朝外走 tʂhau⁵² uai³¹² tsou⁵⁵

朝东走 tʂhau⁵² tuŋ²⁴ tsou⁵⁵

朝西走 tʂhau⁵² sɿ²⁴ tsou⁵⁵

往回走 uaŋ⁵⁵ xuei⁵² tsou⁵⁵

往前走 uaŋ⁵⁵ tsʰian⁵² tsou⁵⁵

东面儿 tuŋ²⁴ miər²⁴

西面儿 sɿ²⁴ miər²⁴

南面儿 nan⁵² miər²⁴

北面儿 pei²⁴ miər²⁴

### 贰拾肆　代词等

俺 an⁵⁵

我 uo⁵⁵

恁 nən⁵⁵

你 ni⁵⁵

您 nən⁵⁵

他 tʰa⁵⁵

自 ᴴtsia³¹² 自己

俺几 ᴴan⁵⁵ tɕiɛ⁵⁵ 俺几个

咱们 tsan⁵²·mən

他几 ᴴtʰa⁵⁵ tɕiɛ⁵⁵ 他几个

您 nən⁵⁵

人家 zən⁵²·tɕiɛ

人 ᴴiæ⁵² 人家

大家伙儿 ta³¹² tɕia²⁴ xuor⁵⁵

谁 ʂuei⁵²

这个 tʂʅ³¹²·kɤ

那个 na³¹²·kɤ

哪个 na⁵⁵·kɤ

这 tʂʅə³¹²

那 na³¹²

哪 na⁵⁵

这儿 tʂʅər³¹² 这里

那儿 nɐr³¹² 那里

哪儿 nɐr⁵⁵ 哪里

镇 tʂən³¹² 这么

恁 nən³¹² 那么

这样 tʂʅə³¹² iaŋ³¹² 这么（做）

那样 na³¹² iaŋ³¹² 那么（做）

咋 tsa⁵⁵ 怎么（做）

咋办 tsa⁵⁵ pan³¹² 怎么办

啥 ʂa³¹² 什么

为啥 uei³¹² ʂa³¹² 为什么

多少 tuo²⁴ ʂau⁵⁵

多 tuo²⁴

俺俩 an⁵⁵ lia⁵⁵ 我俩

咱俩 tsan⁵² lia⁵⁵

恁俩 nən⁵⁵ lia⁵⁵ 你俩

他俩 tʰa⁵⁵ lia⁵⁵

两口 liaŋ⁵² kʰou⁵⁵

娘儿俩 niãr⁵² lia⁵⁵

爷儿俩 iər⁵² lia⁵⁵

爷孙俩 iɛ⁵² suan²⁴ lia⁵⁵

妯儿俩 tʂuər⁵² lia⁵⁵

姑嫂俩 ku⁵⁵ sau⁵⁵ lia⁵⁵

婆媳俩 pʰɤ⁵² sʅ⁵² lia⁵⁵

姊妹俩 tsʅ⁵⁵ mei³¹² lia⁵⁵ 姐妹俩

兄妹俩 ɕyŋ²⁴ mei³¹² lia⁵⁵

姐弟俩 tsiɛ⁵⁵ ti³¹² lia⁵⁵

舅甥俩 tɕiou³¹² ʂəŋ²⁴ lia⁵⁵

姑侄俩 ku⁵⁵ tʂʅ⁵² lia⁵⁵

叔侄俩 ʂu⁵⁵ tʂʅ⁵² lia⁵⁵

师徒俩 ʂʅ²⁴ tʰu⁵² lia⁵⁵

姑嫂 ku⁵⁵ sau⁵⁵

师徒 ʂʅ²⁴ tʰu⁵²

老师学生 lau⁵⁵ ʂʅ²⁴ ɕyo⁵²·ʂəŋ

这些理儿 tʂʅə³¹² siɛ⁵⁵ liər⁵⁵

那些事儿 na³¹² siɛ⁵⁵ ʂʅər³¹²

## 贰拾伍　形容词

好 xau⁵⁵

不赖 pu⁵² lai³¹²

中 tʂuŋ²⁴ 好，行

不中 pu²⁴ tʂuŋ²⁴

中用 tʂuŋ²⁴ yŋ³¹² 好用

中吃 tʂuŋ²⁴ tʂʅ²⁴ 好吃

中听 tʂuŋ²⁴ tʰiŋ²⁴ 好听

不错 pu⁵² tsʰuo³¹²

真中 tʂən²⁴ tʂuŋ²⁴

差不多 tʂʰa²⁴ pu²⁴ tuo²⁴

不咋着 pu²⁴ tsa⁵⁵ tʂuo⁵² 不怎么样

不当事儿 pu²⁴ taŋ⁵² ʂʅər³¹²

赖 lai³¹²

孬 nau²⁴

赖种 lai³¹² tʂuaŋ⁵⁵ 心眼坏的人

赖孙 lai³¹² suan²⁴

孬孙 nau²⁴ suan²⁴

呲毛 tsʰʅ²⁴ mau⁵²

凑合 tsʰou³¹²·xuo

好看 xau⁵⁵ kʰan³¹²

齐整 tsʰʅ⁵² tʂəŋ⁵⁵ 形容女人长得好看

排场 pʰai⁵²·tʂaŋ 形容男人长得好看

恶心人 ɤ²⁴ sin²⁴ zən⁵² 丑（难看）
霉气 mei⁵² tɕʰi³¹² 倒霉
老气 lau⁵⁵ tɕʰi³¹²
大气 ta³¹² tɕʰi³¹²
小气 siau⁵⁵ tɕʰi³¹² 指人很吝啬
不好看 pu²⁴ xau⁵⁵ kʰan³¹²
要紧 iau³¹² tɕin⁵⁵
热闹 ʐʅ²⁴ · nau
结实 tɕiɛ²⁴ · ʂʅ
牢稳 lau⁵² · uən
不碍事 pu⁵² ai³¹² ʂʅ³¹² 没关系
拽 tʂuai⁵⁵ 时髦
别 piɛ³¹² 犟
打别 ta⁵⁵ piɛ³¹² 犟
不沾弦 pu²⁴ tʂan²⁴ ɕian⁵² 不行，不靠谱
妥了 tʰuo⁵⁵ lɤ⁵⁵ 好了
冇耳性 mau²⁴ ər⁵⁵ sin³¹²
冒失 mau²⁴ ʂʅ⁵⁵
不省事 pu²⁴ sen⁵⁵ ʂʅ³¹²
气人 tɕʰi³¹² zən⁵² 使人生气
恶心人 ɤ²⁴ sin²⁴ zən⁵² 使人恶心
寒碜人 xan⁵² tʂʰən³¹² zən⁵²
瘆人 ʂən³¹² zən⁵² 害怕
支棱 tʂʅ²⁴ ləŋ⁵² 竖起；穿得很整齐
刺挠 tsʰʅ³¹² · nau 痒
面 mian³¹²
瓤 ʐaŋ⁵² 蒸馍时发的面比较虚；形容身体软弱；形容物品不经用
主贵 tʂu⁵⁵ kuei³¹²
澥 siɛ³¹² 稀饭变稀了
圪蔫 kɛ²⁴ · ian
硬 əŋ³¹²
硬邦邦嘞 əŋ³¹² paŋ⁵⁵ paŋ⁵⁵ ·lɛ

软 zuan⁵⁵
软叽叽嘞 zuan⁵⁵ tsʅ²⁴ tsʅ²⁴ ·lɛ
干净净 kan²⁴ tsiŋ³¹² · tsiŋ
脏 tsaŋ²⁴
脏不拉叽 tsaŋ²⁴ pu²⁴ la²⁴ tsʅ²⁴ 很脏
咸 ɕian⁵²
甜 tʰian⁵²
清汤寡水 tsʰiŋ²⁴ tʰaŋ²⁴ kua⁵⁵ ʂuei⁵⁵
香 ɕiaŋ²⁴
香喷喷 ɕiaŋ²⁴ pʰən²⁴ pʰən²⁴
臭 tʂʰou³¹²
臭烘烘 tʂʰou³¹² xuŋ²⁴ xuŋ²⁴
酸 suan²⁴
酸溜溜 suan²⁴ liou²⁴ liou²⁴
酸不拉叽 suan²⁴ pu²⁴ la²⁴ tsʅ²⁴
甜 tʰian⁵²
甜丝丝 tʰian⁵² sʅ²⁴ sʅ²⁴
甜不叽叽 tʰian⁵² pu²⁴ tsʅ²⁴ tsʅ²⁴
苦 kʰu⁵⁵
辣 la²⁴
辣酥酥 la²⁴ su⁵² su⁵²
稀 ɕi²⁴
稠 tʂʰou⁵²
胖 pʰaŋ³¹²
胖嘟嘟 pʰaŋ³¹² · tu · tu
胖乎乎 pʰaŋ³¹² · xu · xu
瘦 ʂou³¹²
暄 xyan²⁴ 指馒头比较软
得劲儿 tɛ⁵² tɕiər³¹²
得 tɛ²⁴
脸皮薄 lian⁵⁵ pʰi⁵² pɤ⁵² 腼腆
肉 zou³¹²

听话 tʰiŋ²⁴ xua³¹² 乖

皮 pʰi⁵² 不听话

真中 tʂən²⁴ tʂuŋ²⁴ 真行

不中 pu²⁴ tʂuŋ²⁴

没良心 mu⁵² liaŋ⁵² sin²⁴

有眼色 iou⁵⁵ ian⁵⁵ •ʂɛ 有眼力，机灵

精 tsiŋ²⁴

没眼色 mu⁵² ian⁵⁵ •ʂɛ

麻利 ma⁵² li³¹² 利索

巧 tɕʰiau⁵⁵ 灵巧

马虎 ma²⁴ •xu

糊涂 xu⁵² •tu

马虎登 ma²⁴ •xu təŋ²⁴ 糊涂虫

犟筋 tɕiaŋ³¹² tɕin²⁴

家伙 tɕia²⁴ •xuo

老抠 lau⁵⁵ kʰou²⁴

大方 ta³¹² •faŋ

张精 tʂaŋ²⁴ •tsiŋ 夸张

囫囵 xu⁵² luən³¹²

浑 xuən⁵²

凸 tʰu²⁴

凹 ua³¹²

凉快 liaŋ⁵² •kʰuai

活络 xuo⁵² luo³¹²

地道 ti³¹² •tau

利量 li³¹² •liaŋ 麻利

没成色 mu⁵² tʂʰəŋ⁵² •ʂɛ

仔细 tsʅ⁵⁵ sʅ³¹² 节约

热 ʐʅ²⁴

热嘞慌 ʐʅ²⁴ •lɛ xuaŋ²⁴

热嘞很 ʐʅ²⁴ •lɛ xən³³

冷 ləŋ⁵⁵

冷嘞慌 ləŋ⁵⁵ •lɛ xuaŋ²⁴ 很冷的样子

冷呵呵嘞 ləŋ⁵⁵ xɤ⁵⁵ xɤ⁵² •lɛ

冻嘞慌 tuŋ³¹² •lɛ xuaŋ²⁴

饥嘞慌 tɕi²⁴ •lɛ xuaŋ²⁴

使嘞慌 ʂʅ⁵⁵ •lɛ xuaŋ²⁴ 很累的样子

喧嘞慌 iɛ²⁴ •lɛ xuaŋ²⁴

渴嘞慌 kʰɤ²⁴ •lɛ xuaŋ²⁴ 很渴的样子

多 tuo²⁴

少 ʂau⁵⁵

大 ta³¹²

小 siau⁵⁵

长 tʂʰaŋ⁵²

短 tuan⁵⁵

宽 kʰuan²⁴

窄 tʂɛ²⁴

厚 xou³¹²

厚墩墩 xou³¹² •tuən •tuən

薄 pɤ⁵²

薄溜溜 pɤ⁵² liou²⁴ liou²⁴

深 tʂən²⁴

浅 tsʰian⁵⁵

高 kau²⁴

低 ti²⁴

正 tʂəŋ³¹²

歪 uai²⁴

斜 siɛ⁵²

不大儿 pu⁵² tər³¹² 很小

镇深儿 tʂən³¹² tʂʰər²⁴ 不深

镇深 tʂən³¹² tʂʰən²⁴ 很深

镇长儿 tʂən³¹² tʂʰãr⁵² 不长

镇长 tʂən³¹² tʂʰaŋ⁵² 很长

恁高儿 nən³¹² kor²⁴ 不高

恁高 nən³¹² kau²⁴ 很高

湿溜溜 ʂɿ²⁴ liou⁵² liou⁵²

光捻 kuaŋ²⁴ · nian 很光滑

光牛牛 kuaŋ²⁴ niou⁵² niou⁵²

涩 ʂɛ²⁴ 粗糙

涩拉拉 ʂɛ²⁴ la⁵² la⁵²

红 xuŋ⁵²

大红 ta³¹² xuŋ⁵²

二红 ər³¹² xuŋ⁵²

粉红 fən⁵⁵ xuŋ⁵²

深红 tʂʰən²⁴ xuŋ⁵²

浅红 tsʰian⁵⁵ xuŋ⁵²

枣红 tsau⁵⁵ xuŋ⁵²

蓝 lan⁵²

浅蓝 tsʰian⁵⁵ lan⁵²

深蓝 tʂʰən²⁴ lan⁵²

天蓝 tʰian²⁴ lan⁵²

绿 ly²⁴

草绿 tsʰau⁵⁵ ly²⁴

浅绿 tsʰian⁵⁵ ly²⁴

白 pɛ⁵²

鱼白 y⁵² pɛ⁵²

灰白 xuei²⁴ pɛ⁵²

牙白 ia⁵² pɛ⁵²

漂白 pʰiau⁵⁵ pɛ⁵²

灰 xuei²⁴

深灰 tʂʰən²⁴ xuei²⁴

浅灰 tsʰian⁵⁵ xuei²⁴

黄 xuaŋ⁵²

黄洋洋 xuaŋ⁵² iaŋ⁵² iaŋ⁵²

杏黄 ɕiŋ³¹² xuaŋ⁵²

深黄 tʂʰən²⁴ xuaŋ⁵²

浅黄 tsʰian⁵⁵ xuaŋ⁵²

蛋黄 tan³¹² xuaŋ⁵²

桔黄 tɕy²⁴ xuaŋ⁵²

青 tsʰiŋ²⁴

青丝丝 tsʰiŋ²⁴ sɿ²⁴ sɿ²⁴

麦青 mɛ²⁴ tsʰiŋ²⁴

紫 tsɿ⁵⁵

洋紫 iaŋ⁵² tsɿ⁵⁵

黑 xɛ²⁴

黑咕隆咚 xɛ²⁴ ku⁵⁵ luŋ⁵² tuŋ²⁴

黑牛牛 xɛ²⁴ niou⁵² niou⁵²

黑乎乎 xɛ²⁴ xu⁵² xu⁵²

黑洞洞 xɛ²⁴ tuŋ⁵² tuŋ⁵²

黑不溜秋 xɛ²⁴ pu²⁴ liou²⁴ tsʰiou²⁴

### 贰拾陆　副词、介词等

将 tɕian²⁴ 刚

看好儿 kʰan³¹² xor⁵⁵ 刚好

正好儿 tʂəŋ³¹² xor⁵⁵

正得 tʂəŋ³¹² tɛ²⁴ 合适

光 kuaŋ²⁴ 只

有点儿 iou⁵⁵ tiər⁵⁵

恐怕 kʰuŋ⁵⁵ pa³¹²

可能 kʰɤ⁵⁵ nəŋ⁵²

一会儿 i⁵⁵ xuər³¹²

早晚 tsau⁵⁵ uan⁵⁵

眼看 ian⁵⁵ kʰan³¹²

幸亏 ɕiŋ³¹² kʰuei²⁴

当面 taŋ²⁴ mian³¹²

背地 pei³¹² ti³¹²

一齐儿 i²⁴ tsʰɿər⁵² 一块儿

总共 tsuŋ⁵⁵ kuŋ³¹²

兴许 ɕiŋ²⁴ ɕy⁵⁵ 也许

全当 tsʰyan⁵² taŋ²⁴ 只当
趁住 tʂʰən³¹² ·tʂʅ
到底 tau³¹² ti⁵⁵
压根儿 ia²⁴ kər²⁴
可 kʰɤ⁵⁵
忒 tʰɛ²⁴ 很
共满 kuŋ²⁴ ·man 一共
白 pɛ⁵² 不要
不 pu²⁴
冇 mau²⁴
偏 pʰian²⁴
胡 xu⁵²
乱 luan³¹²
先 sian²⁴
早先 tsau⁵⁵ sian²⁴
另外 liŋ³¹² uai³¹²
格外 kɛ⁵² uai³¹²
都（斗）tou²⁴ 就
随 ᴅsuɛ⁵²
随 ᴅ都 suɛ⁵² tou²⁴
随 ᴅ可 suɛ⁵² kʰɤ⁵⁵
老 lau⁵⁵
成天 ᶻtʂʰəŋ⁵² tʰiæ²⁴
天天儿 tʰian²⁴ tʰiər²⁴
争个 tsəŋ²⁴ kə
不定啥时候 pu⁵² tiəŋ³¹² ʂa³¹² ʂʅ⁵² xou³¹²
绷个仨儿嘞 pəŋ²⁴ kɤ²⁴ sər²⁴ ·lɛ
不知ᴴ啥时候 pu⁵² ʐɔ²⁴ ʂa³¹² ʂʅ⁵² xou³¹²
些 ɕiɛ²⁴
略稍 luo²⁴ ʂau⁵⁵
镇 tʂən³¹² 这么
恁 nən³¹² 那么

不咋儿 pu²⁴ ·tsɐr
净 tsiŋ³¹²
狠 xən⁵⁵
当模儿 taŋ⁵⁵ mɤr²⁴
赗 tsʰiŋ⁵²
才说 tsʰai⁵² ʂuə²⁴
叫 tɕiau³¹² 被
对 tuei³¹²
往 uaŋ⁵⁵
从 tsʰoŋ⁵²
打 ta⁵⁵
打从 ta⁵⁵ tsʰuŋ⁵²
朝 tʂʰau⁵²
搁（给）kɤ²⁴
待 tai³¹² 在
离 li³¹²
挼 ia³¹²
遛 liu⁵²
沿住 ian⁵² ·tʂʅ
顺住 ʂuən³¹² ·tʂʅ
冲住 tʂʰuŋ³¹² ·tʂʅ
对住 tuei³¹² ·tʂʅ
替 ᴅtʰiɛ³¹²
跟 ᴅkɛ²⁴
比 ᴅpiɛ⁵⁵
除出 ᴴtʂʰʯ⁵² ·tʂʰuai
使 ᴅʂʯ⁵⁵
掌 ᴅtʂəŋ⁵⁵
用 yəŋ³¹²
趁 ᴅtʂʰən³¹²
按 ᴅæ³¹²
照住 tʂau²¹³ ·tʂʅ
依 ᴅiɛ²⁴

凭 pʰiəŋ⁵²
论 luən³¹²
尽 ᴅtɕiɛn⁵⁵
撑 ᴅtʂʰɔ̃²⁴
为 ᴅuɛ³¹²

## 贰拾柒 量词

一 ᴴyo⁵² 一个
一 ᴴ（椅） yo⁵² 一把（椅子）
一 ᴴ（奖章） yo⁵² 一枚（奖章）
一 ᴴ（马） yo⁵² 一匹（马）
一 ᴴ（手巾） yo⁵² 一条（手巾）
一 ᴴ（笔） yo⁵² 一支（笔）
一 ᴴ（萝卜） yo⁵² 一根（萝卜）
一 ᴴ（客人） yo⁵² 一个（客人）
一 ᴴ（花瓣） yo⁵² 一瓣（花瓣）
一头（牛） i²⁴ tʰou⁵²
一封（信） i²⁴ fəŋ²⁴
一条（河） i²⁴ tʰiau⁵²
一顶（帽子） i²⁴ tiŋ⁵⁵
一朵（花儿） i²⁴ tuo⁵⁵
一枝（花儿） i²⁴ tʂʅ²⁴
一顿（饭） i⁵² tuən³¹²
一辆（车） i⁵² liaŋ³¹²
一柱（香） i⁵² tʂu³¹²
一只（手） i²⁴ tʂʅ²⁴
一盏（灯） i²⁴ tʂan⁵⁵
一张（桌子） i²⁴ tʂaŋ²⁴
一桌（酒席） i²⁴ tʂuo²⁴
一场（雨） i²⁴ tʂʰaŋ⁵⁵
一出（戏） i²⁴ tʂʰu²⁴
一床（被子） i²⁴ tʂʰuaŋ⁵²
一身儿（棉衣） i²⁴ ʂər²⁴

一杆（枪） i²⁴ kan⁵⁵
一根儿（头发） i²⁴ kər²⁴
一泡（尿） i²⁴ pʰau²⁴
一棵（树） i²⁴ kʰuo²⁴
一块儿（砖） i⁵² kʰuər³¹²
一头（猪） i²⁴ tʰou⁵²
一口儿（人） i²⁴ kʰor⁵⁵
两口儿 liaŋ⁵⁵ kʰor⁵⁵
一家（铺子） i²⁴ tɕia²⁴
一架（飞机） i⁵² tɕia³¹²
一间（屋） i²⁴ tɕian²⁴
一所（房子） i²⁴ suo⁵⁵
一套 i⁵² tʰau³¹²
一件（衣裳） i⁵² tɕian³¹²
一行（字） i²⁴ xaŋ⁵²
一篇（文章） i²⁴ pʰian²⁴
一页儿（书） i²⁴ iər²⁴
一片（好心） i⁵² pʰian³¹²
一片儿（肉） i⁵² pʰiər³¹²
一面（旗） i⁵² mian³¹²
一股儿（香味儿） i²⁴ kuər⁵⁵
一盘儿（棋） i²⁴ pʰər⁵²
一门儿（亲事） i²⁴ mər⁵²
一沓儿（纸） i²⁴ tɛr⁵²
一桩（事情） i²⁴ tʂuaŋ²⁴
一缸（水） i²⁴ kaŋ²⁴
一桶（水） i²⁴ tʰuŋ⁵⁵
一瓢（水） i²⁴ pʰiau⁵²
一碗（饭） i²⁴ uan⁵⁵
一杯（茶） i²⁴ pei²⁴
一把（米） i²⁴ pa⁵⁵
一包儿（落生儿） i²⁴ por²⁴
一卷儿（纸） i²⁴ tɕyər⁵⁵

一捆儿（行李） i²⁴ kʰuər⁵⁵

一挑（水） i²⁴ tʰiau²⁴

一排（桌子） i²⁴ pʰai⁵²

一进（院子） i⁵² tsin³¹²

一挂（鞭炮） i⁵² kua³¹²

一句（话） i⁵² tɕy³¹²

一双（鞋） i²⁴ ʂuaŋ²⁴

一对（花瓶） i⁵² tuei³¹²

一副（眼镜） i⁵² fu³¹²

一套（书） i⁵² tʰau³¹²

一伙儿（人） i²⁴ xuor⁵⁵

一帮（人） i²⁴ paŋ²⁴

一拔儿（人） i²⁴ pɤr²⁴

一批（货） i²⁴ pʰi²⁴

一起儿 i²⁴ tɕʰiər⁵²

一窝（蜂） i²⁴ uo²⁴

一拃 i²⁴ tʂa⁵⁵ 大拇指与中指张开的长度

一庹 i²⁴ tʰuo²⁴ 两臂平伸直的长度

一指（长） i²⁴ tʂʅ⁵⁵

一成 i²⁴ tʂʰəŋ⁵²

一脸（土） i²⁴ lian⁵⁵

一身（土） i²⁴ ʂən²⁴

一肚（气） i⁵² tu³¹²

（吃）一顿 i⁵² tuən³¹²

（走）一趟 i⁵² tʰaŋ³¹²

（打）一下 i⁵² ɕia³¹²

（看）一眼 i²⁴ ian⁵⁵

（吃）一口 i²⁴ kʰou⁵⁵

（闹）一场 i²⁴ tʂʰaŋ⁵²

（见）一面儿 i⁵² miər³¹²

一扇（门） i⁵² ʂan³¹²

一幅（画儿） i²⁴ fu³¹²

一堵（墙） i²⁴ tu⁵⁵

一处（地方） i⁵² tʂʰu³¹²

一本（书） i²⁴ pən⁵⁵

一趟（车） i⁵² tʰaŋ³¹²

（烧）一炉（陶器） i²⁴ lu⁵²

一堆（泥） i²⁴ tsuei²⁴

一师（兵） i²⁴ ʂʅ²⁴

一旅（兵） i²⁴ ly⁵⁵

一团（兵） i²⁴ tʰuan⁵²

一营（兵） i²⁴ iŋ⁵²

一连（兵） i²⁴ lian⁵²

一排（兵） i²⁴ pʰai⁵²

一组 i²⁴ tsu⁵⁵

一班儿 i²⁴ pər²⁴

一撮儿（毛） i²⁴ tsuor⁵⁵

一绺（头发） i²⁴ liou⁵⁵

（下）一盘儿（棋） i²⁴ pʰər⁵²

（请）一桌（客） i²⁴ tʂuo²⁴

（唱）一出（戏） i²⁴ tʂʰu²⁴

一点儿（面） i²⁴ tiər⁵⁵

一滴儿（雨） i²⁴ tiər²⁴

一箱ᶻ（衣裳） i²⁴ siã:²⁴

一橱（书） i²⁴ tʂʰu⁵²

一抽斗（文件） i²⁴ tʂʰou²⁴ tou⁵⁵ 一抽屉

一筐儿（菠菜） i²⁴ kʰuãr²⁴

一篮儿（梨） i²⁴ lər⁵²

一书包（书） i²⁴ ʂu²⁴ pau²⁴

一布袋（干粮） i²⁴ pu³¹² tai³¹²

一坑（水） i²⁴ kʰəŋ²⁴

一缸（金鱼） i²⁴ kaŋ²⁴

一瓶（酒） i²⁴ pʰiŋ⁵²

一桶（汽油） i²⁴ tʰuŋ⁵²

一盆（洗澡水） i²⁴ pʰən⁵²

一壶（茶）i²⁴ xu⁵²
一锅（饭）i²⁴ kuo²⁴
一笼儿（包子）i⁵² piər³¹²
一盘ᶻ（苹果）i²⁴ pʰæ⁵²
一盘儿（菜）i²⁴ pʰər⁵²
一碗（饭）i²⁴ uan⁵⁵
一杯（茶）i²⁴ pei²⁴
一盅（烧酒）i²⁴ tʂuŋ²⁴
一勺儿（汤）i²⁴ ʂuor⁵²
百十来个 pɛ²⁴ ʂʅ⁵² lai⁵² kɤ³¹²
千把人 tsʰian²⁴ pa⁵⁵ zən⁵²
万把块钱 uan³¹² pa⁵⁵ kʰuai³¹² tsʰian⁵²

### 贰拾捌　附加成分

后加成分：
—嘞很— ·lɛ xən⁵⁵
—不中— pu²⁴ tʂuŋ²⁴
—死了— sʅ⁵⁵ lɤ⁵⁵
—不得了— pu²⁴ tɛ²⁴ liau⁵⁵
—嘞慌— ·lɛ xuaŋ²⁴
—着嘞— tʂuo⁵² ·lɛ
—不轻— pu²⁴ tɕʰiŋ²⁴
—可很— kʰɤ²⁴ xən⁵⁵
吃头 tʂʰʅ²⁴ tʰou⁵²
喝头 xɤ²⁴ tʰou⁵²
看头 kʰan³¹² tʰou⁵²
干头 kan³¹² tʰou⁵²
苦头 kʰu⁵⁵ tʰou⁵²
甜头 tʰian⁵² tʰou⁵²
想头 siaŋ⁵⁵ tʰou⁵²
念头 nian³¹² tʰou⁵²
来头 lai⁵² tʰou⁵²

玩头 uan⁵² tʰou⁵²
活头 xuo⁵² tʰou⁵²
前加成分：
死 sʅ⁵⁵
生 ʂən²⁴
精 tsiŋ²⁴
怪 kuai³¹²
老 lau⁵⁵
虚字：
了 liau⁵⁵
着 tʂuo⁵²
嘞 ·lɛ

### 贰拾玖　数字等

一号 i⁵² xau³¹² 指日期，下同
二号 ər³¹² xau³¹²
三号 san⁵² xau³¹²
四号 sʅ³¹² xau³¹²
五号 u⁵⁵ xau³¹²
六号 liou³¹² xau³¹²
七号 tsʰʅ⁵² xau³¹²
八号 pa⁵² xau³¹²
九号 tɕiou⁵⁵ xau³¹²
十号 ʂʅ⁵² xau³¹²
初一 tʂʰu²⁴ i²⁴
初二 tʂʰu²⁴ ər³¹²
初三 tʂʰu²⁴ san²⁴
初四 tʂʰu²⁴ sʅ³¹²
初五 tʂʰu²⁴ u⁵⁵
初六 tʂʰu²⁴ liou³¹²
初七 tʂʰu²⁴ tsʰʅ²⁴
初八 tʂʰu²⁴ pa²⁴
初九 tʂʰu²⁴ tɕiou⁵⁵

初十 tʂhu²⁴ ʂʅ⁵²
老大 lau⁵⁵ ta³¹²
老二 lau⁵⁵ ər³¹²
老三 lau⁵⁵ san²⁴
老四 lau⁵⁵ sʅ³¹²
老五 lau⁵⁵ u⁵⁵
老六 lau⁵⁵ liou³¹²
老七 lau⁵⁵ tshʅ²⁴
老八 lau⁵⁵ pa²⁴
老九 lau⁵⁵ tɕiou⁵⁵
老十 lau⁵⁵ ʂʅ⁵²
大哥 ta³¹² kɤ⁵⁵
二哥 ər³¹² kɤ⁵⁵
老末儿 lau⁵⁵ mɤr²⁴
一 ᴴyo⁵² 一个
俩 lia⁵⁵ 两个
仨 sa²⁴ 三个
四 ᴴsʅə³¹² 四个
五 ᴴŋɤ⁵⁵ 五个
六 ᴴliə³¹² 六个
七 ᴴtshiɛ⁵² 七个
八 ᴴpa⁵² 八个
九 ᴴtɕiə⁵⁵ 九个
十 ᴴʂʅə⁵² 十个
几 ᴴtɕiɛ⁵⁵ 几个
第一 ti³¹² i²⁴
第二 ti³¹² ər³¹²
第三 ti³¹² san²⁴
第四 ti³¹² sʅ³¹²
第五 ti³¹² u⁵⁵
第六 ti³¹² liou³¹²
第七 ti³¹² tshʅ²⁴
第八 ti³¹² pa²⁴

第九 ti³¹² tɕiou⁵⁵
第十 ti³¹² ʂʅ⁵²
一 i²⁴
二 ər³¹²
三 san²⁴
四 sʅ³¹²
五 u⁵⁵
六 liou³¹²
七 tshʅ²⁴
八 pa²⁴
九 tɕiou⁵⁵
十 ʂʅ⁵²
十一 ʂʅ⁵² i²⁴
二十 ər³¹² ʂʅ⁵²
二十一 ər³¹² ʂʅ⁵² i²⁴
三十 san²⁴ ʂʅ⁵²
三十一 san²⁴ ʂʅ⁵² i²⁴
四十 sʅ³¹² ʂʅ⁵²
四十一 sʅ³¹² ʂʅ⁵² i²⁴
五十 u⁵⁵ ʂʅ⁵²
五十一 u⁵⁵ ʂʅ⁵² i²⁴
六十 liou³¹² ʂʅ⁵²
六十一 liou³¹² ʂʅ⁵² i²⁴
七十 tshʅ²⁴ ʂʅ⁵²
七十一 tshʅ²⁴ ʂʅ⁵² i²⁴
八十 pa²⁴ ʂʅ⁵²
八十一 pa²⁴ ʂʅ⁵² i²⁴
九十 tɕiou⁵⁵ ʂʅ⁵²
九十一 tɕiou⁵⁵ ʂʅ⁵² i²⁴
一百 i²⁴ pɛ²⁴
一千 i²⁴ tshian²⁴
一百一 i²⁴ pɛ²⁴ i²⁴
一百一十一 i²⁴ pɛ²⁴ ʂʅ⁵² i²⁴

一百一十二 i²⁴ pɛ²⁴ i²⁴ ʂʅ⁵² ər³¹²
一百二 i²⁴ pɛ²⁴ ər³¹²
一百三 i²⁴ pɛ²⁴ san²⁴
一百五 i²⁴ pɛ²⁴ u⁵⁵
二百五 ər³¹² pɛ²⁴ u⁵⁵
三百一 san²⁴ pɛ²⁴ i²⁴
三百三 san²⁴ pɛ²⁴ san²⁴
三百六 san²⁴ pɛ²⁴ liou³¹²
三百八 san²⁴ pɛ²⁴ pa²⁴
一千一 i²⁴ tsʰian²⁴ i²⁴
一千九 i²⁴ tsʰian²⁴ tɕiou⁵⁵
三千 san²⁴ tsʰian²⁴
五千 u⁵⁵ tsʰian²⁴
八千 pa²⁴ tsʰian²⁴
一万 i⁵² uan³¹²
一万二 i⁵² uan³¹² ər³¹²
三万五 san²⁴ uan³¹² u⁵⁵
零蛋 liŋ⁵² tan³¹²
二斤 ər³¹² tɕin²⁴
二两 ər³¹² liaŋ⁵⁵
二钱 ər³¹² tsʰian⁵²
二分 ər³¹² fən²⁴
二厘 ər³¹² li⁵²
两丈 liaŋ⁵⁵ tʂaŋ³¹²

二尺 ər³¹² tʂʰʅ²⁴
二寸 ər³¹² tsʰuən³¹²
二里 ər³¹² li⁵⁵
两担 liaŋ⁵⁵ tan²⁴
二斗 ər³¹² tou⁵⁵
两升 liaŋ⁵⁵ ʂəŋ²⁴
二亩 ər³¹² mu⁵⁵
多少 tuo⁵² sau⁵⁵
好几个 xau³¹² tɕi⁵⁵ kɤ³¹²
好些 xau³¹² siɛ⁵⁵
一点点儿 i²⁴ tiə⁵⁵ tiər⁵⁵
一丁点儿 i²⁴ tiŋ²⁴ tiər⁵²
大一点儿 ta³¹² i²⁴ tiər⁵⁵
一点儿 i²⁴ tiər⁵⁵
大点儿 ta³¹² tiər⁵⁵
一百多 i²⁴ pɛ²⁴ tuo²⁴
百把个 pɛ²⁴ pa⁵⁵ kɤ³¹²
一半 i⁵⁵ pan³¹²
多半儿 tuo²⁴ pər³¹²
一多半儿 i⁵⁵ tuo²⁴ pər³¹²
一ᴴ半 yo⁵² pan³¹²
……上下 ʂaŋ³¹² ɕia³¹²
……左右 tsuo⁵⁵ iou³¹²

# 参考文献

## 【著作】

白云、杨萌、石琦：《山西东部方言研究——左权卷》，九州出版社 2012 年版。
伯纳德·科姆里：《语言共性和语言类型》，沈家煊译，华夏出版社 1989 年版。
曹广顺：《近代汉语助词》，语文出版社 1995 年版。
曹树基：《中国移民史（第 5 卷）》，福建人民出版社 1997 年版。
陈保亚：《20 世纪中国语言学方法论》，山东教育出版社 1999 年版。
陈鹏飞：《林州方言研究》，天津社会科学出版社 2007 年版。
陈前瑞：《汉语体貌研究的类型学视野》，商务印书馆 2008 年版。
陈淑梅：《鄂东方言语法研究》，江苏教育出版社 2001 年版。
陈卫恒：《音节与意义暨音系与词汇化、语法化、主观化的关联：豫北方言变音的理论研究》，北京语言大学出版社 2011 年版。
陈章太、李行健：《普通话基础方言词汇集》，语文出版社 1996 年版。
戴耀晶：《现代汉语时体系统研究》，浙江教育出版社 1997 年版。
邓思颖：《汉语方言语法的参数理论》，北京大学出版社 2003 年版。
丁全、田小枫：《南阳方言》，中州古籍出版社 2001 年版。
甘于恩：《广东四邑方言语法研究》，暨南大学出版社 2010 年版。
耿振生：《20 世纪汉语音韵学方法论》，北京大学出版社 2004 年版。
龚千炎：《汉语的时相时制时态》，商务印书馆 1995 年版。
何耿镛：《客家方言语法研究》，厦门大学出版社 1993 年版。
河南省地方史志办公室编纂：《河南省志·地名志》，河南人民出版社 1993 年版。

河南省地方史志办公室编纂：《河南省志·方言志》，河南人民出版社 1995 年版。

贺巍：《获嘉方言研究》，商务印书馆 1989 年版。

贺巍：《洛阳方言研究》，社科文献出版社 1993 年版。

侯精一：《现代晋语的研究》，商务印书馆 1999 年版。

侯精一：《现代汉语方言概论》，上海教育出版社 2002 年版。

侯精一、温端政：《山西方言调查研究报告》，山西高校联合出版社 1993 年版。

侯兴泉：《粤语勾漏片封开开建话语音研究——兼与勾漏片粤语及桂南平话的比较》，中西书局 2016 年版。

胡明扬：《汉语方言体貌论文集》，江苏教育出版社 1996 年版。

胡伟：《西汉文献动词研究》，社会科学文献出版社 2014 年版。

滑县地方史志编纂委员会：《滑县志》，中州古籍出版社 2011 年版。

黄伯荣：《汉语方言语法类编》，青岛出版社 1993 年版。

兰宾汉：《西安方言语法调查研究》，中华书局 2011 年版。

黎锦熙：《新著国语文法》，商务印书馆 2001 年版。

李荣等：《中国语言地图集》，香港：朗文[远东]出版公司 1987、1989 年版。

李荣：《现代汉语方言大词典》，江苏教育出版社 1998 年版。

李如龙：《闽方言语法研究》，福建人民出版社 2007 年版。

李如龙、张双庆：《代词》，暨南大学出版社 1999 年版。

李如龙、张双庆：《动词谓语句》，暨南大学出版社 1997 年版。

李小凡：《苏州方言语法研究》，北京大学出版社 1998 年版。

李新魁、黄家教、施其生、麦耘、陈定方：《广州方言研究》，广东人民出版社 1995 年版。

李学军：《河南内黄方言研究》，中国社会科学出版社 2016 年版。

李宇明：《汉语量范畴研究》，华中师范大学出版社 2000 年版。

刘丹青：《语序类型学与介词理论》，商务印书馆 2003 年版。

刘丹青：《语法调查研究手册》，上海教育出版社 2008 年版。

刘宏、赵祎缺：《河南方言词语考释》，河南人民出版社 2012 年版。

刘俐李：《焉耆汉语方言研究》，新疆大学出版社 1994 年版。

刘荣琴：《滑县方言述略》，中国戏剧出版社 2009 年版。

刘新中：《广东、海南闽语若干问题的比较研究》，暨南大学出版社 2010 年版。

刘新中：《广州话单音节语图册》，世界图书出版公司 2014 年版。

刘新中：《汉语方言语音特征调查手册》，科学出版社2016年版。
刘月华：《实用现代汉语语法》，商务印书馆2003年版。
卢甲文：《郑州方言志》，语文出版社1992年版。
罗自群：《现代汉语方言持续体标记的比较研究》，中央民族大学出版社2006年版。
罗竹风：《汉语大词典》（缩印本），汉语大词典出版社1997年版。
吕叔湘：《汉语语法分析问题》，商务印书馆1979年版。
吕叔湘：《现代汉语八百词》，商务印书馆1999年版。
吕叔湘：《中国文法要略》，商务印书馆1982年版。
马庆株：《汉语动词和动词性结构》（一编），北京大学出版社2005年版。
麦耘：《著名中年语言学家自选集》，上海教育出版社2012年版。
孟庆惠主编：《安徽省志·方言志》，方志出版社1997年版。
莫超：《白龙江流域汉语方言语法研究》，中国社会科学出版社2004年版。
潘文国、叶步青、韩洋：《汉语的构词法研究》，华东师范大学出版社2004年版。
潘悟云：《汉语历史音韵学》，上海教育出版社2000年版。
钱乃荣：《上海话语法》，上海人民出版社1997年版。
钱曾怡：《山东方言研究》，齐鲁书社2001年版。
钱曾怡：《汉语方言研究的方法与实践》，商务印书馆2002年版。
钱曾怡、张树铮、罗福腾：《山东方言研究》，齐鲁出版社2001年版。
乔全生：《洪洞方言研究》，中央文献出版社1999年版。
乔全生：《晋方言语法研究》，商务印书馆2000年版。
邵慧君：《粤西湛茂地区粤语语音研究》，中山大学出版社2016年版。
邵慧君、甘于恩：《广东方言与文化探论》，中山大学出版社2007年版。
邵敬敏：《现代汉语疑问句研究》，华东师范大学出版社1996年版。
邵敬敏.《汉语方言疑问范畴比较研究》，暨南大学出版社2010年版。
沈家煊：《不对称和标记论》，江西教育出版社1999年版。
盛银花：《安陆方言语法研究》，华中师范大学出版社2010年版。
太田辰夫：《中国语历史文法》，北京大学出版社2003年版。
汪国胜：《大冶方言语法研究》，湖北教育出版社1994年版。
王东：《河南罗山方言研究》，中国社会科学出版社2010年版。
王福堂：《汉语方言语音的演变和层次》，语文出版社1999/修订版2005年版。
王广庆：《河洛方言诠诂》，中州古籍出版社1993年版。
王洪君：《汉语非线性音系学》，北京大学出版社1999/修订版2008年版。

王力：《汉语史稿》，中华书局 1980 年版。
王利：《山西东部方言研究——壶关卷》，九州出版社 2012 年版。
王士元：《王士元语言学论文集》，商务印书馆 2002 年版。
王士元：《演化语言学论集》，商务印书馆 2013 年版。
吴建生：《万荣方言志》，语文出版社 1984 年版。
吴云霞：《万荣方言语法研究》，语文出版社 2009 年版。
伍云姬主编：《湖南方言的动态助词》，湖南师范大学出版社 2009 年版。
项梦冰：《连城客家话语法研究》，语文出版社 1997 年版。
辛永芬：《浚县方言语法研究》，中华书局 2006 年版。
邢向东：《陕北语语法比较研究》，商务印书馆 2006 年版。
邢向东：《神木方言研究》，中华书局 2002 年版。
徐烈炯、邵敬敏：《上海方言语法研究》，华东师范大学出版社 1998 年版。
许宝华、宫田一郎主编：《汉语方言大词典》，中华书局 1999 年版。
杨剑桥：《汉语音韵学讲义》，复旦大学出版社 2005 年版。
叶祖贵：《固始方言研究》，中国社会科学出版社 2009 年版。
殷相印：《微山方言语法研究》，黑龙江人民出版社 2008 年版。
曾昭聪：《魏晋南北朝隋唐五代词源研究史略》，语文出版社 2010 年版。
曾昭聪：《明清俗语辞书及其所录俗语词研究》，上海辞书出版社 2015 年版。
詹伯慧：《汉语方言及方言调查》，湖北教育出版社 2001 年版。
张伯江、方梅：《汉语功能语法研究》，商务印书馆 2014 年版。
张伯江：《从施受关系到句法语义》，学林出版社 2016 年版。
张慧丽：《官话方言变韵研究》，北京师范大学出版社 2017 年版。
张启焕、陈天福、程仪：《河南方言研究》，河南大学出版社 1993 年版。
张邱林：《"方-普"语法现象与句法机制的管控》，中国社会科学出版社 2009 年版。
张双庆主编：《动词的体》，香港中文大学中国文化研究所、吴多泰中国语文研究中心出版，1996 年版。
张一舟、张清源、邓英树：《成都方言语法研究》，巴蜀书社 2001 年版。
张玉金：《甲骨文语法学》，学林出版社 2001 年版。
张玉金：《西周汉语语法研究》，商务印书馆 2004 年版。
张玉金：《出土战国文献语法研究》，人民出版社 2011 年版。
张谊生：《现代汉语副词研究》，学林出版社 2000 年版。
赵元任：《汉语口语语法》，商务印书馆 1979 年版。
志村良治：《中国中世语法史研究》，江蓝生、白维国译，中华书局 1995 年版。

钟明立：《汉字例外音变研究》，广东高等教育出版社 2008 年版。
钟明立：《古代汉语词汇引论》，广东高等教育出版社 2015 年版。
朱德熙：《语法讲义》，商务印书馆 1982 年版。
Croft，W. 2001. Radical Construction Grammar. Oxford: Oxford University Press.
Goldberg，A. 2006. Constructions at Work. Oxford： OUP.

## 【期刊论文】

蔡丽：《关于程度范畴的若干思考》，《暨南学报》2010 年第 2 期。
陈卫恒：《林州方言"子"尾读音研究》，《语文研究》2003 年第 3 期。
陈卫恒：《古韵之幽交涉与今方言 Z 变韵现象音变原理的一致性》，《殷都学刊》2004 年第 2 期。
陈卫恒：《林州方言"子"尾读音暨子尾、子变韵两条演变链的衔接》，《语言学论丛》2011 年第 44 辑。
陈卫强：《汉语方言反复问句研究》，《广西社会科学》2006 年第 9 期。
陈晓强：《甘肃陇西方言古语词例释》，《方言》2004 年第 2 期。
崔希亮：《"把"字句的若干句法语义问题》，《世界汉语教学》1995 年第 3 期。
戴耀晶：《汉语否定句的语义确定性》，《世界汉语教学》2004 年第 1 期。
邓思颖：《再谈"了$_2$"的行、知、言三域——以粤语为例》，《中国语文》2013 年第 3 期。
丁力：《从问句系统看"是不是"问句》，《中国语文》1999 年第 6 期。
丁声树：《河南省遂平方言记略》，《方言》1989 年第 2 期。
董秀芳：《汉语词缀的性质与汉语词法特点》，《汉语学习》2005 年第 6 期。
段亚广：《河南方言研究的历史和现状》，《周口师范学院学报》2008 年第 3 期。
段亚广：《河南宁陵方言音系》，《方言》2013 年第 2 期。
段亚广：《中古铎药觉三韵在汴洛方言中的演变》，《语言研究》2014 年第 3 期。
郭锐：《"吗"问句的确信度和回答方式》，《世界汉语教学》2000 年第 2 期。
郭熙：《苏南地区河南话的归属问题》，《东南大学学报》2000 年第 4 期。
郭熙：《河南境内的中原官话中的"哩"》，《语言研究》2005 年第 3 期。
甘于恩：《闽方言疑问句比较研究》，《暨南学报》2007 年第 3 期。
何洪峰、苏俊波：《"拿"字语法化的考察》，《语言研究》2005 年第 4 期。

贺巍：《济源方言记略》，《方言》1981 年第 1 期。

贺巍：《获嘉方言韵母的分类》，《方言》1982 年第 1 期。

贺巍：《洛阳方言记略》，《方言》1984 年第 4 期。

贺巍：《获嘉方言的疑问句》，《中国语文》1991 第 5 期。

贺巍：《中原官话分区（稿）》，《方言》2005 年第 2 期。

洪波、董正存：《"非 X 不可"格式的历史演化和语法化》，《中国语文》2004 年第 3 期。

洪波：《"给"字的语法化》，《南开语言学刊》第四辑，南开大学出版社 2004 年版。

洪波、赵茗：《汉语给予动词的使役化及使役动词的被动介词化》，《语法化与语法研究（二）》，商务印书馆 2005 年版。

侯精一：《晋东南地区的子变韵母》，《中国语文》1985 年第 2 期。

胡利华：《安徽蒙城方言的"可"字句》，《方言》2008 年第 4 期。

胡伟：《半坡店话的声韵调》，《零陵学院学报》2004 年第 5 期。

胡伟：《上古至近代汉语"上""下"的语法化》，《北方论丛》2011 年第 12 期。

胡伟：《滑县方言的疑问句》，《南方语言学》2014 年第 8 期。

胡伟：《"半 A 半 B、一 A 一 B、一 A 二 B"比较研究》，《暨南学报》2016 年第 5 期。

胡伟、甘于恩：《滑县方言的五类处置式》，《方言》2015 年第 4 期。

胡伟、甘于恩：《"连 A 带 B"系统研究》，《学术研究》2015 年第 7 期。

胡伟、甘于恩、陈帅杰：《广东化州粤语的助词"嗲"》，《语言科学》2021 年第 2 期。

胡伟、甘于恩、周颖茵：《广东开平粤语"紧"的语法化》，《汉语史学报》2021 年第 24 辑。

姬国会、刘冬冰：《鹤壁巨桥亲属称谓词的变读》，《语文知识》2013 年第 2 期。

李崇兴、石毓智：《被动标记"叫"语法化的语义基础和句法环境》，《古汉语研究》2006 年第 3 期。

李敬中：《方言中的少数民族语词试析》，《民族语文》1983 年第 3 期。

李蓝、曹茜蕾：《汉语方言中的处置式和"把"字句（上）》，《方言》2013 年第 1 期。

李蓝、曹茜蕾：《汉语方言中的处置式和"把"字句（下）》，《方言》2013 年第 2 期。

李荣：《官话方言的分区》，《方言》1985年第1期。
李炜：《清中叶以来使役"给"的历时考察与分析》，《中山大学学报》2002年第3期。
李小凡：《当前方言语法研究需要什么样的理论框架》，《语文研究》2003年第2期。
李学军：《河南内黄方言双音节动词的变韵》，《汉语学报》2015年第3期。
李宇明：《泌阳方言的儿化及儿化闪音》，《方言》1996年第4期。
李宇明：《泌阳话性质形容词的重叠及有关的节律问题》，《语言研究》1996年第1期。
李宇明、陈前瑞：《北京话"给"被动句的地位及其历史发展》，《方言》2005年第4期。
栗华益：《寿县方言的"拌"》，《皖西学院学报》2010年第3期。
刘丹青：《苏州方言重叠式研究》，《语言研究》1986年第1期。
刘丹青：《语法化理论与汉语方言语法研究》，《方言》2009年第2期。
刘丹青：《汉语是一种动词型语言——试说动词型语言和名词型语言的类型差异》，《世界汉语教学》2010年第1期。
刘冬冰：《古合口韵在今光山方言中的变异》，《语言研究》1994年第6期。
刘冬冰：《开封方言记略》，《方言》1997年第4期。
刘新中、陈沛莹：《汕头市区话单元音的鼻化和非鼻化——基于声学数据和鼻流计的研究》，《全国汉语方言学会第十九届年会暨国际学术研讨会论文集（未刊稿）》，2017年。
卢甲文：《河南方言述评》，《社会科学述评》1989年第5期。
陆俭明：《现代汉语里的疑问语气词》，《中国语文》1984年第5期。
罗自群：《汉语方言持续体标记的类型》，《语言研究》2004年第1期。
吕叔湘：《疑问·否定·肯定》，《中国语文》1985年第4期。
麦耘：《关于章组声母翘舌化的动因问题》，《古汉语研究》1994年第1期。
麦耘：《广州话以"佢"复指受事者的句式》，詹伯慧编《第八届国际粤方言研讨会论文集》，中国社会科学出版社2003年版。
牛顺心：《河南武陟方言的子变韵及其形成与发展》，《殷都学刊》2008年第3期。
裴泽仁：《明代人口移徙与豫北方言——河南方言的形成（一）》，《中州学刊》1988年第4期。
朴乡兰：《汉语"教/叫"字句从使役到被动的演变》，《语言科学》2011年第6期。

钱曾怡：《济南方言词缀研究》，《济南教育学院学报》1999年第3期。
乔全生：《山西方言"子"尾研究》，《山西大学学报》1995年第3期。
乔全生：《山西方言人称代词的几个特点》，《中国语文》1996年第1期。
乔全生：《晋方言轻唇音声母的演变》，《语文研究》2005年第1期。
邵敬敏：《"连A也/都B"框式结构的争议及其框式化进程》，《语言科学》2008年第4期。
邵敬敏：《汉语框式结构说略》，《中国语文》2011年第3期。
邵敬敏：《新兴框式结构"X你格头"及其构式义的同化》，《汉语学报》2012年第3期。
邵敬敏、朱彦：《"是不是VP"问句的肯定性倾向及其类型学意义》，《世界汉语教学》2002年第3期。
沈家煊：《句法的象似性问题》，《外语教学与研究》1993年第1期。
沈家煊：《如何处置"处置式"》，《中国语文》2002年第5期。
沈明：《晋语的分区（稿）》，《方言》2006年第4期。
沈明：《太原话的"给"字句》，《方言》2002年第2期。
石锓：《论"A里AB"重叠形式的历史来源》，《中国语文》2005年第1期。
施其生：《汕头方言的动词谓语句》，李如龙、张双庆编《动词谓语句》，暨南大学出版社1997年版。
师蕾：《辉县方言Z变韵的语法功能及其语法化》，《思想战线》2013年第52期。
时秀娟、冉启斌、石锋：《北京话响音鼻化度的初步分析》，《当代语言学》2010年第4期。
史秀菊：《山西河津方言"子"尾的语音特点》，《太原师范学院学报》2010第5期。
史艳锋：《子变韵和子变韵的形成构拟——以孟州方言为例》，《语言暨语言学》2013年第5期。
孙红举：《论汉语合音现象的研究》，《西南大学学报》2014年第1期。
孙红举：《河南鲁山方言的相对程度副词"通"》，《方言》2012年第4期。
孙修光：《豫北方言与普通话语音的比较分析》，《焦作工学院学报》2001年第3期。
汪化云、李倩：《河南固始方言中的"两佰"》，《中国语文》2015年第2期。
王冰：《河南方言中保留的北朝文献古语词》，《南阳师范学院学报》2011年第10期。

王东、罗明月：《河南罗山方言"把+O+V+它"式处置式》，《信阳师范学院学报》2007年第6期。

王洪君：《从山西闻喜的小方言差异看Z变音的衰变》，《语文研究》2004年第1期。

王黎：《"连X带Y"格式的句法、语义分析》，《语文研究》2004年第3期。

王临惠：《山西方言"圪"头词的结构类型》，《中国语文》2001年第1期。

王临惠：《晋豫一带方言Z变音源于"头"后缀试证》，《中国语文》2013年第4期。

王萍、康健：《"连A带B"结构的选择限制与语义关系》，《宁夏大学学报》2009年第6期。

王琴：《安徽阜阳方言的"可VP"反复问句》，《方言》2008年第2期。

王森：《郑州荥阳（广武）方言的变韵》，《中国语文》1998年第4期。

王士元：《演化语言学的演化》，《当代语言学》2011年第1期。

王素改：《河南濮阳方言中的前置话题标记"都"》，《方言》2012年第4期。

王泽龙：《古入声字在河南话与普通话中的调类分派比较研究》，《河南教育学院学报》2001年第4期。

王自万：《开封方言变韵的几个问题》，《汉语学报》2011年第2期。

王自万：《开封兴隆方言的子变韵》，《黄河科技大学学报》2015年第1期。

吴福祥：《尝试态助词"看"的历史考察》，《语言研究》1995年第2期。

吴会灵：《河南中牟方言的人称代词浅析》，《晋中学院学报》2011年第6期。

吴继章：《魏县方言的子尾词》，《语文研究》2002年第2期。

吴建生：《万荣方言的"子"尾》，《语文研究》1997年第2期。

吴吟、邵敬敏：《试论名词重叠式语法意义及其他》，《语文研究》2001年第1期。

夏俐萍：《河南封丘赵岗方言的子变韵》，《方言》2012年第3期。

肖治野、沈家煊：《"了$_2$"的行、知、言三城》，《中国语文》2009年第6期。

辛永芬：《河南浚县方言的子变韵》，《方言》2006年第3期。

辛永芬：《豫北浚县方言的代词复指型处置式》，《中国语文》2011年第2期。

邢向东：《小议部分"舒声促化字"》，《语文研究》2000年第2期。

熊仲儒：《"呢"在疑问句中的意义》，《安徽师范大学学报》1999 年第 1 期。

徐丹：《汉语里的"在"和"着（著）"》，《中国语文》1992 年第 6 期。

叶祖贵：《河南固始方言表处置的"V 头"及"头"的合音来源》，《中国语文》2009 年第 5 期。

游汝杰：《吴语里的反复问句》，《中国语文》1993 年第 3 期。

杨永龙：《从稳紧义形容词到持续体助词——试说"定""稳定""实""牢""稳""紧"的语法化》，《中国语文》2005 年第 5 期。

杨永龙：《河南商城（南司）方言音系》，《方言》2008 年第 2 期。

杨正超：《中原官话唐河方言形容词短语儿化研究——兼与其他次方言同类现象比较》，《暨南学报》2013 年第 2 期。

袁毓林：《正反问句及相关的类型学参项》，《中国语文》1993 年第 2 期。

张宝胜：《关于动词重叠的几个问题》，《汉语学报》2000 年第 2 期。

张宝胜：《也说"了"的行、知、言三域》，《中国语文》2011 年第 5 期。

张伯江：《现代汉语的双及物结构式》，《中国语文》1999 年第 3 期。

张伯江：《"被"字句和"把"字句的对称与不对称》，《中国语文》2001 年第 6 期。

张慧丽、潘海华：《The predicate inflection in Yancheng dialect》，Journal of Chinese Linguistics，2013.41.1.

张俊阁：《汉语第一人称代词"俺"的来源》，《河北大学学报》2007 年第 1 期。

张敏：《从类型学和认知语法的角度看汉语重叠现象》，《国外语言学》1997 年第 2 期。

张锐锋、孔江平：《河南禹州方言声调的声学及感知研究》，《方言》2014 年第 3 期。

张雪平：《河南叶县话的"叫"字句》，《方言》2005 年第 4 期。

张谊生：《程度副词充当补语的多维考察》，《世界汉语教学》2000 年第 2 期。

赵日新：《中原地区官话方言弱化变韵现象探析》，《语言学论丛》第 36 辑，商务印书馆 2007 年版。

赵清治：《长葛方言中的动词变韵》，《方言》1998 年第 1 期。

郑献芹：《浚县方言的人称代词》，《河南大学学报》2007 年第 3 期。

郑献芹：《河南方言夫妻称谓的共时描述》，《殷都学刊》2015 年第 3 期。

郑献芹：《河南方言与普通话亲属称谓之比较》，《安阳师范学院学报》2015 年第 4 期。

支建刚：《河南林州桂林镇方言子尾的读音》，《方言》2015年第2期。
周庆生：《郑州方言的声韵调》，《方言》1987年第3期。
周小兵：《论现代汉语的程度副词》，《中国语文》1995年第2期。
朱德熙：《潮阳话和北京话重叠式象声词的构造》，《方言》1982年第3期。
朱德熙：《汉语方言里的两种反复问句》，《中国语文》1985年第1期。
朱冠明：《湖北公安方言的几个语法现象》，《方言》2005年第3期。
朱艳娥：《浅析晋语"圪"头词》，《忻州师范学院学报》2006年第3期。
左林霞：《孝感话的"把"字句》，《孝感学院学报》2001年第5期。

## 【博硕士论文】

丁崇明：《昆明方言语法研究》，山东大学，博士学位论文，2005年。
丁亚南：《河南地方志亲属称谓研究》，河南大学，硕士学位论文，2013年。
高颖颖：《临颍方言词汇研究》，广西师范大学，硕士学位论文，2010年。
郜彦杰：《〈东京梦华录〉词汇研究》，南京师范大学，硕士学位论文，2006年。
侯超：《皖北中原官话语法研究》，南京师范大学，博士学位论文，2013年。
李淑娟：《禹州方言词汇研究》，南京师范大学，硕士学位论文，2004年。
李孝娴：《固始方言问句系统考察》，华中师范大学，硕士学位论文，2003年。
李妍：《南阳方言古语词研究》，广西大学，硕士学位论文，2011年。
刘佳佳：《孟州方言重叠式研究》，河南大学，硕士学位论文，2008年。
刘雪霞：《河南方言语音的演变与层次》，复旦大学，博士学位论文，2006年。
鲁冰：《中牟方言介词研究》，河南大学，硕士学位论文，2010年。
王欢欢：《灵宝方言研究》，浙江大学，硕士学位论文，2010年。
王慧娟：《类型学视域中的项城方言被动句研究》，浙江财经学院，硕士学位论文，2013年。
殷相印：《微山方言语法研究》，南京师范大学，博士学位论文，2006年。
禹剑：《荥阳方言词汇研究》，河南大学，硕士学位论文，2007年。
张恒：《开封话的"给"与"给"字句》，河南大学，硕士学位论文，2007年。
张俊：《河南光山话代词研究》，河南大学，硕士学位论文，2010年。
张蔚虹：《歧路灯把字句研究》，河南大学，硕士学位论文，2005年。
赵茗：《中古以来"给予"义动词向被动介词的语法化问题研究》，南开大学，硕士学位论文，2003年。
支建刚：《豫北晋语语音研究》，北京语言大学，博士学位论文，2012年。

# 后　记
## ——人生如歌，奋斗快乐

岁月成歌，时光流逝如白驹过隙；书稿初定，思绪万千如黄叶飘地。一幕幕成长历程在脑海中闪现。

我语文能力的提升，首先归功于就读沙浑沱小学时王彦、李红现、常运周、常好锋、王清文等老师的悉心教导。他们就像刘醒龙的长篇小说《天行者》中描绘的民办教师那样，薪水微薄，但工作敬业负责。那时候，四百万民办教师撑起了农村教育的天空。可喜可贺的是，民办教师在20世纪90年代都转为了公办教师。感谢各位老师的辛勤教导，老师们的鼓励给我埋下了要读大学的种子。

我的奶奶胡玉英是小学教师，教小学一年级，全乡知名，经常上公开示范课，她自己制作了适合孩子的花篮、灯笼等教具。她还辅导我们兄妹三个做作业，在她指导下，我的作文经常被作为范文在班里朗读，这使我更加喜欢语文。我哥哥胡军后来考上了硕士，成为了中专教师，我妹妹胡霞读了中山大学的博士，成为了广东省委党校经济学教授。这些成就都有奶奶的贡献。我妈妈陈兰也是小学教师，我爸爸胡勋亚曾经上过滑县一中，后来做了工人，我经常向他们调查滑县句子、词汇的发音。这本书稿他们贡献良多。

在半坡店南街和西老河寨初中读书时，李修营、刘文卜、卜令际、邵素芳、赵红、常俊涛、李修义、苗秀江、王振子、王克云等老师的课程让我受益良多，感谢诸位老师的辛苦培育！也感谢常光华、王利川、薛华北、薛长亮、薛新杰、王高星等同学的陪伴！

1991年，我的中考成绩高过滑县第一高中分数线40多分，我很不情愿的上了滑县师范学校，因为那时我的理想是当科学家，而不是小学教师。那时常有"建天下者，舍我其谁"的豪情壮志。那一代中师生，大多是中考时成绩最好的。后来，当年许多学习成绩不如自己的同学，他们在高中毕业后纷纷考上大学，而我们中师生，只能回农村教书。那一代中师生，总有失落、不甘、无奈与忧伤。他们默默无闻做着贡献，回首时，芳华已逝，只余青春的祭奠。在最好的年纪，他们分散到祖国最需要的偏僻地方，挥洒着青春，培育一代又一代乡村的中小学生。几十年前的"中师生"，可能是中国最可惜的一代教师。"随风潜入夜，润物细无声"。他们犹如春雨，滋润着祖国的幼苗。1981 年到 1999 年大约有四百多万中学毕业生，加入中师生的行列。他们为祖国的发展奠定了稳健的教育基础。那批中师生，是垫在金字塔最底层的铺路石，那一代中师生，称得上是"送人玫瑰，手有余香""春蚕到死丝方尽，蜡烛成灰泪始干"。

在滑县师范学校读中师期间，感谢裴彩云、郑聪敏、田稻馨等老师，让我的综合素质得到提升。感谢刘辉、陈留锋、位焕长、陈广波、王占伟、刘书伟、张彦飞、郝战兵、米鹏、张芸、丁倩、王巧鸽等同学，让我的中师生活丰富多彩，我从他们那里也深刻了解了滑县、内黄各乡镇方言的异同。1994年，我从滑县师范学校毕业后，先是被借调到乡政府，从事了半年的计划生育工作，那时的计划生育工作方式比较野蛮，宣传标语有"该流不流，拉房牵牛；该扎不扎，房倒屋塌""喝药不夺瓶，上吊给根绳"等。莫言的《蛙》真实再现了那些年的岁月。可喜的是，随着中国的发展，这些野蛮的工作方式被淘汰了。中国的全面发展常常让我赞叹不已。

然后，我在滑县半坡店第一初中做了 8 年初中教师，期间参加了河南大学的自考，获得了中文专科文凭。而后又参加了中山大学的自考，获得了本科文凭，并取得了文学学士学位。但是在做初中教师时，我一心一意要逃离家乡，总向往外面的天空，想到繁华的都市读书学习，增长见识。我成天为呆在半坡店乡烦恼。"抬头是山，路在脚下"，我一边工作，在 1998 年和 1999 年按成人理科生报名参加了两次高考，考上了安阳师专，但是我放弃了。我在仅容一人的洗澡间寒窗苦读，压抑住打麻将、打扑克的瘾念，克制住赶集上会吃酒席的美食诱惑，"勤勉一日，可得一夕安眠"。认真读书，终于心想事成，于 2002 年考上了华南师范大学的研究生。感谢半坡店乡中的领导、老师和同事田本有、赵志海、常俊涛、暴水寅、姜坤成、卜祥进、郭纪、刘清市、段景鹤、明涛等诸位老师，诸位的指导和交流使我获益匪浅！

2002 年，我忝列张玉金教授门下攻读硕士学位，2008 年，我又有幸重入恩师门下攻读博士学位。数年来，恩师渊博的学识、严谨的治学态度、从善如流的精神，深深影响着我。他不仅传授给我知识，更让我懂得了许多做人的道理和为人处世的哲学。殷殷教诲常绕耳侧，严格要求时伴身旁，听老师讲学如沐春风，如饮甘醴，衷心感谢授业恩师张玉金教授！

读硕士和博士期间，特别感谢邵慧君、钟明立、张桂光、周国光、吴辛丑、沈建民、魏达纯、方小燕等教授，他们的授课为我打下了坚实的基础，完成了语言学的科研启蒙，我会永远记住他们的教导。转瞬已多年，但各位老师上课时的音容笑貌还历历在目，是诸位老师的热情帮助和殷切指导，我才能在学业上蹒跚学步。永远感谢各位老师！感谢陈卫强、秦晓华、郭浩瑜、刘媛媛、冯亚丽、尹喜清、吕玲娣、陈景元、蒋书红等硕士、博士生同学，你们的陪伴让我的研究生活多姿多彩。

2005年硕士毕业后，我到了广州番禺职业技术学院教书。感谢广州番禺职业技术学院的刘佳环、肖传亮、宋海啸等领导和同事。

2007、2008两年中又四处"打飞的"风尘仆仆去考博，我参加了北京大学、武汉大学、中山大学、同济大学、中南大学、湖南师范大学、四川大学、重庆大学等高校的博士生招生考试，报考了语言学、哲学、经济学、管理学等专业，当时想的是"以考促学"，想了解文科的知识框架。我曾两次到武汉大学参加博士生入学考试，尽管樱花烂漫，但都是一瞥而过，匆匆而去。"功夫不负有心人"，我同时被华南师范大学的汉语言文字学专业和湖南大学的管理学专业录取，最后仍然选择了汉语言文字学专业攻读博士。2011年博士顺利毕业，调入暨南大学。

2011年，我有幸在复旦大学戴耀晶教授门下在职从事博士后工作，他渊博深厚的学识、高屋建瓴的学术思想，新颖的研究方法，让我深深佩服。感谢戴耀晶教授，我永远难忘他的教诲，我永远怀念他的高风亮节！深切缅怀戴老师！

2013年，我跟随甘于恩教授在职做二站博士后，他睿智的理念，和蔼可亲的态度，勤勉的工作精神，深深影响了我。跟随甘老师去田野调查，让我学会了很多。从听音、发音、记音、实地调查到论文撰写，甘老师倾注了无限心力，先生渊博的学识、精深的学问使我受益匪浅。每次请教，都有醍醐灌顶、茅塞顿开的喜悦。后来，我在《方言》《语言科学》等核心期刊发表了方言学论文。感谢恩师对我的谆谆教诲和殷切关怀。恩师的耳提面命，悉心指导，我会永远铭刻在心！

我在香港中文大学、香港理工大学访学，感谢王士元、邓思颖教授的关怀和问候，常让身处异乡的我倍感温暖。

我有幸聆听了多位老师的精彩授课，很多研究规则对我影响很大，如"例不十，法不立""新观点、新方法、新材料""学问严谨通达"等。有人说：老师是唯一希望你良好成长却不图回报的人！我深深感激每一位老师！

华南师范大学、暨南大学、复旦大学、香港中文大学、香港理工大学师友的不倦教诲，良好的学习环境，融洽的人际关系，都使我收获良多。回望我的求学之路，一路走来，艰辛中透着美好，就像广州嫣红的木棉花，严寒过后终在春风里绽放，花香来自苦寒中啊。

以前，我没有信心，没有想到竟然真的能考上硕士。我曾想：万一能考上，我要每天都快快乐乐。没想到后来还收获了意外之喜，读了博士。更惊喜的是，还成为了大学教授。我觉得自己运气好，也比较勤奋，日积月累，终能心想事成。读书让我扩充了知识，认识了更多优秀的人，见识了更丰富的中国文化，感恩美好的新时代！

"勤奋如春日之苗，不见其增，日有所长"。从 2005 年研究生毕业以来，我珍惜时间，发奋读书写作，主持了国家社科基金等 12 项课题，出版了两本专著、13 本教材，发表了 63 篇论文。从助教一路奋斗到教授。也兼职做了广东省写作学会副会长、广州市秘书学会副会长。人生像安上了发条，没有太多的歇息，一天不写论文，就觉得缺了些什么。2019 年终于评上了教授职称，人生来到了一个新的阶段。过去我的主旋律是奋斗，现在既要奋斗，也要享受沿途的风景，"风景长宜放眼量"，脚步略略放缓，享受静好人生。

路从今夜白，月是故乡明，滑县是我魂牵梦绕的心灵之根。回望走过的路，怀着对家乡的深情，我写了带有自传性质的长篇小说《在路上》，即将出版。

远方游子对乡土都怀有沉甸甸的深情，滑县的风土人情、名胜古迹、平原风光是我人生重要的起点，是我重要的精神资源，故乡的玉米饭、小米粥、火烧、烧鸡让我念念不忘。"回不去的是家乡"，离开家乡后，乡愁常伴吾身，我时时回望，精神经常还乡，那些老地方和旧时光，永驻心里直到地老天荒。如今通过写《河南滑县方言研究》，慰藉了我的思乡之情，也算是为家乡的语言文化遗产做了小小的贡献。虽然文字是冰冷的，但字里行间我对故乡的深情是火热的。张振兴教授曾说："方言研究要从研究妈妈教你的话开始。"滑县方言是父母、长辈教我的话，老师、亲戚、村民、朋友、同事的交流又逐渐丰富了我的方言。研究了家乡方言之后，我才再次发现河南语言与文化的博大精深。研究过程既有艰辛与困惑，也有惊喜与收获。

从 1978 年到现在，随着改革开放，祖国一步一步变得强大，让人热泪盈眶。我想起小时候的衣食住行，与现在相比，真是天壤之别。我不由得感慨：

从白炽灯到各色的 LED 灯，从自行车到高铁，从低矮平房到直入云霄的大厦，这四十年来，中国发生了翻天覆地的变化，我也从懵懂无知的孩子，经历种种磨难，成为了梦想中的自己。广东是改革开放的前沿，经济繁荣，青山绿水。吸引了无数人"孔雀东南飞"，很多人实现了财务自由、精神富足。广州是我的第二故乡，1 月，李花繁茂绽放；2 月，桃花、风铃木花缤纷绚丽；3 月，樱花娇嫩欲滴……我亲睹了广东繁华的都市，富裕美丽的乡村，见证了广东日新月异的发展，现在我成了新的客家人。

广州鳞次栉比的高楼大厦，熙熙攘攘的大街小巷，都展现了如今物质生活的富足。1994 年我中师毕业后，第一个月拿的工资是 260 元，后来还多次被拖欠工资。我曾经对月慨叹，如果这样工作 30 年，到退休时一共拿到的是 7 万多元的工资，这一辈子的收获与贡献有点小啊。没有想到，现在三个月就可以拿到 7 万多元了。我深刻感受了改革开放的美好，享受着改革开放所带来的红利。我见证了中国 40 年来空前的发展与进步，中国 GDP 以年均 9.5% 进步，我的月工资从 1996 年的 200 多元到现在的 2 万多元，翻了 100 多倍。我深深感恩中国的快速发展让我拥有了追梦的机会，让我拥有了梦寐以求的生活，让我体会到了高校教授的幸福。国家好，人民才好，中国一直在进步，而我们个人，也一直在路上前进！

我想：当回首往事的时候，我因曾虚度了光阴而悔恨，因选错了道路而迷茫，因迈错了步伐而苦恼，也有过焦虑、沮丧、痛苦和抑郁，人生之路是一条充满荆棘的坎坷之路，困难磨砺了我，我艰难跋涉。但我的人生主线是奋斗的，基调是激昂的，心中有梦，路上有光。我是幸运的，生在了这个能够改变命运的时代，有了人生出彩的机会。但遗憾的是，在追梦的人生路上，身边有的人中途掉了队，有的人出师未捷身先死，有的人停滞不前……人生路漫漫，我还应继续求索，还要发出更多的光与热。最好是能做到"读万卷书，行万里路，写万篇文"。

我写了一首歌《留痕人生》：

水花拂去鱼儿游过的痕迹，
天空抹去鸟儿飞过的印记，
活着的人怎样刻下自己的足迹？
写文章能留痕人生的信息。

人生在世，
奋斗努力，

也要过得诗情画意。

追逐梦想,
雕琢美丽,
展示生命的意义。

风中狂奔,
雨中振奋,
最好的自己就在这里!

  感谢暨南大学文学院、中文系的领导和老师,特别感谢詹伯慧、蒋述卓、程国赋、赵维江、苏桂宁、东方龙吟(闫华)、邵敬敏、王彦坤、曾昭聪、伍巍、邵宜、陈晓锦、彭小川、刘新中、范俊军、盛永生、钟奇、侯兴泉、赵春利、周娟、彭志峰等教授,他们给了我很多思想上的启迪和科研上的帮助。

  感谢张生汉、辛永芬、段亚广、庄会彬、张雪平诸位河南大学的教师,多次邀请我前去学习研讨。感谢李宇明、郭熙、杨永龙、徐杰、张邱林、陈卫恒、李学军、陈鹏飞、司罗红、支建刚、史艳锋、孙红举、谷向伟、张慧丽等各位语言学研究的河南籍专家,在开会或"豫曰""变音小众群"微信群中,我多次拜读他们的文章,学习他们的人生智慧!

  感谢中国语言学会、全国汉语方言学会、广东省语言学会等学术团体举办的各类会议和培训班,我有幸聆听了裘锡圭、陆俭明、江蓝生、张振兴、沈家煊、麦耘、刘丹青、李蓝、沈明、张伯江、方梅、刘祥柏、李爱军、谢留文、徐睿渊、夏俐萍、唐正大、邢向东、乔全生、胡松柏、唐钰明、陈伟武、庄初升、汪维辉、顾黔、陶寰、陈振宇等专家学者的讲座或报告,对我研究水平的提高大有裨益,衷心感谢各位专家!

  感谢我在半坡店第一初中、广州番禺职业学院、暨南大学三所学校的学生,"教学相长",你们启发了我很多!

  感谢霍好胜市长、张国际局长,百忙中为我提供很多家乡语料。感谢配合我调查的乡人乡邻,他们为研究提供了鲜活自然的第一手材料。

  感谢父母兄妹,感谢老婆王嘉,家庭温暖,让我轻松前行。感谢岳父母帮我照料孩子,使我有相对充裕的时间写作。三个孩子胡怡欣、胡芳榕、胡帅博健康聪慧,让我享受了天伦之乐。

纸短情长，感恩满怀，祝各位师长身体健康，幸福美满！祝各位学友事业有成，欢乐长伴！祝所有朋友生活愉快、万事如意！

　　惭愧的是，我师从的诸位老师如高山仰止，尽管也有很多前贤名师的帮助，但我资质驽钝，学识水平有限，本书可能还有不足之处，希望得到方家同行的指正，未来再修订补充。我将会不断探索，不断前行。

胡伟

2022 年 3 月 16 日于自勉宅